乡村振兴方法论

王立胜◎著

中共中央党校出版社

图书在版编目（CIP）数据

乡村振兴方法论 / 王立胜著 . -- 北京 : 中共中央党校出版社 , 2021.10（2022.5 重印）
ISBN 978-7-5035-7070-4

Ⅰ . ①乡… Ⅱ . ①王… Ⅲ . ①农村—社会主义建设—研究—中国 Ⅳ . ① F320.3

中国版本图书馆 CIP 数据核字（2021）第 195368 号

乡村振兴方法论

责任编辑 蔡锐华 刘金敏
版式设计 张 敏
责任印制 陈梦楠
责任校对 马 晶
出版发行 中共中央党校出版社
地　　址 北京市海淀区长春桥路 6 号
电　　话 （010）68922815（总编室） （010）68922233（发行部）
传　　真 （010）68922814
经　　销 全国新华书店
印　　刷 北京文昌阁彩色印刷有限责任公司
开　　本 710 毫米 ×1000 毫米 1/16
字　　数 347 千字
印　　张 25
版　　次 2021 年 10 月第 1 版 2022 年 5 月第 3 次印刷
定　　价 75.00 元

网　　址： www.dxcbs.net **邮　　箱：** zydxcbs2018@163.com
微 信 ID： 中共中央党校出版社 **新浪微博：** @党校出版社

自序

就学术来讲，农村研究不是我的专业，更不是我的专长，因此，对农村问题发表看法就常常有些惶恐，生怕说错了话而误导了读者或耽误了读者宝贵的时间。但是，由于出生并长期成长于农村，后来又在农村工作20多年，我不仅熟悉农村、热爱农村，对农村环境和农村工作有着眷恋般的难以割舍的感情，又觉得有必要把自己在农村工作生活中的体悟和思考呈现给大家，为农村研究界提供一些感性材料，为农村工作者提供一点工作体悟，以期对正在进行的乡村建设行动起一点作用。特别是在精准扶贫工作已经完成，中央明确提出要做好精准扶贫与乡村振兴的有效衔接，号召在乡村振兴实践中实施乡村建设行动的大历史背景下，我更觉得应该做一点力所能及的事情。

一个人的工作走向，决定于自己知道的或者永远也不知道的很多因素。每当思考自己的工作经历时，我觉得制度经济学的“路径依赖”这个概念很有解释力。从进入山东大学攻读硕士研究生开始，我就与理论研究结缘，毕业后在中共山东省委党校工作的8年，延续和强化了这种缘分。到基层工作后，虽然做的主要是基层领导工作，是一个改革开放实践中地地道道的实践者，是实践舞台上的“剧中人”，是在实践中滚爬摸打的群众中的一分子；但是在工作之余，我又时常有意或者无意地转换身份，成为自己参与其中的社会实践的旁观者和思考者，试图把自己的实践置于更宏观的思维框架中去衡量、去思考，进行所谓的理论研究和学术探讨。这只能解释为自己思维的“路径依赖”了。也许正是这种路径依赖，促使我在50多岁时走进了一直心向往之的中国学术研究的最高殿堂——中国社会科学院。这也算是对很多朋友的一个统一答复吧，他们总是疑惑我为什么“官做得好好的却转身调去了中国社会科学院工作”。我的博士论文《中国农村现代化社会基础研究》出版的时候，导师田克勤先生在为书所写的序言中曾用一句话来概括我当时的情况，说我的理论研究和社会实践相得益彰，是“为理论和实践同时找到了方向”。我知道这是老师鼓励我既要做好实际工作又要搞好理论研究，如果发挥好了，会相互促进，社会实践对理论研究有促进作用，理论研究对社会实践有指导作用。但是，事情都是辩证的，如果处理不好二者的关系呢？事实上，我时常感觉到这种身份设定的尴尬，我究竟是学者还是官员？学者求真，官员求善，真和善在实践中能够统一吗？这也许是个哲学问题。那个时候我不可能有令自己和他人满意的答案。不过，这种矛盾却使我的工作和生活多了一点思维层面的苦恼和趣味。有幸的是，从2015年底走进中国社会科学院，这个问题就豁然得到解决，我又可以像20多年前那样心无旁骛地读书写作了。

从经济研究所到哲学研究所，我在中国社会科学院的工作岗位发生过一次变化，但是，农村问题作为学术研究和思考的主题之一，我的这种研究格局始终不变。在关注中国特色社会主义政治经济学和中国马克思主义哲学的同时，我一直重视对中国农村问题的研究，每年都要抽出一定的时间去农村调查研究，并率领团队探讨乡村振兴问题。习近平总书记在参加十三届全国人大一次会议山东代表团审议时指出，改革开放以来，山东创造了不少农村改革发展的经验，贸工农一体化、农业产业化经营就出自诸城、潍坊，形成了“诸城模式”“潍坊模式”“寿光模式”。习近平总书记在山东考察时又指出：“农业大省的责任首先是维护国家粮食安全。要把粮食生产抓紧抓好，把农业结构调活调优，把农民增收夯实夯牢，把脱贫攻坚战打好打赢，扎实实施乡村振兴战略，打造乡村振兴的齐鲁样板。”[①] 并再次明确提出“潍坊模式”“寿光模式”“诸城模式”。我认为这充分体现了习近平总书记对“三农”工作的高度重视，是对山东尤其是对潍坊农业农村工作的肯定，同时也是对山东在乡村振兴方面进行新探索的期望。我曾经在潍坊工作过 12 年，主政两个县市长达 10 年时间，现在作为学者尤感对这“三个模式”进行研究的义不容辞；加之近几年受潍坊市委、市政府和寿光市委、市政府的委托，我对此下了较大的功夫，深入调研和思考“三个模式”问题。由于我是学哲学出身，所以不管是过去还是近几年，对农村问题的思考往往着眼于方法论层面，对农村问题进行哲学思考成为一种思维习惯。本书收录的文章不管是过去在实践过程中所写还是近几年所思所发表，都有哲学思考的特征，故书名就叫《乡村振兴方法论》。

本书分三篇。第一篇方法论沉思，共收入文章 11 篇，按照每篇一章分为 11 章，比较系统地阐述了我始终坚持的要从总体上把握乡村振兴战略、要以县为单位整体推进乡村振兴的主张，并向读者推介了我所提出的农村工作的“中度理论”以及乡村振兴中的时空定位和时空工作维度工作法，对农村发展中的一些热点难点问题进行了理论和实践相结合的分析，具有一定的理论创新性。第二篇社会基础重构，共收入文章 8 篇，按照每篇一章分为 8 章，比较详细地介绍了我从实践中提炼总结并进行了学术梳理而独创的诸如“社会基础”“中国农村现代化社会基础”“社会基础重构”等既具有学术含量又具有实践意义的系列学术概念，还以这些学术概念为框架和分析工具，对农村现代化发展过程中的一些重大问题和重大领域以及毛泽东的重要著作——《组织起来》进行研究。第三篇“五位一体”整体推进——基于潍坊实

① 《习近平在山东考察时强调切实把新发现理念落到实处 不断增强经济社会发展创新力》，《人民日报》2018 年 6 月 15 日。

践的思考，共收入文章27篇，按照每篇文章一节分为五章27节，以目前“五位一体”总体布局的思维格局回看自己在潍坊工作时农村工作的基本布局。

文章写于不同时期，时间跨度近20年，文体不同，风格各异，尤其是时代印记明显，但是主题相同，聚焦点相同，对农村发展的热情和执着贯穿始终。站在今天的高度回看过去的思考，尤其是过程中的时代轨迹以及反映时代轨迹的思想印记，可以启发激励自己继续做好乡村振兴研究，同时对致力于乡村振兴研究的学者、对乡村振兴实际工作者，应该也有一定的参考价值。这也是出版该书的理由吧。

书中有些文章是笔者与团队成员合作完成的，都作了相应标注，在这里对他们一并表示感谢！

王立胜

2021年3月12日凌晨

目 录

第一篇 方法论沉思

第一章
以县为单位整体推进：乡村振兴战略的方法论 / 002

一、要重视乡村振兴战略的方法论 / 002
二、以县为乡村振兴战略的基本实施单位 / 005
三、县在乡村振兴中的作用：一个历史视角 / 010
四、县域经济与乡村振兴：一个现实视角 / 013
五、结论 / 016

第二章
关于乡村振兴的方法论思考 / 018

一、为什么要在总体上把握乡村振兴战略 / 018
二、到底什么是乡村振兴 / 021
三、为什么要以县域为单位推进乡村振兴 / 025

第三章
合村并居应以县域为单位因地制宜因时而动 / 026

一、怎么看待“合村并居”：一个理论基础 / 026
二、农业农村区域化发展战略框架下，“合村并居”到底有无必要 / 030
三、“合村并居”过程存在问题，但不宜因此否定农业农村发展的总体趋势 / 033

第四章
乡村振兴战略：新时代农业农村工作的总遵循 / 036

一、深刻理解实施乡村振兴战略的时代背景和重大意义 / 036
二、实施乡村振兴战略的理论和政策创新的丰富内涵 / 037
三、实施乡村振兴战略需要注意的几个关键问题 / 038

第五章
对实施乡村振兴战略要系统性把握 / 042

一、实施乡村振兴战略是推进国家治理体系与治理能力现代化的重要战略安排 / 042
二、实施乡村振兴战略是在经济发展新阶段实现经济发展目标的重要战略安排 / 044
三、实施乡村振兴战略是弘扬中华优秀传统文化、推进生态文明建设的重要战略安排 / 045

第六章
深刻把握乡村振兴战略——政治经济学视角的解读 / 047

一、引言 / 047
二、城乡关系的新认识：城乡融合理念的确立 / 048
三、农村发展战略的新定位：解决新矛盾的重要选择 / 056
四、农村发展的新思路：实施乡村振兴战略的总要求 / 061
五、农村发展的新举措 / 068
六、结论 / 074

第七章
中国农村研究的“中度理论”论纲 / 076

一、对中国农村研究方法的梳理和检讨 / 077
二、“中度理论”的哲学依据 / 084
三、“中度理论”的适用范围：县域 / 099
四、“中度理论”之于当代中国农村研究的方法论意义 / 105

第八章
关于社会主义新农村建设时空定位问题的探讨 / 110

一、社会主义新农村建设的时间维度分析 / 110
二、社会主义新农村建设的空间维度分析 / 118
三、进一步的结论 / 120

第九章
改革开放 40 年的农村基本经营制度 / 125

一、改革开放 40 年农村基本经营制度的建立 / 125
二、农村基本经营制度现阶段遇到的问题与出路 / 127
三、改革开放再出发：农村新型集体经济的发展 / 129

第十章
不断完善农村基本经营制度：乡村振兴战略的制度基础 / 131

一、农村基本经营制度是实施乡村振兴战略的制度基础 / 132
二、深化农村土地改革，为乡村振兴战略提供内生动力 / 135
三、发展壮大农村新型集体经济是乡村振兴战略的重要方向 / 138

第十一章
隐性农业革命背景下的喀什农业发展路径研究 / 145

一、隐性农业革命：喀什农业发展的外部环境 / 145
二、隐性农业革命背景下喀什农业发展的可能性空间 / 149
三、隐性农业革命背景下喀什农业发展的路径选择 / 156

第二篇 社会基础重构

第十二章
农村现代化社会基础重构与乡村振兴 / 162

一、从“农村现代化的社会基础”角度出发，可以更深刻地理解“建立健全城乡融合发展体制机制”的重大意义 / 165

二、从“农村现代化的社会基础”角度出发，可以更深刻地理解“城镇化与逆城镇化相得益彰”的重要论断 / 166
三、从“农村现代化的社会基础”角度出发，可以更深刻地理解“实现小农户和现代农业发展有机衔接”的重要要求 / 168
四、从“农村现代化的社会基础”角度出发，可以更深刻地理解“健全自治、法治、德治相结合的乡村治理体系”的目标任务 / 169

第十三章
农村现代化社会基础重构的理论自觉与实践探索 / 172

一、实践中的困惑与思考 / 172
二、理论探索的心路历程 / 174
三、理论探索与实践确证 / 177

第十四章
关于社会主义新农村建设几个基本理论问题的探讨 / 181

一、社会主义新农村建设“新”在哪里 / 181
二、社会主义新农村建设与中国农村发展的历史经验 / 184
三、社会主义新农村建设与社会主义核心价值体系的建构 / 187

第十五章
论中国农村现代化的社会基础 / 189

一、“社会基础”概念 / 189
二、社会基础概念的理论取向 / 190
三、社会基础概念的分析结构 / 198
四、结语 / 199

第十六章
中国农村现代化研究的理论原型与核心命题
——从“社会基础”概念的角度 / 201

一、理论原型 / 202

二、中国农村现代化研究的核心命题 / 205
三、结语 / 212

第十七章
“组织起来”思想与中国农村现代化社会基础之再造 / 213
一、为什么要重读《组织起来》 / 213
二、如何把握《组织起来》的深刻理论内涵 / 215
三、《组织起来》对中国农村现代化的深刻启示 / 221
四、组织起来与中国农村现代化社会基础之再造 / 227

第十八章
农村社会基础再造——社会主义新农村建设的着力点 / 229
一、社会基础再造的方法论意义 / 229
二、社会基础再造对新农村建设的作用 / 232
三、社会基础再造在新农村建设中的实践展开 / 234

第十九章
“社会基础”视角下的当代农村司法实践研究 / 239
一、社会基础概念的内涵 / 239
二、农村司法实践的历史背景 / 241
三、农村司法实践的现状 / 246
四、农村司法实践困境的突破口 / 249
五、结语 / 252

第三篇“五位一体”整体推进——基于潍坊实践的思考

第二十章
经济建设 / 256
一、从农业产业化到农业农村现代化 / 256
二、构筑统筹城乡发展的平台 / 263

三、创新农村工作思路，多渠道增加农民收入 / 268
四、青州市社会主义新农村建设的探索与实践 / 272
五、努力探索具有地方特色的新农村建设 / 275
六、发展现代花卉业，加快推进社会主义新农村建设——青州市花卉业发展的实践与思考 / 279
七、积极探索土地流转新路子 / 284
八、青州工业择路突破 / 288
九、从区域视角看特色小镇建设 / 292

第二十一章
政治建设 / 298

一、加强和改进党对人大工作的领导，为人大依法履职创造良好条件 / 298
二、发挥人大优势，促进科学发展 / 301
三、把群众满意作为不懈追求 / 303

第二十二章
文化建设 / 305

一、县域文化建设的思考 / 305
二、发挥文化在新农村建设中的积极作用 / 309
三、以创新精神推动文化旅游大发展 / 311
四、深化经营城市必须解决好思想问题 / 314
五、坚持“三个统一”实现“三个度” / 318
六、山东青州：观念思路更新，建设管理转型 / 322
七、古青州文化与音乐 / 326

第二十三章
社会建设 / 341

一、农业“三税”取消后农村工作出现的问题、成因及对策 / 341
二、顺时应变，努力增加农民收入 / 349

三、关于山东省昌乐县农民组织化程度的调查　/ 355
四、关于农民增收问题的探索与思考　/ 358
五、关于经营城市问题的几点思考　/ 364
六、关于经营城市的几点思考　/ 368

第二十四章
生态文明建设　/ 373

一、以生态文明为导向，推动县域经济社会科学发展　/ 373
二、探索“五化”发展模式，建设“三名一强”生态文明新青州　/ 378

第一篇 方法论沉思

第一章　以县为单位整体推进：乡村振兴战略的方法论*

乡村振兴战略是中国特色社会主义进入新时代后的一项重大战略部署。落实乡村振兴战略，既要解决“做什么”的问题，也要解决“怎么做”即方法论的问题。在具体实践中，需要以党和政府为主导，进行统筹规划、整体推进。县是具有完整行政功能的基层行政单元，在国家行政体系中具有独特地位。从历史视角和现实视角出发，以县为乡村振兴战略的基本实施单位，可以更好地构建县域治理体系，发展县域经济，推动内源型城乡融合发展，将乡村振兴战略落到实处。

一、要重视乡村振兴战略的方法论

《乡村振兴战略规划（2018—2022年）》指出，“乡村是具有自然、社会、经济特征的地域综合体，兼具生产、生活、生态、文化等多重功能，与城镇互促互进、共生共存，共同构成人类活动的主要空间。乡村兴则国家兴，乡村衰则国家衰”[①]。在新时代，我国社会主要矛盾已转化为人民日益增长的美好生活需要和不平衡不充分的发展之间的矛盾，而“我国最大的发展不平衡，是城乡发展不平衡；最大的发展不充分，是农村发展不充分”[②]。这种不平衡和不充分在“三农”问题上，主要表现

---

* 本章原刊于《中国浦东干部学院学报》2020年第4期。

① 《乡村振兴战略规划（2018—2022年）》，人民出版社2018年版，第3页。

② 《党的十九大报告辅导读本》编写组编著：《党的十九大报告辅导读本》，人民出版社2017年版，第209—210页。

为“农业发展质量效益竞争力不高，农民增收后劲不足，农村自我发展能力弱，城乡差距依然较大”[①]。在此背景下，党的十九大提出了乡村振兴战略。一方面，乡村振兴战略是应对城乡发展不平衡、农村发展不充分问题的重大战略部署；另一方面，“城乡融合发展”这一概念首次被写入党的文献，“标志着中国特色社会主义工农城乡关系进入新的历史时期”[②]。从这两方面讲，乡村振兴战略具有重大现实意义和理论价值。

2018 年中央一号文件《中共中央　国务院关于实施乡村振兴战略的意见》进一步明确了乡村振兴战略的总要求、原则、目标、主要任务和规划保障等，解决了“三农”工作在新时代的发展方向问题，即“做什么”的问题。为落实乡村振兴战略的总要求，还需要解决一个“怎么做”的问题，即乡村振兴战略的方法论问题。从研究现状看，对乡村振兴需要“做什么”的问题，围绕产业、人才、文化、生态、组织“五大振兴”展开的讨论已较为充分。[③]相较之下，关于用什么样的方法落实乡村振兴战略的研究较少。需要着重强调的是，乡村振兴战略是系统性认识理解新时代城乡发展全局的思想体系和方法准则，而不是农业农村工作若干任务目标的简单累加。习近平总书记提出，在落实新发展理念时，要“依照新发展理念的整体性和关联性进行系统设计”，“要坚持‘两点论’和‘重点论’的统一”。[④]同样，在落实乡村振兴战略时，也要深入把握其整体性和关联性，抓住重点。

首先，需要明确乡村振兴战略的整体布局。2019 年 3 月 8 日，习近平总书记参加十三届全国人大二次会议河南代表团审议时，就实施乡村振兴战略发表重要讲话，强调乡村振兴是包括产业振兴、人才振兴、文化振兴、生态振兴、组织振兴的全面振兴。这意味着乡村振兴需要整体推

① 《党的十九大报告辅导读本》编写组编著：《党的十九大报告辅导读本》，人民出版社 2017 年版，第 210 页。
② 陈文胜：《实施乡村振兴战略　走城乡融合发展之路》，《求是》2018 年第 6 期。
③ 参见王立胜、刘岳：《乡村振兴战略：新时代农业农村工作的总遵循》，《红旗文稿》2018 年第 3 期。
④ 习近平：《在省部级主要领导干部学习贯彻党的十八届五中全会精神专题研讨班上的讲话》，人民出版社 2016 年版，第 37 页。

进、全面落实。

其次，需要明确乡村振兴战略的主导。2018年中央一号文件在“坚持和完善党对‘三农’工作的领导”部分，对乡村振兴战略的组织工作作了原则规定：“建立实施乡村振兴战略领导责任制，实行中央统筹省负总责市县抓落实的工作机制。党政一把手是第一责任人，五级书记抓乡村振兴。县委书记要下大气力抓好‘三农’工作，当好乡村振兴‘一线总指挥’。”[①] 在五级书记齐抓共管的基础上，文件特别点明了县委书记是乡村振兴战略“一线总指挥”的特殊地位，同时点明了乡村振兴战略实施方法的基层落脚点。

最后，需要明确的是乡村振兴战略的基本实施单位。2020年4月，中共中央办公厅印发了《关于持续解决困扰基层的形式主义问题 为决胜全面建成小康社会提供坚强作风保证的通知》（以下简称《通知》）。《通知》指出，要“深化治理改革为基层放权赋能”，“总结一些地方的新鲜经验，进一步向基层放权赋能，加快制定赋权清单，推动更多社会资源、管理权限和民生服务下放到基层，人力物力财力投放到基层”。[②] 可见，构建基层治理体系和提升基层治理能力有助于乡村振兴战略的实施。那么，如何定位乡村振兴战略的基本实施单位呢？《中华人民共和国宪法》第三十条规定：“中华人民共和国的行政区域划分如下：（一）全国分为省、自治区、直辖市；（二）省、自治区分为自治州、县、自治县、市；（三）县、自治县分为乡、民族乡、镇。”从宪法上看，全国行政区划为省—县—乡三级制，无疑，处于中间环节的县具有纽带作用。从行政区划数目来看，截至2017年底，中国大陆县级区划数为2851个，乡镇级区划数为39888个。以县为基本单位落实乡村振兴战略，在统筹规划、整体推进方面具有独特的优势。与以乡镇为基本单位相比，以县为基本单位具有经济、政治、文化、社会、生态文明“五位一体”的整体性优

---

① 《中共中央 国务院关于实施乡村振兴战略的意见》，人民出版社2018年版，第42页。
② 《关于持续解决困扰基层的形式主义问题 为决胜全面建成小康社会提供坚强作风保证的通知》，人民出版社2020年版，第9、10页。

势。与以省为基本单位相比，以县为基本单位可以直接接触基层，获取的相关信息更为细致、直接和完整。所以，以县为基本实施单位，能够更好地落实乡村振兴战略。

二、以县为乡村振兴战略的基本实施单位

党的十九大报告对乡村振兴战略提出了“产业兴旺、生态宜居、乡风文明、治理有效、生活富裕”的总要求，[①]而“五大振兴”就是践行这一总要求的重要举措。“五大振兴”是相互联系、相互作用、相互促进的整体，其目的在于增进农民的福祉，不可将它们割裂开来。[②]从小的方面讲，以农村厕所革命为例，其管道布线要与农村街区道路硬化协同进行，否则等道路硬化之后再铺设地下管道，就会造成极大的人力物力浪费。从大的方面讲，“五大振兴”中产业振兴是基础，而产业振兴需要人才、文化、生态、组织的振兴方能实现。由此可见，“五大振兴”是一个整体，在具体推进时需要统筹兼顾。

乡村振兴千头万绪，落实乡村振兴战略需要科学系统的统筹规划，而起主导作用的是党和政府。作为社会主义国家，集中力量办大事是我国的制度优势。乡村振兴战略是党和国家的重大战略决策，各级政府都对其负有统筹协调责任。2018 年中央一号文件提出，要建立实施乡村振兴战略领导责任制，实行中央统筹省负总责市县抓落实的工作机制。中央统筹是乡村振兴战略的总体统筹，是全国意义上的统筹。我国地域辽阔，各地政治、经济、文化等各方面情况差异很大，所以乡村振兴战略统筹规划的具体责任需要省、市、县等各级政府都承担起来。

关于乡村振兴基本实施单位的问题值得特别关注。以县为基本单位进行农村问题研究和实践推进，是笔者的一贯主张。就中国的行政体系

① 习近平：《决胜全面建成小康社会　夺取新时代中国特色社会主义伟大胜利——在中国共产党第十九次全国代表大会上的报告》，《人民日报》2017 年 10 月 28 日。
② 参见韩俊：《谱写新时代农业农村现代化新篇章》，《人民日报》2018 年 11 月 5 日。

而言，各级政府自上而下是连贯一体的，同时也存在着明确的垂直分工。一般来说，省级政府了解的乡村相关信息，涉及的主要是省域范围内的普遍性问题，而具体落实乡村振兴战略，则需要统筹考虑各个县、各个乡镇乃至各个村落的特殊情况，因此，有必要以县为整体单位在村落分布的基础上进行统筹布局。作为行政单位的县既可以把一个县作为整体进行顶层设计和整体规划，又可以针对县域范围内的村落进行因村施策，做到整体性实施、区域性实施与局部性实施的内在统一。这样，就使乡村振兴战略的落实既贯彻中央和省一级的普遍性要求，又与村落的具体情况紧密结合起来，从而具备了在原则性基础上的灵活性和适应性。

以县为乡村振兴战略的基本实施单位，是由处于国家行政体系中间环节的县一级单位的地位和功能所决定的。

从城乡关系的角度看，作为行政单位的县是城市和农村的过渡区域，是城市和乡村之间的即城即乡的中间体，是城乡融合的空间表征。认真研究中央关于乡村振兴战略的本质要求后我们不难发现，乡村振兴在本质上是新时代城乡关系的再塑造，这个“再塑造”体现在实践上就是城乡融合发展。[①] 因此，“建立健全城乡融合发展体制机制和政策体系，加快推进农业农村现代化”[②]，也是落实乡村振兴战略总要求的重大决策部署。从改革开放以来的城镇化实践看，就全国范围来说，城市发展突飞猛进，中国的大城市已经与发达国家的大城市没有大的区别，甚至比世界上一些著名的大城市在很多方面还要发达。但是，与此相对的是乡村发展相对滞后，故而乡村振兴战略要求建立新型城乡融合发展机制，实现城镇和乡村融合发展。

从空间分布和功能发挥的角度看，只有县兼具城和乡的双重功能。从空间分布角度来看，乡镇一级具有从县城到村落的过渡性质，本质上是历史上自然形成的以步行为主要交通方式、当日可以返家的空间经济

① 参见张艳萍：《乡村振兴战略下中国城乡关系的重构》，《农业经济》2018 年第 12 期。
② 习近平：《决胜全面建成小康社会 夺取新时代中国特色社会主义伟大胜利——在中国共产党第十九次全国代表大会上的报告》，《人民日报》2017 年 10 月 28 日。

场域。随着时代的变化，乡镇的范围大小也经常调整，但是这种调整只是在一定空间范围内的两三个乡镇之间收缩和扩张而已。在本质上，乡镇不具备城市的性质。当然，由于国家政策的推动，有些乡镇可能成长为城市甚至大城市，如深圳，但这种情况只是个案而已。从功能发挥角度来看，乡镇只是为周边村落提供行政和生活服务的中心点，不具有城市的相对整全的功能。它既没有像县一样具备完整的行政服务功能，也没有像县一样具备完整的经济、政治、文化和社会功能。因此，以县为单位推进乡村振兴更能统筹城乡发展空间，进而将城乡作为一个整体来促进城乡融合发展。习近平总书记在指导河南兰考县结合教育实践活动抓好改革发展稳定各项工作时，提出要“把强县和富民统一起来，把改革和发展结合起来，把城镇和乡村贯通起来，不断取得事业发展新成绩”①。这“三起来”中，“把城镇和乡村贯通起来”，明确指出了县在城乡融合发展中的重要作用。

就实现乡村产业、人才、文化、生态、组织的全面振兴而言，与省和乡镇相比，县域视角下的统筹安排更具信息和效率优势。以县为单位的产业振兴下文再行涉及，在此不予赘述。就人才振兴看，实现农业产业化，需要爱农业、懂技术、善经营的新型职业农民。这些新型职业农民中，既要有了解资金、技术、市场等方面情况的农业经营人才，也要有在产业、生态、文化、治理等领域具备相应专业知识的技术型人才和管理型人才。这些人才当然可以从外地引进，但主体部分需要以培训的方式在本地形成，需要靠自己的力量来培养。就人才培养来说，从规模和效果来看，以县为单位进行培训是最合适的配置。如果以省和地级市为单位，就很难照顾特殊性和个性需要；如果以乡镇为单位，则很难达到最基本的培训规模。以县为单位进行人才培养，在县域范围内，使县级职业技术学校和乡、村的培训网点有机分工，分担不同层次人才培训

① 《认真学习焦裕禄精神　笃行“三严三实”要求：扎实开展第二批党的群众路线教育实践活动学习读本》，人民出版社 2014 年版，第 51 页。

任务，是最佳培训路径。同时，可以在县域层面整合县、乡镇、村三级农技力量，形成“专家组＋试验示范基地＋农技人员＋科技示范户＋辐射带动农户”的“五位一体”的科技推广模式，推动农民培训有效展开。正如2018年中央一号文件提出的，“建立县域专业人才统筹使用制度，提高农村专业人才服务保障能力”①。因此，从人才振兴的角度考虑，以县为单位来培养、造就一支懂农业、爱农村、爱农民的“三农”工作队伍是最合适的。

为实现文化振兴，需要加强农村公共文化建设，健全乡村公共文化服务体系。从文化设施建设来看，目前虽然在乡镇一级设有文化站，在村一级设有文化服务中心，但考虑到人数及面向的群体，它们可能在文化服务的多样性上与县级层面有一定差距。县级图书馆、文化馆、博物馆等多种公共文化服务设施，可以与乡村的文化设施有机结合，形成以村镇为站点、以县域为整体覆盖范围的综合性公共文化服务体系。2018年中央一号文件提出：“发挥县级公共文化机构辐射作用，推进基层综合性文化服务中心建设”②，明确指出了县域视角下的公共文化建设在文化振兴中的重要作用。此外，由于历史上县级行政区域的相对稳定性，方言、风俗等地域特色文化通常也以县域为单位存在，这些文化的保存更适合在县的范围内进行。

为实现生态振兴，需要统筹山水林田湖草系统治理，在此基础上进行统一保护、统一修复。在村、乡镇层级完成这项工作有一定难度。这种治理多是跨乡镇的，需要在县域范围内对生态环保进行统筹安排。此外，生态振兴和产业振兴密切关联，要做到产业发展和生态保护相互融合，增加生态产品供给，满足人民日益增长的优美生态环境需要。具体到实践层面，为实现产业和生态的业态融合，需要推动农业与旅游、康养、文化等产业融合发展，而县域范围内的科学规划和合理布局显得尤

① 《中共中央 国务院关于实施乡村振兴战略的意见》，人民出版社2018年版，第36页。
② 《中共中央 国务院关于实施乡村振兴战略的意见》，人民出版社2018年版，第18页。

为重要。

要实现组织振兴，就必须建设具有坚强战斗力的基层党组织。具体实践时，可以将年富力强的党员干部充实到基层党组织，让他们当好村支书，做好乡村振兴的领头人。县一级单位有着完整的党政系统，较乡镇一级单位有更为充足的干部人才储备。这些干部人才可在县域内进行选拔和组织调配，为实现组织振兴提供坚实基础。

乡村振兴战略所指向的“乡村”，并不是实体性的概念，而是要在城市和农村之间的关系中来定义的关系性概念。从这个意义上讲，乡村振兴不能简单理解为“农村振兴”。从指称含义上讲，农村与城市相对应，主要是一个经济概念，强调的是物质方面的内容差异；而乡村则与“都市”等概念相对应，指的是一个内涵更丰富、内容更综合，更有情感色彩和人文关怀的生产生活共同体，更加强调精神价值、生活方式和归属感，凸显的是相对于都市来说的综合性关系，它的本质含义是“家园”。习近平总书记指出：“农村是我国传统文明的发源地，乡土文化的根不能断，农村不能成为荒芜的农村、留守的农村、记忆中的故园。”[①] 这也就说明，所谓的乡村振兴，不只是农村经济发展和农业的进步，还包括守护好中华文明的精神故土。农村不是暂时的栖居地，而是长久的家园。要真正实现乡村振兴，就必须建设好几亿农民的美好家园。

乡村振兴战略也不能简化为“村庄振兴”。行政村是农村基层的基本建制单元，但时有调整。例如，湖北、湖南、广东等地掀起了农村基层建制单元的“重组浪潮”，其路径也有所不同。[②] 在长达十几年的新农村建设过程中，最大的教训之一就是将建设重点和基本单元设置为村庄，结果在实践中将新农村建设简化为新村庄建设，甚至简化为新房建设。造成的结果是资源、资金使用效率低下，利用方式粗放，各种生产

① 中共中央文献研究室编：《十八大以来重要文献选编》（上），中央文献出版社 2014 年版，第 682 页。

② 参见李华胤：《走向治理有效：农村基层建制单元的重组逻辑及取向——基于当前农村“重组浪潮”的比较分析》，《东南学术》2019 年第 4 期。

要素和发展因素高度分散，不能形成结构性整体，政府的行政力量和市场的资源配置作用不能很好地契合，政府各部门的力量也无法实现有效整合。乡村振兴是县域内的全域振兴，必须做好村庄建设发展的具体工作，但是如果仍然将理解认识层次、着眼点和基本推进单元放在村庄，就无法将一个区域内的乡村作为整体和体系加以看待，乡村振兴也就无从谈起。

此外，城镇化会导致大量村庄消失，这是自然规律。对此，2018 年中央一号文件提出："对具备条件的村庄，要加快推进城镇基础设施和公共服务向农村延伸；对自然历史文化资源丰富的村庄，要统筹兼顾保护与发展；对生存条件恶劣、生态环境脆弱的村庄，要加大力度实施生态移民搬迁。"① 这需要加强各类规划的统筹管理和系统衔接，形成城乡融合、区域一体、多规合一的规划体系。这一系列关于村庄的规划需要在县的范围内进行。

三、县在乡村振兴中的作用：一个历史视角

2015 年 6 月 30 日，习近平总书记在会见全国优秀县委书记时谈道，"郡县治，天下安"，"在我们党的组织结构和国家政权结构中，县一级处在承上启下的关键环节，是发展经济、保障民生、维护稳定的重要基础"。② 这句话从县域治理的角度出发，高度概括了县的重要作用。

中国县域治理有着悠久的历史。关于郡县制的起源，"学术界的共同看法是起于春秋，形成于战国，而全面推行于秦始皇统一天下之后"③；而"中国历史上的地方政府以县为单位"④。历史上，中国县以上的行政区划时常发生变动，但县始终作为最基础的行政机构直接管辖农业人口，这

① 《中共中央 国务院关于实施乡村振兴战略的意见》，人民出版社 2018 年版，第 44 页。
② 习近平：《做焦裕禄式的县委书记》，中央文献出版社 2015 年版，第 66 页。
③ 周振鹤：《中国地方行政制度史》，上海人民出版社 2005 年版，第 14 页。
④ 钱穆：《中国历代政治得失》，生活 · 读书 · 新知三联书店 2001 年版，第 10 页。

适应了中国农耕社会的社会管理要求。[①] 县是历史上最稳定的一级行政区，与其他级别的行政区相比，在幅员、数目与名称方面的变化起伏最小。从政府部门组织架构来看，一方面，始于魏晋南北朝的“官吏分途”使各地郡县长官从由当地精英充任转为由中央政府直接任命调遣；另一方面，流品内外官吏职分两途，官与吏在职业生涯、等级位置、激励设置等组织制度方面的差异越来越大，两者最终为巨大的沟壑所隔离。[②] 从国家治理的角度来看，中国的封建社会延续了 2000 多年，说明把县作为安邦治国的基本单位是成功的。

中华人民共和国成立后，县作为具有完整行政功能的基层机构，仍然被保留了下来。就组织架构而言，中国的政府管理层级实际上从上到下分为五级。“地级市”因 20 世纪 80 年代的“市管县”改革而生，虽下辖若干县，但这一级行政区划未得到宪法的确认。[③] 就行政功能而言，县作为基层行政机构，具有完整的经济建设、政治建设、文化建设、社会建设、生态文明建设等职能，这与乡村振兴战略要求的“五大振兴”是对应的。也就是说，县具备落实乡村振兴战略的完整行政功能。而乡镇一级的行政功能不如县齐全。举例来说，乡镇一级政府不设纪委、法院、检察院等，且税务、公安等主要职能机构都是县级对口部门的派出站所。乡镇一级政府尽管可直接与农民打交道，但由于本身不具有完整的行政功能，其制定和执行完整的社会经济政策的能力受到很大限制。[④] 与乡镇一级政府相比，县一级政府更具对应的管理权限，也更具必要的执法权限。政府既然是实施乡村振兴战略的主导力量，那么政府的层级与组织形式就必然与落实乡村振兴战略的效果息息相关。从这点上看，县级政府依靠其完整的行政功能成为乡村振兴战略的最基层落实者，这是进行以县为单位的乡村振兴的最重要依据。在行政管理体制方面，中华人民

① 参见李孔怀：《中国古代行政制度史》，复旦大学出版社 2006 年版。
② 参见周雪光：《从“官吏分途”到“层级分流”：帝国逻辑下的中国官僚人事制度》，《社会》2016 年第 1 期。
③ 白钢主编：《中国政治制度史》，天津人民出版社 2002 年版，第 951 页。
④ 参见赵树凯：《乡镇治理与政府制度化》，商务印书馆 2010 年版。

共和国成立后，在行政管理上采取了垂直管理和属地管理相结合的行政体制，形成了“条块”关系。“条”就是从中央部委到地方对应职能部门的垂直管理体系，“块”就是除中央外其他 4 个层级的地方政府。中央政令的执行通过“条”和“块”进行，“条”以中央部委规章条文逐级对口下达的方式进行管理，倾向于强调“统”的一面；“块”即各级地方政府从上级获得授权对辖区进行综合治理，对地区事务有一定的自主性和能动性，可以根据本地情况进行主动决策，倾向于强调“分”的一面。两者共同构成了统分结合的行政管理体制。[①] 就乡村振兴战略的实施而言，政府主导作用的发挥离不开组织架构和行政管理体制安排。乡村振兴是国家的顶层战略，中央对乡村振兴进行总的统筹，其中各分项规划由中央部委制定并发布，并纳入项目制管理，项目资金也由中央提供，这体现了乡村振兴战略“统”的一面。同时，乡村振兴总体战略由各省负责实施，由于各级政府在职责和机构设置上高度统一，每级政府都管大体相同的事务，实际上乡村振兴战略的执行就要落到县级。县级政府的职责十分具体，统分结合的“条块”体制在县级实现了汇聚，且县级政府在决策方面具有一定自主性，这体现了“分”的一面。再具体点，正所谓“上面千条线，下面一根针”，作为政府间“条块”关系的汇聚点，县级政府对接中央部委及上级职能部门就乡村振兴制定的项目进行落实。县级政府可以根据本地区的具体情况，对乡村振兴战略进行具体规划，使项目真正落地。这些都体现了在治理意义上县作为乡村振兴战略基本实施单位的作用。正如习近平总书记在会见全国优秀县委书记时指出的，“县委是我们党执政兴国的‘一线指挥部’，县委书记就是‘一线总指挥’，是我们党在县域治国理政的重要骨干力量”[②]。政府在乡村振兴战略中起主导作用。这种主导作用就在于其要始终把握乡村振兴战略的总体目标，也就是要推动县域乡村治理体系和治理能力现代化。从政府组织

① 参见周振超：《当代中国政府“条块关系”研究》，天津人民出版社 2009 年版。
② 习近平：《做焦裕禄式的县委书记》，中央文献出版社 2015 年版，第 67 页。

架构角度来看，《乡村振兴战略规划（2018—2022年）》提到，要“科学设置乡镇机构，构建简约高效的基层管理体制，健全农村基层服务体系，夯实乡村治理基础”①。从基层政府治理体系构建来看，党的十九大报告在“实施乡村振兴战略”部分提出，要“加强农村基层基础工作，健全自治、法治、德治相结合的乡村治理体系”。②从行政管理体制安排来看，村委会是基层群众性自治组织，而非上级政府的下级机构，这是社会主义基本政治制度的重要体现。这三个方面决定了乡村治理体系的建设与完善，就是要以党的基层组织为核心，以村民自治组织为主体，两者相辅相成，实现德治与法治的结合，最终达到“治理有效”的目的。在新时代乡村治理体系中，村支部和村委会构成了治理的两条主线；在县域治理层次，从下往上的党、政两条线在县级又形成了一个汇聚点；党的领导除了在党组织系统贯彻，还在县级通过政府行政措施延伸到各村。这样，在乡村振兴战略的实施过程中，县域治理的重要性体现在县级对上、对下都是汇聚点，起到了连接枢纽的作用，即“上接天线，下接地气”，“对上，要贯彻党的路线方针政策，落实中央和省市的工作部署；对下，要领导乡镇、社区，促进发展、服务民生”。③

四、县域经济与乡村振兴：一个现实视角

县域是一个国家或地区的基本经济单元，县域经济体承担着县（市）全域的经济发展任务，也负有全域的社会民生改善的责任。只有县域经济得到更好的发展，国家才能真正实现经济兴隆发达、民众安居乐业的治理目标。④中国有2800多个县，面积占国土面积的80%以上。2018

① 《乡村振兴战略规划（2018—2022年）》，人民出版社2018年版，第73页。
② 习近平：《决胜全面建成小康社会　夺取新时代中国特色社会主义伟大胜利——在中国共产党第十九次全国代表大会上的报告》，《人民日报》2017年10月28日。
③ 习近平：《做焦裕禄式的县委书记》，中央文献出版社2015年版，第52页。
④ 吕风勇、邹琳华：《中国县域经济发展报告（2017）》，社会科学文献出版社2018年版，第3页。

年，400 个样本县（市）地区生产总值之和为 20.2 万亿元，约占当年中国 GDP 的 22.4%。[①] 根据 2016 年 2079 个样本区县的数据统计可知，县域 GDP 占全国 GDP 的一半以上，县域财政收入占全国财政收入的 16.7%，县域财政支出占全国财政支出的 34.1%，县域所承载的二、三产业就业人员占全国二、三产业就业人员的一半以上。[②] 从这三组数据中可以发现，县域涵盖的人口、县域经济的体量、县域承担的支出责任以及承载的就业规模均体现了县的经济和社会责任。这也意味着，县域经济的发展与国家的安定富强是紧密联系在一起的。

县域经济体是功能较为完整的经济综合体。在一县之内，有功能完整且具有一定自主权的政府，也有城镇和乡村紧密联系的市场。在这个市场中，农业和工商服务业相互融合。"有效市场"和"有为政府"的结合，使得县域经济的发展为乡村振兴提供了重要的物质条件。

整体来说，作为功能较为完备的经济综合体，县域经济体顺理成章地成为城乡融合的依托。发展县域经济是真正实现城乡融合发展的切入点，这主要体现为县域范围内的城市化。[③] 城市化与经济发展互相带动，这是各国经济发展过程中呈现的历史事实，中国也不例外。改革开放以来，经济快速发展与城市化进程的加快是同步的。就城市化而言，大、中、小城市包括城镇构成了城市规模的生态体系。农村人口流往大中城市固然是一个方向，农村人口的就近城镇化也不可忽视。县域范围内的城市化一方面未割裂本地城乡之间的紧密联系，利于城乡融合发展；另一方面与农村人口流入大城市的城市化相比，县域范围内的城市化除了更有利于城乡互动，也更有利于农村优秀传统文化在城市的维持。因为在一县范围内，区域性的特色文化可以得到较好的保留传承，这些文化不会随着城市化的推进而流失。此外，农民远距离流入大城市和其他城市，如果没有户籍等方面的配套政策支持，就会造成农村留守人员问题。

---

① 数据为笔者根据《中国县域经济发展报告（2019）》和《中国统计年鉴 2019》整理所得。
② 数据为笔者根据《中国县域统计年鉴（2017）》和《中国统计年鉴 2017》整理所得。
③ 参见温铁军：《推进县域经济范围内的城镇化》，《农村工作通讯》2013 年第 24 期。

这不利于农村经济发展，甚至会造成农村凋敝。而县域范围内的城市化则不会造成这种状况。

从经济层面看乡村振兴，乡村振兴的总要求中，产业兴旺是重点。产业兴旺首先要求巩固农业在国民经济中的基础地位，发展现代化农业。现代化农业是包含产业体系、生产体系、经营体系在内的，涵盖科技、生态、文化等多方面内容的综合体系。在这个体系中，需要各类专业化和市场化的服务组织为现代农业提供多种支持，以实现小农户与大市场的对接。这些服务组织需要资金支持、人才支持以及政府扶持，它们在适应地方环境的同时最好具有一定的网络或规模效益，而这些都需要在县域范围内实现。除了农业以外，二、三产业也是产业振兴的重要内容。二、三产业不仅可以提供更多的就业机会，还能推动构建一、二、三产业融合发展的体系。农村的一、二、三产业融合的关键是在农业基础上形成产业链、价值链、供应链，即形成全产业链。在县域范围内构筑农村一、二、三产业融合发展体系较为合适，这是因为在县域范围内，产业融合所需要的科技支持、专业人才、融资便利和国内外市场对接等条件较容易实现，二、三产业也更容易形成规模效益，同时也能够具体地与当地农业特色相结合。除此之外，包含县城在内的县域经济的整体发展，可以推动更大范围的工业反哺农业，促进农业生产的科技化和集约化，从而通过产业联动为产业兴旺提供更坚实的经济基础。县域范围内各产业的融合发展，也能够有效促进县域范围内的城乡融合。

从公共服务角度看乡村振兴，正是县域范围内经济整体发展的需要，为实现城乡公共服务均等化提供了可能。《乡村振兴战略规划（2018—2022年）》把增加农村服务供给列为重要内容，提出要“促进公共教育、医疗卫生、社会保障等资源向农村倾斜，逐步建立健全全民覆盖、普惠共享、城乡一体的基本公共服务体系，推进城乡基本公共服务均等化”[①]。要实现城乡公共服务均等化，各级政府就必须增加相应的投

① 《乡村振兴战略规划（2018—2022年）》，人民出版社2018年版，第83页。

入，同时通过发展经济增强财政实力。这方面所需要的财政实力是乡镇一级政府很难具备的，只有县一级政府通过发展县域经济才能具备这样的实力。[①] 在城乡公共服务均等化的具体安排上，县一级政府了解本地乡村的情况，能够合理安排公共服务的重点方向和解决顺序，合理统筹上级政府对城乡公共服务均等化的项目支持，使城乡公共服务均等化落到实处。

由以上分析可知，实现县域经济的整体发展，是建立城乡融合发展机制的必由之路，更重要的是，通过发展县域经济，可以推动内源型城乡融合发展。内源型城乡融合发展，即县域经济体在县一级政府领导下，寻找县域特色优势，发挥市场机制作用，以二、三产业带动农业发展，实现一、二、三产业融合。在这样的城乡融合发展中，乡村也获得了发展动力，能够通过发挥自身比较优势参与城乡互动，实现与城市的互相带动、互相促进。单纯依靠上级资源注入带动的发展是不可持续的，也与乡村振兴战略的初衷背道而驰。而内源型城乡融合发展，则能够改变依靠中央及上级政府转移支付的状况，减少上级政府的财政负担，使乡村振兴战略更好地得到落实。

五、结论

乡村振兴战略是解决“三农”问题的国家战略，这是由新时代的社会主要矛盾所决定的。实施乡村振兴战略，是解决新时代社会主要矛盾的必要举措。以县为单位落实乡村振兴战略，是由县在国家治理体系中居于枢纽地位以及县在城乡关系中居于枢纽地位所决定的。

乡村振兴战略给出了规划与发展方向，但在如何落实上还存在方法论的问题。以县为单位推进乡村振兴，是落实乡村振兴战略的重要举措。县是具有完整行政功能的基层行政单元，在一县之内，有城市有乡

① 参见盛克勤：《理解县域治理的三重维度》，《群众》2017 年第 12 期。

村，城乡联系密切；有完整的三大产业，易于实现一、二、三产业融合发展；有完整的政治、社会、文化、生态系统，形成了完整的县域治理。实现县域经济的整体发展，是推动农业农村现代化和城乡融合发展的必由之路，也响应了新时代高质量发展的总体要求。党的十九大报告指出，在新时代为实现建设社会主义现代化强国目标，要统筹推进经济、政治、文化、社会、生态文明五个方面的“五位一体”总体布局。农村工作也要体现“五位一体”总体布局，这正需要县一级单位在经济、政治、文化、社会、生态文明方面统筹发展，使乡村振兴成为“五位一体”总体布局的有机组成部分，促进中国特色社会主义事业的全面协调可持续发展。

总之，实现以县为单位的乡村振兴意义重大。以县为单位的乡村振兴的可行性就在于县域经济的整体性，以及县域政治、文化、社会、生态文明的整体发展。通过构建县域治理体系和发展县域经济，可以推动内源型城乡融合发展。可以说，县域治理搞好了，县域经济发展了，县域的政治、文化、社会、生态进步了，乡村振兴就实现了。

第二章　关于乡村振兴的方法论思考 *

目前，社会各界十分关注乡村振兴问题，但是在如何理解乡村振兴的问题上，差异很大。这就提示我们要在认识论层面、方法论层面，进行全局性的思考，前提性的研究。我们从 2018 年开始做潍坊模式的课题，近期该项研究已经推进到一个新的阶段。在研究过程中，我们也在方法论层面进行了一些系统思考。

一、为什么要在总体上把握乡村振兴战略

从总体上把握乡村振兴问题至关重要，因为这是个关系到此重大战略在实践中能否顺利推进的方法论问题、前提性问题。从总体性出发主要是指在认识论上，我们必须十分自觉、十分清醒地认识到城和乡本来就是一体的。哪怕是在二元结构最为典型、最为牢固的时代，城和乡也犹如一枚硬币的两面，是一个统一的有机体。

之所以有“三农”这个问题，不是客观上有了相互隔离互不联系的三个“农”，而只是由于研究者出于研究的方便、工作者出于操作性的可能，从主观上构建出来这样一个研究领域和工作对象，客观事实上它们本身就是融为一体的，没有离开农村的农业和农民，也没有离开农民的农村和农业，更没有离开农业的农村和农民。

* 本章是作者 2019 年 7 月 5 日在山东社会科学院、山东智库联盟联合举办的“泰山智库讲坛”上的演讲。

事实是，在研究分工和工作分工长时间体制化之后，总体性的前提往往被无意中搁置或者被有意忽视，原本被建构出来的问题占据了所有的视野而成为问题本身。研究领域、学科分化、工作推进、机构设置都在切割现实，最终无论是在研究还是在工作中，完整的现实都消失了，从而呈现为由于学科视角、研究兴趣和特定工作任务所造就的零碎的、片面化的现象。农村成为与城市相分割甚至相对立的区域，农村建设和农村工作随之成为独立的领域，这样，手段与目的、原因与结果往往就颠倒了，为解决总体问题而存在的学科划分和工作分工就成为阻碍解决问题的重要障碍。

因此，在思想认识上首先要将被搁置的整体性找回来，要在自觉的总体性原则下开展研究分工和具体工作。这种总体性的要求也正是战略的本意，因此在这个问题上，我们认为研究农村要有县域视角，在县一级这个总体概念里再去区分城和乡没有必要。在这里，农村、乡村、乡镇、村庄这 4 个概念，必须首先要搞清楚。从目前情况看，在部分人的头脑里，这 4 个概念的含义是模糊的。特别是一讲到农村，就认为指的是村庄。

实际上“乡村”这个概念，从县域角度更容易让人理解：农村是指县域里面农业种植和农民居住的区域，而村庄是指在农村里面一个一个的村落共同体，乡镇则是目前行政管理中最基层的管辖单位。现在又出现了一个“特色小镇”的概念，这种情况只是指的一个生产单元或者项目，是一个新生事物。在以县域为整体的乡村，在这个范围内，我们既可以搞工业又可以搞农业，也可以搞第三产业，这就是在乡村振兴战略中的以县域为单元的一、二、三产业的融合。所以在县域之内没有什么“三农”之分，不存在农业、农民、农村三个“农”的问题，它们实质上就是同一个问题。

战略就是总纲，战略就是核心。纲举才能目张，有了总纲才能建立内在统一的逻辑框架之下的相互支撑的政策体系。在以往的实践中，政策打架的现象屡见不鲜，重要的原因就在于战略不清、核心不明，各个具体政策背后都有隐含的理论前提，而理论的背后又有特定的价值前提。

源于不同的甚至相冲突的理论和价值前提来制定的具体政策，不可能不是内在冲突的，政策之间、部门之间、层级之间各自为政、自行其是、内耗严重、效率低下成为常态。有了明确的总体性战略，就有了明确的核心，就有了明确的指针，就有了明确的道路，这样才可能、才可以据此构建完整的政策体系。从这个角度讲，强调城乡融合而非城乡统筹，就不单是工作的具体要求，同时也具有十分重要的认识论和方法论的意义。

对于县域而言，从总体上思考乡村振兴问题，就是要把一个县域作为一个推进单元来考虑工作的整体布局。这样就必须从县域的实际出发来认识问题和解决问题。比如如何认识一个县域的城市化率的问题。我们以寿光模式为例来加以说明，以引起大家的思考。城市化率是衡量一个地区社会进步的非常重要的指标。目前，我们在工作实践中，统计城市化率有两种办法：一个是常住人口，一个是户籍人口。最近我们团队在着力研究“寿光模式”问题，我们发现寿光的城市化率用这两个指标来衡量都可能存在误差，都有可能低于实际上的城市化率，而这个指标的高低直接涉及对寿光乡村振兴问题的评价。

所谓的户籍城市化率，大部分是居民靠城市的行政区划被城市化。在基层工作过的同志都知道，城市化率的提高可能与行政区划的调整有直接关系，一个地区由于区划的调整将乡镇改成了街道，农村人口就变成了城市人口，居民生活的方方面面不变，只是因为行政区划发生变化而被城市化了，使村民变成了市民。所以好多地方城市化率提高，是因为行政区划的变化，也就是城市户籍人口增加了，农民就地变成了市民。纯粹因农民职业的变动而真正进城从而户口从农村迁移到城市变成市民的数量可能要远远小于上述情况。即便是把因行政区划就地城市化的和纯粹将户口迁移到城市去的这两种情况都加在一起所表现出来的寿光的城市化率，恐怕也远远小于它的实际城市化率。就是按照常住人口来计算，大概其城市化率也会小于实际水平。当然了，对这个问题没有进行有效的实证研究，准确的结论是要进行科学的实证研究才可靠，但是，直观的感受确实如此。为什么呢？

去过寿光的人都会感觉到，寿光这个城市不太像个县城，城市扩张规模很大，很多农民都在城里购置房产，他们的大部分时间也是在城里生活，但是由于他们的户口还在农村，生产场所也在农村，村庄保留完好，所以出现了一个极为独特的现象。我们可以把这种现象叫作“生产生活的二元化”。在城里生活，在农村生产，寿光的农民实际上已经变成了在城里生活、在农村大棚也就是在他们自己的“生产车间”里工作的“农业工人”，原来住的村庄就变为从事农业生产的“宿舍区”，而原来耕种的土地都被高档智能温室取代，高档智能温室就是他的工作车间。目前，寿光有 18 个高档智能温室示范区，这些示范区都由专门的管理公司管理，完全是工厂化运作。这种工厂化运作是发展的趋势，短期内不可能消失，原有村庄的“社区化”和原有大棚区的“工厂化”同时强化发展。未来的趋势就是这“两化”进一步融合发展所形成的“全域城市化”。寿光的县城作为市区不可能无限制扩张，但寿光的村庄却会作为农业工厂的“宿舍区”永远保留下来。

这种情况下我们如何研究它的城市化率？我们的乡村振兴政策又应该如何来制定？恐怕只有从总体上考虑问题，从实际出发考虑问题。如果再考虑深层一点，这个问题反映在哲学层面，可能就意味着寿光确实走了一条独特的现代化道路。这条独特的现代化道路对于思考中国道路又将有什么启示呢？

二、到底什么是乡村振兴

第一，为什么叫作乡村振兴，而不是农村振兴？《乡村振兴战略规划 2018—2022 年》指出，乡村是具有自然、社会、经济特征的地域综合体，它兼具生产、生活、生态、文化等多重功能，与城镇互促互进、共生共存，共同构成人类活动的主要空间。从指称上讲，农村与城市相对应，它主要是一个经济概念，强调的是物质方面的内容差异，而乡村则类似于都市概念，它是内涵更丰富、内容更综合、更有情感色彩和人文关怀的生产生活共同体，更加强调精神价值、生活方式和归属感，它的本质含义是家园。我认为乡村就是指县以下的区域，所以到了县一级就没法再分，必须一体考虑、一体规划。习近平总书记说过，乡村是我国传统文明的发源地，乡土文化的根不能断，农村不能成为荒芜的农村、留守的农村。这说明习近平总书记关注的不只是经济发展和农业进步，而且同时要守护好中华文明传承物质载体的精神故土。乡村不是暂时的栖居地，一定要建设好几亿农民的美好家园。

第二，为什么乡村振兴不是新农村建设的升级版？乡村振兴和新农村建设二者之间有联系，但它们是两个根本不同的概念。如果将二者等同起来，就等于混淆了两个发展阶段，模糊了乡村振兴战略的战略性含义，强化了思维惯性和政策惯性，就会在工作中造成方向性偏差。归结起来，就是对新时代认识不足，对乡村振兴作为写入党章的全域性战略地位认识不清。因为新农村建设是在经济处于高速发展阶段、以高速城镇化为特点的城乡关系条件下提出的农业农村工作的指导方针。当时人们在价值层面和认知层面上，都没有把城市和乡村看成是等值的，而是区别看待，认为农村不如城市，就要“消灭农村”“消灭农民”。这是价值观出了问题。乡村振兴的提出，实际上是在城乡等值这样一个理念的支配下实行的战略，它是中国经过改革开放几十年发展后对城乡关系认识的一个重大飞跃。城乡没有什么优劣之分，它们是等值的，乡村振兴战略是在这样一个价值观的指导下建立的。

所以在原有的工业化框架下搞新农村建设，乡村始终是被动、消极、弱势的一方，与主动、积极、强势的城市相对应，农村始终是作为城市的附属物而存在。农村工作的重心是满足城市和工业的需要，完成城市和工业发展对农村提出的任务；农村的工作发展不是着眼于农村本身，而是向着城市和工业发展目标，服从服务于城市和工业发展的阶段性特点，农村只是手段，不构成目的。这种状态可以称之为农村的无主体性或者去主体性。乡村振兴，不是片面强调以工业、城市带动农村农业，而是要使农村建设发展成为目的本身，要赋予农村与城市平等对等的主体地位，将农村地区作为独立的而不是附属的战略地区，在此前提下建立健全城乡发展的体制机制和政策体系，这就是理解振兴含义的关键所在，也是对农村定位的一个根本性变化。

我国经济已经由高速增长阶段转向高质量发展阶段，正处在转变发展方式、优化经济结构、转换增长动力的关键期。乡村振兴战略就是适应和服务于这一发展阶段提出的一个全局性的战略。如果不这样理解，就会犯战略性、方向性错误，就是没有在思维方式上从过去的战略中转过来。

第三，为什么要搞乡村振兴，而不能理解为村庄振兴？在新农村建设过程中，深刻的教训之一就是将建设的重点和基本单元设置为一个个村庄，在实践中，新农村建设简化为新村庄建设，甚至简化为新房建设，造成的结果是资源资金效率低下、利用粗放，各种生产要素分散，不能形成结构性整体，政府的行政力量和市场配置资源作用不能很好配合，政府各种力量无法很好地整合。乡村振兴是县域内的全域振兴，当然要做好村庄的整体工作，如果仍然将着眼点放在村庄，就无法将一个区域内的乡村作为一个整体和体系看待，乡村振兴也就无从谈起。这是一个非常重要的问题。

在一些地区，搞乡村振兴要有产业基础，所以我们非常明确地提出一个概念：以县域为单位，推进乡村振兴，这是乡村振兴的基本单位。根据一个县域范围之内的产业基础和资源禀赋，来划分推进乡村振兴的基本单元，也可以突破乡镇之间的界限。

举个例子，临朐县是潍坊经济发展比较落后的县，九山镇又是临朐县域内比较偏远落后的镇。在此地发展工业不行。但是2013年，淄博一个企业家发现了这个地方的潜力，多年来致力于钻研薰衣草种植。如今九山镇的薰衣草种植面积突破3000亩，有望发展为30000亩，届时会成为全世界单体面积最大的薰衣草种植基地。借助薰衣草的各种功能，他们要打造“中国睡谷”，使其成为康养基地，发展薰衣草的深加工，生产精油、化妆品等系列工业产品，发展旅游业等第三产业，在这个区域内实现一、二、三产业的融合。规划建设50平方公里的宋香园，涉及22个村，1.6万人，建设一个基础设施配套齐全、公共服务档次较高、风景优美而又有文化底蕴的薰衣草特色小镇，或者薰衣草田园综合体，那我们应该将其界定为农村还是城市？所以，乡村振兴一定要根据资源禀赋和产业发展基础，进行突破村庄范围甚至乡镇范围的区域规划，在这个范围内有些村庄要消失，有些村庄要转型，一切服从于规划。

第四，乡村振兴是资本下乡还是要素下乡？乡村振兴肯定要涉及资金问题，但是大部分农村研究者坚决反对资本下乡。他们认为资本下乡有两个恶果：一个是资本下乡不会挣钱，因为农业效益太差；第二个问题是如果资本下乡，乡村土地都流转了，资本逻辑控制乡村，基层政权怎么办？我们调查研究的一个结论是，可以探讨鼓励资本回乡，或者扩大一点，叫作“要素入乡”。资本回乡是什么意思呢？就是本乡本土的人出去发家致富了，在外地成了企业家，但是，乡情常在，有意愿回到自己的家乡，来振兴自己曾经生长于斯的这片故土。资本或者要素带回来了，但急迫的诉求不是谋利或者不急于近期谋利，而是想通过这个途径获取社会尊严。这种投资行为不纯粹是一种资本逻辑，而是赋予了情感逻辑的内涵，在一定意义上是一种价值追求。事实证明，这种情况已经出现很多，在潍坊范围内特别是诸城市有很多事例，值得认真研究。这里，我们主张的并不纯粹是资本下乡，而是要素回乡，是人、钱、物的回归。

三、为什么要以县域为单位推进乡村振兴

综上所述，我们可以得出一个非常重要的结论，那就是以县域为单位推进乡村振兴，这是乡村振兴的最佳推进单元。换句话说，在乡村振兴的实践过程中，必须坚持以县为方法，思考问题时把县提高到方法论的高度，最好从以县为中心来考虑东西南北的问题。

当然，这并不是否定全国、省和市的领导和指导作用，而是从工作推进这个角度来讲。在乡村振兴问题上，中央对山东省提出的要求是要打造乡村振兴的齐鲁样板。在总结过去山东省农业农村现代化的经验时提出了三个模式：潍坊模式、寿光模式、诸城模式。这三个模式是我们思考山东省乡村振兴问题的一个经验基础。也正是在这个意义上，山东省在乡村振兴问题上给潍坊的定位是要做齐鲁样板的先行区。

潍坊市委非常重视从县这样一个角度来考虑问题，并制定了推进提升潍坊模式的基本思路和战略举措，可以概括为四句话：第一是坚持产业为基，全面振兴。第二是坚持片区带动，全域提升。第三是坚持城乡融合，全要素支撑。第四是坚持组织引领，全民行动。这四条就是潍坊乡村振兴的具体行动。关于山东省的乡村振兴问题的研究，乡村振兴的潍坊模式的研究，山东的学者应该走在前列，率先进行研究，做出成果。

第三章　合村并居应以县域为单位因地制宜因时而动*

本来想谈一下对“百年未有之大变局”的认识，但是，好多人问起笔者对最近成为舆论热点的山东合村并居的认识，这可能因为笔者是山东人，又在山东基层工作多年，且有在两个县域工作的经历，让人觉得笔者会更多地了解一些情况。因此，笔者临时换一个题目，谈谈自己对山东合村并居问题的看法。没有认真准备，不太成熟，也是一孔之见。

一、怎么看待“合村并居”：一个理论基础

笔者从一开始就注意到了这个问题的讨论，但没有刻意搜集有关这次讨论的文献资料，笔者觉得这是地方政府的实践问题。实践问题的解决有实践的逻辑，它和理论研究是两回事。理论研究多着眼于普遍性的规律，而地方政府的实践多为特殊的现实问题处理。对于一些地方政府的特殊实践，学者们用普遍理论去处理自然会有不同的看法，这也是正常的。所以，对此也就没有当回事。

现在有舆论说，“在新冠肺炎疫情和目前国际环境带来深度不确定性的形势下面，山东省出现侵犯农民基本利益的合村并居乱作为，可能造成国家安全的系统性风险”。如果循着这个思路考虑，那问题就严重了。

---

* 本章是作者 2020 年 6 月 12 日至 13 日在修远基金会、《文化纵横》杂志社共同举办的“疫情危机与未来形势演变及中国思想理论界面临的任务”研讨会上的发言。

合村并居不但影响到山东，还会影响到整个国家；不仅是农村问题，还会成为系统性风险。

笔者离开山东省有10年了，对山东省的情况也不可能完全掌握，对山东省有些地方合村并居的一些做法，也不是完全认同，工作中的问题肯定是有的，有些农民对合村并居不认同甚至反对，也肯定是存在的。但是对合村并居这件事全盘否定，“一刀切”的否定，笔者并不赞同。

其实，山东省的合村并居并不是始于今天，今天之所以成为一个“事件”，引发于2020年5月6日山东省自然资源厅政务动态栏目发布的一个会议信息。这次会议是省自然资源厅召集专家举办的关于《山东省村庄布局专项规划》的论证会。一次会议的消息引发如此规模的舆论，而且是来源于学术界的关注，进而演化为对一个农业农村大省的重大决策的评判，且这种评判几乎是一边倒的批评，这确实是很少见的事情。

怎样科学看待这件事情呢？

首先，正确理解乡村研究的基本理论单位。中央提出“乡村振兴”，用“乡村”这个概念替代了“农村”的概念之后，实际上大家应该重新思考一个问题，就是在“乡村振兴”战略这样一个国家战略的框架下怎样去定义农村学的研究对象问题。这是一个带有根本性的问题，也是理解合村并居这一现象的思想起点。

我们不难看出，有些学者的农村研究是以村落为研究单位或者研究对象的。这种研究对村落的研究很细致，学者们从社会学、政治学、经济学、人类学等不同学科介入贡献了很多研究成果。在这种研究思路下，新农村建设就会被理解为新村建设，乡村振兴就会被理解为村庄振兴。

但是，这种研究的局限性是很大的，因为受研究单位和对象的限制，研究视野必然会被遮蔽，这种研究把村落类型化，从类型化中找到具有普遍意义的东西。这种着眼于村落的视野，是以小农户的永恒存在为前提的，而且这些小农户只能是村落中的小农户。我们可以看到，目前反对合村并居论者，其理论前提或者理论预设，基本上是以村落的保持和小农户的存在为前提。这是他们的理论根基。他们认为，村落不能动，即便是空心村也要保留。因为这些打工的农民在城市里一旦活不下去，只要村落存在，他们还是会回到村里去。

但是，中国是个巨型国家，是个超大规模国家，不仅规模大，而且经济发展水平差异很大。在那些工业化和城镇化比较落后的地区，这种以村落为思考单位的农村研究也许是合适的，但是，在沿海发达地区就未必适合。所以，笔者主张要以县为单位和对象进行农村研究，新农村建设和乡村振兴也要以县为单位进行总体规划布局。

我们可以看到，山东省这次会议消息很明确地说，将“编制全省村庄布局专项规划，指导各地完成县域村庄布局，制定全省合村并居规划指导，稳妥推进合村并居”。就全省来讲是“规划指导”，重心在于“县域村庄布局”。山东的合村并居不是对村落进行类型化处理，而是对县进行类型化处理，在县域范围内，合村并居怎么搞，要根据各个县的具体情况来确定。山东本身也有东西部差距问题，每个县的合村并居规划肯定是不一样的，合村并居的实践推进速度和规模也是不一样的。

其次，如何看待城乡关系？乡村振兴中的乡村，不是指村庄，不能把乡村振兴理解为一个一个的村庄振兴。在以县域为单元的乡村振兴规划中自然包含着合村并居的规划。根据县域情况，有些村落可能消失，有些村落还会存在但要根据整体布局转换功能，有些村落可能扩容成为田园综合体或者成为特色小镇。要将原有村落置于以县域为整体单元的城乡关系当中重新定位和理解。所以，“乡村”这个概念，在乡村振兴战略的山东农业农村发展实践中是一个关系性概念，而不是一个一个的村落实体。也就是说，在以县域为单元进行的乡村振兴实践中，我们必须在城乡关系中理解村落。

在这个过程中，小农户并不是不存在了，而是以在新的乡村实践系统中的重新定位获得更好的生存和发展。比如，寿光的农民，作为小农户并没有消失，但是，他们以新型职业者的形式成为寿光新的更高级的生产组织形式中的职业农民。寿光的菜农很少迁村并居，他们的承包地成为现代化的生产车间，他们的村落成为他们生产场地的职工宿舍，他们的生活区域则是寿光县城。所以，我们不能脱离城乡关系来讨论村庄，要把乡村看作一个关系概念，在以县域为单位的整体布局中去定义具体村落的存留。

最后，如何看待农业产业化问题？农业产业化的实践开始于山东，农业产业化的理论也起源于山东。山东的农业发展受益于农业龙头企业的拉动。有些学者认为，农业产业化没有普遍意义，山东的农业龙头企业做大了，把相关的农业产业垄断了，其他省的龙头企业就没有产生的机会了。有的学者认为，农业龙头企业污染环境，造成生态破坏。还有就是农业龙头企业的发展一定伴随着资本下乡，而资本下乡也有风险。对党和政府以及人民群众来讲，有政治风险，资本强大了容易控制基层政权；对企业来讲，投资农业，成本难以控制，不会赚钱。

农业产业化的发展必然要占地经营，必然要建设工厂，合村并居实际上也是农业产业化的必然结果。所以，反对合村并居的学者，一般也会对农业产业化有异议。就山东的农村实践来看，合村并居与农业产业化的发展有着内在的联系。

笔者认为，对山东合村并居做法的全盘否定，有其理论根基，也有其经验根据。其理论根基就是把“农村”“乡村”简化为“村落”，以村落为研究对象进行农村研究，而其经验基础则主要来源于中部地区的农村实践。

改革开放以来，山东的经济发展之所以比较快，一个重要的原因就是县域的整体发展意识比较强，县域的竞争成为发展的强大动力。每个县都有自己持续不断的发展战略，都是以县为单位进行整体布局，整体推进。尽管有些学者说来过山东，调研过几个县市，但是，山东的农村发展水平差距很大，个别县市的调研未必能够整体反映山东的实际情况。事实上，合村并居的最初实践来源于山东的东部地区，这都是十几年以前的事情了，这些实践也没有成为“事件”，想真正地了解山东应该到山东进行全面的调查研究，只有这样，才能得出符合实际的结论。

二、农业农村区域化发展战略框架下，“合村并居”到底有无必要

从过程的角度看，山东的农业农村发展经历了一个逐步跃迁的过程：联产承包责任制—商品经济大合唱—贸工农一体化—农业产业化，目前正向农业农村的区域化发展。这个过程的基础是农村生产方式的不断变革，表现形式是农业组织方式的不断变化，随之而来的是农民生活方式的不断变化和农村空间布局的不断重构。在这个过程中必然伴随着合村并居的需求，而且这样的需求将会不断增大。龙头企业往往是在村落诞生，企业的不断发展自然会带来用地需求的扩大和农民改善生活条件需求的增大。周边村落被这种“强村”合村并居就成为必然。

截至2019年底，山东省县级以上重点龙头企业6589家，其中国家级龙头企业106家、省级龙头企业901家、市县级龙头企业5582家。这些龙头企业带来的合村并居是具有必然性的，是生产方式变换对生活方式变化带来的必然要求。随着实践的发展特别是乡村振兴战略的实施，农业产业化的发展由过去单一的农业产业向着一、二、三产业融合发展，这就有了区域化的要求，山东省把这种在一定区域范围内的由龙头企业带动的一、二、三产业融合发展的新模式叫作“新六产”。这种区域化的发展模式中，不仅一、二、三产业的产业链在这个区域内实现融合，而且实现了价值链在这个区域内的融合，还带来了这个区域内的原有村落的重新布局，也就是实现这个区域内的合村并居。

这种农业农村发展的区域化首先是实现了农业生产方式的根本变革，继而带来了农民生活方式的全方位改变，这不仅是生产组织方式的重构，也是农民经济、政治、文化、社会、生态文明各个方面的全方位的重构，我们把这种新的区域化的农业农村发展所形成的农业农村组织形态叫作“新型农村生产生活共同体”。在这个共同体内几乎容纳了该地域范围内原有的所有农民，同时也引进了乡村振兴所需要的资本和人才，充分利

用了这一区域范围内的资源要素，既使生产方式发展到现代化的水平，又通过经济利益的分配重构了基层社会基础。

认真体会中央关于乡村振兴战略的总体要求，我们不难看到，乡村振兴是在全面深化改革的总体框架和“五位一体”总体布局中的一项战略安排。如果说全面深化改革的总体目标是实现治理体系和治理能力现代化，那么，乡村振兴的总体目标也就应该是农村的治理体系和治理能力现代化。这种区域化的乡村振兴路子就是一种既符合党和国家政策逻辑又符合县域实践逻辑，还是顺应广大农民美好生活需要的生活逻辑的必然选择。从这个过程的演化来看，合村并居不是哪些领导干部的主观选择，而是随着经济社会发展而必然出现的由政府指导、市场推动、农民主体选择的综合互动过程。

笔者在潍坊工作过 10 多年，可以说是这个过程的亲历者，一定程度上讲也是推动者、实践者。商品经济大合唱、贸工农一体化都是为了解决联产承包责任制兴起以后的小农经济与大市场之间的矛盾，而作为系统解决这一矛盾而出现的农业产业化，对于推动山东农业农村现代化的发展起到了巨大的作用。

乡村振兴的区域化发展战略，不仅仅是一个产业发展的问题，而且是产业和区域的融合。目前，在山东省、在潍坊市已经有很多这种区域化发展的案例。这种区域范围大小是根据资源禀赋和产业发展来确定的，这个区域不受行政区划的限制，大小也不一定。比如青州市九龙峪就是乡村振兴区域化的一个典型。这个区域大概 40 平方公里，其主导产业是旅游业，原来住在这里的农民都被安置在一片二层别墅里。所有的村民不管多大年龄，只要你能够劳动都可以就地工作。这个地方十几年前就完成合村并居了。

山东农业农村发展有三个模式：寿光模式、潍坊模式、诸城模式。潍坊市委、市政府委托我们做三个模式提升的研究。我们通过总结潍坊的发展经验提出了一些建议，其中就建议要大力推进区域化发展战略。我们提出县市党委政府可以根据区域内资源禀赋和产业基础，以 20 平方公里到 50 平方公里为单元，进行区域化整体性规划和创意，充分调动政府、企业和农民的积极性和主动性，进行区域化的整体改造与发展。区域化的整体布局自然会涉及产业布局和村落的重新布局。

当然，这种区域化发展是要有前提条件的。

第一个条件就是要有主导产业来支撑。比如，青州九龙峪主导产业是旅游，旅游业对就业的拉动和对农民的增收，作用是很大的。有主导产业自然就会有一个比较大的龙头企业。只有这样，才能安排所有劳动力就业。

比如，昌邑南部有一个田园综合体，也是几十平方公里。它的产业是种植和加工生姜，原来的大姜种植水平很低，产品价格比较便宜，他们提升种植生姜的科技水平，生产有机大姜，卖到 60 多块钱一斤。这个区域内的所有村庄，有的被改造提升，有的被拆掉合并，有的为了接待游客被改造成了民宿，进行区域化重新布局。

第二个条件就是要有现代化的基础设施和公共服务配套。这种区域化推进战略，一般是由政府规划区域和范围，企业和区域范围内的村落作为实施主体，政府和企业配套基础设施和公共服务设施。在区域范围内，基础设施一般都是很先进的，包括重新布局的新村落，与城市均等化的公共服务，包括学校和医院。这样农民的生产和生活在这个区域内就同时解决了。

以县为单位搞乡村振兴规划，在县域范围内根据情况实施区域化战略，在区域内把村落类型化，该撤并的撤并，该提升的提升，该转型的转型，要根据实际情况进行规划。正如习近平总书记所指出的："随着经济社会发展，一些村落会集聚更多人口，一些自然村落会逐步消亡，这符合村庄演进发展规律。关键是要做到规划先行，哪些村保留、哪些村整治、哪些村缩减、哪些村做大、都要经过科学论证，不要头脑发热，不顾农民意愿，强行撤并村庄，赶农民上楼。"[①] 实施的过程也不能搞运

① 中共中央文献研究室编：《十八大以来重要文献选编》（上），中央文献出版社 2014 年版，第 682 页。

动，要根据实际情况稳妥推进，要在过程中解决问题。最后形成区域范围内的基础设施配套齐全、公共服务与城市均等、能够使广大农民安居又乐业的新型农村生产生活共同体。这样的乡村振兴才能实现中央提出的打造“现代版的富春山居图”。

新的形势下的农业农村研究，首先要把县类型化。山东的东西部地区差距很大，就是在发达的东部地区中县域发展也不平衡。县域的实际情况决定了县域的发展战略和发展步骤。我们研究的“潍坊模式”有一些很重要的特征。与长三角和珠三角相比，它凸显了大城市与大农村并存、大工业与大农业并存的特征。而且潍坊范围内的各个县域不管是工业还是农业都有自己的特点。总体来看，整个潍坊是穿插在沃野之中的城市群。而且，这个城市既不像珠三角一样靠外来力量的催发，也不像长三角一样靠大城市的拉动，它是从农业起家，靠农业产业化拉动，具有明显的内生性质。所以，拉动就业比较充分。

据我们研究，潍坊的农民工打工除了临朐县外，80% 以上都是在县域内流动，90% 以上都是在潍坊区域内，所以潍坊基本不存在什么留守儿童、留守老人的问题。年轻人可以在城市里安家或者回农村，但是，他们回到的那个农村已经不是原有意义上的农村了，而是被重构了新型农村生产生活共同体。

遗憾的是，长江三角洲因为有费孝通提出的苏南模式而备受学者们的关注，珠江三角洲因为是改革开放的前沿而吸引学者们的目光，再加上当地党委政府特别重视对这些经验的研究，所以研究成果非常多，而山东的农业农村发展经验很少有学者进行系统性的研究。

三、“合村并居”过程存在问题，但不宜因此否定农业农村发展的总体趋势

不难判断，合村并居过程中的问题肯定是存在的。有些可能是不具

备合村并居的前提条件而强行推进，有的可能是推进过程中存在方式方法问题，有的可能是补偿太少或者农民对安置过程中的问题有意见。不管是哪个方面的问题，是超越了阶段和条件的盲目行为，还是过程中出现的方式方法问题，都应该正视，都应该认真去解决。一切要从农民的利益出发。但是，随着经济社会的发展，合村并居是必然的现象，也是农业农村发展的总体趋势。这也是不可否认的。

当然，说是总体趋势也不是说把农村所有的民居都拆掉。其实，合村并居，潍坊早就有经验可循，诸城在这方面行动比较早，目前诸城已经没有村庄了，全部都叫农村社区，虽然当时他们的实践大家也有不同的看法，但是，十几年过去了，总体上还是成功的，诸城的农业农村发展已经开始了规模比较大的区域化发展阶段，他们明确提出了“生产园区、生活社区、生态景区”三区共建共享的总体思路。这也是“诸城模式”的提升战略。聊城市“按照社区化建设、片区化发展、景区化打造的思路”来推进生产、生活、生态“三生共融”，而且明确提出生产方式变革是村庄融合的前提。实质上是笔者上面讲的农业农村发展的“区域化战略”。

总之，是不是进行合村并居，何时进行合村并居，进行多大规模的合村并居，都要根据这个县域实际情况来确定。作为省一级出台指导性的村庄布局规划意见，进行分类指导，也是完全应该的。即便是作出了规划也并不是在短期内或者有限的时间内完成这个规划。但是，规划必须是超前的，如果规划不超前，在那些将来要撤并的村庄进行新的建设，不是会造成更大的浪费吗?

规划要超前，规划的实施确实要回归到各个地方的情况。各个地方的历史传统与现实情况都不同。说几句比较抽象的语言，我们要从“历史本体论”的角度认真思考当下的一些问题，中国人的精神世界是以历史为本体的，历史本身就是处在变化中。我们哲学所的赵汀阳先生说，中国的形而上学不是西方话语中的“存在”，而是讲的“变在”。中国的哲学是关于“事”的哲学，讲究的是“理在事中”“道在事中”。事情永远处在流变的过程之中，中国的思想观念强调的是变易，要从变化的视角看问题，我们观察问题，既不能以偏概全，更不能以静止的思维处理变化的世界。

笔者认为，合村并居的争议，倒是给理论界提出了一个任务，关注现实中的问题，提炼实践中的经验，这些年山东的农业农村发展实际上是有成绩的，农业农村理论界应该怎样建构真实的山东发展话语和讲好山东的故事呢？要知道，山东的实践和经验一定是中国理论和中国故事不可缺少的经验素材。

第四章　乡村振兴战略：新时代农业农村工作的总遵循 *

党的十九大报告提出实施乡村振兴战略，明确指出要坚持农业农村优先发展，按照产业兴旺、生态宜居、乡风文明、治理有效、生活富裕的总要求，建立健全城乡融合发展体制机制和政策体系，加快推进农业农村现代化。乡村振兴战略，是我们做好新时代农业农村工作的总遵循。

一、深刻理解实施乡村振兴战略的时代背景和重大意义

实施乡村振兴战略是解决不平衡不充分的发展的战略举措。新时代我国社会主要矛盾已经转化为人民日益增长的美好生活需要和不平衡不充分的发展之间的矛盾。发展不平衡不充分，在农村地区体现得最明显，农村地区是解决这一主要矛盾的主战场，党的十九大报告指出“要坚持农业农村优先发展”，这是实施乡村振兴战略的基本指针。

实施乡村振兴战略是适应经济发展新阶段的战略举措。如果说在经济高速增长阶段，城乡差距所导致的“推力”和城市二、三产业快速扩张形成的“拉力”共同构成强烈的“推拉效应”，农村人口、资源、资金持续流出，许多地方“村庄空”“产业空”“组织空”现象突出，那么在经济发展新阶段，这种状况将会有明显改变。一方面，二、三产业结构正在发生深刻变化，农民工年龄结构与产业就业结构要求不相适应的

* 本章原刊于《红旗文稿》2018 年第 3 期。合作者：刘岳。

状况越来越突出，城市生活成本也上升很快，近两年我国农村转移劳动力增幅都不超过 0.5%，达到历史低点，城市“推力”开始出现；另一方面，新农村建设成效明显，农村生产生活条件持续改善，大量农村人口流出并稳定在城市使一些农村地区人均耕地面积显著增加，适度规模经营成为可能，现代农业经营体系和一、二、三产融合发展使农民收入大幅度提高，因此农村的“拉力”也开始显现，形成新的“推拉效应”。正因此，要精准预判短中长期城乡人口、产业发展变化趋势，在利远弊近和利近弊远诸政策目标之间作出尽可能准确的战略权衡，并依此制定实施精确的政策安排，而不是事到临头被动地应付。

实施乡村振兴战略正是在我国城乡关系结构变化节点上作出的重要战略安排。实施乡村振兴战略是实现农村地区内生性发展的战略举措。近年来的新农村建设更多着眼于基础设施方面，在很多地方被简化为“新村”建设，甚至是“新房”建设，忽视了农村特点和农村社会建设，巨额投资未能实现与乡土因素的有机融合，不能实质性促进农村内生性发展，不能有效实现农村良性社会变迁。一方面，农村精英分子始终在大量流出，农民组织化程度提升不快；另一方面，一厢情愿地将城市治理思路和逻辑简单化移植到农村，在“水土不服”的同时还破坏了原有社会网络体系和治理结构，进一步加剧了农村衰落。乡村有乡村的逻辑，要按照乡村的规律、根据乡村特点来办好乡村的事情。实施乡村振兴战略，是改变以往单纯的“输入性”乡村建设模式，形成“内生性”乡村建设力量和治理结构的关键举措。

二、实施乡村振兴战略的理论和政策创新的丰富内涵

实施乡村振兴战略，既是完成全面建成小康决胜阶段任务的重要举措，又是对全面建成小康社会之后，农村发展建设的新的总体战略布局。要对照党的十九大报告提出的总要求，建立健全城乡融合发展体制机制和政策体系，加快推进农业农村现代化。

一要充分理解生活富裕的丰富内涵。生活富裕不是一个孤立的要求，只要“产业兴旺、生态宜居、乡风文明、治理有效”的要求达到了，生活富裕就是顺理成章、水到渠成的结果。或者说，前面的4个要求是实现生活富裕目标的先决条件，生活富裕取决于前面4个目标的实现。习近平总书记反复强调“绿水青山就是金山银山”，而推进乡风文明，去除陋俗鄙俗同样可以大幅度提高农民生活和福利水平。因此，这5个方面的要求具有完整的内在逻辑一致性。

二要高度重视产业发展。产业是脱贫之基、致富之源。没有产业发展带动，很难脱贫；缺乏产业支撑，脱贫难以持续。给钱给物只能是救急解渴，兴办产业才能开流活源。“产业兴旺”就是要立足于城乡融合发展的时代定位，着眼于一、二、三产业融合发展的现实要求，这个要求呈现出了更为广阔的视野和宏大的战略思维。

三要重视农村的生态文明建设。“生态宜居”是对整个农村地区提出的要求，既包括搞好村庄环境卫生，也包括治理农业生产带来的面源污染，还包括农村二、三产业产生的工业污染，既包括干净整洁的基本要求，也包括赏心悦目、舒适祥和的较高要求，体现了新时代农民对美好生活的期望和期盼。

四要提升乡村治理能力和治理水平的现代化。党的十九大报告提出“治理有效”，在政策导向上以“健全自治、法治、德治相结合的乡村治理体系”为目标，这就要求打破思维定式，突破概念束缚，综合使用多种手段，调动传统与现代、政治经济文化多方面资源，整合基层党组织、村民自治组织、农村经济组织、新型社会组织力量，重视和有效利用乡村文化网络系统，构建更加完备的中国特色乡村治理体系。这是走中国道路的坚实步伐，是完善我国社会治理的重大的理论和实践创新。

三、实施乡村振兴战略需要注意的几个关键问题

着眼于农业农村优先发展推进农村土地制度改革，增加农村内生性动

力。农村土地制度是农村基本经济制度的核心。党的十九大报告指出，保持土地承包关系稳定并长久不变，第二轮土地承包到期后再延长 30 年，这是继续发挥农村基本经济制度优越性、发挥好农村作为现代化建设战略总后方作用的根本保障。无论是农村承包地、宅基地还是集体建设用地改革，都应当以促进农村稳定、农业发展、农民利益为依据，而非一味地以推进城市化和发展工业为目的。以完善城乡建设用地增减挂钩政策体系为例，当前，增减挂钩产生的节余建设用地指标只允许在县域内流动，农村土地增值空间非常有限，不足以抵偿村庄建设和土地复垦的成本，也不能将发达城市地区的资金通过土地渠道转移到农村建设中。同时，单一的地方财政投资渠道又极大限制了农村建设的规模和水平，事实上成为农村宝贵土地资源被城市廉价使用的重要渠道。如果能够逐步建立省域和全国性的节余建设用地指标交易平台，通过建设用地指标跨区域交易就可以更好落实土地用途规划，为农村建设提供充足资金保障，全面改善农村基础设施条件和农民居住生活条件，提升农村地区负载产业和人口的能力水平，为实施乡村振兴战略提供更好的展开条件。

发展农村集体经济多种实现形式，发挥集体经济综合功能。推动乡村振兴、实现内生性发展，壮大集体经济是基础。要鼓励基层和农民群众在创新集体经济组织形式、产权形式上进行大胆实践，在实践基础上实现集体经济实现形式理论和政策的创新；要重点研究解决当前集体经济“两张皮”的问题，尤其是在农民合作社中，“一股独大”必然使合作社变相成为翻牌公司，合作社社员成为大股东的雇佣劳动力，失去集体经济的优势和活力，而如果股权过于分散，则缺乏组织性，决策成本高昂，市场竞争能力减弱。如何真正发挥合作经济和共有产权在农村的积极作用，成为农村集体经济的重要形式，是关键性的课题；要将集体经济发展与农村基本治理单元相结合，通过发展集体经济构建农村新型生产生活共同体，在保障农民权益的同时全面提升农村社会治理水平。应当在发挥集体经济解决农民就业、增加农民收入功能的同时，通过政策安排，赋予集体经济组织担负一定的为本社区提供公共服务的职能，使农民共享集体经济的基础设施，以各种具有集体主义色彩，体现社会主义性质的农村经济体，重塑农村社区居民的生活习惯、心理结构和精神面貌，使生产组织与生活共同体在空间上高度融合，利益诉求方面高度一致，实现物质、人口和精神三个再生产的统一，这将是乡村振兴的理想图景。

积极鼓励农民返乡创业，构建良性乡村治理体系。乡村振兴，关键在人。政策导向上应当从鼓励“资本下乡”转向大力支持外出农民返乡创业，扎实开展好正在进行的“结合新型城镇化开展支持农民工等人员返乡创业试点”，推动建立城乡相互吸纳机制和城乡精英循环机制。实践证明，资本下乡这种“资合”方式不可避免地具有社会成本高昂和“道德风险”等问题，资本逐利和流动的基本特点也在切割农村原有社会关系结构，容易引发农村社会治理中一系列问题。外出农民返乡创业，可以将他们多年积累的经济资本、社会资本、管理经验与乡土资源、信任关系很好结合，将经营成本、道德风险降到最低，实现地缘、血缘、业缘纽带的充分联结，实现“资合”与“人合”的内在统一，实现企业与农村社区的高度融合，同时很好发挥农村精英的“组织员”功能，有利于实现党的十九大报告提出的“健全自治、法治、德治相结合的乡村治理体系”目标。

注意保护小农户利益，避免“平均数掩盖大多数”。到 2015 年，我国农村承包地流转水平超过 30%，也就意味着将近 70% 的农村耕地仍然由小农户耕作经营，“家家包地，户户务农”仍然是我国农业生产经营组织方式的常态，小农户与现代农业发展所要求的市场体系、金融体系、法律体系、科研体系之间的矛盾仍然非常突出。必须正视这一问题并且实事求是地提出应对解决办法，而不是一味地推进土地流转，扶持规模经营。一方面，小农户经营在我国人地关系高度紧张的国情下有天然的合理性。实践证明，在当前普遍较为粗放的生产经营方式和低下的管理水平下，较大规模经营几乎无法做到土地产出率、资源利用率和劳动生产率同步提高，往往导致单产下降，浪费宝贵耕地资源。而“半耕半工”的家庭生计模式，在解决农村中老年人就业的同时，能够充分发挥精耕细作的传统农业优势，在保障粮食安全方面作用巨大。因此不能在观念上将小农户和新型经营主体对立起来，贴上绝对的落后与先进的标签，必须立足中国国情，走中国特色现代农业道路。另一方面，土地流转水平其实是城镇化水平在农村土地上的投影，换言之，有多少农村人口永久离开土地进入城市生活，决定了农村土地流转水平。因此，提高农村土地流转水平，实现农业规模经营不是一厢情愿的事情，而是取决于城镇化水平这一基本约束条件。必须以大力发展各种新型经营主体，实施多种创新形式缓解小农户经营导致的土地碎片化带来的一系列问题。

重视新技术革命对现代农业产业体系、生产体系、经营体系的促进作用。落实党的十九大报告指出的“构建现代农业产业体系、生产体系、经营体系”，不能把眼光仅仅局限在良种良法结合、农机农艺配套等具体农业科技上，更要注意到高速互联网的全面覆盖、物联网技术的成熟、人工智能技术的广泛应用，在促进生产力发展的同时对农村生产关系领域的深刻影响。例如，在互联网、物联网技术广泛应用的条件下，中小型农产品生产者与若干消费者直接结合成为虚拟社区，甚至形成网上消费合作社等多种组织形式，通过可视技术监控生产全过程，以全程可追溯保证农产品质量信誉，同时实行农产品定制化服务，通过已经极其成熟发达的物流配送网络送净菜进城，极大降低城市垃圾生成量。

这就给以小农户、小型家庭农场及其组合为主要形式的生产经营组织替代辐射广大区域的大型蔬菜市场在一定程度上提供了条件，整个鲜活农产品生产经营模式将发生质的变化，使新的农业组织方式、经营方式、农产品流通方式成为可能。

第五章　对实施乡村振兴战略要系统性把握 *

实施乡村振兴战略是全局性、总体性的战略部署，必须从系统性出发对乡村振兴战略进行把握。实施乡村振兴战略是推进国家治理体系与治理能力现代化的重要战略安排，是在经济发展新阶段实现经济发展目标的重要战略安排，是弘扬中华优秀传统文化、推进生态文明建设的重要战略安排。

一、实施乡村振兴战略是推进国家治理体系与治理能力现代化的重要战略安排

20 世纪后期以来，“流动中国”日益成为中国的基本图景，人口、资金、信息、物资的规模和频次极其巨大的流动带来了经济一个时期的繁荣。但是流动性过高的社会现实与固有的治理理念、治理能力和治理结构之间存在着相当深刻的矛盾。在社会结构定型化的背景下，大量农村人口无序流动，事实上已经很难在大概率上改变其在社会结构网络中的地理位置。城市治理难度空前加大，本质上是流动性过高的结果；农村则体现为“产业空”“组织空”“村庄空”，本质上也是高流动性的后果。在保持社会和经济活力的前提下适当降低流动性，或者做到在更大程度上可预期、可管理、可控，提高治理绩效，是当务之急。实施乡村振兴战略是重要的也是非常有效的治理手段。

近年来，随着户籍政策改革稳步推进，农业功能丰富完善，农村基

---

* 本文原刊于《中国党政干部论坛》2018 年第 4 期。

础设施水平大幅提高，农村产权制度改革持续深入，农村社会事业不断发展，农村生活环境不断改善，很多农民不愿意放弃农村户籍，越来越多的人开始向往农村生活环境和生活方式。可以说，持续了十几年的社会主义新农村建设为乡村振兴提供了基本的物质条件，为比较自然顺利地降低流动性准备了必要前提。随着农村改水改厕、小流域污染治理、面源污染治理、垃圾处理等方面工作的强力推进，农村生活环境在近几年将会有本质提升，最近出台的农村宅基地所有权、资格权、使用权“三权分置”的政策，也为大批农民返乡创业居住提供了更好的条件。

从政策供给上看，主要有以下几个方面。一是着眼于农业农村优先发展深化农村土地制度改革，尤其是进一步完善城乡建设用地增减挂钩政策，更好发挥农村土地要素效能，创造社会资金全面参与乡村振兴的政策环境，摆脱目前单纯依靠地方政府财政投入的困境。二是创造条件引导鼓励外出农民返乡创业。可以将他们多年积累的经济资本、社会资本、管理经验与乡土资源、信任关系很好结合，将经营成本、道德风险降到最低，实现地缘、血缘、业缘纽带的充分联结，实现“资合”与“人合”的内在统一，实现企业与农村社区的高度融合，同时很好发挥农村精英的“组织员”功能，实现党的十九大报告提出的“健全自治、法治、德治相结合的乡村治理体系”目标。三是以建设新型农村生产生活共同体为目标，重新确定农村地区基本治理单元。新型农村生产生活共同体将带有鲜明传统乡村特色的舒适生活方式，实现三产融合的发达产业中心和治理有效的社会基本治理单元三者有机统一，消除了城市和农村在性质上非此即彼的对立，创造了一种既非城市也非农村的新型模式，不是简化的城市“吃掉”农村，而是实质意义上的城乡融合。新型农村生产生活共同体打破行政村界线进行空间重构，统一建设高标准生产生活基础设施，统筹使用耕地和集体建设用地；依托高效农业和先进农产品加工业进行产业重构，在高度分工的基础上实现工农商学研一体化，实现职业农民在本区域的充分就业和稳定增收；通过多种纽带达成农民的再组织化，实现社会空间重构，农业生产过程与农民生活过程相统一，企业与社区互为内在，形成农民之间、农民与市场、农民与集体组织之间的新型联系。四是通过政策安排，在发挥集体经济解决农民就业、增加农民收入功能的同时，赋予集体经济组织担负一定的为本社区提供公共服务的职能，使农民共享集体经济的基础设施，以各种类型具有集体主义色彩、体现社会主义性质的农村经济体，重塑农村社区居民的生活习惯、心理结构和精神面貌，使生产组织与生活共同体在空间上高度融合，利益诉求方面高度一致，实现物质、人口和精神三个再生产的统一，这将是乡村振兴的理想图景，也是全面提升治理绩效的理想结果。

二、实施乡村振兴战略是在经济发展新阶段实现经济发展目标的重要战略安排

新中国成立以来，农村为国家工业化、现代化作出了巨大贡献，形成了牺牲农村福利，以农村为发展代价的城乡二元结构。改革开放以来，发挥农村基本经营制度独特优势，为中国成为“世界工厂”，实现“中国奇迹”提供了几乎无限供给的低成本土地和劳动力要素资源，释放出惊人的生产力。21 世纪以来高速推进的城镇化，以及房地产业成为支柱产业，其本质也在于农村基本经营制度。这种独特优势的根本，就在于农村土地集体所有的制度安排。习近平总书记反复强调农村土地集体所有制绝对不能变，不仅是考虑农村社会稳定问题，而且是关系到中国是否能够继续保持这种独特优势的问题。

纵观新中国成立后“两个三十年”，虽然经济发展形态、经济管理手段的表现形式非常不同，但是一以贯之的是积极有效使用农村土地集体所有这一政策武器，全面压低资本形成的门槛，只不过前 30 年是尽力降低国有企业特别是重工业的资本形成门槛，使资源禀赋不支持的重工业优先发展战略成为可能；后 30 年是在全面压低各种所有制形式企业的资本形成成本，提高我国企业在国际分工体系中的竞争力。这种纵贯改

革前后的城市与农村、工业与农业互为表里的发展模式，不但是我们理解习近平总书记“两个不能否定”重要思想的关键，也是构建中国大国政治经济学的关键所在。笔者认为，实施乡村振兴战略，是保持经济平稳健康发展的基础。从更加具体的层面看，今后一段时期，将建设的重点放到农村，可以将城市开发建设的成熟经验、充裕的社会资金供给、农民改善生活条件的强烈愿望、地方政府积极的行政作为充分结合起来，使农村作为今后一段时间建设的主战场，有效化解过剩产能，全面改善农村基础设施条件、农民居住生活条件，提升农村地区负载产业和人口的能力水平。

三、实施乡村振兴战略是弘扬中华优秀传统文化、推进生态文明建设的重要战略安排

文化传承要有载体，传统村落聚居模式是中华传统文化的重要载体。生态文明根植于中国深厚传统之中，不仅是一种发展理念，也是生活方式。文化自信和生态文明也是互为表里。从农民角度讲，农民持续增收难度很大，一段时间里认为可以一直高歌猛进的想法只是一厢情愿，十几年前笔者担任市委书记的时候也认定解决农村问题、富裕农民的关键在于减少农民，这个逻辑没错，但是一方面减少农民只可能存在于局部地区，另一方面这也将是一个相当漫长的历史过程，正如习近平总书记所言“要保持历史耐心和战略定力”[①]。如果农民人口占比下降的速率始终小于恩格尔系数下降的速率，农民总体的收入占比一定会持续下降，人均收入增长会遇到严重的瓶颈。如果收入水平不能快速提高，生活方式和价值观念又继续沿着原先所提倡的道路前行，会产生非常严重的后果。从国家层面上讲，由高速增长阶段转为高质量发展阶段，也意味着资源环境已经无法负载原有的发展模式和生活方式，再持续下去会面临严重的国际问题。因此，传统文化也罢，生态文明也罢，都不是领导人自身

① 《习近平在全面推动长江经济带发展座谈会上强调 贯彻落实党的十九届五中全会精神 推动长江经济带高质量发展》,《人民日报》2020 年 11 月 16 日。

的偏好，而是大势所趋。在客观限制条件给定、难以改变的情况下，转换观念、改变生活方式是必需的、正确的战略选择。实施乡村振兴战略正是这样一个战略性举措。

实施乡村振兴战略必须全面提升政策供给配套性。单纯强调发展集体经济，改善农村金融供给，发挥农民合作社功能，推进农村土地制度改革，却没有相应的政策环境，很难取得实质性的进展。在农村税费改革、在新农村建设过程中都存在严重的政策不配套问题，在一段时间内负面影响巨大。这更加要求从总体性出发，从战略高度出发，增强政策供给配套性，保证乡村振兴战略顺利实施。

第六章　深刻把握乡村振兴战略

——政治经济学视角的解读

“我国社会生产力水平总体上显著提高，社会生产能力在很多方面进入世界前列，更加突出的问题是发展不平衡不充分，这已经成为满足人民日益增长的美好生活需要的主要制约因素。”① 从马克思主义政治经济学角度讲，解决这个矛盾，需要重新定位城乡关系，确立城乡融合理念，这是实施乡村振兴战略的必然选择，也是乡村振兴战略的理论依据。践行乡村振兴战略，要通过城乡融合发展来破解“三农”难题，这是一个必经过程。具体来说，要达到“产业兴旺、生态宜居、乡风文明、治理有效、生活富裕的总要求”②。

一、引言

党的十九大把乡村振兴提到了国家战略的高度予以部署。对于乡村振兴的意义，正如习近平总书记在 2013 年中央农村工作会议上指出的，中国要强，农业必须强；中国要美，农村必须美；中国要富，农民必须富。农业基础稳固，农村和谐稳定，农民安居乐业，整个大局就有保障，各项工作都会比较主动。解决好“三农”问题，实施乡村振兴战略，实现农业农村现代化，是未来几十年建设社会主义现代化强国这一总体目

① 中共中央党史和文献研究院编：《十九大以来重要文献选编》（上），中央文献出版社 2019 年版，第 8 页。
② 中共中央党史和文献研究院编：《十九大以来重要文献选编》（上），中央文献出版社 2019 年版，第 22 页。

标的必然要求。研究乡村振兴战略问题有很多角度，本章试从马克思主义政治经济学的角度予以解读。

二、城乡关系的新认识：城乡融合理念的确立

乡村振兴战略的提出意味着中国共产党站在新时代的高度对城乡关系问题形成了新的认识成果，这个成果就是城乡融合理念的确立。

城乡融合也是马克思主义关于解决城乡关系问题的基本主张。在1847年《哲学的贫困》中马克思写道，“城乡关系一改变，整个社会也跟着改变”。[①] 马克思主义城乡关系理论认为，城乡关系演进与生产力发展水平密切相关，生产力的发展推动着人类生产方式与生活方式的变革，由此带动城乡关系不断演进；在人类社会发展的历史长河中，城乡关系要依次经历城乡依存、城乡分离、城乡融合三个阶段。[②] 随着生产力的发展，农业和畜牧业所提供的剩余粮食和劳动力不断增加。[③] 分工以及紧密的协作关系形成了城市，但是在前工业社会中，农业文明处于中心和主导地位，城市尚处于农业文明母体之中的发育雏形期，城乡关系呈农强城弱的浑然一体状态。[④] 城乡分离（对立）是生产力进一步发展的结果。马克思指出城乡分离和对立是生产力发展到一定阶段出现的社会现象。

之所以会出现城乡对立，根源在于生产力的发展但是发展仍然不足。[⑤] 农业出现了剩余劳动力为农业和工业分离提供了条件，但是由于工业生产力水平发展不足导致了乡村农业人口分散和城市工业人口的集

① 《马克思恩格斯选集》第1卷，人民出版社2012年版，第237页。
② 参见白永秀、王颂吉：《马克思主义城乡关系理论与中国城乡发展一体化探索》，《当代经济研究》2014年第2期。
③ 参见〔美〕刘易斯·芒福德著，倪文彦等译：《城市发展史：起源、演变与前景》，中国建筑工业出版社1989年版。
④ 参见林聚任、王忠武：《论新型城乡关系的目标与新型城镇化的道路选择》，《山东社会科学》2012年第9期。
⑤ 参见周志山：《从分离与对立到统筹与融合——马克思的城乡观及其现实意义》，《哲学研究》2007年第10期。

中，进而出现城乡对立。[①]随着生产力进一步发展，城乡将趋于融合，因为“消灭城乡之间的对立，是共同体的首要条件之一，这个条件又取决于许多物质前提”[②]。恩格斯在《共产主义原理》中首次提出了城乡融合的概念。他认为，“通过消除旧的分工，通过产业教育、变换工种、所有人共同享受大家创造出来的福利，通过城乡的融合，使社会全体成员的才能得到全面发展”[③]。芒福德也认为：“城与乡，不能截然分开；城与乡，同等重要；城与乡，应当有机结合在一起。”[④]在马克思主义相关理论的基础上，总结中国实践经验，剖析中国国情，可发现城乡关系不断处于变化之中，且具有明显的阶段性特征。城乡关系这一本质问题集中表现为“三农”问题。解决城乡对立问题，就必须解决“三农”问题，解决“三农”问题又必须实施乡村振兴战略。

城乡关系的阶段性变化不仅体现在对“三农”问题的认识上，还体现在一系列针对“三农”问题的政策设计上，前者是认识论范畴，后者则是方法论范畴。首先，“三农”问题是一个什么范畴的问题？这是认识城乡关系的核心和突破口。“就‘三农’论‘三农’，已经难以从根本上解决‘三农’问题。我们只有跳出‘三农’抓‘三农’，用统筹城乡发展的思路和理念，才能切实打破农业增效、农民增收、农村发展的体制性制约”[⑤]。这意味着，“三农”问题是一个整体，表面上看三农分别涉及农业、农民、农村三个方面，一种思路是农业遇到什么不足，可以出台关于加强农业发展的意见，农民遇到什么状况，可以出台改善农民状况的意见，农村遇到什么问题，可以出台改进农村工作的意见。但这种思路是对“三农”问题分割的、孤立片面的认识，在认识论上犯了机械论

---

① 参见董济杰：《马克思恩格斯城乡关系理论及对当前中国城乡一体化的启示》，《前沿》2017 年第 8 期。

② 《马克思恩格斯选集》第 1 卷，人民出版社 2012 年版，第 185 页。

③ 《马克思恩格斯文集》第 1 卷，人民出版社 2009 年版，第 689 页。

④ 参见〔美〕刘易斯 · 芒福德著，倪文彦等译：《城市发展史：起源、演变与前景》，中国建筑工业出版社 1989 年版。

⑤ 习近平：《之江新语》，浙江人民出版社 2007 年版，第 43 页。

和形而上学的错误。[①]“三农”问题的表象是农业效益低，农民收入低，农村发展水平低，而这种低是有比较对象的，是与工业、城市居民、城市相比较得到的结论。因此，“三农”问题的本质上是这一发展过程中工业农业、农民市民、城市乡村发展的失衡，即城乡对立问题。由于工业和市民集中在城市，“三农”问题本质也就是城乡关系和矛盾的不平衡。就“三农”本身论“三农”问题，解决不了“三农”问题，而应该把焦点放在城乡二元分割的体制上。[②]城乡二元经济结构是发展中国家工业化过程中特定出现的现象[③]，出现城市中以制造业为主的现代化部门和农村中以传统生产方式为主的农业的并存。就中国而言，城乡二元结构也出现在经济发展过程中，而体制性因素进一步强化了这一结构。

1949—1978 年中国最根本的问题就是如何解决农业快速发展并为工业化奠定基础和提供保障。如果从 1978 年以前的中国经济看，城乡关系实质上是工农业关系的更广泛表现，工农业关系是城乡关系的核心问题。在推行农村经济体制由个体经济、合作经济再向“政社合一”的集体经济转变过程中，城乡分隔的壁垒也逐步形成，农民被束缚于既有的土地和社区内不得自由流动。这就是所谓的城乡“二元结构”。[④]具体而言，从中华人民共和国成立开始国家采取了优先发展重工业的政策，为此采取农产品统销统购和工农产品价格剪刀差，以农业剩余实现对工业化的支持。为了保证支持的效果，国家采取了城乡分割的二元体制，包括城乡分割的生产资料所有制和户籍管理制度，以及在此基础上的农村以人民公社体制为标志的城乡二元社会就业、教育、福利保障等治理机制。这种城乡二元分割体制使农民在既有的土地和农村中不得自由流动，既集中力量于农业积累为国家的工业化服务，又减少了对城市的就业、粮食供应等各方面的冲击。应该说，改革开放前的“三农”状况的主导因

① 参见刘守英：《城乡共同发展方能解决“三农”问题》，《发展》2013 年第 3 期。
② 参见〔英〕阿瑟·刘易斯著，周师铭等译：《经济增长论》，商务印书馆 1996 年版。
③ 参见罗楚亮：《城乡收入差距的变化及其对全国收入差距的影响》，《劳动经济研究》2017 年第 1 期。
④ 参见武力：《1949—2006 年城乡关系演变的历史分析》，《中国经济史研究》2007 年第 1 期。

素是国家的重工业优先发展战略形成的工业农业关系，工业农业关系决定了农民的身份和农民市民关系，也决定了城乡关系的实质，从而形成了“三农”问题的体制因素。中国的农业、农民、农村在改革开放前为中国的工业化作出了巨大贡献，这些工业成就和相应的城市发展为改革开放积累了良好的物质基础。这一时期农业、农民、农村对工业化的支持主要是通过提供农产品剩余来支持，改革开放后则转为以提供农村劳动力和土地来支持。①

1978 年底党的十一届三中全会以后，城乡关系进入了一个新的历史时期，过去完全由政府控制的城乡关系开始越来越多地通过市场来调节，但是农业支持工业、乡村支持城市的趋向并没有改变。②改革开放是从农村开始的，首先是农业生产上的体制改革，家庭联产承包责任制在维持土地集体所有制的基础上取代了原来的人民公社，加上以化肥使用和农作物品种改良为代表的农业科技进步，农业粮食产量得到了极大提高，很快解决了温饱问题。改革开放后的农业对工业的支持除了农业生产迅速提高对工业提供更多的农产品剩余支持，更重要的是改革开放引入了市场经济，农民开始以转移劳动力的方式参与工业化，包括农民创办乡镇企业和作为农民工进入城市。这表明，改革开放后二元分割的城乡壁垒开始松动，特别是农民进入城市打工与创业使原来严格的户籍制度开始松动。

在这一时期，农民的劳动力转移开始以市场的方式实现，但市场化的经济发展本身也会存在市场经济惯有的拉大发展差距的倾向，相比农村发展，城市产业的聚集效应使高生产率的产业都集中在城市，这会拉大城市和农村的发展差距，农村的乡村工业和乡镇企业也必须适应这种聚集的过程。农民可以从农村移居城市加入城市化和工业化浪潮，但对农民工来说，由于之前在农村受到的教育层次低导致的知识水平限制，

---

① 参见王伟光：《建设社会主义新农村的理论与实践》，中共中央党校出版社 2006 年版。
② 参见武力：《1949—2006 年城乡关系演变的历史分析》，《中国经济史研究》2007 年第 1 期。

高生产率和高收入水平的职业机会难觅。并且，城乡二元体制只是松动，城乡分割的体制仍然存在，“三农”仍是处于为工业化城市化服务的附属地位，农业成为工业的附属，农村与农民成为城市的附属，只不过表现形式有所变化。一系列数据可反映这一时期的城乡对立关系，改革开放后的城乡发展差距拉大，这成为全国收入分配差距的主要成因。1978 年城乡居民收入差距是 2.37 倍，1985 年缩小到 1.72 倍，但随着 20 世纪 80 年代中后期改革重心开始转向城市，城乡收入差距又开始扩大，1995 年扩大到 2.47 倍，2004 年则扩大到 3.21 倍。①

社会主义的本质是发展生产力，并实现共同富裕。“三农”问题是关系国计民生的根本性问题。“三农”问题不解决，共同富裕也实现不了，而且就扶贫工作而言，我国贫困人口基本在农村，无论是扶贫还是缩小城乡差距，解决“三农”问题都是系统性、整体性的。党中央历来重视农业问题，在 1982 —1986 年连续发布了 5 个中央一号文件，对当时农村以承包制为核心的体制改革和农业发展作了部署，当时中央关注“三农”问题的核心在于农业生产的发展，中央农业政策激发了广大农民的积极性，农业发展取得了极大的成效。随着改革开放和城市化的进一步发展，城乡发展差距继续拉大，“三农”问题更加突出。“三农”问题不再只是农业落后于工业的问题，更在于“三农”问题系统性和整体性的变化，因农产品附加价值低，农民仅从事农业生产，使收入增加缓慢，这又导致农村发展缓慢。这个问题在 20 世纪 90 年代初我们有所认识。1991 年党的十三届八中全会是改革开放多年后召开的一次专门讨论农业及农村问题的重要会议，与以往会议不同，这次会议不再只关注农业，而是把农业与农村发展联系起来。之后，1998 年党的十五届三中全会明确提出“三农”问题是关系我国改革开放和现代化建设全局的重大问题。2001 年党的十六大提出了全面建设小康社会的宏伟目标，解决好“三农”问题，是其中的关键。至此，党的十六大跳出了传统的以农业论

① 国家统计局：《中国统计摘要（2005）》，中国统计出版社 2005 年版。

农业、以农村论农村，工作重点只是在于农业粮食增长的思路，提出了“统筹城乡经济社会发展，建设现代农业，发展农村经济，增加农民收入”，首次明确了统筹城乡发展、缩小城乡发展差距、解决“三农”问题的方式。党的十六大还明确了土地承包经营权流转，反映了农村土地集体所有制实现形式适应经济发展需要的新要求，党的十六大还提出了走中国特色城镇化道路，为农村劳动力有序流入城镇作了部署。2003 年党的十六届三中全会将统筹城乡发展的目的进一步界定为逐步改变城乡二元经济结构，为此国家要加大对农业和农村的财政投入，对在城市有稳定职业住所的农业人口放宽了户籍管理的规定。

之后，中国发展进入了统筹城乡发展和城乡一体化发展阶段。时隔 18 年后的 2004 年，中央一号文件重新聚焦“三农”，指出农民增收对解决“三农”问题的重要性，并加大了财政对“三农”的支持力度，提出了三项补贴政策，即粮农补贴、良种农机具补贴、最低收购价补贴。2005 年十届全国人大常委会第十九次会议作出了废止农业税条例的决定，这意味着在我国延续了 2600 多年的农业税从此不复存在，对农民减负具有典型意义。2005 年党的十六届五中全会提出了社会主义新农村建设，要求“生产发展、生活富裕、乡风文明、村容整洁、管理民主”，这意味着“物的新农村”和“人的新农村”建设齐头并进。2006 年、2007 年中央一号文件提出了推进社会主义新农村建设的部署，进一步加大了支持“三农”工作的力度，提出了各种强农惠农的政策。总的来说，党的十六大以来，随着我国社会主义经济建设不断取得巨大成就和日益暴露出的发展中的一些问题，党中央逐步确立了科学发展观的指导思想。科学发展观的确立是 21 世纪以来中国发展理念层面上的一次重大变化，其要求是实现全面协调可持续的发展，提出的“五个统筹”，其中第一位的就是统筹城乡发展，这也反映了 21 世纪以来党把“三农”工作提高到关系发展全局的战略高度。这种发展不同于过去单纯的农业增产，而是关注社会民生和协调发展的农村全面发展，农民全面增收，最终实现消除城乡二元差别。这也表明，相对之前农业为工业化服务，中国城乡关系进入了工业反哺农业、城市支持乡村的新阶段，我国工业化和城市发展的巨大成就使得这种反哺与支持既有可能，也更为必要。

具体到“三农”问题与城乡一体化的关系，这一阶段对这对关系的认识不断深化，相关政策也陆续出台。“三农”问题的核心问题是城乡二元体制，解决“三农”问题需要从城乡一体化着手综合布局，而不仅仅是考虑如何增加农业生产。消除城乡二元差别，彻底解决“三农”问题，一直是党中央工作的重中之重，2004 年开始每年的中央一号文件都体现了这种重视。除了政策部署，在发展战略上，继“城乡统筹发展”的提法之后，2007 年党的十七大提出了“缩小城乡差别，加速城乡一体化”，党的十七届三中全会指出，以工促农、以城带乡，形成城乡一体化发展新格局。城乡一体化的一个核心是要实现基本公共服务的均等化，这触及了城乡一体化的本质，意味着继以往的城乡差别户籍制度改革之后，城乡在基础设施、教育、医疗、社保等领域也要缩小公共服务差距。原来城乡居民间因身份差异导致公民权利和应享基本服务的巨大差异是中国城乡二元差异的本质。在以往“三农”重点是农业增产为工业服务思路中，粮食生产是重点，在 21 世纪中央重视“三农”问题和提出城乡统筹发展之后，关注的重点开始转移到如何增加农民收入和城乡共同发展上，而在城乡一体化发展战略阶段，解决因身份造成的公共服务待遇差异，不再因户籍差异造成享有权益的不平等这一城乡最大的不平等，真正触及了城乡二元分割这一“三农”问题的实质。

党的十八大以来，以习近平同志为核心的党中央对“三农”问题和城乡一体化发展作出了适应新时代发展要求的重大部署，并在实践中形成一系列新理念、新战略和新思想。党的十八大报告明确提出了城乡发展一体化是解决“三农”问题的根本途径。除此之外，还提出了走中国特色“新四化”道路，即新型工业化、信息化、新型城镇化和农业现代化同步发展，农业现代化、工业化与城镇化并列，突出强调了三者之间协调发展和互相促进的关系。城镇化是农业人口通过空间集聚而转化为非农产业人口的过程，而新型城镇化则是强调以人为核心的城镇化，为移居城镇的人口提高其素质和生活质量。从根本上说，由于传统农业生产率低，而现代农业劳动力需求不大，农民增收问题不可能依靠农业自身来解决，而只能通过农村富余劳动力移居到城镇从事工业和三产来解决，因此，“四化”同步，归根结底是实现可持续和协调的发展局面，而城乡一体共同发展正是其中的重要部分。习近平总书记在党的十八届三中全会上指出，我国“城乡二元结构没有根本改变，城乡发展差距不断拉大趋势没有根本扭转。根本解决这些问题，必须推进城乡发展一体化”[①]。党的十八届三中全会通过的《中共中央关于全面深化改革若干重大问题的决定》提出，“城乡二元结构是制约城乡发展一体化的主要障碍。必须健全体制机制，形成以工促农、以城带乡、工农互惠、城乡一体的新型工农城乡关系”，为此要推进城乡要素平等交换和公共资源均衡配置，完善城镇化健康发展体制机制，促进城镇化和新农村建设协调推进。这些新思路和新做法在理念上已经接近城乡融合的实质性内容。党的十九大对解决“三农”问题的认识又前进了一大步。报告首次提出了乡村振兴战略问题，而乡村振兴战略是城乡融合为旨归的重要战略。“农业农村农民问题是关系国计民生的根本性问题，必须始终把解决好‘三农’问题作为全党工作重中之重。”“建立健全城乡融合发展体制机制和政策体系，加快推进农业农村现代化。”[②]

从“城乡统筹发展”，到“城乡发展一体化”，再到“城乡融合发展”，反映了党和政府对解决“三农”问题的战略设计的与时俱进，城乡融合发展在消除城乡二元体制上与之前的战略是一致的，而创新的地方在于不仅是强调了政府对于城乡公共服务均衡配置的责任，更强调了

① 习近平：《关于〈中共中央关于全面深化改革若干重大问题的决定〉的说明》，《人民日报》2013 年 11 月 16 日。

② 习近平：《决胜全面建成小康社会　夺取新时代中国特色社会主义伟大胜利——在中国共产党第十九次全国代表大会上的报告》，《人民日报》2017 年 10 月 28 日。

乡村与城市的共存共生关系和和谐发展局面。以往“城乡统筹”和“城乡一体化”注重的是缩小城乡差距，注重的是政府的统筹兼顾和公共政策导向，以城带乡、以城补乡，乡村发展是被动的，是被带动和被补贴的发展，乡村发展仍然滞后，城市导向的农村公共政策的结果仍是村庄凋敝。① 而城乡融合发展更强调了乡村自身的发展动力机制和潜在的发展比较优势，乡村与城市互相带动，互相促进。在以往强调工业化和城市化的推进过程中，农业附属于工业、农村附属于城市的格局之所以尚未得到根本改观，就在于乡村缺乏自我发展的功能，以农村人口向城市转移可以增加收入，但这并不能改变农村发展的落后局面。我国至今仍有约一半的人口居于乡村，解决“三农”问题也不可能只依靠城市化的一端。城乡齐头并进，是新时代中国特色社会主义融合发展的必由之路，而其中重点在于农村，乡村振兴战略正是站在新时代的高度，着眼于增强乡村的造血机能，而不仅仅是进行财政转移支付，根本的是要改变城乡之间乡村发展被动和依赖的一面，无疑这才是从根本上解决“三农”问题，实现可持续的协调发展，实现社会主义共同富裕的顶层战略。

三、农村发展战略的新定位：解决新矛盾的重要选择

党的十九大报告指出，我国社会主要矛盾已经转化为人民日益增长的美好生活需要和不平衡不充分的发展之间的矛盾②，这一主要矛盾在乡村最为突出。发展不平衡不充分的问题在量与质方面都有体现，也分布于政治、经济、文化、社会、生态这 5 个方面。政治和经济方面的表现是，农村基层党建存在薄弱环节，乡村治理体系和治理能力亟待强化；农产品阶段性供过于求和供给不足并存，农业供给质量亟待提高；农民适应生产力发展和市场竞争的能力不足，新型职业农民队伍建设亟须加

① 参见吴玉才：《十六大解决“三农”问题的新思路》，《内蒙古农业大学学报》（社会科学版）2003 年第 4 期。

② 习近平：《决胜全面建成小康社会 夺取新时代中国特色社会主义伟大胜利——在中国共产党第十九次全国代表大会上的报告》，《人民日报》2017 年 10 月 28 日。

强；国家支农体系相对薄弱，农村金融改革任务繁重，城乡之间要素合理流动机制亟待健全。文化、社会和生态方面表现为，农村基础设施和民生领域欠账较多，农村环境和生态问题比较突出，乡村发展整体水平亟待提升。[①]

新时代中国社会主要矛盾具有整体性，发展不平衡不充分是一个系统性、整体性问题，因此，要把上述问题纳入乡村振兴战略中去，才能从根本上解决乡村的主要矛盾。中国的社会主义制度脱胎于半殖民地半封建社会，生产力极端落后是近代中国的基本国情，解放和发展生产力和实现共同富裕就成为中国特色社会主义建设的双重任务。1981 年党的十一届六中全会指出，在现阶段，我国社会的主要矛盾是人民日益增长的物质文化需要同落后的社会生产之间的矛盾。发展生产力是解决这一主要矛盾的根本途径，改革开放也是为了这一根本任务而采取的措施。改革开放之后的相当一段时期内，快速发展经济，追求发展速度，成为改革开放的重心，追求 GDP 增长速度成为经济发展的成就和标准。在追求经济高速发展的形势下，由于农业本身的特点和效益状况，其必然在追求经济增速中处于附属地位，农业的任务就是为城市人口提供廉价农产品，农民为工业化提供廉价的劳动力，农村为城市的发展扩张提供廉价的资金和土地。“三农”的附属地位是客观存在的：从市场经济角度看，工业和城市的集聚功能自然会吸引资金和人力资源，市场经济的发展自然会导致发展的天平朝向工业和城市一端，而计划经济时期形成的城乡二元体制又使得资源过度向工业和城市倾斜，乡村的发展既然对 GDP 和经济增长不如工业和城市那么起作用，相比之下乡村的工作也难免不被重视。

从经济发展角度看，随着经济的高速增长，人民日益增长的物质文化需要同落后的社会生产之间的矛盾得到了极大缓解。但是，追求总量

① 参见吴玉才：《十六大解决“三农”问题的新思路》，《内蒙古农业大学学报》（社会科学版）2003 年第 4 期。

的增长使资源汇集于城市，城市成为经济发展和现代化的动力，而发展的代价是城乡差距的拉大，就城乡而言，主要矛盾表现在城市居民收入的快速增长上，而农村居民收入增长缓慢。在 21 世纪，“三农”工作的重心和矛盾解决的侧重点转移到了农民增收上，以往对农业的重视并不必然带来农民增收，这主要由于农村劳动力丰裕但土地资源有限，导致农业的低生产率。农民增收的主要途径是农业人口从低收入的农业转移到工业和第三产业，并移居到城市。因此，21 世纪以来的“三农”政策除了给农民减负，增加农业科技扶持，主要的方法是工业化和城镇化。事实上，21 世纪以来中国的城镇化率，从 1999 年的 30.89% 提高到 2016 年的 57.35%，是提高速度最快的一段时期。为了配合城镇化的进程，实现以人为本的城镇化，使城镇化的农民享有居住、就业、教育、社保等市民同等权利，国家对城镇化作了总体规划和部署，这正是党的十八大报告“四化”并举中的农业现代化和新型城镇化的政策意义。

城镇化已成为我国经济增长的关键因素，据《投资蓝皮书：中国投资发展报告（2013）》，我国的城镇化率每增加 1%，就可拉动当年国内生产总值的 1%~2%，城镇化是解决我国“三农”问题的根本途径。但是，城镇化中除了镇区所在人口外，其余的大中小城市人口与农村在空间距离和产业分布上都相去甚远，城镇化实现了人的转移，但城镇化不可能完全替代农村的发展。而且，城镇化特别是让人口往城市集中使得农村中最具生产力的劳动力外流，这容易使乡村出现空心化和凋敝现象，这也是城乡二元经济发展中容易出现的城市与乡村的矛盾，它拉大了城市与乡村发展上的差距。城镇化率只要不是达到 100% 的水平，大量农民仍然生活在农村，农村中的农民仍然面临增收的问题，只要国民农产品消费不可能 100% 依靠进口，农村中的农业仍然面临发展的问题。此外，在地域空间上，农村的广大与城市的狭小形成了鲜明对比，农村的发展还具有空间格局的问题，包括资源开发和生态环境的空间格局，也包括乡村文化和社会环境的空间格局，这使得农村发展具有特殊而重要的意义。

2015年4月30日，习近平总书记在中央政治局第二十二次集体学习时的讲话中指出，“要继续推进新农村建设，使之与新型城镇化协调发展、互惠一体，形成双轮驱动”[①]。这高度概括了农村发展与城镇化的齐头并进的关系。21世纪以来在党和政府的关怀下，我国农村发展在新农村建设的战略指引下取得了长足发展，这不仅反映在农村基础设施的改善和农村居住条件以及周边环境的改善上，也反映在农村社会事业的发展和乡村工作的改进上，这包括农村义务教育经费国家保障、新型农村合作医疗制度、农村最低生活保障制度和新型农村社会养老保险制度等，这些都反映了中央对农村的关心和财政对农村的强大支持。

随着多年来我国经济的快速发展，我国经济进入了强起来的阶段。如何才能够强起来呢？在根本的意义上就是要集中精力解决人民日益增长的美好生活需要和不平衡不充分的发展之间的矛盾。而城乡之间的不平衡是最大的发展不平衡，农村发展的不充分是最大的发展不充分。这也是党的十九大提出乡村振兴战略的根据。在新时代，在中国强起来的过程中，尽管农业占GDP的比重会进一步下降，但农业的基础地位不会变，农业在保障国家安全的战略地位不仅不会下降而且还会进一步提高。习近平总书记讲，饭碗要牢牢端在自己手里。尽管城镇化水平将进一步提高，但大量农民生活在乡村的国情也不会改变，他们对美好生活的追求也会日益增长。从农业增产，到农民增收，再到农村发展，以往党中央的一系列相关政策侧重的是“三农”的某一方面或某些方面，到党的十九大的乡村振兴战略，则形成综合性的整体战略设计，是新时代“三农”工作的总方针。乡村振兴战略把农业增产、农民增收、农村发展作为一个整体来安排。在整体性的视野中，农业增产和农民增收是为了实现农村发展，这与过去侧重于强调发展农业是为工业化积累作贡献、农

① 中共中央党史和文献研究院编：《习近平关于“三农”工作论述摘编》，中央文献出版社2019年版，第35页。

民是为工业化和城市化提供劳动力的思路是不一样的。

乡村振兴战略更加强调农村全面发展的重要性，关注更加综合和全面的农村发展。党的十九大提出了农业农村现代化，与党的十八大“新四化”的农业现代化相比，增加了农村现代化，表明了农村发展和农村现代化的整体性意义，这比单纯强调农业现代化更加全面和深刻。

乡村振兴这种整体性的战略安排与过去提出的“城乡统筹”和“城乡一体化”的发展思路也有所不同。它是以城乡融合为根本理念的，应当说“城乡融合”是对“城乡统筹”和“城乡一体化”的进一步发展和超越。“城乡统筹”和“城乡一体化”着眼的是以工补农和以城统乡，农村成为各种政策和补贴的接受者，这种思路虽然比城乡对立的理念有所进步，对解决“三农”问题有所裨益，但从发展理念上讲这仍然是以城市为中心的发展模式，按照这种思路也不会改变总量发展下城乡结构差距拉大的情况。城乡差距既然成为新时代解决主要矛盾的主攻方向之一，那么，强调乡村与城市是共存共荣互相推动的两个空间发展布局，从以往城市为中心转变到城市与乡村的双中心，乡村不再是依附城市的发展而要有自己的独立性和自主的发展格局，这种思路就成为必然选择。乡村振兴战略正是“城乡融合”理念在国家实践层面的具体实施，着眼的是农村发展与乡村振兴，使农村发展形成与城市发展既有共性又有差异性，形成农村自主发展的格局，最终消除城乡发展差距。因此，无论从“三农”问题本身来看，还是从消除城乡发展差距来看，乡村振兴战略都是解决“三农”问题和消除城乡差距的政策交汇点，通过增强农村的全面发展来彻底解决“三农”问题和城乡发展差距问题，也就是发展不充分不平衡的问题。这正如 2018 年 1 月 2 日《中共中央 国务院关于实施乡村振兴战略的意见》指出的，“加快推进农业农村现代化，走中国特色社会主义乡村振兴道路，让农业成为有奔头的产业，让农民成为有吸引力的职业，让农村成为安居乐业的美丽家园”。

四、农村发展的新思路：实施乡村振兴战略的总要求

关于乡村振兴，党的十九大报告明确提出："产业兴旺、生态宜居、乡风文明、治理有效、生活富裕的总要求。"[①] 这五大要求既是"五位一体，立体布局"在乡村振兴战略上的体现，也是解决乡村社会主要矛盾的路径。在此基础上，2018 年 3 月 8 日，习近平总书记在参加全国人大山东代表团审议时提出"五个振兴"的科学论断，即乡村产业振兴、乡村人才振兴、乡村文化振兴、乡村生态振兴、乡村组织振兴。"五大振兴"是落实总要求的举措，这五大要求以及"五个振兴"既是"五位一体，立体布局"在乡村振兴战略上的体现，也是解决乡村社会主要矛盾的路径：产业兴旺和产业振兴针对经济问题，生态宜居和生态振兴针对生态问题，乡风文明和文化振兴是文化层面的要求，治理有效和组织振兴是政治领域的表现，生活富裕和人才振兴是社会方面的体现。具体而言，建立健全城乡融合发展体制机制和政策体系，加快推进农业农村现代化。巩固和完善农村基本经营制度，深化农村土地制度改革，完善承包地"三权"分置制度。保持土地承包关系稳定并长久不变，第二轮土地承包到期后再延长 30 年。深化农村集体产权制度改革，保障农民财产权益，壮大集体经济。确保国家粮食安全，把中国人的饭碗牢牢端在自己手中。构建现代农业产业体系、生产体系、经营体系，完善农业支持保护制度，发展多种形式适度规模经营，培育新型农业经营主体，健全农业社会化服务体系，实现小农户和现代农业发展有机衔接。促进农村一、二、三产业融合发展，支持和鼓励农民就业创业，拓宽增收渠道。

加强农村基层基础工作，健全自治、法治、德治相结合的乡村治理体系。培养造就一支懂农业、爱农村、爱农民的"三农"工作队伍。

之后，2018 年中央农村工作会议对贯彻乡村振兴提出了 8 点要求：

---

① 习近平：《决胜全面建成小康社会　夺取新时代中国特色社会主义伟大胜利——在中国共产党第十九次全国代表大会上的报告》，《人民日报》2017 年 10 月 28 日。

一是坚持加强和改善党对农村工作的领导，为“三农”发展提供坚强政治保障；二是坚持重中之重战略地位，切实把农业农村优先发展落到实处；三是坚持把推进农业供给侧结构性改革作为主线，加快推进农业农村现代化；四是坚持立足国内保障自给的方针，牢牢把握国家粮食安全主动权；五是坚持不断深化农村改革，激发农村发展新活力；六是坚持绿色生态导向，推动农业农村可持续发展；七是坚持保障和改善民生，让广大农民有更多的获得感；八是坚持遵循乡村发展规律，扎实推进美丽宜居乡村建设。这 8 点要求是对乡村振兴战略的落实，也是应遵循的原则。

从理论基础和中国实践来看，城市与乡村是对立统一的关系，在以往，城市的发展与乡村的发展更多是对立的一面，这主要是因为农村劳动力大量移居到了城市。城市化的过程是经济发展的必然现象，同时也应该看到，在进入新时代后，我国的城镇化提高速度的最高峰已经过去，这意味着农村人口流出趋于减少，并且城市化带来的大城市病导致的房价飙升、交通拥挤和环境污染使部分人不再像过去那样向往城市生活，对生态优美、食品绿色、节奏舒缓的乡村生活的向往不断成为风潮，这些都表明城乡关系在新时代所具有的新特色，与新时代主要矛盾的转变相对应，城乡发展差距的矛盾中向乡村有利的一面也不断呈现。[①] 当然，使部分都市人开始向往乡村生活的前提是乡村物质和生活的便利方面不能和城市相去甚远，如果总是差别很大，这种向往对农村发展有利的一面也无从体现。这也正说明，乡村振兴战略着眼的农村发展正当其时，推动农村全面发展对于促进城乡要素双向流动，进而缩小乃至消除城乡差距都起到关键的作用。另一方面，随着新时代我国工业化和城市化取得的巨大成就，工业及三产和城市比以往任何时期都更能为农村的发展提供全方位的支持，不仅包括过去的财政支持，还包括城市对农村产业

① 参见王立胜、刘岳：《乡村振兴战略：新时代农业农村工作的总遵循》，《红旗文稿》2018 年第 3 期。

的市场，城市资本、技术及其他要素流动到农村，后者能改变单靠财政支持给农村输血的状况，使新时代的农村发展更具有以往不具备的自主性、内生性。

党的十九大报告提出的乡村振兴战略五大要求，实质上为农村发展定下的总基调，涉及经济、生态、文化、政治、社会诸多方面，这与党的十八大提出的“五位一体”总体布局是完全一致的，是“五位一体”总体布局在乡村领域的具体化。党的十九大报告进一步明确了“五位一体”也是新时代中国特色社会主义建设事业的战略部署和路线图，因此乡村振兴战略也是新时代中国特色社会主义“三农”工作的总路线图，与新时代“五位一体”总体布局是一个有机整体一样，乡村振兴战略也是一个有机整体，从物质文明、政治文明、精神文明、社会文明、生态文明各个角度一致和协同地推动乡村的整体振兴和乡村的现代化。乡村振兴战略的这些总体要求描绘了农业农村的现代化，从党的十八大报告正式提出“四化”同步以来，农业现代化和其他“三化”，特别是新型城镇化间的密切联系，同步发展。2013 年党的十八届三中全会提出了全面深化改革的总目标是完善和发展中国特色社会主义制度、推进国家治理体系和治理能力现代化，这包括政治、经济、文化、社会、生态文明建设和党的建设等各领域的体制机制的现代化。2015 年 4 月《中共中央国务院关于加快推进生态文明建设的意见》指出了生态文明建设在中国特色社会主义建设事业中的重要性，在“四化”的基础上加入“绿色化”，成为“五化同步”，乡村振兴战略的这些总体要求也是“五化同步”，是国家治理体系和治理能力现代化在农村发展和现代化战略中的反映，是这些总体工作布局在“三农”工作中的细化。

党的十九大报告指出，进入新时代，伴随着主要矛盾的转化，中国经济也从高速增长阶段进入了高质量发展阶段，以新发展理念为指导，建设现代化经济体系是跨越这个阶段性转变关口的迫切要求和实现高质量发展的战略目标。现代化经济体系是质量第一、效益优先的体系，包含实体经济、科技创新、现代金融、人力资源协同发展的产业体系和市场机制有效、微观主体有活力、宏观调控有度的经济体制。在建设现代化经济体系的6个方略中，乡村振兴战略为其中之一，地位十分重要。从农业农村现代化角度，农业农村发展也是现代化经济体系的有机成分，本身也要注重质量和效益，实现高质量发展的转变；新发展理念崇尚创新、注重协调、倡导绿色、厚植开放、推进共享，也是农业农村现代化的发展方向；现代化经济体系的产业体系方向和市场机制准则也为农业农村现代化指明了攻关方向。

这些工作的所有安排都是围绕着实现中国特色社会主义现代化事业而做的布局，乡村振兴战略的意义也同样要从农业农村在中国特色社会主义现代化建设中的地位去理解。在中国特色社会主义现代化建设事业上，党的十八大提出2020年全面建成小康社会、党的十九大进一步提出到2020年决胜全面建成小康社会，“五位一体”总体布局和“四个全面”战略布局都为此提供了总体规划，乡村振兴战略在其中的地位不仅反映在其为现代化经济体系的重要成分，而现代化经济体系就是社会主义现代化强国建设的经济总战略，而且，就党的十九大提出的决胜全面建成小康社会战略设计，乡村振兴战略成为十九大报告中提出的决胜全面建成小康社会的七大战略之一，其重要意义更是不言自明。“小康不小康，关键看老乡”，2015年4月30日习近平总书记在中央政治局就健全城乡发展一体化体制机制进行第二十二次集体学习时指出，全面建成小康社会，最艰巨最繁重的任务在农村特别是农村贫困地区。最大的发展不平衡在于城乡发展不平衡，只有农村完成决胜全面小康，才谈得上全面决胜小康社会的胜利。同样，如果说农村是决胜全面小康社会的短板，而部分农村地区脱贫又是其中的短板，没有农村的小康，特别是没有贫困地区的小康，就没有全面建成小康社会。在党的十九大报告中和2017年12月的中央经济工作会议上，提出从现在到2020年的全面建成小康社会决胜期，要坚决打好防范化解重大风险、精准脱贫、污染防治的攻坚战，精准脱贫就是其中之一。更进一步，实现全面建成小康社会的目标，是我们党提出的实现第一个百年奋斗目标，在此基础上还要分阶段向第二个百年奋斗目标，即建设社会主义现代化强国进军。2018 年 1 月 2 日《中共中央国务院关于实施乡村振兴战略的意见》还指出，“农业农村农民问题是关系国计民生的根本性问题。没有农业农村的现代化，就没有国家的现代化”。乡村振兴战略着眼的农村发展不仅仅是为了迎合全面决胜小康社会的目标，而且是适应“两个一百年”奋斗目标的长期战略，是建设社会主义现代化强国的关键成分，也是最终实现全体人民共同富裕的关键成分。在 2018 年 1 月《中共中央 国务院关于实施乡村振兴战略的意见》中，与党的十九大提出的“两个一百年”奋斗目标安排相对应，到 2020 年，乡村振兴取得重要进展，制度框架和政策体系基本形成，这与 2020 年决胜全面小康社会的总安排是一致的，特别是对于脱贫攻坚战的安排，2020 年要实现现行标准下农村贫困人口实现脱贫，贫困县全部摘帽，解决区域性整体贫困；到 2035 年，乡村振兴取得决定性进展，农业农村现代化基本实现；到 2050 年，乡村全面振兴，农业强、农村美、农民富全面实现。乡村振兴战略的这些规划为实现乡村全面振兴、全面实现农业农村现代化描绘了宏伟蓝图。

乡村振兴战略的总要求是一个内容全面的战略要求，是一个有机整体，《中共中央 国务院关于实施乡村振兴战略的意见》明确指出“产业兴旺是重点”，这也是现代化经济体系建设的必然要求，就如同“五位一体”中经济建设的地位一样。要实现农业农村现代化，首要条件是产业兴旺。乡村振兴战略要实现“城乡融合”理念，在新时代农村发展也需要从原来附属和被动的发展改变为实现内生和主动的发展，产业兴旺是重点是因为它是农村内生和主动发展的重点。

就农业发展而言，产业兴旺包含了农业现代化。就农民增收而言，过去在以城市为主导的经济发展格局下，农民增收的主要途径不是靠农业农村的就业机会。例如，2014 —2016 年，农业净收入对农民增收的贡献只有 14.7%，农民增收主要是靠到城市打工。在新型城镇化的配合下，乡村产业兴旺就是要让剩下的农民在农村也能有好的就业和收入，从而实现农民增收的内生循环的长效机制。就农村发展而言，产业兴旺更是意味着实现农村发展的自我造血机能，产业兴旺可以带来农村社会、文化等方方面面的兴旺，从而为农村发展带来可持续的发展格局。产业兴旺也不仅仅是指发展现代农业来提高农民收入，更是要依靠“促进农村一二三产业的融合发展”[①]，以现代农业为基础，发展农产品加工流通业和依托农业农村的观光、休闲、旅游、文化、养老等服务业，以及依托农业农村的绿色科技产业，来实现农业农村发展的新动能。

生态宜居是建设生态文明的重要组成部分，在地理上农村占有最广阔的空间，居住着近一半的人口，农村的生态宜居搞好了，建设美丽中国的宏伟计划才能实现。在以往工业化和城市化过程中，环境污染也日益严重，这也不可避免地影响到农村，农村环境问题一方面是农村农药化肥污染问题，这方面的环境治理与发展现代绿色农业是结合在一起的。另一方面农村往往是城市废弃和工业污染的排放地，这方面的环境治理是与美丽中国和健康中国的战略规划联系在一起的，加大农村的生态系统保护力度，加快农村的绿色产业发展，真正实现“绿水青山就是金山银山”。一个生态宜居的农村，不仅有利于农民的身心舒畅和农村的持续发展，与产业兴旺也是密切联系的，只有生态宜居的农村才能实现农村大旅游大健康产业等新型服务业和绿色科技产业。而且，一个生态宜居的农村，桃红柳绿，丹桂飘香，怡人的田园风光本来就是中华传统文化称颂的人文场景，是中华传统优秀文化在当代的继承与实现。

乡风文明同样是中国乡村传统，也是文化建设的重要组成部分，光有物质建设的乡村只是空壳，文化才是乡村的内在。乡风文明要继承和发扬中华优秀传统文化和区域特色非物质文化，并体现在乡村精神风貌中，这对乡村的产业兴旺也有重要的促进作用，它使乡村新型服务业带

① 习近平：《把实施乡村振兴战略摆在优先位置 让乡村振兴成为全党全社会的共同行动》，《人民日报》2018 年 7 月 6 日。

有文化内涵并具有本土文化特色。乡村文明也要推动社会主义精神文明建设，开展移风易俗，弘扬时代新风，使农村成为精神生活朝气蓬勃，人民安居乐业的社会主义新农村。

乡村振兴，治理有效是基础。治理有效是政治建设的重要内容，是国家治理能力和治理体系现代化的重要成分。农村由于地广人散的特点以及熟人半熟人群聚而居，加上传统文化的影响相对较大，乡村治理有其自身的特点。党的十九大报告提出“健全自治、法治、德治相结合的乡村治理体系”，就是对中国特色乡村治理体系的概括。自治是基于农村地广人散的乡情，这样可以顺应农村的具体乡土风情，减少治理成本，也是社会主义民主政治在乡村基层的实践；法治是“四个全面”中全面推进依法治国在乡村治理中的贯彻，在坚持和完善党的领导下的依法治国，在乡村治理中不仅要维护各种法律的尊严，确保法律的实施，更要坚持和完善党的领导，这是农村工作和乡村治理的基本原则；德治是乡村熟人半熟人社会，传统文化习俗对治理影响的反映，道德风尚不仅包括传统习俗，更要在坚持和完善党的领导下提倡社会主义核心价值观。乡村工作治理有效不仅能促进乡风文明，更能通过乡村工作推动产业兴旺和生态文明，在这个意义上有效治理为乡村振兴的各个方面提供了保障。

在产业兴旺、生态宜居、乡风文明、治理有效的社会主义新农村，生活富裕是顺理成章、水到渠成的结果。[①] 产业兴旺是生活富裕的物质保障，生态宜居是生活富裕的环境保障，乡风文明是生活富裕的文化保障，治理有效是生活富裕的政治保障。在乡村振兴战略中的生活富裕，也不是单指物质生活的富裕，那只是基础，生活富裕还包括生态、文化精神、政治生活的充实富裕，是一种综合全面美好的富裕，是社会主义现代化和美丽中国的具体体现，也是社会主义本质即解放和发展生产力、实现共同富裕的美好愿景的具体体现！

---

① 参见洪银兴:《以“三农”现代化补“四化”同步的短板》,《经济学动态》2015 年第 2 期。

五、农村发展的新举措

无论是理论还是实践，乡村振兴首先必须重塑城乡关系，走城乡融合发展之路。乡村振兴战略的核心是农业农村的现代化，这需要坚持农业农村优先发展的政策，乡村振兴实现产业兴旺是重点和前提，农村产业的核心是农业，发展方向是现代农业及围绕农业农村的各种加工业和服务业。但总的来说，城镇化仍是中国经济发展的首要因素，在新时代，农村劳动力的有序转移和实现新型城镇化仍是解决“三农”问题的基本途径。在新型城镇化的配合下，农业转移人口的市民化是与乡村振兴战略密切相关的政策选择，《中共中央 国务院关于实施乡村振兴战略的意见》中也提到促进农村劳动力转移，为此要“深化户籍制度改革，促进有条件、有意愿、在城镇有稳定就业和住所的农业转移人口在城镇有序落户，依法平等享受城镇公共服务”。解决城乡二元矛盾是破解“三农”问题的主线，解决“三农”问题也仍然要围绕城乡关系展开。过去的工业化是城市驱动，农村单方面向城市输送资金、劳动力和土地，引起农村发展的空心化，在新时代主要矛盾转换的情况下，乡村振兴就要实现城镇和乡村的双轮驱动，在城乡关系上就要实现城乡要素的双向流动，而这仍然是以新型城镇化的发展为前提的。农村人口转移为新型城镇化助力，农村劳动力转移也为土地规模适度经营、发展现代农业、提高农业效益提供了空间。当然，这也同样是以现代化农业和农村新兴产业的发展为前提的，只有实现产业兴旺、生态宜居、乡风文明、治理有效，才能进一步调动城乡两个积极性，吸引城镇各种要素流向农村。

必须深化农业供给侧结构性改革，走质量兴农之路。现代化经济体系建设的重要内容是乡村振兴，要将这一战略纳入现代化经济体系建设之内。农村要实现自主和内生的发展，产业兴旺是重点，乡村振兴战略也明确指出了这点，与以往单纯依靠政府财政支持不同，农业农村的振兴要落实的是党的十八届三中全会“使市场在资源配置中起决定性作用，更好发挥政府作用”的精神，这样农业农村的发展的自主和内生性才能实现。为此要实施以市场为主导的农业供给侧结构性改革，这也是经济进入高质量发展的新时代的要求。2016 年 12 月 31 日发布的《中共中央国务院关于深入推进农业供给侧结构性改革加快培育农业农村发展新动能的若干意见》对深化农业供给侧结构性改革提出了指导意见，“围绕农业增效、农民增收、农村增绿，加强科技创新引领，加快结构调整步伐，加大农村改革力度，提高农业综合效益和竞争力”，农业供给侧结构性改革与整体经济的供给侧结构性改革是完全一致的，也是现代化经济体系的重要构成。农业提高供给质量和效益，注重创新引领，是农业现代化的基本要求。高效益的现代农业为农村产业兴旺提供基础，为农民增收提供动力。现代农业的发展需要积极发展适度规模经营，在新型城镇化下农村劳动力的转移缓解了人地关系，规模经营需要土地经营制度的变革，党的十九大报告提出“保持土地承包关系稳定并长久不变，第二轮土地承包到期后再延长三十年”，这与第二个百年奋斗目标契合，也使广大农民吃了长效定心丸。在此基础上，农村土地形成所有权、承包权、经营权“三权分置”，经营权实现流转，实现了三权之间“变”与“不变”的辩证统一，为土地流转和适度规模经营提供产权保障，这是继家庭联产承包责任制后农村改革又一重大制度创新。“三权分置”的本质是激活农村的存量土地资产，使之具备资本收益功能[①]，为农民增收增加财产性渠道，这也是党的十八届三中全会赋予农民更多财产权利的规定的落实。同样，符合规划和用途管制的农村集体经营性建设用地入市，党的十八届三中全会通过的《中共中央关于全面深化改革若干重大问题的决定》提出了“建立城乡统一的建设用地市场”，这有利于提高集体土地的补偿标准，打破城乡二元土地制度壁垒。此外，《中共中央　国务院关于实施乡村振兴战略的意见》也提出“适度放活宅基地和农民房屋

① 参见张云华：《打破二元土地制度壁垒，打开制度通道，构建农村集体建设用地入市的制度框架》，《中国经济时报》2018 年 2 月 5 日。

使用权”，为使用权的转让适度开了绿灯，这都有助于增加农民的财产性收入。更重要的是这些产权制度的改革和经营权的流转为以规模经营为特点的城市资金、技术及其他要素流入现代农业和服务业创造了条件。

必须巩固和完善农村基本经营制度，走共同富裕之路。现代农业是适度规模经营的农业，而我国农业在长期的历史过程中是小户耕作经营，家庭联产承包责任制更是突出了这点，这有利于农户积极性的发挥，但也存在小户经营与现代农业发展如何有机衔接的问题，《中共中央 国务院关于实施乡村振兴战略的意见》关注了这一问题，提出要“发展多样化的联合与合作，提升小农户组织化程度”。现代农业呼唤新型职业农民制度，与传统小户农民不同，新型职业农民以农业为专业，爱农业、懂技术、善经营，包括各种农业专业大户和农业企业中的专门职业人员等，他们一头推行高质量高效益的现代农业，一头连接市场对接各种专业化的农业产业服务组织，包括销售服务、技术服务、信息服务、融资服务等，以其专业技术知识和规模经营获得在市场中的抗风险能力。此外，社会资金包括城乡各类资金也可以成立专业化市场化服务组织，推进农业生产全程社会化服务。中国农村是建立在土地集体所有的集体经济基础上的，发展现代农业和其他现代产业，与小户对接需要集体经济的发展。我国农村的集体经济是统分结合的双层经营体制，如何协调“统”和“分”的关系，实现产业兴旺的要求，是其中的重大课题，2013 年全国两会期间，习近平总书记指出，当时中央文件提出要建立统分结合的家庭承包责任制，实践的结果是，“分”的积极性充分体现了，但“统”怎么适应市场经济、规模经济，始终没有得到很好的解决。在“统”和“分”的对立统一关系中，分田到户适应了当时小户低水平生产的需要，在发展现代农业的新时代，随着社会主义初级阶段主要矛盾的转变，也应重视“统”的一面，发展集体经济，以企业的形式在市场经济中实现农业农村现代化，对于促进农业及附加产业的分工，实现技术化和专业化，增强农民在市场的抗风险能力和谈判能力，都是十分必要的。在乡村振兴战略中，集体经济也将发挥前所未有的作用，产业兴旺要求的一、二、三产业融合发展，提高产品、服务档次和附加值，这大都不是传统小户农民能胜任的，需要的是企业化的力量，集体经济在此大有作为。同样，在增加农民财产性收入上，盘活农村集体资产也是重要途径。农村集体经济是中国特色社会主义公有制经济的重要形式和组成部分，集体经济的资产包括土地和其他经营资产，也是农业农村现代化的既有物质基础，这些家底不能丢，壮大集体经济既是我国社会主义基本经济制度的要求，也是实现共同富裕的基本保障之一。与资本下乡相比，农村集体经济创造的收益归全体村民所有，这对于防止农村两极分化，让广大农民分享经济发展成果，实现共同富裕都是十分重要的。党的十九大报告指出，“深化农村集体产权制度改革，保障农民财产权益，壮大集体经济”，这是乡村振兴战略的基本内容之一，是中国特色社会主义乡村振兴道路的基本路径之一。

农村集体经济的发展需要不断探索农村集体所有制有效实现形式，以适应社会主义市场经济的要求，2016 年 12 月《中共中央 国务院关于稳步推进农村集体产权制度改革的意见》提出了深化农村集体产权制度改革的实施方法。发展集体经济不仅要防止集体资产的流失，例如，要严格禁止下乡利用农村宅基地建设别墅大院和私人会馆，也要探索农村集体经济的新形式，坚持保障农民合法权益，在“分”的基础上实现“统”的一面，《中共中央 国务院关于稳步推进农村集体产权制度改革的意见》提出，逐步构建“归属清晰、权能完整、流转顺畅、保护严格的中国特色社会主义农村集体产权制度”。新型集体经济既要体现集体经济的优越性，又要调动农民个人积极性，基本方式是农村集体资产确权到户基础上的股份合作制，这种新集体经济可以说是在统分结合双层体制改革上，即家庭联产承包责任制实现“分”的飞跃后，通过“统”实现的第二次飞跃。

市场起决定性作用，政府的作用也十分重要，这在农业农村现代化中也体现得十分明显。乡村振兴要形成城乡双轮驱动的发展，乡村的自主和内生性发展是关键。但由于过去城乡发展不平衡，单纯依靠市场机制推动乡村内生发展是远远不够的，农村底子差、基础薄弱的局面如未改观，城市因为发展的饱和使要素流入农村的局面也难以自发实现，这都意味着有为政府的重要性。乡村振兴战略就是党和国家顶层设计的结果，是现代化经济体系和全面决胜小康社会战略的重要组成。在具体政策上，农业农村的发展首先离不开农业农村基础设施，包括水利、电力、交通、通信等的改善，2017 年中央农村工作会议提出要“把公共基础设施建设的重点放在农村”，《中共中央 国务院关于实施乡村振兴战略的意见》提出要“推动农村基础设施提档升级”，改善农村人居环境包括推进农村“厕所革命”，加快农村基础设施建设，推动城乡基础设施互联互通。加强农村社会保障体系建设，推进健康乡村建设也需要政府的财政投入，多年来的新农村建设通过加大对农村基础设施和民生保障的投入，取得了很大成效，新时代的乡村振兴战略将在城乡基础设施互联和城乡基本公共服务均等化等方面取得更大成效。建立职业农民制度需要完善的配套政策，这需要政府加快职业农民教育培训制度，以及通过各种政策加强农村专业人才队伍建设，吸引技术人员和社会各界投身乡村建设，激发农村创业创新活力。除了人才短缺的问题，乡村振兴也面临资金短缺的问题，这方面除了需要政府建立健全实施乡村振兴战略财政投入保障制度，还要创新投融资机制，形成社会积极参与的多元投入格局，把更多金融资源配置到农村经济社会发展的重点领域和薄弱环节。在土地上，乡村振兴也需要政府因地制宜对乡村土地进行规划，盘活资产，用活资源。可见，在乡村振兴急需的人、钱、地上，在农户与市场对接和集体经济体制改革上，政府都发挥着不可或缺的作用。

乡村振兴战略实施过程中，除了产业与经济发展外，乡村治理是基础性的工作，这包括深化村民自治实践、建设法治乡村、提升乡村德治水平、建设平安乡村等，特别是近期农村深入开展扫黑除恶专项斗争，对于净化农村发展环境，提高各种要素进入乡村的吸引力，还乡村人民以祥和的环境，都是十分重要的。《中共中央 国务院关于实施乡村振兴战略的意见》还注意到了乡村存在的小微权力腐败问题，这些权力腐败事小，但对农村工作的破坏却是深远的。

《中共中央 国务院关于实施乡村振兴战略的意见》提出推行村级小微权力清单制度，加大基层小微权力腐败惩处力度。严厉整治惠农补贴、集体资产管理、土地征收等领域侵害农民利益的不正之风和腐败问题。必须创新乡村治理体系，走乡村善治之路。建立健全党委领导、政府负责、社会协同、公众参与、法治保障的现代乡村社会治理体制，健全自治、法治、德治相结合的乡村治理体系。其中，党的领导是关键，乡村振兴要解决的是农村发展这个中国发展最大的短板，乡村振兴战略的政策和工作方针千头万绪，没有一个坚强的领导核心是无法实现的。2017年12月中央农村工作会议提出乡村振兴战略的“八个坚持”，第一就是坚持加强和改善党对农村工作的领导，为“三农”发展提供坚强政治保障，这也是和党的十九大报告坚持加强和改善党的领导，为决胜全面建设小康社会、奋力夺取新时代中国特色社会主义伟大胜利提供坚强政治保障的路线是完全一致的。党政军民学，东西南北中，党是领导一切的。只有坚持党的领导，才能正确遵循新时代中国特色社会主义思想的路线方针，正确实施乡村振兴战略，发挥社会主义制度的根本优势，凝聚起全党和全国人民的智慧和力量，完成中国特色社会主义乡村振兴的伟大事业。

加强和完善党的领导，要提高新时代党领导农村工作的能力和水平。2017年12月中央农村工作会议强调“要健全党委统一领导、政府负责、党委农村工作部门统筹协调的农村工作领导体制”，《中共中央 国务院关于实施乡村振兴战略的意见》提出了研究制定中国共产党农村工作条例，各级党委和政府主要领导干部要懂“三农”工作，健全党委统一领导、政府负责、党委农村工作部门统筹协调的农村工作领导体制。党政“一把手”是第一责任人，五级书记抓乡村振兴，特别是县委书记要当好乡村振兴“一线总指挥”，乡村振兴的考核结果应作为选拔任用领导干部的重要依据。农村基层党组织是落实方针政策的关键，《中共中央 国务院关于实施乡村振兴战略的意见》强调加强农村基层党组织建设，强化农村基层党组织领导核心地位，并推动村党组织书记通过选举担任村委会主任以与村民自治体制相适应。通过这些工作部署，乡村振兴战略与以往农村发展政策呈现出的最大不同就是党的组织领导和政治保障功能得以突出，形成上下齐抓共管的新局面，真正把党管农村工作的要求落到实处。可以说，党管农村工作，是中国特色乡村振兴的最大特色所在，是建设社会主义现代化和实现乡村振兴最根本的保障力量。

六、结论

马克思、恩格斯在创建科学社会主义时目睹了资本主义生产关系条件下社会化生产所带来的诸种矛盾，其中之一就是尖锐的城乡对立。在资本主义生产方式的发展过程中，一方面是城市的兴起，集中了资本和人口，另一方面是乡村的破败和流失。马克思、恩格斯站在历史唯物主义的高度，对生产力和生产关系的辩证关系和矛盾运动作出了深刻分析，指出城乡之间的矛盾关系及其变化，进而得出分工的出现和生产力的发展是造成城乡对立的根本原因，城乡对立是一个不可避免的历史阶段，而资本主义生产方式使城乡对立达到尖锐的顶峰。马克思、恩格斯进而预言了随着生产力的进一步发展和社会分工的消失，城乡对立也将趋于消失，城乡融合成为城乡关系发展的最高阶段。

马克思、恩格斯的城乡发展理论指出城乡关系是一个曲折发展、螺旋上升的历史过程，也符合从资本主义到经典作家设想的社会主义的生产力生产关系矛盾运动发展的一般趋势。我国是在落后生产力基础上建设的中国特色社会主义，城乡关系在生产力发展处于较低水平的时候，城乡矛盾运动中的城乡对立是必然出现的历史现象。城乡对立的消失归根结底取决于生产力的发展，中国特色社会主义的本质是解放和发展生产力，中华人民共和国成立以来，特别是改革开放以来，我国生产力取得巨大发展，城乡关系必然会走向城乡一体化和城乡融合，最终消灭城乡差别的新阶段。

我国城乡融合的发展不仅是顺应生产力发展的一个客观过程，在中国特色社会主义制度的推动下，在党的坚强领导下，城乡融合发展更是一个主观能动的过程，从新农村建设到乡村振兴战略，都是这个过程的体现。《中共中央 国务院关于实施乡村振兴战略的意见》指出，“我们有党的领导的政治优势，有社会主义的制度优势，有亿万农民的创造精神，有强大的经济实力支撑，有历史悠久的农耕文明，有旺盛的市场需求”，这“五个有”全面总结了中国特色乡村振兴道路的体制优势和有利条件，必将推动农业全面升级、农村全面进步、农民全面发展，谱写新时代乡村全面振兴新篇章！

第七章　中国农村研究的“中度理论”论纲*

方法论自觉是人类理性觉醒的表现，更是学术研究和学科发展的重要动力。方法的创新和论域的扩展往往带来新的问题和新的结论，引发研究的新突破，推动学术研究深入发展，方法的老化和枯竭必然导致学术研究的停滞。方法论自觉之于中国农村研究同样是须臾不可分离的。

在论及中国研究时，黄宗智感叹：“长期以来，无论是在国内还是国外，中国研究领域都以未能形成自己独立的学术理论为遗憾。”①这一判断是否周延、确当仍可细究，但在已经成为“众人追逐的‘显学’”的中国农村研究领域中却是不争的事实。对此，农村研究资深学者徐勇也深以为然，他认为当下的中国农村研究“还远未成为有深厚学理支撑的‘显学’”。而其中的重要原因之一“就是方法论的限度”②。如何超越这种限度，实现方法论的突破，是推进和深化农村研究亟待解决的问题。也是我们山东新农村建设研究中心这个学术共同体长期以来努力的方向。

“中度理论”就是我们在经过长期的思考之后提出的一个观察和解释当代中国农村问题的分析工具和理论体系，我们希望以此构建一个能够有效推进和深化中国农村问题研究的理论框架，并通过不断的改进和完善形成一种解释力强、应用面广、操作性好的研究范式，并最终成为我们这个学术共同体的标志性的方法论特征。

---

*　本章原载于王立胜主编：《中国转型乡村学研究》第1辑，云南教育出版社2003年版。合作者：聂家华、张晓琼。

①　〔美〕黄宗智：《认识中国——走向从实践出发的社会科学》，《中国社会科学》2005年第1期。

②　徐勇：《当前中国农村研究方法问题反思》，《河北学刊》2006年第2期。

被我们称为“中度理论”的方法论体系，是基于农村研究的方法论自觉、基于推进和深化当下农村研究的现实需要提出的；是通过对近代以来农村研究学术史的回顾和反思、在系统梳理既有研究方法并吸收和借鉴其优长、摒弃其瑕疵的基础上提出的；是超越主客二分的哲学思想在农村研究中的具体运用，是对相关学科思想资源的借鉴、转换和创新。也就是说，这一理论有其现实依据、哲学依据和理论渊源。

一、对中国农村研究方法的梳理和检讨

人类学术史的发展反复证明：新的解释概念和阐释框架的建构，新的研究范式的形成，都是在对既有的研究方法和研究范式进行理性、客观的反思和批评的基础上形成的。因此，对当下中国农村研究方法的梳理和厘清自然成为我们方法论创新的现实依据和逻辑起点。

基于农村问题的严峻性和重要性，近代以来学术界以极大的热情给予了持续的关注，众多学界前贤从不同的视角、不同的学科和不同的立场对纵横交织、扑朔迷离的中国农村问题进行耐心的梳理和解析，形成了以农村为研究对象的众多学术大家和学术流派。他们既各有门户、自成一说，又相互借鉴、互通声气，形成连绵不绝的关于农村研究的学术历史和思想谱系，涌现了诸多优长明显、瑕瑜互现的农村研究范式和方法。根据研究者对农村问题审视取向和视点的不同，我们对中国农村研究方法进行了类型学划分，将其分为三个维度，即“前、后”“上、下”“内、外”6个视点，即“从前往后看”“从后往前看”“从上往下看”“从下往上看”“从外往里看”“从里往外看”。将既有的农村研究方法纳入上述不同的类型进行对话、诠释和检讨，客观展示其优长、地位和贡献，并试图发现上述方法或范式的遗留空间和可进一步发挥的余地，挖掘新范式和方法的生长点。或许我们对他们的解读未必到位和准确，甚至存在着误读和谬误，但无论怎样，我们在对话中对学界前贤及其学术理论和方法自始至终都充满了敬重。

（一）对中国农村前后维度的研究

从历史发展的时序看，“前”是指首先出现的历史时段，是指过往和从前；“后”是指后续时段，可以是当代或未来。中国农村研究中的“从前往后看”，是指立足历史上的中国农村，研究传统中国农村的经验和理论，运用基于传统农村的经验而提炼出的某些概念、理论或者规律性结论对当代农村进行解读和分析，为当代中国农村发展提供借鉴和对策。这是一种历史视野中的中国农村研究，或者叫历史主义的研究，以农村社会史、农村经济史学界为代表。

此类研究又可以大致分为以下几种研究路径。

一是在革命话语体系中的从前往后看，在于重点探究传统农村与现代性的对峙和隔绝，由此论证颠覆传统农村的必要性，从而为革命提供合法性依据，如以陈翰笙为代表的中国农村派以及毛泽东等人。

二是探究传统农村社会的结构和特征，揭示中国农村社会发展的独特个性和内在逻辑，在此基础上，或者挖掘农村由传统性走向现代性的内生动力、本土资源和可能路径，为农村社会的现代化转型提供借鉴和指导；或者致力于建立解读中国农村的概念、理论体系。如梁漱溟的乡村建设理论就是试图在对中国传统社会的总体性特征进行把握的基础上，寻找传统农村社会向现代转型的内生资源和基本路径；黄宗智、杜赞奇、弗里德曼以及施坚雅等人的《华北的小农经济与社会变迁》《长江三角洲的小农家庭与乡村发展》《文化、权力与国家》《中国东南的宗族组织》《中国农村的市场和社会结构》等代表性著作，以近代中国农村为研究对象，致力于建构基于中国本土经验的、关于农村社会的概念体系。

毋庸置疑，“从前往后看”的研究维度将乡村社会变迁置于更宏观的历史背景中考察，思维是在更广阔的时空中展开的，使得研究结论具有历史厚重感和纵深感。但同时也应看到，从“前”和“后”、传统与现代的一极出发进行单向考察，“要么是过度强调现代化对于地方社会的侵蚀，要么就是极力地掩盖地方社会自身变化的事实和接受外来事物的吸收能力，而去一味地强调传统文化的自成一体，这些都无法真正涵盖动态的和流变的社会事实”。中国乡村的发展应该有自己的内在逻辑。要研究和揭示乡村社会由传统到现代的创造性转化以及转化的途径、方法、动力、条件等，单纯从“前”或“后”一极进行考察显然是不够的。

与“从前往后看”不同，中国农村研究中的“从后往前看”主要是以当下农村为立足点，在解读当代农村实践、经验和理论时，回溯其历史脉络和历史成因。也可以称其为农村研究的逆向考察法或倒溯法、逆推法。它是采取与时间顺序相反的方向考察历史的方法，即以现在考察过去，从后代历史考察前代历史的反方向研究法。这种从作为中国农村社会发展变迁结果的现实出发来回顾历史的逆向考察法，可以帮助我们更准确地把握历史。历史本身是在延续中发展的，后代历史必然保留着前代历史的遗物，发展了前代历史的胚芽。因此，我们从现在研究过去，不仅因为后代历史提供了认识前代历史的可能性，而且正是通过对后代历史的分析，才能够加深对前代历史的认识。

1998 年，吴毅用半年时间考察川东双村 100 年政治的变迁，目的之一就是希望通过对村庄政治史的考察，来理解当前村庄政治运作的基础，或者说将村民自治安放到整个 20 世纪中国村治历程中去定位与认识。得出“总体上的国家与村庄关系和中国传统的村治逻辑在更多的时候和更宏观的层面上决定和左右了村治的常态特征，这是我们在评价村民自治的制度绩效时必须考虑的一个大的问题”的结论。①

同时也应看到，当代中国农村的事实与经验和传统中国农村尽管有着接续和延伸，但当代中国农村在历经漫长的历史变迁之后，其实践和经验肯定发生了折变、得到了发展，因时过境迁而今非昔比，所以在研究当代农村的时候面向历史，直接选择那些基于历史经验的理论和范式来解释当代中国农村，难免会出问题。

---

① 吴毅：《村治变迁中的权威与秩序——20 世纪川东双村的表达》，中国社会科学出版社 2002 年版，第 218 页。

（二）对中国农村上下维度的研究

作为中国农村研究视角的“上”和“下”有两层含义。一是从农村社会结构看，所谓“上”，就是指农村社会的宏观结构、总体特征和基本规律；“下”是指中国农村社会的局部结构、基层构成和细部特征。二是从国家和社会关系上看，“上”是指国家（中央）；“下”则是指广大的农民与农村基层社会。

其中，“从下往上看”就是通过微观和基层社会来考察和认知中国农村社会，为国家政策寻找依据，属于微观研究或者以农民为本位的研究；“从上往下看”，是指从宏观上把握中国农村社会，关注国家的政策实践及实践后果，属于宏观研究或者以国家为本位的研究。

对农村社会进行自下而上的研究是中国农村研究的学术传统。研究者从微观分析入手，立足对农民的同情和关怀，在大量细致的实地调查基础上进行理论分析，解剖中国农村社会变迁过程，从基层出发、从个案出发来理解中国农村。

早在 20 世纪三四十年代出现的关于农村和农民问题研究的第一次高潮中，其研究视角基本上是自下而上的维度。以毛泽东同志为主要代表的中国共产党人和以梁漱溟为代表的乡村建设派以现实关怀为取向、以救国救民为终极目标，通过对中国农村基层社会的研究形成总体性认知和把握，寻求中国农村社会的发展模式和具体出路。陈翰笙、费孝通等人以学术关怀为取向，从中国农村的经验和实施入手研究中国农村和农民问题并为解决农村和农民问题提供思路。

自 20 世纪 60 年代起，海外中国学界一改过去的宏观审视的做法，致力于细致入微地对中国农村基层社会生活复杂图景的复原，通过深化对下层历史的了解，以揭示传统影响下的中国社会发展的自身逻辑。进入 20 世纪 90 年代之后，研究农村基层社会成为一种学术自觉。在乡村治理研究中，徐勇等人特别强调了“田野的灵感”的做法，希望通过田野调查形成概念体系，来理解和解释中国农村的现代化实践，不要建立空对空的逻辑推证体系。众多学者在具体的学术实践中站在地上看天上，站在地方看中央，给予基层农村和广大农民更多的关注。总体上看，这种自下而上的实然研究可大致分为两类：一类是立足基层和微观，对农村和农民主位进行深度个案研究，人类学以及史学的研究多属此类；另一类是大规模的问卷调查和统计分析，在此基础上展开以问题为导向的对策性研究，经济学、政治学以及社会学的农村研究多属此类。

自下而上的研究农村社会是有重要价值的。但是，这种侧重经验和基层的研究视角也遮蔽了一些有价值的东西。对此，徐勇做过细致的分析，并将其归结为 4 个方面：一是只见“社会”，不见“国家”；二是只见“树叶”，不见“树林”；三是只见“描述”，不见“解释”；四是只见“传统”，不见“走向”。我们深以为然。

如果说“从下往上看”的视角关注的是基层和经验，那么，“从上往下看”的研究视角则注重宏观和大局。该类研究从宏观分析入手试图把握中国农村社会的总体特征和发展规律，为国家战略、国家政策的制定提供依据；或者以国家为本位，关注国家的政策、制度、法律是如何制定及实施的，实施状况和成效如何。

以农业经济学界和政治学、社会学界为代表，诸如对农村土地制度效率的研究、产业结构调整的研究、村民自治研究、农民流动研究以及农村法制状况的研究等。林毅夫的经济学研究就是典型代表之一。

这种研究是一种在国家大话语下的“宏大叙事”，研究者往往带有浓厚的高层政治情结，以居高临下的视角俯视社会，难以对农村正在发生的事件进行深入透彻的观察；这种研究过分关注国家，关注党和国家利益结构的整合和最大化，关注党和政府的政策制定，对政策的实施及对农村、农民带来的影响和结果的关注不够。

（三）对中国农村内外维度的研究

所谓“外”，即国外的尤其是西方社会的经验和社会科学理论或范畴；所谓“内”，即中国自身的历史与现实或者基于中国经验的理论与范畴。单纯的内外视点就是在研究内容的取舍和研究视角的选择上，把西方的经验和理论或者国内本土经验和理论视为两极，研究者或立足于外，即运用西方的经验和理论来审视、解读和理解中国乡村的发展实践和经验；或者立足于内，即用中国本土经验和理论去审视和解读西方的经验和理论。

其中，坚持“从外向内看”这一研究视角的学者多把西方经验或者西方理论视为“经典”“先进”和“前沿”，是国内农村研究必须参考和接轨的。其主要特征就是研究者运用西方的社会科学基础理论和方法论来研究中国农村问题，或者借助西方的实践和经验来理解中国农村。比如孙立平等提出的“实践社会学”意义上的“过程—事件”分析方法就受到了布迪厄“反思社会学”的直接影响。“国家—社会”的解释框架就是中国农村研究中对西方社会理论的借用，它是运用基于西方经验的社会学理论来研究中国的比较明显的例子，也是中国农村研究中在视度上自外向内看的代表性做法。例如，郑大华、朱德新、李德芳、马敏等对乡村建设运动、保甲制度及士绅阶层的研究；赵秀玲、张静、张乐天、荣敬本、吴理财等对乡村政权组织的研究；徐勇、澎勃、何包钢、朗友兴、吴毅等对村民自治乃至乡村治理的研究；等等。

应该说这类研究的学理性较强，提出了较好的问题，并作了较为细致的分析，在方法论意义上为当前的农村研究提供了较好的认识视角和分析方法。但是，该类研究也有明显的不足。其一，这种视角的研究采取单纯的西方现代主义叙述、以外在的概念和理论去解释中国乡村社会，结果只能是生搬硬套、隔靴搔痒或者削足适履。比如，有论者就指出，“市民社会”理论是建构在西方经验基础之上的概念，是与西方的民主、自由、宪政、主权、市场等概念紧密一体的。如果一定要在中国传统社会中寻找“市民社会”的存在，就如同寻找中国“资本主义的萌芽”一样是个伪问题。用“市民社会”理论分析中国乡村社会结构，特别是传统乡村或改革前后的乡村社会结构基本上是无效的。[①] 其二，中国农村研究讨论来自中国农村的中国化的话题。但大多数情况下，这类研究的问题来自西方，其关切的焦点来自西方，将中国置于“他”者的地位，以论证自己的理论和观点的正确性、合理性。所有这些研究也就无法提供指导中国农村现代化有效的政治战略，甚至连对中国农村问题的普遍解释需求都难以满足。

“从内向外看”的研究视角主要是立足于中国农村的传统和现实、经验和理论去审视西方的经验和理论。正因为黄宗智意识到“像亚当·斯密那样只用市场机制和理性经济人的构造来解释一切经济现象是一条狭窄的道路，它不能包含中国经济方方面面的复杂历史实际，例如，由帝国主义、阶级剥削或小农生存所推动的市场化”。所以，在《长江三角洲的小农家庭与乡村发展》中，黄宗智试图面对实践、从事实出发，通过深入社会去了解它的实际及其运作逻辑，最终建构起从农村生活实践出发的概念体系。

“从内向外看”的视点容易走进两个误区，或者说极易产生以下两种错误倾向。

一是陷入朴素的经验主义研究，过分强调本土经验，走向狭隘的中国经验本位主义，强调中国经验和理论的特殊性、合理性。

二是用本土经验为外来理论主要是西方理论做注脚，验证西方现代主义理论和认识方法的合法性、普适性。没有处理好中国农村经验与西方理论之间的关系，没有从中国农村经验中建构出自己的问题、概念和理论，只是把当下的农村经验当作诠释西方理论的素材，认为中国农村经验只有在西方理论的映照下才能呈现出自身的意义。

非“内”即“外”的单一视度的缺陷也是显而易见的。从非内即外的单向视域来观察中国农村，无法对中国农村发展实践和模式给出有效的、令人信服的解释。例如，单纯的西方工业化理论和单纯的本土经验

① 参见郑卫东:《“国家与社会”框架下的中国乡村研究综述》,《中国农村观察》2005年第2期。

都无法解释清楚当代中国走出的没有城市化的乡村工业化道路。

综上所述，既有研究视角的二元对立状态，不可避免地带来视域的遮蔽和方法论缺陷，需要进行系统的理论反思和实践超越。而实际上，非此即彼的研究维度也恰恰给我们留下了方法论的创新空间和余地。这就是，在前后、内外和上下之间，还存在着一个被忽视的维度，我们称之为“中度”。具体表现如下。

在前后这一时间维度之间存在着一个既能回望过去、思接千载，又能展望未来、视通万里的中间点，即“中程”视点。站在这一会通今昔、融合古今的点上进行中国农村研究，我们称之为中程维度的研究。其研究旨趣在于揭示传统与现代的接续和自然转换的可能性和现实路径。

在内外这一空间维度之间存在着“中间”视点。从这一试点来研究中国农村社会，就需要坚持农村经验本位，积极吸收西方社会科学的优秀成果，既借鉴、反思、发展西方理论，又注重结合中国社会建设的实践经验和思想传统，在西方社会科学与中国社会建设实践经验之间找到一个结合点，实现社会科学的本土化。

在上下这一结构维度上存在着“中层”视点。以理论建构或政策制定为导向，通过对当代中国农村经验的具体把握，建构出基于具体经验的具有可操作性的中层概念，弥合宏观理论研究和微观经验研究之间的方法论鸿沟。

上述“中程”“中间”“中层”视点，避免了非此即彼的、二元对立的研究维度及由此带来的方法论缺陷，这一环视前后、兼顾内外、连通上下的研究视阈，我们统称为“中度”，以此为核心概念建立起来的方法论体系成为中国农村研究的“中度理论”。

二、“中度理论”的哲学依据

“中度理论”是我们试图认知和解释中国农村的历史与现实的理论与方法，和任何一种具体理论一样，有其特定的哲学基础或者哲学依据。

众所周知，哲学所深刻反思的是整个世界的本质问题，为人们科学地认识世界，有效地改造世界，提供了科学的世界观和方法论。其认识论功能的一个重要表现就是哲学对各门具体科学的指导功能，即任何科学研究都是在哲学框架内进行的，任何科学理论都是在一定哲学思想指导下提出的。正如爱因斯坦所说：“哲学的推广常常促使科学思想的进一步发展，指导科学如何从许多可能的道路中选择一条路。”

作为一种认识和理解中国农村的理论和方法，“中度理论”绝不是无源之水或者无本之木，它是在一定的哲学思想指导下提出的。概括起来讲，“中度理论”就是中西哲学中的“中观思想”在农村研究中具体运用的结果，是在中观哲学思想指导下提出的认识和研究中国农村历史与现实问题的理论和方法。

（一）中国哲学思想来源

1. 中国古代的“贵中”价值观

自从人类在宇宙中出现以后，人就天生地将自己置于宇宙和万物的中心位置。中庸、中道之类的思想观念正是从人在天地之中这个“中”来的。古往今来尽管人们提出过各种各样的“中”，也都不过是人类原初关于“中”的自我意识的表征。就是说，作为生命体的人，自身也是处于生存环境中的一个中项。再则，由于人类毕竟只是宇宙中的一种生命体，受生理条件的制约，其感觉、感知能力总是有限的。正是人的这种有限性，使其无法认可超越人类自身承受能力的任何极端的东西。就一般人类的共识而言，过而不及的生活方式都难以为人类所接受。所以，“中”作为一种美满的空间与时间，在与人类价值选择攸关的地方无所不在。[①]

在中国，以“中”为美满的时空观念，几千年来早已积淀成为中华

① 参见余仕麟：《孔子“中庸”思想与亚里士多德“中道”思想之比较》，《北京大学学报》（哲学社会科学版）2003 年 S1 期。

民族的一种审美情趣与价值取向，影响到传统文化的各个层面。甲骨文的“中”字，其字形犹如一根长杆，在长杆的上下均饰有飘带。在上古时代，人们以旗为号召，在聚居之地，旗帜便插在人们经常进行集体活动的中心，如果要挪动插旗的位置，还必须“候四方四隅之风，以占吉凶”，反映出“中”在当时人们心目中的地位是何等重要。从尧到殷商，在人们的心目中，上中下的“中”比两维空间将地平分为东西南北中之“中”的意义层次要高得多，从两维空间来看，殷商人可称颂自己为“四方之极”，而从上中下来看，中则是作为天人之界，其象征便是帝王所居的庙宇宫殿。[①]显然，“中”既是中国先民处理天人关系时对时空的表识，又是上天的绝对价值标准的象征。在先秦的《周易》《尚书》等典籍中，就有了关于中庸的记载，如“有孚窒惕，中吉”“‘得尚于中行’，以光大也”“‘鼎黄耳’，中以为实也”“‘震索索’：中未得也”“中以行正也”等，都包含有执中的意思。

在《周易》里，“中”成为核心范畴，它是一种理想境界，是最高价值追求。《周易》里用“中”的地方非常之多，仅对“中”的称谓就有中正、得中、时中等近20种，约137个“中”字，无“中”字卦仅有8处。其中，天、地、人三才在“中”则吉，离“中”则凶，一切唯“中”是求，唯“中”是律。《周易》这种贵中的价值观源于它的卦爻中位说。《周易》等中国早期传统哲学的“中道”价值观的“贵中”思想为儒道两家所传承，并从不同的方面以不同的形式得到了进一步的丰富与阐发，形成了独特的“中道”哲学思想，对中华民族精神的形成产生了至关重要的影响。

2. 儒家哲学中的中庸思想

“中庸”一词肇始于孔子，最早见于《论语》：“中庸之谓德也，其至矣乎。”孔子以中庸为最高美德，是道德实践的最高境界。《中庸》讲

① 参见陈跃文：《论中道——中庸思想的起源》，《孔子研究》1993年第3期。

道：“喜怒哀乐之未发，谓之中；发而皆中节，谓之和；中也者，天下之大本也；和也者，天下之达道也。致中和，天地位焉，万物育焉。”就是说，人们的各种情感欲望、行为活动要做到恰到好处，这样就可以达到“中”与“和”的境界，同时“中”与“和”乃是宇宙中最根本的原则，遵循这一原则，让事物平衡、和谐地发展，就可以使万物各得其位，繁荣兴旺。

坚持中和运用中，中庸的办法就是“用中”和“时中”。中庸和中道要求人们在处理各种社会关系时，要“致中”和“时中”。所谓致中，即指“叩其两端而竭之”，这种方法要求人们在简单的事物中取中行，既不能狂，也不能狷。这里的“中”不是一成不变的，而是随时发展变化的，“时中”就是随着环境及势态的发展而变化。君子之所以能达到中庸的标准，是因为他们能够在不同的场合里用中，使自己的行为不论何时何地都符合中庸之道，并且能够与时俱变，审时度势。所以，“君子之中庸也，君子而时中”。朱熹解释“时中”为“随时以处中也”。“时中”的提出，反映了孔子对事物本质规律的认识。

由上述可以看出，中庸是道，是方法论，是“中”从孔子以前的观念形态发展为哲学范畴形态的标志。如果说“中”在孔子之前已经成为道德范畴了，在孔子这里与“庸”结合后成为哲学方法论。孔子之“中庸”较以前之“中”的本质区别，如果都用哲学范畴来概括的话，道德哲学属于哲学的第二层级，而作为认识论之构成部分的方法论则属于哲学的第一层级，与本体论、宇宙论一起构成哲学体系的根基和本原。

3. 道家哲学思想中的“守中道”

老子在中国思想史上第一次提出了“道”为天地万物的本原。而老子积极倡导的道，从空间上讲是一种“中”的状态。何为“中”的状态？这可以从“有状混成，先天地生”看出。“道”是先于天地之前而混然存在的，它的状态是宇宙未分的混沌状态，而这种未分的混沌状态是本初的自然状态，呈不偏不倚、无过无不及之态，即“中”的状态。

老子提出："道生一，一生二，二生三，三生万物。万物负阴而抱阳，冲气以为和。"这里的"三"就是非阴非阳的"中"。"中"以道冲的形式产生万物。"中"即是"道"。这种不背离"自然"的"中"的状态，在《老子》一书中不难察觉："天下皆知美之为美，斯恶已；皆知善之为善，斯不善已。"这种"天下都知道美的是美的，那就丑了；都知道善的是善的，这就是它的不善了"的状况是"美"与"丑"、"善"与"恶"分化后的状态，这是老子所不愿追求的。因为，"美"与"丑"、"善"与"恶"一旦分化，就都背离了"自然"，背离了"中"，更谈不上二者的孰是孰非。也就是说，在背离"中"即自然本态这一点上，唯唯诺诺与厉声斥责之间、美善与丑恶之间是没有多少差别的。

道家之"守中"既是物质本体，又是认识论和实践方法。"守中"有三：一是在时间的维度上，要求顺势而为，伺机而动；二是在空间的维度上，要求抱一守雌，变化有度；三是在时空交互运动的结合上，要求道法自然，变在其中。"中"即是适度。老子云："多言数穷，不如守中。"庄子云："得其环中，以应无穷。"适宜为度，至道不繁，守中为要。

综上所述，孔子的中庸之道，反对"过犹不及"的极端化和绝对化，追求"和而不流""中立不倚"的境界，具有辩证法思想；道家的"守中"精神则是一种世界生成观和方法论的统一。非阴非阳的"中"是世间万物的起源，和"道"是同一概念。万物都有其自身的"道"，只要"守中"就是符合"道"的发展，"无为"就是"守中"的最好方法，因此"无为"的守中是最终解决问题的法门。

（二）西方哲学思想来源

1. 古代西方的中庸思想

中庸作为人类最早领悟到的思维方式之一，不仅在中国古代形成了儒释道三家的共同追求与价值取向，而且在世界上许多古老民族和文明古国中都曾产生过，得到了古印度、古埃及、古巴比伦等国家的许多哲学家的倡导。其中，在有着欧洲文明摇篮之称的古希腊，中庸精神不仅有着广泛的体现，而且至亚里士多德时就发展成为较为系统的理论体系。

古希腊很早就有崇尚适中的观念。在古希腊人的思想观念中，无论对科学、技术、艺术或者对思想、情感和行为，都认为合于“适中”、无过与无不及是最好、最理想的。在古希腊的宗教中心戴勒菲的阿波罗神庙前殿的墙上刻有“认识你自己”的神谕。与此箴言相呼应的正好是阿波罗神庙中的另外两条箴言“凡事不可过分”和“自恃者必毁”。“认识你自己”体现了希腊人对“自我”、对主体、对个性的尊重和关注，“凡事不可过分”则可防止这种个性的泛滥或放任，从而更好地发挥自我的个性和特长。这种“凡事不可过分”的中庸思维方式是早期古希腊哲学家的重要思想。在希腊哲学史上，米利都学派的代表人物泰勒斯就曾提出“‘太过分’就什么也没有”，因此他提醒人们要“运用度”[①]。从现有的材料看，这是欧洲哲学史上最早的关于度的论述，实际上表达了“中”的思想。其后，爱非斯的赫拉克利特提到了“分寸”的概念，认为作为世界本原的火“在一定的分寸上燃烧，在一定的分寸上熄灭”[②]。这里的“分寸”也译为“尺度”，蕴涵着事物以“度”为界限进行辩证转化的思想。生于公元前 6 世纪初的毕达哥拉斯在《金言》中明确提到：“一切事情，中庸是最好的。”[③] 柏拉图对毕达哥拉斯的中庸精神予以了充分的肯定：“只要遵守‘中庸标准’——毕达哥拉斯方法的要点，艺术家们的所有作品就能够成为善的和美的。”[④] 罗素也评论说：“伦理学的中庸或中道观念，四种气质的学说，所有这些观点都可以在毕达哥拉斯的发现中找到源头。”[⑤] 这表明在毕达哥拉斯那里，中庸精神是客观存在的。到

① 李武林、谭鑫田、龚兴：《欧洲哲学范畴史》，山东人民出版社 1987 年版，第 241—242 页。
② 北京大学哲学系外国哲学史教研室编：《西方哲学原著选读》上卷，商务印书馆 1981 年版，第 21 页。
③ 罗国杰、宋希仁：《西方伦理思想史》，中国人民大学出版社 1985 年版，第 194 页。
④ 〔美〕凯瑟琳·埃弗雷特·吉尔伯特、〔联邦德国〕赫尔穆特·库恩著，夏乾丰译：《美学史》，上海译文出版社 1989 年版，第 32 页。
⑤ 〔英〕伯特兰·罗素著，亚北译：《西方的智慧》，中国妇女出版社 2004 年版，第 19 页。

公元前5世纪末至公元前4世纪初，德谟克利特在他的伦理观和经济观中表达了适中的思想，在他看来，适中是最完美的，“对一切沉溺于口腹之乐，并在吃、喝、情爱方面过度的人，快乐的时间是很短的”[①]，因此，“恰当的比例是对一切事物都好的”[②]。从上述伦理观点出发，在经济观上，德谟克利特反对巨富，认为“中等的财富比巨大的财富更可靠”，“无论豪富或赤贫在我看来都不好”[③]，因为豪富和赤贫一样都是两个极端，都容易为许多不幸和困难所烦扰。应该说，德谟克利特的上述“适中”思想在很大程度上影响了后来亚里士多德的“中道”理论。到柏拉图，则明确地将“中”作为衡量包括政治家的艺技在内的所有艺技的标准，直接影响了亚里士多德的中道理论。

亚里士多德在总结前人认识成果的基础上，提出了系统的“中道”理论，用苏联一位学者的话说，这一理论“表现了全部希腊文化所特有的适度、和谐观念和‘不要有任何超乎限度的东西’的思想”[④]。亚里士多德“将这些传统思想加以理论化、系统化，将其作为一个基本原则运用于政治和伦理，从而建立了自己的中道学说”[⑤]。

亚里士多德在总结前人思想的基础上，提出了“居间者”（mesotes）的观点：“所谓相等，就是过多和不足之间的居间者，我的意思是指与两极端距离均等的、对于一切人相同的东西；所谓相对于我们的居间者，我是指既不太多也不太少的东西——而这不只是一个，也不是对一切人都相同的。”并认为“任何一种技艺的大师，都避免过多或不足，而寻求那相对我们而言的居间者”。这体现了亚里士多德对“居间者”的肯定。在亚里士多德看来，中道有绝对中道与相对中道之分。所谓绝对中道，指事物中与两极端距离相等的中道，如6是10和2的中数；所谓相对

① 全增嘏：《西方哲学史》上册，上海人民出版社1983年版，第107页。
② 全增嘏：《西方哲学史》上册，上海人民出版社1983年版，第105页。
③ 全增嘏：《西方哲学史》上册，上海人民出版社1983年版，第106—107页。
④ 〔苏〕阿·谢·阿赫曼诺夫著，马兵译：《亚里士多德逻辑学说》，上海译文出版社1980年版，第63页。
⑤ 罗国杰、宋希仁：《西方伦理思想史》，中国人民大学出版社1985年版，第194页。

中道，“是指不太多，也不太少”，“是因人而异的适度要求或状态”。[①]在亚里士多德那里，被称为德行或美德的中道，就是这种根据具体情况正确处理情感和行为的一种适度的态度和方法的相对中道。但是人们要“准确地命中中间是困难的”[②]。现实生活是非常复杂的，尤其是绝对中道在现实生活中是不存在的。因此，对中道的选择只能是对相对中道的选择。不过，由于绝对中道在理论上的存在，中道便构成价值的吸引力，它要求人们在进行道德选择和实施道德行为时，要尽可能地向绝对中道靠拢。所以，亚里士多德认为要寻得“中道”，正确的方法是首先应在过度与不及这两个极端中，尽力避免与中道最为相反的一个极端。比如，在鲁莽与怯懦之间，就必须先克服怯懦，因为它比鲁莽离中道的距离更远。“这就是两恶之间取其轻。”[③]因为只有这样人们才能尽可能地向“中道”靠拢，并最终取得善。亚里士多德认为：“在一切可称赞的感受和行为中都有着中道。”[④]一个有德行的人自然应当时时求中。

总结亚里士多德的中道理论，可以发现，“居间者”可谓其哲学上的理论基础，“适中是美德”是他的伦理学说，而“为政应取中庸”则是他的政治学说，由此构成了一套较为完整的中道理论体系，早期古希腊的“中”的观念至此达到了一个顶峰。但在此后的西方思想发展进程中，亚里士多德的这一“中道”理论并没有得到继承和发展，而是被两极理性的思维挤到了人们思维的狭小角落，呈现为一种时有时无、时断时续的存在状态。[⑤]

2. 近代以来西方哲学的嬗变：以胡塞尔现象学为分析重点

从西方哲学的总体发展线索来看，如果从苏格拉底到笛卡儿的思想发展可以被概括为人类的理性的自身认识，从笛卡儿到费希特的发展可

① 苗力田编：《亚里士多德选集 · 伦理学卷》，中国人民大学出版社 1999 年版，第 46 页。
② 苗力田编：《亚里士多德选集 · 伦理学卷》，中国人民大学出版社 1999 年版，第 46 页。
③ 苗力田编：《亚里士多德选集 · 伦理学卷》，中国人民大学出版社 1999 年版，第 47 页。
④ 苗力田编：《亚里士多德选集 · 伦理学卷》，中国人民大学出版社 1999 年版，第 46 页。
⑤ 参见史家亮：《论古希腊的中庸精神》，《山西青年管理干部学院学报》2008 年第 2 期。

以被看作人类的自身规定，而接下来尼采把除人之外的所有超验的价值都打得粉碎的话，那么，胡塞尔的意图便在于指出这样的一种可能性：如果在我们之外没有任何东西可以为我们的出生、生活、死亡负责，那么我们自己必须承担起这个责任。[①] 为此，把“哲学作为严格的科学”的理想成为胡塞尔一生的哲学追求，而现象学的创立一定程度上实现了胡塞尔的这一理想。

“在20世纪前30多年中，由胡塞尔创立的现象学以各种方式丰富了哲学和一系列科学，并在某些方面强有力地影响了它们。”[②] 海德格尔曾在回忆录中回顾说：“现象学……在各种不同的领域中——主要是以潜移默化的方式——决定着这个时代的精神。”[③] 最宽泛意义上的现象学和现象学方法至今还在发挥效应。

不论对于胡塞尔的对象构造来说，还是对于海德格尔的存在者之领会境域而言，时间都起着核心作用。时间问题构成现象学意向分析的重要内容，甚至可以说是一半的内容。胡塞尔的意向分析在纵向的现象学描述中把握时间意识与时间之间的意向关系的本质结构，时间的基本形式在这里是三维的：过去、现在、将来。而每个现在点又由三个基本因素组成：滞留（Retention）、原印象（Impression）、前摄（Protention）。在这三个因素中，“滞留”的性质尤为特殊。这是因为它体现着流动感乃至时间的基本特征，代表着感知行为向回忆行为过渡的一个环节，故而受到胡塞尔最大的关注，对它的讨论几乎贯穿在胡塞尔早期时间意识分析的始终。然而，在1908年之前，胡塞尔并没有在真正的意义上使用过“滞留”的概念。他起初一直用“清新回忆”“原生回忆”来描述意识流中某种不再是现在却又尚未过去，不再被感知到但又

① 参见倪梁康：《我所理解的“哲学”——从苏格拉底、笛卡儿、尼采、胡塞尔说开去》，《哲思杂志》1999年第4期。
② 〔德〕胡塞尔著，倪梁康、张廷国译：《生活世界现象学》导言，上海译文出版社2005年版，第1页。
③ 〔德〕海德格尔著，陈小文、孙周兴译：《面向思的事情》，商务印书馆1996年版，第84页。

以一种非回忆的方式仍然被意识到的东西。在1928年发表的《内时间意识现象学讲座》中，“内时间意识”成为基础性的构造层次。“时间意识”的词义是指“关于时间的意识”。“胡塞尔的命题是：时间是——在奠基顺序的意义上——第一个被意识到的东西。意识是一条体验流，即一种流动的多样性。但是许多不同的体验都是作为‘我的体验’被我意识到的。体验流的这种多样性的综合统一在胡塞尔看来便是时间性。它构成时间意识存在的形式，并且这种构成十分奇特，以至于意识内部地‘知道’它自己的这种形式，这便是‘内时间意识’。”①

胡塞尔的所有构造分析都受一个基本意图的引导，即解释自在存在、客观性是如何对意识成立的。这也适用于时间分析。在胡塞尔的眼中，感知事物的存在体现了客观性的范例。物质世界的对象可以出于一系列的原因而作为某种存在之物显现给我们，这种存在之物超越了被给予方式的主观进行。原初的原因在于：所有被给予方式由于受处境的束缚，因而服从于时间的变化；感知对象之所以对意识具有客观的成分，首先是因为它们本身摆脱了被给予方式的这种变化并且可以在一定的时间中不动地存在着。由于这种不可移动性，它们存在的持续性是可测的和可记录的。它们的自在存在从根本上来说是在一个可确定的时间点上，或者超出这些时间点的序列之外而处于一个“客观的时间”之中。因此，胡塞尔的时间分析必须以这个问题为出发点，即对于意识来说，这个“客观时间”是如何构造自身的？这种时间本原是如何被意识的？对于这两个问题的回答是，我们可以将客观时间想象为一条线，这条线上的每一个点都是一个现在、一个当下。同时，我们把所有现在都看作是同一等级的，但这与本原和时间经验不相符。原初对于我们的意识来说始终有一个现在具有在先的位置：当下。我们将其他的现在置于当下联系中：它们或者早一些，即属于过去，或者迟一些，即属于未来。此外，

① 〔德〕胡塞尔著，倪梁康、张廷国译：《生活世界现象学》导言，上海译文出版社2005年版，第19页。

过去的现在或未来的现在根据它们相对于现实的现在所处的或近或远的位置进行排列。这样，本原给予的时间始终以作为其关系中心的现实当下来定位。如此被定位了的时间的被给予便是回忆与期待。通过回忆与期待，过去和未来可以被当下化。但是，当下意识绝不是一个在过去和未来之间点状的截面的无广延的“现在”，而是它本身具有某种——根据体验的不同情况而变化——广延。在这个广延的当下之内有一个现实性的高潮，即胡塞尔称之为的“原印象”，但在这个高潮周围有一圈“晕”，它是刚刚过去之物和即刻到来之物的晕。这样，在滞留中便形成了将过去之物明确地当下化的能力：我目前的滞留坠入一个最近的过去之中，这是时间的连续“河流”的本原形态。而正在现实之中的现在则成为新的滞留。但是，在这个新的直接现实进行的滞留中，前面进行的滞留是直观共同当下的，如此类推。这种滞留的相互交织连续地进行以至于产生出一种“滞留的彗星尾”。这条滞留链超出当时的意识而以下坠的方式保持下来，它使我们有可能通过当下化而在过去之物的位置上找到它。①

在《内时间意识现象学讲座》中，胡塞尔认为，“滞留是一种意向性，而且是一个特有种类的意向性”。这种特有种类的意向性意味着，时间性以三重方式被内意识到：滞留、原印象、前摄。但“滞留”不等同于“回忆”，“滞留”是刚刚过去的意识，“回忆”是重新再造的意识，胡塞尔表述为：“将一个本原的现在转变为一个再造的现在，这样一种意识变异完全不同于那种将现在——无论这个现在是本原的还是再造的——转变为过去的意识变异。”“滞留”只是当下意识、当下经验的一个部分，用胡塞尔的话来说：“在我还捕捉着已流逝时段的同时，我也贯穿地经验着当下的时段，我也‘附加地’——借助于滞留——接受它，

① 〔德〕胡塞尔著，倪梁康、张廷国译：《生活世界现象学》导言，上海译文出版社 2005 年版，第 19 页。

并且还朝向将来的东西（在一种前摄中）。”[①]相反，“回忆”则是完整的过去意识，它本身也是由滞留、原印象、前摄组成的，当然是以变异了的方式；“回忆”所涉及的是一个被构造了的时间客体，“滞留”则是指意识相位与意识相位的意向关系。“滞留本身不是一种将已流逝的相位当作客体的回顾”，而是“一个可以用来标识意识相位与意识相位之意向关系（一个根本不同的关系）的表达”，而“回忆始终只是与一个被构造了的时间客体有关的表达”，因此，“不可以将意识相位和意识连续性本身重又看作时间客体本身”。换言之，“滞留并不生产（既不本原地也不再造地生产）延续的对象性，而只是在意识中持留被生产物，并给它加上‘刚刚过去’的特征”。“滞留”具有一种不断映射的特征，是一种不断渐次变化的活动，即现在不断地渐次变化为刚刚过去和更过去；而在回忆与感知之间却不存在这样的不断过渡，它们的区别，“是一种分立的（Diskreter）区别”，换言之，在过去与现在之间没有过渡，只有切换；“滞留”的目的在于，构造连续性乃至意识流的统一，而“回忆”的目的则在于：把过去的内容当下化。对此胡塞尔有过一段阐述：“在原初构造内在内容的每个原相位中，我们都恰恰具有这个内容的过去相位的滞留和将来相位的前摄，而只要这个内容还在持续，这些滞留就在充实着自己。这些‘特定的’滞留和前摄具有一个模糊的视域，它们流动地过渡到不确定的、与过去和将来之河流的流逝相关的滞留和前摄中，现时的内容通过它们而嵌入到这个河流的统一之中。因此我们必须将滞留和前摄区分于再回忆和期待，后者的目的并不在于内在内容的构造性相位，而是在于将过去或将来的内在内容当下化。这些内容在持续，它们具有其时间，它们是个体的客体性，这些客体性是变化或不变的统一。”因此，“滞留”构成“回忆”的前提：“在一个原素材、一个新的相位出现的同时，先行的相位并没有失去，而是‘被继续捕捉着’（即是说，正

---

① 倪梁康：《胡塞尔时间意识分析中的“滞留”概念——兼论心智与语言的关系》，《现代哲学》2007 年第 6 期。

在滞留着），借助于这种滞留，一种对已流逝之物的回顾成为可能。”实际上胡塞尔在其研究文稿中曾经给出过一个进一步的解释：“滞留是一个现在活跃的和可以成为自身被给予性的行为，它确然地超越自身，将某个并不实项地寓居于它之中的东西设定为存在的，即设定为过去存在的。但这里需要学到的东西是：在绝对自身被给予性的领域之内出现一个超越的有效性，它是并且必定始终是无可争议的，因为它不仅意指对它而言实项的超越者，而且还以显然有效的方式、以绝对有效的方式设定它，并且不会像在外感知情况中所发生的那样总是无法避免非有效性的可能性。”如果我们把胡塞尔在这里所说的“绝对自身给予的实项内容”理解为“原印象”，那么“滞留”（“前摄”也是如此）便可以说是超越这个内容并设定这个内容存在的功能。在这个意义上应当可以说，“原印象”与“滞留”“前摄”的关系，类似于在客体化行为中的“当下拥有”与“共当下拥有”的关系。①

胡塞尔所提出的有关时间的三相时态，以“现在”为显现点。以“过去”和“未来”为边缘域的时间连续流，从根本上是相互构成与维持着的。这种境域构成的、非线性的时间观，是胡塞尔思想中最深刻也最有引发力的部分，其中所值得提出的意义还在于，这一时间观不仅是对欧洲传统哲学时空观的突破，同时也是对古希腊以来的西方古代哲学思想相关内容与观点的继承、超越与突破，这一点虽然没有被明确提出，但实际上体现了西方古代哲学中的“中”的思想的运用与发挥。

（三）“中度理论”：中观哲学思想在中国农村研究中的运用和体现

“中度理论”是在中国传统哲学和西方哲学中关于“中”及“达到中”等中观哲学思想指导下提出的认识和研究中国农村问题的理论和

① 倪梁康：《胡塞尔时间意识分析中的“滞留”概念——兼论心智与语言的关系》，《现代哲学》2007 年第 6 期。

方法。

从当前中国的大部分农村来看，随着现代化对乡村社会内部的逐渐渗透，农村已不再是完全的小农社会，市场经济使农民流动性增强，乡村社会在发生巨大变迁，现代性将道德农民变为理性农民……经历了千百年的乡土中国正在改变，对乡村社会的把握因此也变得更加困难。虽然不断变动的农村社会以其深厚而且独特的经验仍然在吸引着大量的研究者倾注其中，但农村研究领域有着研究视角的二元对立状态所带来的视域的遮蔽和方法论的缺陷，导致其对中国农村的认识与判断难以符合农村的“实事本身”。

在农村研究成为显学之后，学术界一般把农村研究作为对话的平台与世界话语体系接轨，证明西方理论的正确性。在“华中乡土派”的代表者贺雪峰等看来，这些研究是没有对西方的理论预设进行反省的对话式研究，是无体的研究，是以西方社会科学及其提出的问题为体，而将中国经验割裂成碎片的研究。① 贺雪峰认为，如果缺少了研究目标的中国指向及缺少对具体研究的总体关怀，这样的研究就与中国无关，就是“无效度”的研究。② 因为这些研究并不关心“中国农村研究究竟是什么”这一问题，所以理论研究和经验研究是脱节的，要实现这一对接，就需要进行农村政策基础性研究。农村政策基础性研究的企图，是希望通过建立一个相对独立的关于中国农村本身状况及其内部结构的研究领域，来沟通以对话为主要特点的理论研究和以总结论证实践经验为特点的政策研究，既从关于中国农村的理论研究中获得分析框架和研究方法，又从政策研究中获得资料，从而为农村政策研究提供理论基础。③ 贺雪峰所提出的以农村政策研究为切入点来沟通理论研究与实践经验的两极，不失为农村研究领域颇有创意的突破口，同时也接近了中国农村的“实事

① 参见贺雪峰、董磊明、陈柏峰：《乡村治理研究的现状与前瞻》，《学习与实践》2007 年第 8 期。

② 贺雪峰：《什么农村，什么问题》，法律出版社 2008 年版，第 27、38、39、286 页。

③ 参见刘涛：《中国农村研究与社会科学主体性的建构——兼评贺雪峰著〈什么农村，什么问题〉》，中国乡村发现网 2010 年 3 月 3 日。

本身”。

按照胡塞尔对“实事本身”的理解，“实事”并不只是自然事实或经验事实。对于胡塞尔来说，回到事情本身乃是一种以反思态度出现的关于我们认识行为内容的纯粹描述。因此，中国农村的“实事本身”的自然显现并不等于中国农村的自然事实或经验事实本身，而是我们以我们的经验和方式所获得的关于农村的感知。因此，对于农村的自然事实或经验事实的认识在于我们对事物本身的直接经验，以及那种我们得以取得经验的行为。通过反思我们对事物本身的直接经验以及那种我们得以取得经验的行为，并在这种反思态度中给出一种关于事物本身的纯粹描述，从而体现客观对象与原本的主观被给予方式的先天相关性的关联。这一关联表明，凡是以被给予方式向我们显现自身的对象，都是在为我们显现的被给予方式中显现，这就是现象。按照胡塞尔的看法，现象既不是现象直接的所与，也不是我们意识内的精神构造，乃是通过现象学还原而出现的。因此，在胡塞尔的研究中，当他转向事情时，他特别强调现象认识的主观方面，即意识的意向行为，即意向性。当意向性作为哲学问题被提出来时，“意向”此时不再是指“意图”或“倾向”意义上的意向，而是指意识构造或指向对象的活动或能力。就构成而言，意向性所体现的是哲学观点中的或超越论的主体性原则，是意向活动与意向相关项、显现活动与显现者、构造与被构造的关系。[①]

正是在这个意义上，我们认为中国农村的“实事本身”，体现的正是主观意向性对客观对象的意识行为的呈现。回到中国农村的“实事本身”，意味着不仅回到中国农村的自然事实或经验事实上去，同时也意味着回到多年以来我们对中国农村的意向活动及其行为上去，这是提出中国农村研究新范式的哲学前提。

依据上述对中国农村的“实事本身”的认识，我们认为，针对这样的农村“实事”，应该具有相应的研究对象与研究路径。相应的研究对

① 参见倪梁康:《现象学背景中的意向性问题》,《学术月刊》2006 年第 6 期。

象就是在国家和农村社会之间的中间关联环节，这一关联环节是国家引导农村实现计划性变迁与发展的主要载体，国家对农村的引导和发展政策通过这一中间关联环节而在农村得以贯彻实施，农村的自然事实或经验事实经过这个环节的意向活动而得以认知和反映，根据这种认知和反映而决策的在国家引导发展政策框架内的具体发展思路和实施措施，是农村实现变迁与发展的重要途径。故此，没有国家与农村社会之间的这样一个关联环节，国家的引导发展政策就难以得到落实，国家朝向现代化的计划性变迁与发展也难以实现。不研究国家与农村社会之间的这一重要关联环节，就难以理解中国农村发展与变迁的关键所在，同时也难以解释中国农村发展的独特经验与现象。因此，农村研究领域中“中度理论”的提出，就是针对这一重要关联环节而对中国农村研究内容与路径的新的探索与尝试。

据此，所谓农村研究的“中度理论”，将以处于国家与农村之间的中间关联环节为研究对象，以这一关联环节的时空范围为研究场域，以考察这一关联环节主体对于农村自然事实或经验的意向活动和相关关系为重点，以此达到对当今中国农村发展与变迁原因的深入洞察与了解。

三、“中度理论”的适用范围：县域

中国农村研究的“中度理论”所指向的国家与农村之间的中间关联环节，在当今的中国行政体制下，能直接起到这种关联作用的就是县域行政层级，这是由县域的功能地位所决定的。

在漫长的历史演进过程中，虽然历代采取的政府层级制在两级或者三级之间变换，但是县一直保持着基层政府的地位，处于国家与社会的交界面上，是国家在地方的全面代表。新中国成立后，县由基层政府升级为上级政府，乡镇取代了其位置。这种改变虽然进一步延伸了国家的权力，重塑了社会的组织形式，但是并没有从根本上动摇县作为国家在地方的全面代表的地位，县的功能和管理的广度与力度反而在制度上得到了加强，成为国家现代化过程的重要角色和体现者。

从政治体制整体来看，县应该归为中观制度。这种中观性体现为两个方面：一是其有一定的人口和地理规模，拥有完整的政治行政功能，可以反映出国家行为的一致性和制度的整体性；二是其处于国家与社会的交接面上，与其他更高层次的政治单位相比，和微观社会组织的联系更直接、密切，运行也更具有多样性。因此，从某种程度上讲，县在整个政治体制中扮演着承上启下的角色，不仅能够比较全面地反映出整个体制的运行和变迁，而且能够较集中地直接体现出国家与社会的互动。从认识论的角度说，县作为一个中观分析单位，有助于把对制度的结构性分析与制度运行的能动性分析有机地结合起来。①

作为国家的一级行政层级，县是中国政治行政体制中最完整的制度单位，具备完整的职能和机构，拥有一定管辖层级的基层政治系统。同时县也是行动的主体，是一定时空范围内社会经济发展的参与者和推动者。同时，县还是独立的地理文化单位和区域经济与市场中心。

（一）县的行政层级功能

在法律地位上，县是地方行政层级的第二级，居于省与乡之间。实际上，由于市在中国行政体制中地位的重要性，使得县在很大范围内成为市下面的一级，是整个地方行政层级的第三级。1959 年 9 月 17 日，第二届全国人民代表大会常务委员会第九次会议通过的《全国人民代表大会常务委员会关于直辖市和较大的市可以领导县、自治县的决定》，第一次以法令形式肯定了市领导县的行政体制。改革开放以后，由于市场经济的发展，为了发挥中心城市的作用，实现区域经济整合，1983 年中央决定推广市领导县的行政体制，实现地、市合并或地改市。从此，市领导县的行政改革在全国开始推广。到 20 世纪 90 年代，这种体制基

① 参见杨雪冬：《论“县”：对一个中观分析单位的分析》，《权力、责任与国家》（《复旦政治学评论》第 4 辑），上海人民出版社 2006 年版。

本在全国得到了普及。

市管县体制实际上确立了省、地级市、县、乡镇四级地方行政组织体制，有利于发挥中心城市对农村发展的带动作用，推动城乡一体化。然而在中央与地方分权体制没有完善的情况下，层级的增加意味着控制层次的增多，下层管理权限的上移，实际上不利于县级政府财权与事权的对称。这个问题在1994年分税制改革之后变得非常突出。进入21世纪后，浙江、河北、河南等省为了增强县的自主性，开始实行“扩权强县”改革，对现有的地方分权体制有所触动。

由于各县的具体情况不同，为了更好地管理，通常都要进行分类，加以区别。1993年国务院制定的分类标准是对人口（单位为万人）、面积（平方公里）、工农业总产值（万元）、县财政预算内收入（万元）进行指标测算。然后据此把全国各县分为4类。这种分类方法的根本目的是有效地推行县级机构改革，减轻县级财政负担，更好地为当地的经济发展服务。然而在实际操作中，分类所要求的目标并没有实现。究其原因，主要在于县级机构改革不是简单地通过裁减机构和人员就能解决既有问题，重要的是要实现政治经济各项改革的良性互动。如果县不能成为真正的自治法人主体，那么就难以走出现有机构改革的怪圈。

作为国家的一级行政层级，各县的结构是高度一致的，完成的基本功能也是相同的。但是，各县的行政绩效并不相同，同样的行政功能在不同的县履行的程度也存在差别。这种结构的一致性与绩效的差异性往往导致县在国家现代化进程中的作用相差悬殊。因此，以县作为“中度理论”的研究对象，是农村现代化进程中理解农村在国家计划性变迁与发展指导下的变迁轨迹的理想切入点。

（二）县的政治系统功能

在中国的政治体系中，县是职能和机构最完备并拥有一定管辖层级的基层政治系统。县级政治指的是县域内外各种在县域内有相关利益的机构、组织以及个人之间的互动过程，是由水平关系和垂直关系、内部关系与外部关系、制度关系与人际关系等诸多关系构成的立体过程。党委、政府以及人大这些次级系统是该系统的核心组成部分。现有的党委、政府与人大之间的关系构成了县级政治基本的架构，也是组织、团体与个人行动的正式制度环境，为它们提供了行为的基本规则。但是，这种制度架构的实际运作与法律形式上的规定存在着一定的差距，其中涉及诸多非正式的因素，后者使县级政治的正式制度运作带有较为明显的非正式制度的特征。[①]

按照结构—功能理论，现有的党委、政府与人大这三个系统承担着不同的功能。党委承担着决策功能，政府承担的是执行功能，而人大执行的是授予合法性的功能。无论是党的决策还是政府的行为都必须经过人大的法律程序或批准。而把这三个系统联系在一起主要通过两种方式：一是党委的政治领导和普遍覆盖性；二是三个系统都承担着政治输入功能，从不同角度反映和表达着社会利益。县的政治系统功能使县成为县域时空范围内社会经济发展的决策者、参与者和推动者，同时也是县域内部城乡发展进程与发展模式的建构者，因此以县域作为“中度理论”的运作场域，是分析中国中观行政层级政治系统对国家和社会发挥功能并因此影响国家发展进程和社会建设程度的合适对象。

（三）县的地理—文化单位功能

在中国这样一个超大型国家中，由于民族众多、地域文化各异，各地情况的不同使得县在行政层级的语言表述称谓上可以分为：县、自治县、旗、自治旗、县级市、市辖区人民政府。县以农业区域为主要辖区，是县级人民政府的主体部分；自治县、旗以及自治旗设在少数民族自治区域；县级市和市辖区以城市为主要管理区域。

中国地域文化的差别实际上基本由以下 4 种力量决定。

① 参见杨雪冬：《论“县”：对一个中观分析单位的分析》，《权力、责任与国家》（《复旦政治学评论》第 4 辑），上海人民出版社 2006 年版。

首先是民族差别。中国境内生活着包括汉族在内的56个民族，每一个民族都有着悠久的历史与文化传统、相对集中的分布格局，使县大多成为其聚居区域，由此形成了不同县域文化的鲜明特色。

其次是自然地理环境。从地理环境上看，中国的地理环境可以粗略地分为沿海和内陆两大类，然后又可在这两大类中再细分为：沿海平原、沿海山区、沿海丘陵；内陆平原、内陆丘陵、内陆山区（可以更细地分为半山区、深山区）、草原、高原、沙漠戈壁等数种。不同的地理环境决定着资源禀赋的不同，不同的海拔高度、荒漠、山区与可耕地面积、人口密度、经济发展水平往往成反比。从气候类型上看，地理环境的多样也使得中国的气候具有多种次级类型。气温和降水决定了农作物品种的数量和收获次数，由此导致了不同地区农业生产活动的时间、强度以及生活水平的差别。分布于不同地理区位的县由此获得了不同的发展条件与发展水平，从而形成了不同地理条件下县域发展的独特性与发展差异。

最后是生产力的发展水平，尤其是市场的发育发展程度。根据经济发展程度与生产力水平，中国的县大体可以分为东部、中部和西部三大类，它们之间的根本区别是经济发展水平，县的发达程度从东向西依次递减。人口（常住与流动）的数量、交通运输以及经济发展水平直接决定了当地市场的发达程度，而市场的发达程度又决定着分工的程度。在市场经济不断发展的今天，市场的发达程度既是各县的重要差别之一，也体现了整体制度在各县运行的差别。这种差别最终导致了各县的总体发展差异。

县的地理——文化单位功能是县级政治系统作为国家和社会的交界面发挥其政治功能的给定基础条件，同时也是制约因素。能否充分利用这些条件，同时尽可能地避免制约因素的影响，是县域政治主体运作成功与否的关键。也是县级政治系统对国家和社会发挥功能与作用的关键。而县所具有的相对完整独立的地理——文化单位功能，是“中度理论”运行的最佳时空场域。

（四）县的经济与市场功能

县作为地方行政中心，也是地方政治经济文化中心，同时也是地方中心市场所在地。通常一县之中，各乡镇政府所在地是当地的中心市场，而县政府所在地是全县的中心市场。这些市场的中心地位集中体现在两个方面：一是有固定的交易场所和交易时间，一般县内都有较为集中的商品交易集散地，形成了具有一定规模的中心市场；二是由于县的中心地位，一般都交通便利，可以汇集各地商品，能够辐射到周围的乡镇与村落。县域内的市场无论是综合性市场还是专业产品市场，都是拉动一个县的经济发展的重要因素。不同县域资源禀赋的不同也造成了市场结构的差异以及市场扩散能力的区别，这种区别对于县域内部经济的平衡发展有着强大的制约作用。

市场对于县域地方来说不仅是地理意义上和经济意义上的，同时也是文化意义上的。美国学者施坚雅在分析中国 19 世纪城市化程度时引入了基层市场区域概念，认为这一“基层市场共同体”既是一种社会结构，同时又是一个文化载体。它与同一区域内的权力结构、宗教活动呈现紧密的关联性，而且其区域的范围与通婚圈的大小基本一致；同时，基层市场区域内农民的习俗、方言、风味食品以及穿衣戴帽的方式、绣花的图案都具有较强的同质性。对此，国内的人类学家也意识到，从功能上来讲，中国集镇市场“不是简单的市场，而是库拉圈、互惠场所、夸富宴的举行地、再分配的网络、社会的竞技场和文化展示的舞台”[①]。施坚雅关于区域市场的概念同样可以应用到县级层次上，尤其是县作为一级完备的行政层级所具有的功能与作用得到充分强化的当今，县域经济发展往往与县域文化结合紧密，所谓“文化搭台，经济唱戏”，以地方特色文化推促县域经济发展，而县级中心市场往往就是展示地方文化特色与地方经济实力的场所。因此，县域市场既是商品交易的场所，也是文

① 王铭铭：《社会人类学与中国研究》，广西师范大学出版社 2005 年版，第 131 页。

化交流和经济流动的媒介，是县域市场经济运作的集中有形体现。市场的发达程度在一定程度上也是市场经济发展程度、人民生活水平的表征。县域通过市场所表现的政治经济文化中心功能，正是“中度理论”研究的主要内容与对象之一。

（五）县的政治主体功能

从以上县的相关功能可以看出，县不仅是物质的存在、行政的层级和规范的结构，同时还是行动的主体，是县域地方社会经济发展的决策者、参与者和推动者。它既是国家在地方的代表，负有贯彻国家意志的使命，同时作为一级地方政府，还肩负着发展地方经济和建设地方社会的责任。为了更好地贯彻国家意志，更有效地发展地方经济与建设地方社会，县级行政主体必须既坚定不移地贯彻执行国家的政策方针、遵从国家的规章制度，同时又要考量县域的具体历史地理情况与文化传统，以期在国家与社会之间达到最佳起承转合境界，从而实现国家与地方社会要求的良性互动。因此，县级行政主体的行为不仅体现着普遍性的国家—社会关系，而且还带有鲜明的地方性，它不仅是县域内游戏规则的制定者和维护者，同时也是游戏的直接参与者，作为活动主体深深地卷入了地方社会经济文化活动之中。县级行政主体对国家规章制度的遵从情况、对国家方针政策的贯彻执行程度以及对地方具体情况把握的准确与否，直接影响着其对地方经济社会文化的卷入程度和行动的效力，同时也影响着国家对社会指导发展和计划性变迁的目的的实现，以及地方社会发展变迁的顺利进行。因此，县级行政主体是把普遍性的国家—社会关系与政治经济运作的地方性有机地结合起来的中间关联行政主体。正是在这个意义上，县成为“中度理论”考察国家与社会之间的中间关联环节的理想对象。

四、“中度理论”之于当代中国农村研究的方法论意义

以县域作为“中度理论”的分析对象与单位，对于当代农村研究视

野的放大、研究路径的转变具有重要的价值与意义。

（一）县作为联结国家与社会的中间层次、体现宏观与微观的中观制度，是“中度理论”以国家和社会的中间关联环节为对象的最适合的运作场域

从中国现行政治结构与行政体制来看，县不是整个行政体制的最低端，在县之下还有乡镇，因此县并不属于微观制度。但是从县的结构与功能来看，它又是国家最完备的基层政权，或者说是基层最完备的“国家”[①]，乡镇虽然是一级政府，但由于结构与职能的欠缺，乡镇不能算作一级完整的政府。[②] 同时县也不属于宏观制度，因为县域的功能与作用不是跨区域的。作为国家最完备的基层政权和基层最完备的国家机构，县肩负着来自国家和社会上下层面的巨大责任和压力。

对于国家而言，县不仅是整个政治行政架构中层次最低、最完整的正式制度综合体，也是实现区域经济规模化的最小单位，更是国家与社会互动边界上最完整的国家单位。与此同时，县作为一级地方政府，发展地方经济、繁荣地方文化、建设地方社会是其肩负的重要责任。县级政治主体能否实现对地方的发展与繁荣，是否具备应对处置和化解各类矛盾的能力，关乎整个国家的发展繁荣、祥和稳定，所以自古就有“郡县治则天下安”之说，既表明县所承担的来自国家与社会上下层面的巨大责任与压力，同时也表明县在国家与社会上下层面中所具有的重要地位与作用。县的这样一种联结国家与社会、承接宏观与微观的中间关联地位与作用，表明县在中国现行行政体制与政治结构之中处于国家与社会的中间层次，属于宏观与微观的中观制度。

县所具有的联结国家与社会、承接宏观与微观的功能与作用，使县具备了连接国家与社会之间的完备的地理时空界域，在国家与社会的

① 参见樊红敏：《县域政治运作形态学分析——河南省 H 市日常权力实践观察》，《东南学术》2008 年第 1 期。
② 参见于建嵘：《农村综合改革的落脚点应是“强县”》，《农民日报》2007 年 7 月 25 日。

域“内”与域“外”、过去与现在、现在与将来的联结关系中，通过县域政治主体的政治活动，使这一联结关系成为具可操作性和可应用性的互动过程，从而使“中度理论”在县域的运作具有现实的可能性与操作性，从而使其以国家和社会的中间关联环节为对象的研究价值与意义得以实现。

（二）县级政治运行所体现的国家形态与乡村社会交互作用的价值与意义，使县成为“中度理论”解读当代中国农村与国家关系的新视域

县以农业区域为主要辖区，因此农村是县域的重要组成部分，农村的发展历来是县域发展中的主要内容，同时也是运行县域政治过程的主要对象。县域独立的经济、社会、文化和地理单元，主要以县域所辖的农村社会作为载体。因此，县与其所管辖下的农村历来就有着不可分割的联结关系。新中国成立后，中国共产党凭借组织纽带的力量深入乡村社会，将中央和地方、国家与社会、县城和乡村紧密地结合在一起，更加深了县与农村的联结关系。从中国现行政治结构与行政体制来看，县域作为国家最完备的基层政权，其所肩负的实现国家意志的使命又使它成为国家意志在农村社会最直接的执行者和实现者。作为国家意志在农村的代表者，县形成了相对独立的政治运作层次和单位。这一政治运作层次和单位既高于乡村政治的微观运作层次，也区别于中央和省的宏观政治运作层次，是联结乡村政治和中央政治的中观运作层次。农村的发展状况与未来走向，在宏观上决定于国家政策的引导，在中观上就决定于国家政策在县域的落实与贯彻。因此，县域政治的运行一定程度上体现了国家与农村互动所导致的因果关系。而这种互动同时也是国家与农村过去历史与现时状况的结果，以及未来走向的原因。因此，中观运作的县域政治无论对于国家还是农村都有着至关重要的价值与意义。

县对于国家和农村的价值与意义，使县成为“中度理论”在中国农村研究中的理想分析单位。通过对县的考察和研究，我们既可以看到制

度的统一性及其结构性特征，同时也能看到国家与农村社会之间的互动过程，更在这一过程中制度中的能动者、制度运行的多样性以及多样性背后的诸要素之间的各种关系共同作用下的农村社会变迁轨迹。因此“中度理论”以县为单位的分析框架，无疑在理解20世纪以来社会转型过程中政治权力在乡村社会中实现形式转型的形态，以及乡村社会与国家形态的交互作用方面呈现出新的独特视角。

（三）改革开放以来县在整个制度中的基础性地位以及作为改革切入点的战略意义，使县成为“中度理论”全面展现当代中国农村社会变迁的复杂性与完整性的学术需求的理想研究单位

改革开放以来县的地位的提升与重要性的加强，使县成为推动改革进一步深化的前沿。改革开放以来，县在整个制度转型中的地位和作用不断得到认识，并通过制度改革和调整得以利用和增强，从20世纪80年代的发展县域经济、推行综合改革，到20世纪90年代为了加快经济增长和政令通行，形成的“压力型”体制，再到21世纪初税费改革推动下的县级改革和经济发展“瓶颈”压迫下的“扩权强县”改革。所有这些做法和尝试都表明，从中央到省乃至到县的决策者都在试图从县这个单位找到推动整体制度转型的切入点或突破口。这从另一个侧面证明了县在整个制度中的基础性以及作为改革切入点的战略意义。同时，改革的进程也从实践的角度提出了对县进行深入研究的要求。[①]

与此同时，作为县的重要组成部分的中国农村社会，随着改革开放的进一步深入和现代化进程的加快，国家和现代性因素急速增生带来的影响，使其所发生的变化超过了中国历史上的任何时代。若要更加全面地展现当今中国农村社会的复杂性与完整性，提升对当代中国农村研究的解释力，就势必要求研究视野的放大和研究单位的提升，县作为联结

---

① 参见杨雪冬：《论“县”：对一个中观分析单位的分析》，《权力、责任与国家》（《复旦政治学评论》第4辑），上海人民出版社2006年版。

国家与农村社会的中间关联环节，成为全面展现农村社会复杂性与完整性的学术需求的理想研究单位。

尽管“中度理论”是我们经过长期思考后提出的，但我们深知这还只是一个大概的框架，尚有诸多需要完善的地方，其内容需进一步系统化、精细化，其体系需要做进一步的完善，其解释力需要在后续的学术实践中进一步验证，摆在我们面前的还有大量的工作要做，我们将会以本出版物为平台对我们思考的结果做连续性介绍。在这里只是提出我们的一些观点和想法供学界同人讨论，以共同完善这一理论的构建。这只是一个起点，今后的路还很长，而在学术探索的漫漫长路上，我们需要学界前贤和同人的鼓励与支持，更欢迎志同道合者加入我们一路同行。

第八章　关于社会主义新农村建设时空定位问题的探讨 *

任何人类行动，包括生物学意义上的生命行动与社会意义上的个体和群体行动都要在特定的时间和空间范围内实施。这样讲包括两个方面的含义：一方面，从静止状态的角度，任何行动都必然地处于某个时间和空间的交汇点上，因此必须考虑当下时间和空间的限制条件，这构成行动的基本前提；另一方面，从动态过程的角度，任何行动都必然在时间和空间上连续性地展开，并以此形成基本的预期，因此，时间和空间成为人类行动首要的约束条件，这是不言而喻的。作为战略和策略的制定与实施当然也是如此，时空定位必然要成为政策的制定、实践过程中需要考虑的基本问题，在这个问题上的模糊或者对这一问题的忽视必然导致在发展方向、实践结果方面的模糊和紊乱，因此十分有必要从时空定位角度对社会主义新农村建设这一重大战略性政策体系进行深入的、十分慎重的分析。

一、社会主义新农村建设的时间维度分析

所谓的时间维度或时间约束问题，即社会主义新农村建设战略意图在多长时间内达到或初步达到所设计的理想目标。农民对于新农村建设怀有较高的期望，这也许是一段时间以来大规模宣传所致的后果。有研

* 本章原刊于《社会科学》2008 年第 6 期；《新华文摘》2008 年第 21 期转载。

究证明，“所调查的四省（湖南、河北、江苏、甘肃）绝大多数农民都认为新农村建设能够在 20 年内完成，在这个时间段内，各地的新农村建设能否完成确实是个未知数。……倘若在 20 年内完成有困难，那么在新农村的宣传上就应注意，不要给农民造成误解，不要让农民失望”①。学者当中对于新农村建设时间约束问题的研究十分罕见，林毅夫明确提出：“以公共基础设施建设为着手点的社会主义新农村建设既然是建设全面小康社会的必要内容，到 2020 年全面建成小康社会的目标完成时，也应该完成以农村公共基础设施建设为着手点的社会主义新农村建设的阶段性任务。”② 社会主义新农村建设具有“新”的质的规定性，是带有社会变迁性质的巨大变革，是国家对于农村地区治理方式、农村经济社会发展模式的深刻转型，如果我们从这个层面上来研究社会主义新农村建设，就会愈发认识到时间约束，或者说时间维度对于这一战略制定和推进的重要性。

社会主义新农村建设的时间定位方面的差异从表面上看只是体现为时间长短和速度快慢，而实质上将会使整个政策体系供给的基本思路产生本质的区别。这里讲的政策体系供给不仅指具体的政策组成，更多的是从战略指导方针方面出发的。正如在抗日战争期间，“速胜论”和“持久战”由于在时间定位上的不同，必然带来策略上、技术上、民众组织动员上的巨大差异，体现为价值取向方面的根本区别，体现为对战略局势最基本的判断，也如同在新中国成立以后，对由新民主主义阶段到社会主义阶段过渡的时间问题作出不同的判断将会带来差异非常大的实践后果；再如中央作出了中国仍处于并将长期处于社会主义初级阶段的判断，由于这一时间定位上的基本约束，就会使我国在很长的一个历史阶段内各方面政策内容呈现出特定的面貌。在中央认为“三农”问题是全部工作重中之重的认识背景下，社会主义新农村建设具有了宏观性和战

① 叶敬忠：《农民视角的新农村建设》，社会科学文献出版社 2006 年版，第 353 页。
② 林毅夫：《对落实新农村建设的几点建议》，《北方经济》2006 年第 3 期。

略性、全局性的特点，这就使得对它的时间约束的判断具有了如前面几个重大历史实践同样重要的意义。

在操作层面上，我们可以将社会主义新农村的实质性目标理解为中国城乡二元结构问题较为彻底地解决。所以本文所探讨的时间约束问题相应地也可以简化为中国城乡二元结构究竟会是一个在短时间内可以得到解决的阶段性问题，还是一个在很长时间内始终存在的基本状态。要对这一问题作出清晰的判断，或者说以此为约束，就社会主义新农村建设在实践上作出明确的定位。

笔者曾指出："中国'三农'问题的实质体现于两个方面：在特定资源条件的限制下，一是分散的小农与市场对接的成本太高，表现为小农与资本之间的关系紧张；二是分散的小农与政府之间的交易成本太高，表现为农民与国家的关系紧张。这两种紧张关系自清朝末年、民国以降一直是困扰中国发展的主要因素，也是当前'三农'问题成为严重战略问题的历史根源所在。极度分散的小农形态与近代以来中国后发外生型的现代化道路之间有着难以克服的内在紧张，这种紧张状态事实上促成了近代以来中国的社会基础抑或中国基本的社会结构形态的形成。"社会主义新农村建设的提出，正是解决这个根本性问题的努力。

总的来看，如果认为城乡二元结构是可以在短期内（如10年、15年）解决的阶段性问题，那么在户籍制度、城市建设、农村住房制度、农村耕地制度等方面就必然以此为前提作出相应的安排，带来的必然是积极的、快速的甚至是激进的城市化过程，这种快速城市化意味着人口向城市的带有不可逆性质的大量快速集中以及户籍身份的变化，实质上往往会造成政策体系的制定和供给不考虑和照顾农村地区的独特性而倾向于以城市生产生活内容为标准，会以城市生活的、工业化的甚至是后工业化的观念框架和概念系统去定义和解释农村社会的现象。当然，在制定政策时会考虑到在这种转型和对接中会产生大量的摩擦成本，但由于认为城乡二元结构知识可以在短期内解决的阶段性问题，所以这种成本所维持的时间并不会很长，不过是"阵痛"而已，是可以容忍和接受的，是可以承受的代价，这样，政策体系将会呈现出完全不同的风格和面貌。而如果倾向于认为城乡二元结构将会长期存在（如50年、100年）的状态，则可以将其近乎视为一种在特定资源条件下无法超越的常态，就会十分注重当前（当然也是会长期存在的）农村地区标准化、制度化、科层化程度很低的实际状况，在强调城乡统筹的同时，更加注意农村地区的承受力，考虑政策实践的摩擦成本，重视一种外生性的政策力量"嵌入"乡村社会时会遭遇到的种种变数，会形成一种充分考虑中国国情、具有中国特色的现代化模式，农村将不再是以西方为指归的"现代化"视野里的"累赘"，而成为中国现代化最重要的"战略总后方"。[①] 下面以农村金融和农村司法制度为例说明这一问题。

（一）农村金融制度

金融支持对农村地区的发展和农民增收致富至关重要，而作为独立的市场主体的现代金融机构在开展业务时必然首先从自身的成本核算开始，金融机构与分散的农户在交易时成本极高。一方面，与交易额很小且极为分散的农户直接交易会大大增加金融机构的时间、人力等成本，致使金融机构无利可图；另一方面，金融机构无法（至少是很难）判断极为分散的农户的信用资质，也很难控制信用风险的发生，为了避免出现风险，在很多时候只能是十分谨慎地对待与农户的金融交易行为，这也是交易成本过高的表现。小农生产的产品日益受到市场的挤压，而资金支持又由于种种原因难以到位，基本生产设施的建设和维护由于农民的原子化和国家力量的减弱而日渐衰败，所有这些都是社会主义新农村建设体系中生产发展目标的巨大障碍。

金融学方面的文献充分证明了这一点：农村金融市场的特点是贫穷、人口密度低、市场隔离、风险高、季节性因素导致的高交易成本、缺少传统的抵押品、收入波动较大、分散风险的机会有限，这些特点使农村

---

① 参见贺雪峰：《乡村的前途》，山东人民出版社2007年版。

金融市场不同于城市金融市场，通常使以利润为导向的现代金融机构望而却步。[①]银行和农村信用社提供的贷款占农村资金需求的25%，70%左右的资金需求不能够得到满足，或者只能从所谓非法的民间金融渠道得到满足，农户借款行为的60.96%是与民间放贷主体发生的，农户放款行为的93.95%是在亲戚、朋友、邻居之间进行的。[②]朱守银等人对传统农区进行的调查显示，在被调查户发生的524笔借款中，没有一笔是来自商业银行，来自农村信用社的有84笔，占16%；民间借贷有414笔，占79%。[③]当然，农村政策性金融的存在从某种程度上缓解了农村生产性长期资金的不足，但它的目标对象主要不是农户，单个农户基本上不可能从政策性金融体系获得生产资金，这就决定了农村政策性金融也不可能是解决农村资金的主要途径。农村合作基金会等民间金融组织是内生于农村社区的一种生命力很强的金融组织形式，具有很好的社会适应力和自我调节能力，由于内生于农村社区，了解当地社区的资金需求，了解农户的资金实力和资信状况，在客户甄选和风险控制方面具有优势，并且其规模小、方式灵活，能够较好地满足分散农户的融资需求，因此，有学者指出不应当动用行政力量强行取缔，而是要用一定的法律制度规范民间金融机构的发展。[④]

从时间约束的角度来分析，如果认为社会主义新农村建设是可以在短期内完成的任务，在金融政策上必然强调以正规化、公司制的现代商业银行的模式在农村地区提供金融服务，或者说必然地会以城市金融的“模样”在农村地区加以复制，这样做的后果只能是：要么以行政力量强行驱动“资金下乡”，但由于会造成商业银行出现亏损而难以为继，事实上这种方法在商业银行纷纷上市的背景下已经没有操作的可能；要么

① 参见〔英〕H.迈因特著，复旦大学国际政治系编译组译：《发展中国家的经济学》，商务印书馆1978年版；〔美〕爱德华·肖著，邵伏军等译：《经济发展中的金融深化》，生活·读书·新知三联书店上海分店1988年版；〔美〕R.I.麦金农著，卢聰译：《经济发展中的货币与资本》，生活·读书·新知三联书店上海分店1988年版。
② 周霆、邓焕民：《中国农村金融制度创新论》，中国财政经济出版社2005年版，第209页。
③ 朱守银：《中国农村城镇化进程中改革问题研究》，《经济研究参考》2001年第6期。
④ 王曙光等：《农村金融与新农村建设》，华夏出版社2006年版，第47页。

听任农村地下金融盛行而得不到法律的制约和有效的管理和控制，造成高利贷盛行，最终受到损失的只能是分散的农户。而如果能将社会主义新农村建设视为一个长期的过程，将城乡二元结构视为中国的基本国情认真对待，就会在政策设计中充分重视农村乡土性质的特征，在带有城乡二元性质的金融制度创新方面做更多的引导和鼓励，在农民金融合作方面做更多的尝试和努力，所谓的“资金下乡”问题有可能得到实质性的解决。不同的时间约束将会导致农村金融实践方面的巨大差异。

（二）农村司法制度

社会主义新农村建设总体要求中提及“乡风文明”目标，其本质要求是实现农村地区良好的社会秩序与政治秩序。传统中国农村的社会秩序主要依靠道德约束、长老统治、宗法伦理等机制力量来形成，强调无为和无讼[①]，秩序形成以内生性为主。1949 年以后，党组织深入农村，在“总体性社会”[②]背景下，行政权力成为形成与维持农村社会秩序的基本力量，革命话语作为基本的评价手段和标准发挥着最为重要的社会整合功能。1978 年以后这种情形发生了重大改变，越来越倾向于以“法制”为主要手段构建农村地区的社会秩序。

正如本文讨论的主题，如果倾向于认为在一个较短的时间内完成社会主义新农村建设的目标，则必然地会强调农村地区在各个方面与城市的迅速“并轨”，包括实现社会秩序的方式和手段。城市地区的秩序形成建立在高度工业化社会基础之上，发达的社会分工体系、标准化、科层化和理性化使得单独依靠“法制”就基本能够实现这一目标，或者说“法制”作为一套完整的意识形态和治理技术本来就是工业化和城市化的产物。当这种思路快速移植到农村时就会出现诸多难以克服的困难。

首先，农村地区地域广阔，人口分散且经济剩余较少，在短期内难

① 参见费孝通：《乡土中国生育制度》，北京大学出版社 1998 年版。
② 参见孙立平等：《改革以来中国社会结构的变迁》，《中国社会科学》1994 年第 2 期。

以有太大改变的背景下，司法成本必然很高，农民承受起来会十分困难。也就是说，如果仅仅严格按照司法程序和法律条文来实现农村地区的社会秩序是不现实的；其次，农村地区社会的科层化和标准化程度都不高，在这种被韦伯称之为“戏法”的复杂社会场景中，大量的“法律不入之地”必须要生活于其中的农民通过各种“地方性知识”[①]来使社会秩序得以形成与维持[②]；再次，法制是秩序的结果而非秩序的根源，“真正要实行规则之治，一个非常重要的前提是规则之治的治理对象本身要具有一定的规则，而这种规则性不可能通过我们制定规则，将不规则的现象纳入一个规则的条文就可以解决了”[③]。这客观上要求该范围内的农民必须是一个遵循同样或近似价值观念、评判标准，具有可预期行为方式的整体，而不是互不相干的个体。正因为以上原因，长期以来，虽然法律供给不能不说十分充足，但农村地区总是存在着“有法律而无秩序”[④]的难题。

如果倾向于认为社会主义新农村建设是一个长期的过程，中国城乡二元结构是一个在短期内无法得到彻底改变的基本状态，就不会急于以“法制下乡”的形式向农村输出秩序，而会在各种秩序形成机制方面做更多的综合工作，不会使用“先进—落后”“正确—错误”这样简单的二分法看待各种“小传统”和地方性知识在乡土社会中构建秩序的重要作用，给予这些手段更大的施展空间。这样，在自上而下的法律系统之外，行政系统的作用、民间法的功能就可以较为顺畅和有效地体现出来。所谓民间法，是指“生于民间、出于习惯，由乡民长时间生活、劳作、交往和利益冲突中显现，所以有自发性和丰富的地方色彩”的一种知识传统，“是在乡民长时间的生活和劳作过程中逐渐形成，它被用来分配乡民之间的权利义务，调整和解决了他们之间的利益和冲突，并且主要在一种关系网络中

① 参见〔美〕克里福德·吉尔兹：《地方性知识：事实与法律的比较透视》，《法律的文化解释》，生活·读书·新知三联书店 1994 年版。
② 参见强世功：《法制与治理——国家转型中的法律》，中国政法大学出版社 2003 年版。
③ 苏力：《送法下乡》，中国政法大学出版社 2000 年版，第 193 页。
④ 参见蒋立山：《为什么有法律却没有秩序——中国转型时期的社会秩序分析》，《法学杂志》2005 年第 4 期。

被予以实施，它在一定程度上受制于不同的原则”[①]。对于农民来说，“国家法律所代表的不仅仅是另一种知识，而且在许多场合，是一种异己的和难以理解的知识”[②]。之所以是“异己的”，就是因为固然农民的生活世界已经与传统图景有了相当大的甚至是本质性的区别，但是它的乡土特征并没有改变，脱胎于城市生活，并针对城市生产生活方式的现代法律制度对农民实在是一种成本高昂，且后果又实在难以把握的技术体系。如果在实践中，或者说能真正地将秩序的形成视为“实践”的过程而非理论的推导，能够将国家法与民间法、司法制度与行政体系作有机的整合，而不是在观念上将其人为地对立，或许能够创造一种更加适合中国二元结构的、成本更低也更加有效的秩序形成机制。而实现这一前景的前提在于要有一个相当长的时间段，在于将这种秩序形成机制视为构筑中国基层社会形态的战略性的、方向性的理念，而不是权宜之计。

在这里，引用黄仁宇的一段话是有益的：“将一个农业国蜕变为一个工商国家不是一件容易的事情，我常用一个隐喻：有等于一只走兽蜕化而为飞禽。以英国的农业基础、社会习惯和法规传统，而能使银行开设于乡镇之间，土地能随意典卖抵当，各地创建付费公路，人口能自由移动，17 世纪以前已是不可思议。只因日子久了，我们以为英国历来如此，想象不到要将这样一个国家当作一个城市国家那样的处理，以货币作为管制全民的工具，不可能避免一段奋斗。”[③]

① 梁治平：《清代习惯法：社会与国家》，中国政法大学出版社 1996 年版，第 431、127 页。
② 梁治平：《乡土社会中的法律与秩序》，《乡土社会的秩序、公正与权威》，中国政法大学出版社 1997 年版，第 431 页。
③ 黄仁宇：《中国大历史 · 自序》，生活 · 读书 · 新知三联书店 1997 年版，第 6 页。

二、社会主义新农村建设的空间维度分析

这一问题可以分为两个相联系的层面。

其一，中国农村发展呈现极为明显的非均衡[①]的特征，统一的中央政策如何在经济社会发展水平差距巨大，同时地域文化差异也十分明显的不同区域得到全面的贯彻实施。当前社会主义新农村建设的推进就面临这种困难，因此，在社会主义新农村建设政策制定方面应当宜粗不宜细，如果要求过于具体，甚至将其指标化，那么在传统的压力型体制的作用下，很多地区会开展新一轮达标升级活动，基层干部出于完成上级任务和实现自身政绩的需要，往往会要么以表面文章敷衍，要么会竭泽而渔带来巨大浪费和损失，政策实践的结果与中央的预期往往背道而驰，以前这样的教训已经很多。詹姆斯·C. 斯科特在其《国家的视角》一书中详细地分析了那些试图改善人类状况的项目是如何失败的，其中包括俄罗斯的集体化、坦桑尼亚的强制村庄化、巴西利亚等极端现代主义的城市建设等项目，无一例外地遭到彻底的失败，同时给社会经济带来巨大损害。这些完全忽视社会基础的乌托邦力图使用这样一种逻辑："模式化、设计相同的单位，按照相同的配方和工作程序生产相同的产品。相同的单位可以很容易地在各个地方被复制，巡视员可以进入一个清晰的领地，用一张核对一览表来核对他们的工作。"[②]

为了国家的清晰化和便于管理控制，造成国家简单化的后果；出于某种改造社会的雄心壮志，造成社会的崩溃和生态的严重退化。"当然从管理的角度看，这众多复杂的地方财产关系会是一个噩梦。这不仅仅是对那些地方实践的当事人来说是个噩梦，对那些追求一致、均衡和全国性的管理法规的国家官员来说也是个噩梦。"[③]

---

① 参见徐勇：《非均衡的中国政治：城市与乡村比较》，中国广播电视出版社 1992 年版。
② 〔美〕詹姆斯·C. 斯科特著，王晓毅译：《国家的视角：那些试图改变人类状况的项目是如何失败的》，社会科学文献出版社 2004 年版，第 289 页。
③ 〔美〕詹姆斯·C. 斯科特著，王晓毅译：《国家的视角：那些试图改变人类状况的项目是如何失败的》，社会科学文献出版社 2004 年版，第 41 页。

现实永远比理想类型复杂得多，无论是怎样的噩梦，政策的制定者和实施者都必须实事求是地面对，或者说，这正是其使命所在。

其二，社会主义新农村建设的建设单位在空间上应当定位于具体的“村庄”，还是县域视野中的“农村”？关于这个问题更鲜见严肃的讨论，往往会认为这本身不是一个问题。“村庄”的含义在于有着明确行政边界和户籍意义的相对封闭的空间范围，而“农村”则指县以下的广大区域。如果将着眼点和建设单位放在“村庄”，就意味着原本有着密切经济联系和文化交流的农村地区被切割成若干相对孤立的单元，这与在市场经济条件下已经发生明显改变的农村社会状况不相符合，建设成本也将会非常高昂，实际上是不经济的。如果将建设单位规定为“村庄”，则一方面，必须主要地以村庄这种带有很强行政色彩的——延续了政治、经济、文化一体化的传统体制的组织形式来组织和动员农民，这在市场化因素不断突破既有框架，村庄在许多农民那里只是一个居住社区意义的情况下其效果必然是有限的；另一方面，随着人口的流动，许多村庄将会逐渐衰落解体，而有些村庄则将会扩大增强，如果强调以村庄为单位进行建设，则必然在资金和资源的分配上平均用力，强调面面俱到，不能实现很好的统筹，浪费将会十分严重。随着市场化因素的发育，农民的经济联系和社会交往已经远远超出村庄的界限，交通和通信条件的改善也使得农村地区日益呈现出流动型和开放性的特点，村庄不仅已经被有效整合在县域经济体系之内，而且也被吸纳进镇区和县城公共服务设施的辐射范围之内，这样，如果能够超越相对封闭和静止的“村庄”视野，在县域范围内实施社会主义新农村建设的各项资源统筹，将具体的村庄作为县域经济的有机组成进行中长期规划，从农村劳动力转移流动、重点村镇建设、产业结构及产业布局等方面作出统筹安排，在这样的县域空间视野下实施的社会主义新农村建设，着眼于村庄建设却又不局限于村庄建设，更加适应越来越市场化和开放性的时代背景，成本更低、效益更高、效果更好。否则，就会如当前许多地方出现的由于政策上的条块分割和县一级自主权限太小而导致的诸如在国家资金使用方面“买棺材的钱不能买药吃”的荒唐现象。

市场经济条件下的县域经济与计划经济时期有根本的差异。计划经济时期的县域经济是一个封闭运行的体系，是按照国家的指令性计划组织生产的一个经济单元，或者说那时候也无所谓什么县域经济，都只是整个经济生产的一个车间或者班组。但是在市场经济条件下，县域经济成为一个开放性的系统，经济自主能力很强，在没有指令计划的情况下较为自由地发展，只要不违背国家的产业政策，发展是自由的。这种差异很重要，它的重要性就在于在计划经济条件下强调的是整齐划一，在县域经济发展中基本上无法体现个性，也就是说这一区域所独有的那些东西是被压抑的、是不被提倡的，在“总体性社会”当中它只是一个较为被动地完成既定任务的经济体。

但是市场经济条件下的县域经济具有前所未有的主动性和自觉性，它完全可以依照自身的条件，按照自己所独有的那些因素来发展，这时候，它的个性就充分体现出来了，一个区域之所以成为这个区域，或者说一个区域之所以有别于其他区域的那些因素就体现出来了，这种差异性也正是县域经济的活力所在。而当前的政策研究界和学术界恰恰忽视了空间单位这一方面，“不假思索”地将村庄作为“天然”的新农村建设的基本建设单位，这就必然在基本导向上产生一定的偏差。

必须认识到，社会主义新农村建设的单位不应当放在“村庄”，其重点应当是在县这一级，这样，总体思路也就必然从具体的“建造”新村庄转化为县域范围内的城乡统筹的总体产业规划和发展，以及劳动力转移和农业规模发展，这样也就实现了以县域为中心的城乡协调发展的基本前提，而这正是社会主义新农村建设根本性目标实现的重要标志。

三、进一步的结论

综上所述，在社会主义新农村建设时间和空间定位问题上的不同认知，不是要求速度快慢、范围大小的差异，事实上反映的是在理论预设、价值取向、发展战略方面的重大差别。

在时间定位问题上的差异可以近似地归纳为两组对立的观念。

（一）社会主义新农村建设的方向是什么？

是基础设施建设过程还是整体性的社会变迁过程？在时间问题上持较为激进态度的往往是将社会主义新农村建设看作一个单纯的经济建设过程，甚至将其简化为一个农村基础设施建设过程，这样的建设自然可以在有较充裕资金支持的情况下，在较短时间内完成。如前所述，这一种观点的代表人物林毅夫所着重阐明的是“以农村公共基础设施建设为着手点的社会主义新农村建设”，因此时间界定与他对于社会主义新农村建设的性质的看法是相适应的，林毅夫认为，推动社会主义新农村建设，加强农村公共基础设施，改善农民生活消费环境，启动农村巨大的存量需求，消化掉过剩生产能力，农村劳动力向非农产业转移，增加农民收入的渠道才得以畅通，因此，公共基础设施建设是社会主义新农村建设的着手点，社会主义新农村建设的对象应是自然村，社会主义新农村建设的资金应以公共财政为主。[①] 这种将新农村建设视为纯粹经济过程的观点本身就是值得商榷的。这样社会主义新农村建设政策体系在实践中也将随之被简化为一项单纯的经济政策，综合性、总体性的社会改革的意义无法体现，在基层实践中则很可能反映为有钱就可以把新农村建设搞好，缺钱就只好无所作为，使社会主义新农村建设成为资金成本极高的浩大工程，发达地区与落后地区的区域差别将会更加明显，统筹区域发展的目标无法实现；在具体操作中存在更为简单化的理解，比如新农村建设就是修马路、盖新房、搬新村等，以这种“立竿见影”的物质化、表面化的指标考核方式推动工作的开展，很容易使社会主义新农村

① 参见林毅夫：《要搞一场新农村运动》，《中国财经报》2008 年 2 月 20 日；林毅夫：《新农村运动与启动内需》，《北京大学中国经济研究中心研究简报》1999 年第 7 期。

建设变成一场不能取得实质意义上进步的运动。正如笔者在此前曾指出的，这种推进方式所依赖的仅仅是资金投入的强度，与基层组织建设无涉，与乡村关系模式变革无涉，与农村社会事业全面进步无涉，与农村地区持续健康发展的底蕴积聚无涉，归根结底，这是"建造"新农村的思路，而非"建设"新农村的思路。针对当前的社会理想、国家目标或现代化导向，应有目的、有意识地对农民之间的联结关系以及由此形成的农民与国家、市场之间的关系结构进行调整和改造，使得二者之间能够有高度的契合，能够实现顺利的对接。农民如何形成一致行动的能力与国家力量相配合实现国家目标并获取自身福利的实践过程，这是社会主义新农村建设之所以"新"的本质所在。在这个问题上的理论分野，将导致在社会主义新农村建设政策体系方向性的差异。

（二）中国农村的现代化是以西方为旨归，还是强调中国内生性特征?

中国农村的很多社会、经济、法律等现象是世界上迄今为止未曾有过的，理解这些现象的关键在于从中国农民的关系结构、联结方式以及在这一前提下的农民行动模式出发，而不是以在西方国家历史上被证明行之有效的理论出发；政策的制定与实施要以"非均衡的中国政治"出发，而不是以政策制定者的一厢情愿出发。第一，长期以来，学界所关注的是中国现代化"后发外生性"的特点，着重考察的是使用参照西方世界而形成的一套现代化指标体系来测量中国现代化的水平。这些高度量化的指标在很多时候并不能够真实地反映中国经验和生活于其中的中国人的真实感受，而如果一种指标体系是独立于生活主体而存在的，那么它的意义就是值得怀疑的。在这个意义上，本文认同这样一种观念："从长期来看，使本国的传统制度适应新的功能比或多或少原样照搬西方的制度更为有效。"[①] 并且，"有意识地把旧的最好的东西和新的最好的东

① 〔美〕西里尔·E. 布莱克著，杨豫等译:《比较现代化》，上海译文出版社 1996 年版，第 5 页。

西结合在一起的企图，无论其动机多么的美好而善良，都将由于现代化模式和社会其他结构之间的奇异依存性而注定要失败”[①]。第二，当今中国农村所处的经济社会背景的复杂性事实上超过历史上一切时期和国际上一切地区：一方面，农民尤其是中西部地区农民仍然维持着传统的小农生产模式，在生产方式和生活方式上处于前现代化和前工业化状态之中；另一方面，由于全球化和市场化的作用，现代的甚至后现代的诸种因素已经开始大面积地渗入农村社会，吉登斯意义上的属于后现代范畴的“风险社会”不可避免地波及似乎远离后现代的中国农村，这种分属不同世纪的严重问题交织在一起的图景，是应用任何现成的理论都无法给出清晰的解释和说明的。因此，必须强调一种由内而外的研究视角，从农民真实的生活世界和行动入手，把握农村问题的复杂性和中国农村走向现代化道路的独特性。第三，从制度建设方面来看，自上而下的政策安排和制度设想在农村社会中由于具体的社会基础方面的差异往往呈现出大相径庭的面貌，在与各种地方性因素或“地方性知识”的互动交织中，政策执行并不是一个按部就班的线性过程。贺雪峰已经证明，村民自治制度在不同的农民联结关系结构中实践的结果极为不同[②]；关于家族文化与农村宗族的研究证明农民基于传统纽带形成的特定联结关系和联结方式对于农村现代化和国家政策的实践影响重大[③]；大量的人类学研究也已经说明国家力量与农民关系结构的对接是否顺畅以及国家权威与民间力量的冲突与整合是导致治乱变迁的重要因素[④]；近来的研究中所敏锐注意

① 〔美〕吉尔伯特·罗兹曼主编，国家社会科学基金“比较现代化”课题组译：《中国的现代化》，江苏人民出版社1998年版，第6页。
② 参见贺雪峰：《乡村的前途》，《新乡土中国》，广西师范大学出版社2004年版。
③ 参见肖唐镖、兴珍宁：《江西农村宗族情况考察》，《社会学研究》1997年第4期；肖唐镖：《农村宗族重建的普遍性分析》，《中国农村观察》1997年第5期；《农村宗族势力与国家权力的互动关系分析》，《探索与争鸣》1998年第7期；《村治中的宗族：对九个村的调查与研究》，上海书店出版社2001年版；王沪宁：《当代中国村落家族文化：对中国社会现代化的一项探索》，上海人民出版社1999年版。
④ 参见费孝通：《乡土中国　生育制度》，北京大学出版社1998年版；王铭铭：《村落视野中的文化与权力：闽台三村五论》，生活·读书·新知三联书店1997年版。

到的国家制度安排与农村社会的“遭遇”性质[①]，事实上也体现了学者对内生性理论取向的关注。强调较为激进的时间维度分析的学者和官员事实上在有意识地或者不自觉地以西方的、现代的与中国的、传统的这种二分法看待新农村建设以及整个中国的社会转型，试图在较短时间内以城市化吞没乡村性质，以脱胎于西方历史实践和话语体系的理论架构作为指导社会主义新农村建设的政策基础理论，体现的是根深蒂固的西方中心论的观念。而这样一种在时间问题上“速胜论”的观念和理论预设必然在空间问题上体现为忽视各个地方的“非均衡性”，以指标化的方式、压力型体制推行标准化的模式，同时倾向于要求将标准化的政策直接深入村庄，忽视内生性的力量，以简单化的思维忽视各种因素的协调综合，不给县这一级留下统筹余地。这样，我们就可以看到在时间和空间约束方面的倾向性在理论和实践中是完全结合起来的。也正因为如此，不同的时空定位将会给社会主义新农村建设带来完全不同的前途。

① 参见仝志辉：《选举事件与村庄政治》，中国社会科学出版社 2004 年版。

第九章　改革开放40年的农村基本经营制度*

改革开放40年，是中国人民在中国共产党领导下成功开创并坚持和发展中国特色社会主义的40年，是中华民族沿着中国特色社会主义道路迎来从站起来到富起来再到强起来伟大跨越的40年。在这期间，我国经济总量跃居世界第二位，人民生活水平显著提高，综合国力大幅增强，取得了举世瞩目的发展成就。农村是改革开放过程中的关键一环，是改革开放的重要推动力量。以家庭联产承包责任制为核心的农村基本经营制度为改革开放的成功奠定了坚实的基础，统分结合的双层经营体制有效地促进了农村生产力水平的提高。随着改革进程的不断推进，农村基本经营制度也显示出一些新的发展趋势，值得我们认真总结提炼。

一、改革开放40年农村基本经营制度的建立

在庆祝改革开放40周年大会上，习近平总书记对农业农村的发展成就作了精练的总结："从实行家庭联产承包、乡镇企业异军突起、取消农业税牧业税和特产税到农村承包地'三权'分置、打赢脱贫攻坚战、实施乡村振兴战略。"① 这一系列的改革成就都离不开农村基本经营制度的有力支撑。1978年12月，党的十一届三中全会通过《中共中央关于加快农业发展若干问题的决定（草案）》，其中要求人民公社各级组织必须

* 本章原刊于《当代经济研究》2019年第1期。

① 《习近平在庆祝改革开放40周年大会上的讲话》，《人民日报》2018年12月19日。

认真执行按劳分配原则，在计算劳动报酬时，可以按定额记工分，也可以在生产队统一核算和分配的前提下，包工到作业组，联产计酬、超产奖励。在此之后，农民承包方式经历了联产到组、联产到劳、联产到户，最后发展为包干到户，这种承包方式后来被中央文件统一界定为“家庭联产承包责任制”。1982 年中央发出了第一个关于“三农”问题的一号文件，明确指出包产到户、包干到户都是社会主义生产责任制。

1991 年，党的十三届八中全会通过了《中共中央关于进一步加强农业和农村工作的决定》，把这一体制正式表述为“统分结合的双层经营体制”，所谓“统”就是坚持土地公有制，农户和集体是承包关系，部分大型机具和水利设施也是公共提供；而“分”是指以家庭承包经营为主。1993 年 3 月，宪法修正案正式把这一体制纳入宪法，同年 7 月第八届全国人大常委会通过《中华人民共和国农业法》，第五条写道：“国家长期稳定农村以家庭承包经营为基础、统分结合的双层经营体制。”随着农村基本经营制度的确立，此后改革的重点一直围绕稳定承包关系来进行，鼓励农民增加投入，提高土地生产效率。2002 年通过的《中华人民共和国农村土地承包法》指出，“国家依法保护农村土地承包关系的长期稳定”，2007 年颁布的《中华人民共和国物权法》把土地承包经营权界定为用益物权，进一步强化了土地承包经营权的法律地位，从财产权方面保障了农村基本经营制度的稳定。

而在统一经营方面，在实践中的进展比较缓慢。统一经营虽然有所发展，但占比较小，农民经济收入中来自集体分配的份额不断减少。1983 年，在农民的人均纯收入中，集体所得收入占 11. 64%，到 1996 年则降低到 1. 63%。[①] 农业合作社是统一经营的重要组织形式，对其规范也相对滞后，由于许多人不将其作为独立的市场主体来看待，使得统一经营层面的很多工作难以展开。2018 年 7 月，新修订的《中华人民共和国

① 参见农业部农村合作经济指导司经营管理总站：《全国农村经济情况统计资料》，统计出版社 1996 年版。

农民专业合作社法》，进一步给予农业合作社更多的市场权利，通过法律的形式规范了农业合作社的组织构成，为统一经营的发展带来了新的契机，也为进一步完善农村基本经营制度提供了更多可能。

二、农村基本经营制度现阶段遇到的问题与出路

以家庭联产承包责任制为核心的农村基本经营制度，极大地促进了农民的生产积极性，提高了农业生产效率，为改革开放的成功奠定了坚实的基础。不过，随着中国特色社会主义事业的不断发展，农村基本经营制度面临新的问题。其一，市场经济的发展使得农业市场规模不断扩大，农业市场参与主体实力不断增强，而以家庭为生产单位的普通农户难以适应大市场的要求和节奏，往往无法有效满足市场需求、承担市场风险。其二，工业化、城镇化的进程使得大量农业人口转移进入城市，依靠传统农业种植获得收入已经难以满足农民的生活需要，农民耕种土地的积极性明显下降，甚至出现土地撂荒的现象。其三，市场经济的冲击使得农村基层治理涣散，村级组织凝聚力不强，农村政治秩序受到挑战，社会治理问题凸显，乡村文化建设停滞。

事实上，这一系列问题的出现并不是偶然，而是社会经济发展规律的必然。从马克思主义唯物史观的视角来看，农村基本经营制度的变革与生产力的发展状况是紧密相关的，农村基本经营制度必须适应生产力发展和生产方式演变所提出的新要求。一方面，科技革命极大地提高了农业生产力水平，信息技术、生物技术、材料技术等领域的发展使得农业生产方式发生了巨大变化；另一方面，农民素质也迅速提高，受教育年限增长，农民的劳动能力比之前有大幅度增强。传统的小农生产方式难以应对大市场的发展，亟须进行改革。邓小平同志曾预见到这一问题，并指出了发展方向，他认为，“中国社会主义农业的改革和发展，从长远的观点看，要有两个飞跃。第一个飞跃，是废除人民公社，实行家庭联产承包为主的责任制。这是一个很大的前进，要长期坚持不变。第二

个飞跃，是适应科学种田和生产社会化的需要，发展适度规模经营，发展集体经济”①。江泽民同志也曾指出办好农村集体经济的重要性，他认为：“村级组织建设的关键是抓好两条，一条是建设一个好支部，一条是发展集体经济，真正做到‘有人管事’和‘有钱办事’。村里没有一点集体经济收入，办一点事就要向群众敛钱，党支部很难有凝聚力和号召力。”②胡锦涛同志也对这一问题提出过类似的观点，他指出，“要注意加强集体经济组织的骨干力量，充分发挥村级集体经济组织作用，积极壮大村级集体经济实力。……集体经济实力与农村基层党组织的凝聚力和战斗力是紧密联系在一起的”③。

习近平同志对农村基本经营制度问题有着深刻的思考，他认为应正确地认识“统”与“分”的辩证观，“社会主义制度的优越性在农村经济上的体现，应该是集体优越性与个人积极性的完美结合”。“只有使二者有机地结合起来，才能使生产力保持旺盛的发展势头，偏废任何一方，都会造成大损失”④。“发展集体经济实力，绝不是复归‘归大堆’式的公社化，而是纠正大包干中忽视统一经营所造成的偏差；绝不是对家庭联产承包责任制的否定，而是对这种责任制的进一步完善和发展。”⑤习近平同志将发展集体经济的重要性总结为 4 点：其一，“加强集体经济实力是坚持社会主义方向，实现共同富裕的重要保证”；其二，“发展集体经济实力是振兴贫困地区农业的必由之路”；其三，“发展集体经济实力是促进农村商品经济发展的推动力”；其四，“集体经济实力是农村精神文明建设的坚强后盾”。⑥

① 《邓小平文选》第 3 卷，人民出版社 1993 年版，第 355 页。
② 《江泽民文选》第 2 卷，人民出版社 2006 年版，第 559 页。
③ 《胡锦涛文选》第 1 卷，人民出版社 2016 年版，第 99 页。
④ 习近平：《摆脱贫困》，福建人民出版社 1992 年版，第 195、196 页。
⑤ 习近平：《摆脱贫困》，福建人民出版社 1992 年版，第 196 页。
⑥ 习近平：《摆脱贫困》，福建人民出版社 1992 年版，第 193—194 页。

三、改革开放再出发：农村新型集体经济的发展

随着改革开放的不断深入，农村基本经营制度也在不断发生变革，以适应生产力发展的需要。一种明显的趋势是，越来越多的农村走向新型集体经济之路。这种集体经济与之前人们理解的集体经济已经有了根本性的变化，是一种以社会主义市场经济为基础，以共同富裕为目的，进行财产联合或者劳动联合的经济组织和经营方式。这种新型集体经济与家庭联产承包责任制并行不悖，土地承包经营权的明确为土地大规模流转，从而为规模经营提供了有利的条件。农村合作社的规范化制度化，也给农村新型集体经济的发展提供了难得的契机。农村新型集体经济的出现，是农村基本经营制度在中国特色社会主义新时代的新发展。

"外圆内方"的发展模式是农村新型集体经济的突出特点。农村新型集体经济需要与市场经济接轨，适应市场竞争，能够在市场环境中存活发展，这就是"外圆"；而"内方"则强调的是新型集体经济的社会主义底色，对内要坚持理想信念，走共同富裕的道路。虽然这些农村新型集体经济所处的行业各有区别，但都通过财产联合或者劳动联合，形成规模经营优势，以集体经济组织作为主体融入市场经济，以市场为导向进行经营决策。而在村庄内部，这些新型集体经济则较好地贯彻了按劳分配原则，充分保障村民的基本生活需要，并通过集体收入涵盖农民的一部分基本生活支出，保障村民公共福利。

发展农村新型集体经济，有助于实现乡村振兴战略的五大发展要求。以农村新型集体经济为依托，可以充分整合利用农村的各方面资源，为发展农业、工业、服务业或者融合产业提供便利条件，更好地参与市场竞争，从而实现产业兴旺。农村新型集体经济的发展，一方面可以使参与其中的农民提高收入，另一方面也使大部分农民从土地上解放出来，能够有机会从事其他工作，拓宽了农民收入渠道，使得农民显著增收。农村新型集体经济一般都是在村"两委"领导下进行发展，这使得村

“两委”能够充分锻炼组织能力，在农民心中树立起威信，并增加村集体收入。因此，村庄的生态、社会治理等方面工作就容易推动，村集体也有实力开展这方面的工作。

富裕的生活水平、宜居的生态环境、完善的社会治理，自然造就优良的乡风民风。我们在调研中发现，许多走农村新型集体经济道路的村庄，已经在朝着乡村振兴的战略目标大踏步前进。习近平总书记在2018年中共中央政治局第八次集体学习时提出，“要把好乡村振兴战略的政治方向，坚持农村土地集体所有制性质，发展新型集体经济，走共同富裕道路”[①]。这为我们接下来推进农村改革提供了方向性的指引。现如今，改革开放进入新征程，我国进入中国特色社会主义建设新时代。改革开放永无止境，只要我们本着实事求是的态度，认真分析发展形势，总结提炼经济社会发展规律，就一定能够不断完善农村基本经营制度，为全面建成小康社会、实现中华民族伟大复兴提供坚实的基础。

① 《习近平谈治国理政》第3卷，外文出版社2020年版，第261页。

第十章　不断完善农村基本经营制度：乡村振兴战略的制度基础 *

我国始终把解决好“三农”问题作为所有工作的重中之重，新中国成立后，特别是改革开放以来，我国农村面貌得到极大改善，农业农村现代化程度不断提高，农民各方面生活水平显著提高，几亿人口实现了脱贫。这些发展成就的取得，正是源于我国在农村探索出了适合中国国情的发展制度，源于中国特色社会主义制度的强大生命力和巨大优越性。在党的十九届四中全会审议通过的《中共中央关于坚持和完善中国特色社会主义制度 推进国家治理体系和治理能力现代化若干重大问题的决定》中，将中国特色社会主义的制度总结为 13 个方面，为进一步坚持和完善国家制度指明了方向，也为新时代决胜全面建成小康社会、全面建设社会主义现代化国家厘定了行动方案。其中“坚持和完善社会主义基本经济制度，推动经济高质量发展”这一部分，明确提出要“深化农村集体产权制度改革，发展农村集体经济，完善农村基本经营制度”，“实施乡村振兴战略，完善农业农村优先发展和保障国家粮食安全的制度政策，健全城乡融合发展体制机制”。这一方面是对我们党解决“三农”问题实践经验的制度总结，另一方面也为接下来加强“三农”工作和实施乡村振兴战略明确了制度选择和着力方向。农村基本经营制度和乡村振兴战略概念的形成有先后之分，作用机制也有着逻辑上的相互作用关系。我们认为，农村基本经营制度是实施乡村振兴战略的制度基础，不

* 本章原刊于《理论学刊》2020 年第 2 期。合作者：张弛。

断完善农村基本经营制度才能更好地推进乡村振兴战略。

一、农村基本经营制度是实施乡村振兴战略的制度基础

习近平总书记指出："农村基本经营制度是党的农村政策的基石。坚持党的农村政策，首要的就是坚持农村基本经营制度。"[①]改革开放以来，我国的农业农村发展取得了突出成就，这些成功政策的推动和实施需要坚实的制度基础，农村基本经营制度在其中起到了重要的支撑作用。农村基本经营制度的形成和发展经过了长时间的探索和尝试。1978 年，党的十一届三中全会通过的《中共中央关于加快农业发展若干问题的决定（草案）》规定，人民公社各级组织必须依照"各尽所能、按劳分配、多劳多得、少劳少得、男女同工同酬"的原则，可以包工到作业组，联系产量计算劳动报酬。在之后的实践过程中，广大干部群众不断探索总结，发展农民承包经营的方式和方法，经历了联产到组、联产到劳、联产到户，最后发展为包干到户的方式，在广大农民中取得了很好的效果，调动起了农民的生产积极性，这在之后的中央文件中统一表述为"家庭联产承包责任制"。1982 年，中共中央颁布了《全国农村工作会议纪要》，这是改革开放后的第一个中央"一号文件"，明确指出包产到户、到组，包干到户、到组都是社会主义集体经济的生产责任制。1980 年，实行家庭联产承包责任制的农村基本核算单位仅占总数的 5.0%，1982 年达到 80.9%，1984 年这一数字更是达到 99.1%。1991 年，《中共中央关于进一步加强农业和农村工作的决定》由党的十三届八中全会审议通过，该决定指出"要继续稳定以家庭联产承包为主的责任制，不断完善统分结合的双层经营体制"，其中"统"的含义是指农村土地由村集体所有，坚持土地社会主义公有制，农户从集体承包土地进行生产经营活动，农村

① 中共中央党史和文献研究院：《习近平关于"三农"工作论述摘编》，中央文献出版社 2019 年版，第 50 页。

的一些大型农业机具和农田水利设施也由集体提供建造；“分”是指农业生产以家庭承包经营为主，土地的生产经营权下放到农户手中。1993年3月的宪法修正案将“农村中的家庭联产承包为主的责任制”写入宪法，当年7月通过的《中华人民共和国农业法》也强调“国家长期稳定农村以家庭承包经营为基础、统分结合的双层经营体制”。农村基本经营制度在法律层面被认可，接下来的多项改革旨在进一步稳定承包关系。2002年出台的《中华人民共和国农村土地承包法》指出，“国家依法保护农村土地承包关系的长期稳定”。土地承包经营权作为一种独立的权利也在法律中得到体现，2007年出台的《中华人民共和国物权法》把土地承包经营权界定为用益物权，使得与土地承包经营权相关的利益纠纷处置有法可依，保障了农民在承包经营土地时的财产权利，进一步维护了农村基本经营制度的稳定。2008年，《中共中央关于推进农村改革发展若干重大问题的决定》由党的十七届三中全会审议通过，较为系统地阐述了完善农村基本经营制度的思路。

党的十九大提出实施乡村振兴战略，这是我们党深刻把握现代化建设规律和城乡关系变化特征，对“三农”工作作出的战略性安排，是建设社会主义现代化强国的必然要求，也是做好“三农”工作的基本遵循。乡村振兴是全面振兴，总要求包括产业兴旺、生态宜居、乡风文明、治理有效、生活富裕等5个方面，其中既涉及经济发展方面的任务，也涉及上层建筑层面的任务。从马克思主义理论来看，一方面，生产力是社会经济发展的决定性力量；另一方面，经济基础决定上层建筑。我国改革开放以来的实践充分证明，农村基本经营制度能够极大地促进农业生产力的发展，以及调动农民生产积极性。农村土地所有权和承包经营权相分离，使得农民能够以家庭为单位承包经营土地，可以有效避免经济学上的“公地悲剧”问题，促使农民在土地上持续投入，有效提高土地利用效率，提高农业生产率。我国农业长期健康发展和农民生活水平持续提高，与农业生产力水平不断提升有着直接的关系，继续完善农村基本经营制度，促进生产力发展，将会为产业兴旺和生活富裕提供重要的制度保障。对于生态宜居、乡风文明、治理有效等方面的要求，单纯依靠提升农业生产力水平是难以解决的，需要调动社会各方面力量，从文化、机制、理念等方面着手推进，涉及上层建筑层面的问题。理想的上层建筑需要由合理的经济基础进行支撑，农村基本经营制度以制度形式规定了经济基础的主要内容，对形成生态宜居、乡风文明、治理有效的农村社会环境具有重要作用。从生态宜居来看，农村生活环境问题是一个系统工程，需要统筹管理农村生产生活，主动开展环境治理工作，建立相应的鼓励绿色发展的机制。如果仅从家庭生产的角度来考虑，很少家庭有能力和意愿主动开展生态环境治理保护工作，必须发挥“统”的作用，由政府统一负责安排相关工作。乡风文明是文化建设的重要载体，也需要政府统筹协调，才能达到乡村振兴战略的目标要求。治理有效是社会主义政治建设的重要内容，而政治建设是以经济基础为出发点的，必须在农村坚持社会主义的经济基础，才能够达到社会主义治理有效的要求。农村基本经营制度保证了基层生产经营方式的社会主义性质，通过发展统分结合的“双层经营”体制，既在“分”的过程中激发了农业生产的活力，又在“统”的过程中壮大了农村基层组织的领导力量和组织能力，从而实现政治、文化、理念等多方面的同步发展。

如何协调“统”和“分”的关系，完善农村基本经营制度，是进一步推动乡村振兴战略着重解决的基本问题。我们应正确认识“统”和“分”的辩证关系，在生产力水平还不高的条件下，“分田到户”适应了广大农民的生产需要，能够调动农民的生产积极性。不过，随着农业生产力的不断发展，农业生产对规模化、机械化、组织化的要求也逐渐增加，“统”的方面应该受到重视，通过发展农村新型集体经济，将农村的人力、物力、财力重新组合起来，能够有效促进农业及附加产业的分工，实现技术化和专业化，并显著增强农民在市场经济中的抗风险能力和议价能力。许多情况下，这种“统”也是建立在家庭承包经营基础之上的，家庭在获得土地承包权之后，将土地流转出来再进行统一生产经营，可以说是建立在“分”之上的“统”。因此，在进一步完善农村基本经营制度的过程中，要把握好“统”和“分”的辩证关系，在“统”和“分”的辩证运动中不断推动乡村振兴战略的实施。当前应从以下两个方面进行着力：一是深化农村土地制度改革，让广大农民能够“分”得清楚，充分保障农民的合法权益；二是大力发展农村新型集体经济，让农民通过新的组织形式重新结合起来，以适应社会主义市场经济的发展要求。

二、深化农村土地改革，为乡村振兴战略提供内生动力

土地制度是农村基本经济制度的核心内容。党的十九大报告指出，保持土地承包关系稳定并长久不变，第二轮土地承包到期后再延长三十年。这一政策稳定了广大农民的制度预期，为维护农村基本经营制度长久不变起到重要作用，有助于更好地推进农业农村的现代化建设。需要指出的是，农村土地改革包括农村承包地、宅基地以及集体建设用地改革等，根本目的在于促进农村稳定、推动农业发展、保障农民利益。在构建城乡建设用地增减挂钩体系的过程中，应当注重以城镇化带动农村发展，以工业带动农业发展。现阶段增减挂钩产生的节余建设用地指标一般在省域内流动，农村土地增值空间有限，很难抵偿村庄建设和土地复垦的成本，将发达城市地区的资金通过土地渠道转移到农村建设中的环节并不是很通畅。与此同时，乡村振兴战略的实施需要大量资金投入，以原本就不充裕的地方财政投资为主要渠道进行农村建设将会产生较强的预算约束，“增减挂钩”政策可以成为农村建设筹措资金的重要渠道。这需要建立完善全国性的节余建设用地指标交易平台，通过建设用地指标跨区域交易，提高全国土地利用效率，促进全国发达地区和欠发达地区资金、土地要素的合理双向流动，为农村建设提供充足资金保障，为实施乡村振兴战略提供更好的展开条件。我们认为，应该进一步深化农村土地制度改革，充分保障农民承包经营土地的合法权益，促进土地要素合理流动，激发乡村振兴的内生动力。

（一）坚持农村土地集体所有制

习近平总书记特别重视农村土地集体所有制问题，他在中央农村工作会议上的讲话中指出："坚持农村土地农民集体所有。这是坚持农村基本经营制度的'魂'。农村土地属于农民集体所有，这是农村最大的制度。农村基本经营制度是农村土地集体所有制的实现形式，农村土地集体所有权是土地承包经营权的基础和本位。坚持农村基本经营制度，就要坚持农村土地集体所有。"[①] 任何阶段的农村土地制度改革都要牢牢把握住这条红线，不能以任何形式削弱农村土地集体所有制，这是社会主义制度的根本要求。无论从理论上还是实践上来看，坚持农村土地集体所有制是我们党开展"三农"工作的基本条件和重要优势。我国古代历史上出现社会动荡的一个重要原因就在于土地不断兼并集中，地主阶级垄断大量生产资源，人民群众缺少必要的生产条件，难以维持生计。农村土地集体所有制从源头上遏制了这种情况的发生，使得国家有能力从宏观层面调节土地资源的配置情况，保证农业生产需要，维护基本的社会公平正义。只要农村土地集体所有制不变，在此基础上的各种改革措施就能够顺利实施，社会主义制度基础就难以动摇，人民群众的根本利益也就能够得到保障。

（二）保证土地承包关系长期稳定

2019 年 11 月，《中共中央　国务院关于保持土地承包关系稳定并长久不变的意见》正式发布，这为深入推进乡村振兴战略夯实了制度基础。该意见指出，家庭承包经营的基本制度长期不变，并保障农民集体能够有效行使土地所有权，村集体的村民在享有土地承包权时是平等的；农业生产以家庭经营为基础，普通农户可以继续长期承包集体土地，相关权利受法律保护。同时，该意见进一步明确了党的十九大提出的"第二

① 中共中央文献研究室编：《十八大以来重要文献选编》（上），中央文献出版社 2014 年版，第 668 页。

轮承包到期后再延长三十年”的决定。这为我国农业生产保持长期稳定奠定了重要的制度基础，有利于在此基础上开展土地经营权的流转工作。随着农业生产现代化水平的逐步提高，单位土地投入的生产资本明显增加，保证土地承包关系长期稳定，有利于农业生产技术迭代更新，符合乡村振兴战略的发展要求。不过，在具体执行过程中，应积极探索更为灵活的土地承包管理机制，“增人不增地、减人不减地”虽然在一定程度上有利于土地规模经营，但弊端也很明显，对年轻人回流农村从事农业生产活动可能产生阻碍作用。随着我国农村发展进入新阶段，城乡差别逐渐缩小，城乡融合程度不断加深，人口双向流动会越发频繁。如何在保证土地承包关系长期稳定的条件下，适应人口双向流动的新特点，需要在实践中进一步探索。

（三）健全土地经营权流转机制

在保证土地承包关系长久不变的基础上，“三权分置”改革、土地经营权流转将能够更好地实施。在农民土地承包经营权完成确权、登记、颁证等步骤之后，只要依法合规，农民有权自主决定承包土地的经营权是否流转、怎样流转、流转给谁。要深入推进农村承包地“三权分置”改革，保障所有权、承包权、经营权“三权分置”，使得经营权能够通过市场机制进行流转。农村承包地“三权分置”改革具有重大意义，是我国继家庭联产承包责任制之后，农村制度改革领域的又一重要探索，给农业生产经营带来多方面的益处。首先，在坚持农村土地集体所有的基础上，突出了农户对土地进行承包经营的权利，保障了广大农民的长久经营土地的愿望。其次，给予土地经营权的流转以充分空间，顺应了部分农户流转土地经营权的意愿，有利于土地规模化经营，提高土地利用效率。另外，“三权分置”改革也从制度上保障了土地经营者的权益，可以有效避免利益纠纷。农业生产力水平的提高必然会带来农业生产规模化，有利于大范围地使用农业机械设备，发展规模农业，而小规模的农业生产已难以适应市场化的需求。通过土地经营权流转，将土地集中经营以适应农业生产的新要求，促进农业产业化，是实施乡村振兴战略的重要举措。应逐步扩大农村土地改革试点范围，完善土地经营权流转相关措施，推动农村土地制度改革不断深化，解决农民迫切关心的重点问题。[①] 接下来，应在改革试点经验的基础上，将改革措施制度化、规范化。农村宅基地问题也是改革的难点问题，应重点推动房地一体的农村集体建设用地和宅基地使用权确权改革，这是当前广大农民极为关心的一个问题。下一步，农村工作将继续探索推进宅基地所有权、资格权、使用权“三权分置”改革，充分保障农户的房屋财产权、农户对宅基地的使用权以及宅基地的集体所有权。在此前提下，探索适度放活宅基地和农户房屋使用权的措施，有效利用农村土地资源，激活农村发展深层次动力。[②]

三、发展壮大农村新型集体经济是乡村振兴战略的重要方向

随着中国特色社会主义进入新时代，经济社会等各方面条件都发生了新的变化，农村基本经营制度也应进一步改革完善。其一，随着市场经济的不断发展，农业市场化水平不断提高，以家庭为基本生产单位的普通农户对于复杂的市场环境难以全面适应，抵御市场风险的能力也较弱。其二，随着我国城镇化进程的不断深入，部分农业人口向城市转移是必然趋势，一些农民耕种土地的意愿下降，不少地方甚至出现土地撂荒的现象。其三，随着外部环境的冲击和农村人口结构的变化，农村基层组织的领导力有下降的风险。农村政治秩序需要适应新的历史条件，社会治理问题成为较为突出的难点，乡村文化建设也亟待改善。这些问

① 王兴国：《惠农富农强农之策——改革开放以来涉农中央一号文件政策梳理与理论分析》，人民出版社 2018 年版，第 256 —257 页。

② 参见蒋永穆：《基于社会主要矛盾变化的乡村振兴战略：内涵及路径》，《社会科学辑刊》2018 年第 2 期。

题为进一步实施乡村振兴战略带来极大挑战。笔者认为，发展农村新型集体经济能够顺应时代要求，较好地解决以上问题，助力乡村振兴战略实施。

（一）农村新型集体经济能够助力乡村振兴战略

第一，农村新型集体经济顺应了生产力的发展要求。从马克思主义唯物史观的视角来看，农村基本经营制度必须适应生产力发展和生产方式演变所提出的新要求。一方面，伴随着科技进步，信息科学、生物科学、材料科学等领域的新技术大量运用到农业生产之中，农业生产力水平大幅度提高，农业生产方式也发生了翻天覆地的变化；另一方面，随着社会不断发展，新一代农民的劳动能力也迅速提高，受教育程度大幅度增长，能够更好地掌握新技术新知识。农村新型集体经济组织能够较好地适应生产力的这种变化，邓小平“两个飞跃”的观点就预见了这一趋势——我国农业的改革和发展要经历两个飞跃，第一个飞跃是实行家庭联产承包为主的责任制；而要适应科学种田和生产社会化的需要，就要进行第二个飞跃，即发展适度规模经营，发展集体经济。

农村新型集体经济能够促进农业现代化，有利于先进生产技术的运用。农业现代化必定是以大规模采用先进农业生产技术为基础的，这些技术多是技术供给方从外部输入农村。农村新型集体经济将以家庭为单位的农户组织起来，能够使得先进生产技术在农村的引进、推广、普及更为高效。新型集体经济组织主动寻找合适的技术供给方进行对接，首先能够理智地判断这种生产技术是否适应当地的实际情况，其次通过自身在当地的组织能力迅速推广这种技术可以大大减少技术供给方与农户直接对接造成的各种摩擦。生产力发展的一个重要标志就是分工不断细化、协作不断加强。发展农村新型集体经济将有利于整合农村内部和外部的人力资源，使得农民劳动专业化，提高生产效率。农村新型集体经济还有利于资本积累和资本集中，生产社会化需要扩大资本规模，依托农村新型集体经济组织能够迅速实现资本集中，生产经营的利润由集体统一分配能够将更多利润用于资本积累，从而不断扩大资本规模。

第二，农村新型集体经济适应社会主义市场经济的发展需要。改革开放 40 多年来，我国建立并逐步完善了社会主义市场经济体制。一方面，我国坚持社会主义方向，反映在农业农村发展领域就是坚持土地公有制，只有这样才能保证农民平等地占有基本生产资料，最终实现共同富裕，任何农村经营方式的改革都应以此为基础。另一方面，市场在资源配置中起决定性作用，无论是城市还是农村，无论是企业还是个人，只要涉及商品生产，都要受到市场经济规律的支配。以小农户为单位参与市场经济有着先天的劣势，社会资源、金融资源等存在不足，缺少进行市场博弈和市场竞争的力量，难以获得与其他市场主体对等的地位。[①]通过发展农村新型集体经济，既能够坚持土地集体所有制不变，又能够形成规范的市场主体，充分保护普通农民在参与市场经济时的利益。

农村新型集体经济组织有能力进行广泛的市场调研和充分的信息分析，进行正确的生产决策，更好地应对市场变化。在市场交易过程中，农村新型集体经济组织具有更强的议价权，可以避免大企业通过局部买方市场的优势恶意打压农产品价格的情况发生，在市场博弈中充分维护自身利益。农村新型集体经济组织还有助于减少交易成本，可以有效地整合生产资源，通过规范的领导、管理、监督等方法更加合理地进行资源配置，将单个农户需要通过市场交易来完成的行为在组织内部解决，从而优化了资源配置流程，提高了市场竞争力。农村新型集体经济组织在市场中具有更强的抗风险能力，由于其具有更大的资本规模、更丰富的经营手段、更强的市场影响力，相比于单个农户在应对市场波动时能够游刃有余。

与此同时，发展农村新型集体经济还能够产生规模效应，将土地和资本集中经营，方便大规模投入生产设施和设备。

第三，农村新型集体经济的发展顺应了农村社会基础的变化和传统

① 参见王成利:《社会资源和金融资源对农户收入的影响分析》,《经济问题》2018 年第 8 期。

文化的沿承。农村新型集体经济能够蓬勃兴起，不仅由于经济方面的原因，也包括社会和文化方面的因素。改革开放以后，市场经济给农村社会带来了巨大冲击，农村人口外流，大部分传统集体经济组织瓦解，村“两委”失去了组织劳动的职能，也就没有了维护社会秩序的直接手段。农村新型集体经济的发展能够重构社会基础，将农民重新联结起来。新型集体经济能够有效推动农业产业升级，可以容纳更多的劳动力，农民不必再背井离乡外出打工。新型集体经济组织成为农村社会新的黏合剂，村集体获得了集体经济收入，相关工作便能够顺畅展开。由于村“两委”是群众自治组织，财政预算约束较为明显，因此村级组织拥有足够的经济实力和物质条件，是其为群众提供生产和生活服务的基本前提，也是其拥有凝聚力和号召力的物质基础。

由于农民基本生活需要得到充分保障，农民具有发展新型集体经济的热情，从而使得村级集体组织能够获得很强的向心力，填补了农村基层组织力量的缺失，重新夯实了农村的社会基础。

传统文化因素也是农村新型集体经济成功发展的重要原因。我国传统农耕文明有着很强的集体主义观念，有着互帮互助的传统，注重血缘、地缘关系，强调公平和伦理秩序。新型集体经济的内在基因与传统文化基因存在共鸣，这种共鸣成为农村新型集体经济组织运行的润滑剂，农民从根本上认可新型集体经济发展所要达到的目的和运行方式。我国农村自古以来就是一个“熟人社会”，这种文化氛围使得农民新型集体经济组织在运行时少了很多摩擦力，有效减少了沟通和管理成本。传统文化因素的另外一个积极作用就是能够有效吸引企业家、党政干部、专家学者、技能人才等返乡创业，带领村民实现共同富裕。在“熟人社会”中，村民之间的组织纽带更加紧密，获得内部人的认可能够带来更多成就感，乡情乡愁是人与人之间重要的链接纽带，同时，许多在外取得一定成绩的人才也渴望回乡创业，愿意也能够带领村民走上新型集体经济的道路。

（二）因地制宜发展农村新型集体经济

习近平同志在 20 世纪 90 年代初曾对农村集体经济有着深入的思考，他将集体经济的重要作用总结为 4 点：其一，“加强集体经济实力是坚持社会主义方向、实现共同富裕的重要保证”；其二，“发展集体经济实力是振兴贫困地区农业的必由之路”；其三，“发展集体经济实力是促进农村商品经济发展的推动力”；其四，“集体经济实力是农村精神文明建设的坚强后盾”。[①] 这些重要作用在今天看来对新型集体经济仍然适用，新型集体经济与市场经济的融合程度更深，组织机制更加完善，对集体利益保障更加健全，是新时代农业农村工作的重要抓手，也是实施乡村振兴战略的重要方向。

1. 实施乡村振兴战略，发展农村新型集体经济是一种重要的选择

我们通过实地调研发现，新型集体经济能够蓬勃发展起来的村庄，一般都拥有一定规模的可利用土地，且具有一定的区位优势，集体文化影响较深的地区也更易于发展农村新型集体经济。因此，乡村振兴道路的选择应根据当地实际情况合理引导，因地制宜，不能搞“一刀切”“一阵风”。当农民自发走上新型集体经济道路时，政府应尊重人民群众的首创精神，积极鼓励引导农村新型集体经济的健康发展，不能为农村新型集体经济的发展设置阻碍。

2. 农村新型集体经济的发展形式可以多种多样

农村新型集体经济是以适应市场经济为核心特征，在社会主义土地公有制前提下，通过财产联合或者劳动联合进行共同经营的经济组织，实现人民共同富裕是其根本目的。把握农村新型集体经济的本质内涵，有助于认清农村新型集体经济的存在形式和发展方向。无论从事哪种产业，处于产业链的哪个环节，或是选择怎样的组织结构和经营方式，只

① 习近平：《摆脱贫困》，福建人民出版社 1992 年版，第 193—194 页。

要符合农村新型集体经济的本质，我们都可以将其看成农村新型集体经济的不同形态，进而拓展我们对于农村新型集体经济的认知。

3. 农业农村发展应充分重视农民的主体地位

人民群众是历史的创造者，决定着社会变革的方向。在“三农”问题中，农民始终处于主体地位，这在农村新型集体经济的发展中表现得尤为重要。一方面，农民是农业农村发展的行为主体。农村新型集体经济之所以能够蓬勃兴起，主要仰赖农民的主动创造和积极实践，依靠农民自身的智慧和力量，使得农业经营生产模式适应了社会主义市场经济的发展要求。另一方面，农民是农业农村发展的利益主体。符合农民发展需要，能够实现共同富裕的发展模式受到农民衷心的支持和拥护。另外，在引入外部资本、外部人才参与农业农村发展的过程中，农村新型集体经济组织能够有效保证农民的主体地位，防止农民被边缘化，防止农村的稀缺资源被低价剥夺。2019 年中央一号文件特别指出要发挥好农民的主体作用，农村新型集体经济组织能够成为落实这一政策的重要抓手。

4. 发展农村新型集体经济可以从多方面助力乡村振兴战略的实施，全方位推进农业农村的现代化进程

通过大力发展农村新型集体经济，可以充分调动农村的各方面要素，包括人力、物力、财力等，为第一产业、第二产业、第三产业以及融合产业的发展提供便利条件。农村集体经济组织能够作为独立法人主体参与市场竞争，在市场经济中具有更强的议价能力和抗风险能力，能够作为参与市场竞争的独立主体，有助于实现产业兴旺。在发展农村新型集体经济的过程中，广大农民收入普遍提高，农业生产效率也得到大幅提升，这使得一部分农民可以从土地上解放出来，从事其他非农业领域的工作，为农民增收拓宽了渠道。村“两委”在这一过程中起到了组织领导作用，一方面使得基层组织在农民心中树立起威信，方便开展工作；另一方面也增加了村集体的收入，使得基层组织积累了开展其他工作的物力财力。在此基础上，村“两委”增强了推动生态改善、社会治理、乡风建设等方面的工作能力，相较于集体经济发展较弱的村庄，能够更好地实现“生态宜居、乡风文明、治理有效”等相关要求，从而为全面实现乡村振兴战略打下坚实的基础。

第十一章　隐性农业革命背景下的喀什农业发展路径研究 *

隐性农业革命是黄宗智对改革以来中国农业发展现状和特点的一种概括。这种迥异于西方经验和东亚模式的农业革命是当前中国农业继续向前发展的现实处境和出发点，只有敏锐地把握住隐性农业革命给农业发展带来的契机，顺势应势地选择发展路径，农业才会有真正的出路。

本章把喀什农业置于隐性农业革命大背景下加以考察，探讨适应隐性农业革命要求的农业发展路径，具体将循着“中国隐性农业革命的内涵—喀什农业发展的可能性空间—喀什农业发展路径”这一逻辑思路展开分析。事实上，此前笔者已经完成了下述基础性工作：一是对喀什地区农业发展历史和现状的大量调研；二是对笔者在山东两个农业发达县 10 多年的农业发展领导工作经验的梳理；三是对有关农业发展文献的调研和阅读。

一、隐性农业革命：喀什农业发展的外部环境

隐性农业革命是黄宗智新近提出的理论，值得注意的是，当他把学术研究重心从法律史重新转回中国农村问题上来的时候，就提出了这样一个对中国农村问题极具洞察力和解释力的命题，其中有着深刻的理论

* 本章原刊于《喀什师范学院学报》2012 年第 4 期。合作者：聂家华。

和现实动因。一是他对当下中国经济史学界对新古典经济学片面推崇（而在他看来新古典经济学存在着众多盲点和误区）的做法深感不满并试图加以修正的结果；二是对当下国内农村问题研究的学术取向深感忧虑并试图作出理性回应的结果，是基于他对国内农村问题研究已“越来越脱离农村和农民的实际问题”这一学术现状的认知，试图用“从实践出发”和“从中国出发”的经济史研究加以矫正的一次努力；三是出于农村问题的严峻性、迫切性和高度学术自觉而进行学术探索的结果。如黄氏所言，是为“紧迫感和使命感所推动”，“为理解和解决当前的农村问题做出的微薄贡献”。总之，这一命题是基于中国农业发展的现实和历史、理论和实践的深思熟虑而提出的，唯其如此，对理解和思考当前中国农业发展问题极具指导和启发意义。

在传统意义上，我们把新石器时期农业的产生叫作第一次农业革命。迄今为止人类社会共发生了 5 次农业革命，尤其是在 20 世纪下半叶开始的第五次农业革命中，又称作绿色革命，因机械化、化学肥料以及新品种作物等现代农业生产要素的投入使得农业产量的大幅增长，进入 21 世纪，又开始了以“基因革命”为代表的绿色革命新阶段。与上述传统意义的农业革命不同，黄宗智把 20 世纪 80 年代以来中国农业的发展变化称之为隐性农业革命。

在他看来，“近三十年来中国农业部分停滞的同时，也显示了激剧的发展”。呈现停滞和发展并存的二元结构。一方面，与第二、三产业横向比较，农业发展相对滞后；从农业内部，种植业特别是粮食种植增长不显著，也呈相对停滞状态。另一方面，在相对停滞的同时却是“大农业”总产值的持续增长。从农业自身发展的纵向比较看，1980 年至 2007 年，中国农业总产值增长了 5.1 倍。到 2010 年，已接近 6 倍。这一速度远比 18 世纪英国农业革命（总产值翻一番用了 100 年）要快，也比 20 世纪 60 年代和 70 年代的绿色革命（每年增加 2 %~3 %，亦即 24 —36 年才翻一番）要快。值得注意的是，农业的发展即“大农业”总产值的持续提高主要是在自畜牧业和渔业带动下实现的，突出表现为农业产业结构的转型即高价值农产品在农业生产中的比重前所未有地扩大。[①]统计数据表明，种植业在农业总产值中所占的比重从 1978 年的 80% 降低到 2007 年的 50.4%，而牧渔所占比例从 1978 年的 16.6% 上升到 2007 年的 42.1%。同时，种植业内部也发生了结构性变化，即以粮食生产为主转变为粮菜果并重，经济作物所占比重增大。高值农产品的生产带来了农业劳均产值的持续增长，近 30 年中达到年均 5% 多的增长率，总共上升了不止 5 倍。[②]

黄宗智把上述变化叫作“中国农业的隐性革命”。之所以称之为“隐性”，是因为研究者习惯于从某种作物产出绝对量的上升来探寻农业革命，而上述变化在种植业的产量里并不明显，因为改革以来大部分作物的单位面积产量是停滞或变化不显著的。如果从传统农业革命的视野来看，这些变化容易被研究者忽视。

这种比较隐蔽的或者说不被觉察的发展是在“三大历史性变迁交汇”这一时代背景下发生的。黄宗智把三大历史性变迁概括为：出生率的下降在世纪之交终于体现于农村劳动力绝对规模的下降，快速的城市化（大约每年 1 %）以及农民工数量的迅速增长，中国人食品消费结构以及农业产业结构的根本转型。也就是说，与传统的农业革命不一样，其主要动力来自农业之外。

在传统农业革命中，英格兰模式的动力主要来自种植和畜牧的结合，东亚模式的动力则来自现代科学选种和化肥的使用等现代农业生产要素的投入。与之不同的是，中国的“隐性农业革命”动力主要来自农产品消费结构变化所导致的农业结构转型。改革开放以来，中国的非农经济迅速发展，居民人均收入持续增长，随之而来的是人们的生活方式和消费水平的提高。其中，人们的食品消费习惯和结构发生了明显变化，突出表现为由过去的以粮食消费为主的单一结构转化成消费粮肉蛋和瓜果菜等的综

① 〔美〕黄宗智：《中国的隐性农业革命》，法律出版社 2010 年版，第 127—137 页。
② 〔美〕黄宗智、高原、彭玉生：《没有无产化的资本化：中国的农业发展》，《开放时代》2012 年第 3 期。

合结构，从传统的八成粮食、一成蔬菜，再加上一成肉食转到粮食 + 肉—禽—鱼（以及蛋、奶）+ 菜—果的消费结构。粮食消费显著下降，动物类食品的消费量逐年增加，目前大致是五成粮食三成蔬菜二成肉食，预测下一步的比例会转变为 4∶3∶3（四成的粮食，三成的肉鱼蛋奶，三成的蔬菜水果）。传统的食品消费中的所谓“主食”“副食”发生了位移，从过去的消费粮食为主转变为粮食消费为辅，肉、蛋、菜、奶的消费为主。据统计，从 1995 年到 2005 年的 10 年间，人均水产和肉类（猪牛羊禽）消费以每年约 5% 的速度增长，人均蛋消费的速度为 3.4%，奶及奶制品为 18%。①

在市场经济条件下，人们对农产品的需求就是农业生产的导向，需求拉动是农业产业结构调整的基本力量，也是农业产业结构形成和发展的前提条件。为适应消费结构的转型和食品消费需求的变化，实行改革以来中国农业生产结构也逐渐发生了变化，表现为从低值粮食的生产转入高值肉—禽—鱼和菜—果的生产。在 1978 年，菜果肉鱼在农业总产值中的比例只约 1/6，现在则占到 4/6。②

如前所述，与农业产业结构的转型同时发生的还有人口增长减缓与城市化过程中非农就业增加而导致的务农人数显著下降。其结果就是农业劳动人员人均劳动以及收入的提高。隐性农业革命使中国农业获得了真正发展，自明清以来的农业“内卷化”趋势出现逆转。

中国的隐性农业革命具有以下几个显著特点。

第一，农业产业结构持续转型。近 30 年来，随着非农经济的发展和人均收入水平的提高，人们对动物类食品的需求增加，在此需求拉动下，畜牧业渔业发展速度远远超出了种植业，农业产业结构中牧渔业所占比重逐步增大；同时，在种植业中果、菜、花卉等经济作物所占比重逐渐增大，形成了“以新型菜—果种植和畜—禽—鱼饲养为主”的新农业。

---

① 〔美〕黄宗智：《中国的隐性农业革命》，法律出版社 2010 年版，第 130—132 页。
② 〔美〕黄宗智：《中国的隐性农业革命》，法律出版社 2010 年版，第 116—130 页。

今后，随着人均收入的继续增长尤其是中低收入者的消费水平的进一步提高，食物消费结构即粮食、肉（禽鱼）食和蔬菜（水果）的比例将进一步调整并最终达到4∶3∶3。相应地，在农业生产结构中，畜牧业、渔业和经济作物生产的比重会进一步增加。

第二，中国农业形成“发展”的新农业和“停滞”的旧农业并存的二元结构。旧农业是以粮食生产为主、过密化的农业；新农业是以新型菜果种植和牧渔业为主面向国内外市场的资本和劳动双密集型的农业。当前中国农业的发展趋势就是从低值、过密的以粮食为主的旧农业向高值、具有适度规模的菜果和肉鱼生产为主的新农业转化。

第三，隐性农业革命带来的新农业是“面向国内外市场”“是资本与劳动双密集型的农作，是新时代高度市场化的农业”。隐性农业革命背后是市场需求动力和机遇。

第四，隐性农业革命是以科技进步为基础的，高值农产品的生产更需要现代科技的支撑和参与。

隐性农业革命是关于当前中国农业发展态势和趋势的基本概括。对当前中国农业的现状和特点具有一定的解释力，对于思考当前中国农业的发展、探索其出路具有启发和指导意义。从隐性农业革命的角度思考喀什农业发展，可以开阔视野、拓展思路，有利于创新农业发展路径。隐性农业革命也为中国农业的发展提供了重要契机，正如黄宗智所言，“近三十年来的隐性农业革命已经为中国农村带来了一个真正意义上的现代发展的历史性机遇”。在农业隐性革命的背景下，喀什农业迎来了跨越式发展的良好时机。

二、隐性农业革命背景下喀什农业发展的可能性空间

（一）消费结构的进一步转型为喀什农业的发展带来难得机遇

隐性农业革命是由消费结构转型引起的，而且随着经济的发展和人

均收入的不断提高，消费结构转型将持续进行，其中，粮食、肉（禽鱼）食和蔬菜（水果）的比例将最终达到 4∶3∶3。不仅如此，据黄宗智的研究，即使是人均肉蛋奶果菜的消费量达到目前城镇中上层的消费水平，中国的肉食生产也还会再增高 44%，其中牛羊肉和禽肉的上升空间较大；鱼和其他水产品的消费将会增加 90%，水果消费会再上升 107%，奶消费将继续上升约 159%，蛋 55%。这就意味着随着中国农业产业结构将进一步转型，高价值蔬菜和水果种植和畜禽饲养将不断扩展。这就为喀什农业发展提供了广阔的空间，特别是作为喀什地区优势产业的林果业和畜牧业获得了发展空间。

第一，水果消费量的逐年提高为喀什地区林果业发展提供了空间。水果消费被普遍认为是健康食品消费结构的重要标志，世界发达国家年人均水果消费在 100 公斤以上，目前世界年人均消费量在 70 —80 公斤。初步统计，我国人均年水果消费量由 1978 年的 5.46 公斤上升到 2010 年的近 65 公斤，增长 12 倍，距世界人均水平还有一些差距，距发达国家差距更大。2010 年，我国水果产量约为 1.2 亿吨，人均占有量约 87.5 公斤；山东作为水果生产大省，产量约 1500 万吨，人均占有量为 156 公斤；新疆水果产量约 570 万吨，人均占有量达 260 公斤；喀什地区果品产量约 110 万吨，人均占有量达 280 公斤。可以看出，我国水果消费距世界平均水平还有 10 公斤的差距，市场空间比较大。同时，喀什水果人均占有高出全国平均水平近 200 公斤，市场资源非常丰富。

第二，畜产品消费的增加为喀什地区畜牧业发展提供了空间。随着人们生活水平的提高，我国畜产品消费比重持续增长。1978 年，全国人均肉、蛋、奶占有量分别只有 8.9 公斤、2.4 公斤和 1.0 公斤；到 2010 年，全国人均占有量已分别达到 57.8 公斤、20.2 公斤和 26.1 公斤，分别是 1978 年的 6.5 倍、8.4 倍和 26.1 倍，我国人均肉蛋奶的消费已经达到中等发达国家的水平。从新疆看，2010 年人均肉蛋奶占有量分别是 95 公斤、17 公斤和 124 公斤，从喀什看，2010 年人均肉蛋奶占有量分别是

93 公斤、17.7 公斤和 55.5 公斤。喀什地区是个畜牧大区，以牛羊养殖为主。2010 年全国人均牛羊肉占有量为 7.7 公斤，新疆人均牛羊肉占有量为 37.8 公斤，喀什地区人均牛羊肉占有量为 54.5 公斤，是全国平均占有量的 7 倍多。可以看出，喀什地区在牛羊发展方面市场潜力巨大。特别是喀什地区羊肉品质独特，“刀郎羊”地方品种久负盛名，为喀什地区畜牧业发展更增添了巨大的发展空间。

（二）市场化程度的提高、市场空间的扩大为喀什农产品融入全国乃至国际市场提供了可能性

隐性农业革命就是在农产品消费需求引导下发生的。农业结构的转型和肉禽蛋奶等高值农业产品的生产主要是适应市场需求的变化，是以市场需求为导向的，也就是说，新农业和市场紧密结合在一起，是把农产品由过去的自给自足小范围生产推向全国范围内甚至全球范围内的生产。资料表明，1978 年，我国农产品出售总额中，国家定价部分占 94.4 %；工业销售总额中，国家定价部分占 97.5 %；服务产品价格几乎 100 %由国家控制。也就是说，农产品、工业产品和服务产品的市场化程度微乎其微。经过 20 年改革开放，我国农产品市场化在整个经济市场化进程中进展最快，到 1998 年，农产品总体市场化程度为 80 %。

随着我国经济的快速发展和人们生活水平的提高，农产品供给与多样化、优质化需求的矛盾日益凸显，农业发展从过去主要受资源约束转向受资源、市场双重约束，以市场约束为主。这正好是新疆农业发展的大好机遇，喀什农业生产应该面向全国这个广阔的市场，及时适应食品消费需求的新变化，用自己的优质农产品供应内地不断扩大的对瓜果和肉禽蛋奶的需求。

（三）喀什独特的自然条件造就了高质量的农产品，为占据国内或国际市场提供了现实可能性

喀什地区地域辽阔，资源丰富，属温带大陆性气候，水土光热条件

得天独厚，非常适宜各类农作物和经济作物的生长，使农业产业发展独具优势，造就了喀什这个久负盛名的“瓜果之乡”，瓜田果树无处不有。一是光照充足。喀什全年日照时数 2550—3500 小时，无霜期 220 天左右，年均不低于 10 ℃有效积温可达 4200 ℃。二是昼夜温差大，秋季温差高达 15 ℃以上，非常适于粮、棉、瓜、果和其他经济作物生长。三是降雨少。全区平均年降水 40~60 毫米，田间小气候干燥，不利于病害发生。四是耕地资源丰富。喀什现有耕地 600 万亩，后备耕地资源 1500 万亩，农业开发潜力巨大。

另外，由于喀什地区污染较轻，为有机食品认证创造了条件。目前，喀什地区建立无公害农产品标准认证基地 44 个，产品 33 个，面积达 380 万亩，在规模和水平上都居新疆前列。其 2010 年认证有机食品原料基地面积 52 万亩，比山东认证面积多一倍，成为名副其实的世界六大绿色水果基地之一和有名的“瓜果之乡”。泽普县努力打造有机农产品基地，目前该县 20 万亩的红枣种植面积中有 10 万亩已通过有机认证，这是全疆乃至全国取得有机认证规模最大的。2010 年，全地区林果种植面积 510 万亩，产量 130 万吨，其中，核桃面积 120 万亩，产量 5.4 万吨，巴旦木 70 万亩，产量 0.77 万吨，杏子 120 万亩，产量 97.7 万吨，红枣 150 万亩，产量 3.6 万吨。农产品的高品质高质量为占据国内国际市场提供了保证。

（四）隐性农业革命和绿色农业革命、新农业和旧农业的共时性存在，为喀什农业充分发挥后发优势实现跨越式发展提供了可能性

在中国农业的发展过程中，隐性农业革命和绿色农业革命共存、作为隐性农业革命产物的新农业和旧农业共存，即低值、过密的以粮食为主的旧农业和高值、以菜果和禽肉鱼蛋奶生产为主的新农业共时性存在。这为喀什充分利用后发优势、扬长避短、实现农业的跨越式发展提供了有利条件。

总体来看，喀什农业仍处于传统农业阶段，其发展事实上肩负着多重任务。即在隐性农业革命和绿色农业革命的背景下，实现从传统农业向现代农业、从旧农业向新农业的跨越。在这一过程中，可以充分利用隐性农业革命和绿色农业革命带来的机遇和条件，规避负面影响，实现跨越式发展。

始于 20 世纪下半叶的绿色农业革命（包括 21 世纪初的基因革命）极大地加快了农业发展进程，有效地解决了人类面临的突出问题，对农业发展具有里程碑意义。同时也带来了重大负面影响，如化肥的过度使用破坏了土壤理化性质，造成土壤板结、盐碱化等；农药的不合理应用导致部分生物种类灭绝，生物链破坏，生态环境劣化，同时还有残留，对人体危害较大等；杂交育种的革命，导致种质资源减少，物种退化；转基因革命给食品安全性带来疑问等。

特殊的地理位置、独特的民族文化和工业化滞后决定了喀什地区还是一片处女地，还是一片净土。目前，喀什农业发展拥有诸多后发优势。

一是第五次农业革命成果在喀什地区的共时性使用。喀什地区土地广袤、地势平整，十分有利于机械化作业；喀什地区农业生产“五统一”方式有利于优良品种和配套技术的推广应用，良种良法配套的普及推广可有效增加产量和改善品质等。

二是发达地区农业发展的经验和教训可以让喀什地区规避第五次农业革命产生的负面效应。许多发达地区农业发展是用牺牲土地和环境为代价的，农产品质量安全问题比较突出。目前，喀什地区基本是零污染、零残留，农产品基本都是有机产品。喀什地区传统的农业生产化肥施用量就很少，加之全地区目前测土配方施肥实现全覆盖，2010 年推广配方肥施用面积 358.3 万亩，近四年累计推广测土配方施肥面积 1182.31 万亩，配方肥施用量 11.8 万吨，减少不合理施肥量 2171.4 吨。全地区化肥施用量（折纯量）仅 18.26 万吨，亩均 21.6 公斤（全国化肥施用量 5500 万吨左右，亩均施用约 30.1 公斤）。同时，微生物肥和有机肥的开发和利用将进一步提升农产品产量和质量，化肥的施用将会更少。由于气候条件干燥，农作物病虫害发生较轻，农药的用量不大。目前，全地区农药亩均用 0.42 公斤，仅为山东的 23.6%（年农药用量 16.9 万吨，亩均用量 1.78 公斤），为全国平均用量的 44%（年农药用量 173 万吨，亩均 0.96 公斤）。

（五）国家新一轮援疆战略推动了喀什地区工业化、城镇化进程，为喀什农业发展提供了可能性

隐性农业革命的前提条件之一就是工业化和城镇化。工业化和城镇化的发展加速了农村劳动力的转移和农民非农就业的增长，导致务农人数的显著下降。正如黄宗智所分析的那样，“农业从业人员和农村人口的减少会有两个结果：一是分享农业收入的人数减少，农业劳均产值和收入因此提高；二是工商业从业人员增加，而这一部分人的收入水平提高，也将提高农产品的消费水平，食品消费需求的提高又将刺激农业生产的发展，进一步提高农业收入”①。

当前，我国正处于工业化、城镇化发展的重要时期。2010 年我国城镇化率为 49.7%（总人口 13.7 亿人，城镇人口 6.66 亿人），工业化率为 40.2%（全国 GDP 为 397983 亿元，工业增加值为 160030 亿元）。新疆维吾尔自治区城镇化率为 39.85%（总人口 2181.3 万人），工业化率为 38.8%（全自治区 GDP 为 5418.8 亿元，工业增加值为 2105 亿元）。喀什地区城镇化率为 39.85%，工业化率为 15.3%（全地区 GDP 为 376 亿元，工业增加值为 57.5 亿元）。尽管目前喀什地区城镇化水平和工业化水平还比较落后，但是随着全面援疆工作的展开，喀什地区城镇化水平和工业化水平会有突飞猛进的提高，从而为推动喀什地区农业现代化提供了良好机遇。

仅从山东产业合作看，自 2011 年 7 月 26 日进疆以来，对口支援的疏勒、英吉沙、岳普湖、麦盖提 4 县累计落地项目 184 项，计划总投资

① 〔美〕黄宗智:《中国的隐性农业革命》，法律出版社 2010 年版，第 110 页。

额 237.9 亿元，实际到位资金 24.8 亿元。其中，已有 55 项竣工投产，累计完成投资额 12.9 亿元。还有已签约待落地项目 102 项，总投资额 282.9 亿元。其中，山钢 300 万吨钢材项目，总投资 73 亿元，投产后可实现年销售收入近 95 亿元，利润 7.81 亿元，年上缴税金 3.67 亿元，新增就业 3200 人；山水 320 万吨熟料、600 万吨水泥项目，总投资 14.2 亿元，投产后年可上缴税金 4.5 亿元，新增就业 1500 人；新矿集团 7500 亩建材园项目，总投资 30 亿元，将打造南疆地区规模最大、品种最全的建材产业园，全部投产后可实现利税 5 亿元以上，安排就业 1 万人以上。疏勒县香妃湖花卉庄园项目建设高档花卉生产基地、中亚花卉物流基地等，预计投资 16 亿元，年上缴税金 2 亿元，新增就业 3000 人等。这些产业项目的落地投产将会快速拉动受援地区 GDP 和工业增加值的增长，工业化率也将大幅度提高，随之城镇化率也会提高，这为农业现代化发展带来了前所未有的机遇。

（六）远距离、高速度、大空间的物流，为喀什高端农产品及时、迅速地进入国内和国际市场提供了可能性

现阶段影响农业发展的瓶颈已从生产领域转向了流通领域，发展现代农产品物流，正在成为解决大市场与小生产矛盾的重要举措。由于农产品生产的地域性与消费的普遍性、生产的季节性与消费的全年性之间的对立，造成了农产品供给与消费之间的矛盾，要解决这个矛盾，靠的就是发展现代农产品物流。

设立喀什特殊经济开发区这一重大战略，必将推动喀什交通现代化的快速发展。在航空方面，据统计，2010 年喀什机场航班架次为 5159 架次，与 2009 年同比增长 26.4%；全年旅客吞吐量 79 万人，同比增长 38%，在全国 79 个机场中排名 56 位；货邮吞吐量为 2852.4 吨，同比增长 34.2%。2010 年 11 月 22 日，喀什至土耳其伊斯兰堡国际物流通航，这预示着喀什与周边国家的航空运输进入了一个新的历史阶段，喀什成为我国向西开放的重要的航空物流基地。在公路方面，“十二五”期间，

喀什进一步加大公路建设力度，公路建设总投资将达到358.26亿元，比“十一五”增长360%，其中包括新改建喀什—叶城、叶城—墨玉、阿克苏—喀什、喀什—伊尔克什坦口岸4条高速公路。2011年喀什交通建设的金额达243.389亿元，建设公里数达3587公里。在铁路方面，总投资50亿元，全长488公里的喀什—和田铁路顺利建成通车，对增强边疆地区与内地的联系和交流，改善当地投资环境，促进旅游产业、特色产业等发展具有里程碑意义。未来中巴铁路、中吉乌铁路的规划建设，将会使喀什与周边国家的联系更加畅通。

喀什交通的快速发展为远距离、高速度、大空间的现代农业物流提供了条件，为喀什高端农产品及时迅速进入国内和国际市场提供了可能性。

三、隐性农业革命背景下喀什农业发展的路径选择

（一）全球视野与本土眼光

在思考喀什农业发展问题的时候要有全球视野，也就是要把喀什农业的发展置于全球范围内加以重新思考和规划。喀什地区的农业产品在市场的战略规划上应该是瞄准全国市场乃至世界市场，而不是满足于解决本地400万人的市场需求。全球视野并不排斥本土眼光，而且全球视野的实现要以本土眼光为前提。本土眼光就是指把本土资源置于全球视野中评估其价值的思维方式。在不同市场上，在不同的市场体系中，同样的资源转化成资本的潜力和幅度是不同的。例如，同样的旅游资源如果仅仅是打造成满足于本地游客的旅游产品和打造成全省、全国乃至于全球市场的产品，它所实现的市场价值是不能同日而语的。同时，本土眼光还指在本土中发现在全球视野中其他区域所没有的独特资源，这就是经济学上所说的比较优势或者文化学上所说的文化个性。

在思考和规划农业发展的时候，应该跳出喀什看喀什，跳出新疆看

喀什，跳出全国看喀什。只有在全球视野当中，才能看清喀什发展的时空条件和时空定位，才能准确找到喀什发展的基本路径。只有在全球视野中，本土眼光才有价值。当然，本土眼光也是非常重要的，如果没有本土眼光，看不到自我的价值，看不到自己的资源优势，看不到自己的有个性有地域特色的东西，全球视野也就失去了价值。所以只有把全球视野与本土眼光结合起来来思考喀什农业发展的战略定位，来确定喀什农业的发展路径，来制定喀什农业的发展举措，才能够确定适应本地情况的发展方式。

就喀什农业发展来说，就是要强调产品的异质化生产。为了提高各地农产品在市场上的竞争力，东部地区农产品的差异性已经在不断拉大，例如，山东潍坊各县的农产品就具有很大的差异性。青州花卉、寿光蔬菜、昌邑苗木、昌乐西瓜，每个县都有自己的特色产品。同样，喀什有自己的特色农产品，应该结合本地特色，大力发展本地特色的农产品。如喀什的巴旦木、西梅、伽师瓜、开心果等。发展其他地方有但是这里优的农产品，如喀什的核桃、杏、枣等，这些农产品内地都有，但是，喀什的同类产品的品质比内地好得多，这样会使企业和农户实现双赢。

（二）后现代思维与现代科技的运用

现代农业在取得巨大的成就的同时，人类也为此付出了不可估量的生态、环境及资源代价。现代农业无法解决土壤侵蚀、土壤盐化、生物多样性的消失、水资源污染这些问题。从根本上说现代农业是不可持续的，我们需要一种新的思维和新的农业方法，这就是后现代农业。[①]

后现代农业作为一种新的思维方式和实践方式是相对于现代农业而言的，“后”不是指线性发展，也不是在时间之后，更不是指反对，而是指对现代农业的否定、扬弃和超越。它的内涵就是利用传统农业实践的

① 参见董慧：《后现代农业是可能的——“后现代（生态）农业与西部开发”国际学术研讨会综述》，《马克思主义与现实》2008 年第 5 期。

智慧，并与现代技术的智慧相结合，生产出健康的食品，使人们享受美好的生活，实现自己的未来。与现代农业的机械性思维不同，后现代农业是生态的，是一条把现代化和传统的优势有机地整合起来，更加健康的、可持续的农业发展之路。[①]

后现代农业也应该是喀什农业发展的思维方式和实践方式。处于传统农业阶段的喀什农业不应重复现代农业的老路，在发展过程中要直接向后现代农业跨越，避免现代农业的负面效应，走生态农业之路。要生产有机食品，限制化肥和农药的使用，把喀什建设成为全国最大的有机食品生产基地。现在喀什的农产品基本不用农药，由于这里气候干燥，降水量比较少，基本是每年 60 毫米的降水量，而蒸发量却是 2400 毫米左右，所以，病虫害比较少，一些虫害用生物方法基本能够解决，所以，目前喀什农业生产很少用农药。要充分利用喀什得天独厚的条件走后现代农业之路。

同时，后现代农业并不否定现代科学技术和方法的运用，而是主张人本化的运用，是在资源节约型和环境友好型的前提下去运用科学技术和方法。喀什农业的发展一方面坚持后现代思维，另一方面也要在资源节约型和环境友好型前提下充分利用现代科技和方法，不断提高科技对农业增长的贡献率。大力开发地下水、推广高新节水灌溉技术；大力推广大棚种植、种子良化、畜牧品种改良、林果丰产嫁接等适用技术；大力发展设施农业；积极探索科技成果推广的新模式；创新科技示范的途径和形式，推进农业科技成果的转化与应用；通过各种途径大力提高农民的科技素质和科技应用能力。

（三）市场化运作与产业化经营

隐性农业革命的结果是“以新型菜—果种植和畜—禽—鱼饲养为主”新农业的出现，它是“面向国内外市场”，“高度市场化的农业”。在

① 参见王治河：《关于农业与农村发展的后现代哲学考量》，《哲学动态》2010 年第 4 期。

向新农业发展的过程中，喀什农业要坚持走市场化运作和产业化经营的路子。

在市场化运作方面，喀什农业要走高端路线。具体来讲，高端路线包括“三高”，就是要生产全国高质量的农产品，要进入全国高端的农产品市场，要卖全国同类农产品最高的价格。如果要实现“三高”，就需要具备两个条件，一是提高农产品的信息化水平，喀什要对自己的农产品做好宣传，让全国乃至全世界的人都知道喀什的优质农产品；二是要有高端物流，要有快速度的物流。喀什不缺土地，不缺光热资源，其实也不缺水，缺的是如何把喀什的高质量农产品运到国内国外市场的高端物流。

现代农业发展离不开农业产业化。喀什地区的农产品如果走高端路线，农业产业化的发展模式必定是走龙头企业带动的路子，要形成由大龙头企业带动，小龙头企业配套，合作组织作为基地的农业产业化模式。特别是要把特色水果、畜禽等产业作为重点加以培育，围绕龙头企业建立农产品生产基地，进行专业化生产。充分利用新一轮援疆的大好机遇，积极引进东部地区的龙头企业，开拓和创建高科技农业产业化基地，形成商、农、工一体化，产、加、销一条龙的生产经营体系，促进生产、种植、养殖和加工的良性循环。以此解决分散的农户经营与大市场的连接问题，提高农牧民的种植积极性，推动特色农业发展，将资源优势转化为产业优势，充分利用企业市场营销优势和管理优势，引领喀什农牧业大发展。

（四）区域化布局与品牌化战略

农业区域化布局是指农业专业化生产区域的空间安排，是农业资源配置和生产项目经营由分散向集中的转变过程，有利于发挥区域优势。要充分考虑喀什农业资源禀赋、区位优势和生产结构等因素，科学规划专业化生产区域，搞好农业区域开发。明确各专业区域开发的重点，因地制宜制定好区域开发的长远规划、确定每个区域开发重点与方向。

实施农业品牌化战略是提升农业产业竞争力，促进农业规模化、标准化、产业化和市场化的重要手段。市场的半径越大，产品的市场化程度越高，就越需要品牌的支撑，喀什的农产品要实施国际化、全国化战略，就必须注重品牌的培育，没有品牌就谈不上产品的信息化，没有品牌就无法进入高端市场。推进农业品牌化，有利于喀什农产品走向全国、走向世界。要高度重视农业品牌的开发培育，围绕着特色打造品牌；积极扶持和引导龙头企业、行业协会、专业合作组织，培育品牌经营主体；大力宣传推介农业品牌，拓展国内外市场；加强对农业品牌的监督管理与法律保护。

（五）资本下乡与项目化操作

在喀什农业发展过程中，小到农业合作组织的建立，大到产业化的形成，都离不开企业资本的支持。资本下乡将有力推动喀什从旧农业向新农业的转变。而资本下乡就是需要有项目，要实施项目化操作。招商引资最重要的一个环节是包装项目。项目包装是基础，龙头企业带着资金准备过来投资，喀什的各个县能为龙头企业提供哪些项目呢？这需要各个县认真思考，科学规划。应该向企业讲清楚项目需要投资多少资金，投资后多长时间能有效益，收益率是多少，是长线项目还是短线项目等。

第二篇

社会基础重构

第十二章　农村现代化社会基础重构与乡村振兴 *

19 世纪以来中国社会问题的实质，是一个超大型农民国家在实现赶超型的外生型现代化过程中所出现的诸种社会矛盾的总和。传统中国农村的社会结构是由乡土性质、儒家伦理、宗族组织、乡绅力量和国家意志几个方面的综合作用而形成的，形成了特定的农民与农民个体之间、农民与农民组织之间、农民及农民组织与国家之间的稳定的连接关系与模式，这是中国传统政治与社会体制长期保持稳定状态的社会基础。近代以来，这种社会基础受到强烈的冲击与破坏，随着以西方模式为导向的现代化过程的展开，分散小农与国家之间、农民与市场或者资本之间的关系始终处于无法化解的紧张状态之中，不能够实现良性的对接，农民不能够在保证自身基本福利的前提下支持国家的现代化战略。近代以来进行的所有社会改造和革命的努力都可以视为解决这一根本问题的实践过程。而实践方式的不同在很大程度上决定着中国基本的政治和经济制度建构以及现代化道路的现实走向。也正是由于这个原因，笔者将农民间的连接关系、农民个体与国家的连接关系以及由农民个体经由特定的形式组成的农民群体与国家的连接关系模式作为影响中国农村现代化发展方向、模式和形态的重要因素，并以“社会基础”概念来概括这一组关系模式。相应地，我们也可以把调整和改变这种关系模式的努力称为“社会基础再造”。

中国共产党在革命实践中建立了党的意志与农民福利之间的良性对

---

* 本章是笔者为《中国农村现代化社会基础研究》修订版写的前言。该书由人民出版社于 2009 年出版；2018 年由山东城市传媒集团、济南出版社修订再版。

接关系，有效实现了农民“组织起来”的战略目标，实现了“翻转基层”的社会基础再造。新中国成立后又通过土地改革、统购统销、合作社等进一步的行动，构建了农民的阶级意识和国家观念，农民作为有意识的、自觉的阶级的一分子成为新生的中国的公民，结成了前所未有的紧密关系，新中国的现代化有了良好的社会基础。人民公社制度的建立，使农民的组织化水平达到了前所未有的程度，农民与国家间的对接成本因此降到最低，党的意志和国家战略在这种社会基础条件下得到了顺利贯彻和推进，以重工业为导向的快速工业化目标得以实现。1978 年以后的改革，提出了一种新的社会理想取向，但渐进式的或者目标开放式的改革模式，相对于前两次而言，社会基础的重组和再造模式是比较模糊的。一方面，前一阶段的影响极大地延续下来，农民的连接关系并未实现转型，国家权力的运作方式没有多大改变；另一方面，总体目标实际上已经彻底改变了，进而导致市场化的目标与既定的社会基础之间都不兼容，小农与市场化目标无法实现对接。任何一种社会理想目标的实现，必须有相应的社会基础相对接，而在我国市场化条件下的农村现代化实践中，迄今为止的社会基础并不能与实际上的发展目标相契合，由此必须进行两方面的努力：一方面，在发展模式和路径上要实现与社会基础的契合；另一方面，要再造社会基础以实现与总体目标之间的对接关系。

笔者从把握农村地区诸种社会关系模式和社会连接模式出发，力图揭示中国农村现代化的根本含义。一方面，新时期国家已经不再具有控制全部社会经济资源的能力，因而也就失去了按照自身的逻辑规定农村社会生活方方面面的能力，依靠单线的方式，无论这种方式脱胎于革命的理论，还是渊源于西方的经验，都不可能在合法性的层面上完全解释农村现实，依据这种理论和经验创造出的简单化的政策体系也就无法解决农村地区复杂的社会问题。因此，国家必须重新定位自身与农民之间的关系，必须在确定现代化发展道路、制定具体经济社会政策时，充分考虑这种道路和政策在“嵌入”农村社会时，在遭遇农村社会各种复杂关系体系时可能会出现的问题，并且将这些问题作为制定宏观战略时极其重要的参考因素。这要求国家不再追求某种“纯粹”的、标准化的理论预设和政策系统，而采取更为务实的态度，构建更具弹性的政策框架，不断地吸纳和整合农村社会本身所具有的各种积极因素，使之转化为国家意志和国家制度的一部分。这样，在保证国家低成本治理效果的同时，基层国家建设也就更为有力地展开，国家的力量将更进一步地深入基层。另一方面，分散的小农无法支撑任何一种现代化发展战略，既无法保障自身的福利，也不能支持国家战略的有效展开，在市场化改革面前由于无能为力而会产生越来越强的抵触情绪。这就要求农民之间必然要以特定的方式紧密组织起来，以一致行动的名义而不是以农民个体的名义与国家和市场进行对接。这需要调动各种资源，包括社会主义的集体主义观念，包括基于契约基础上的市场意识，也包括基于传统价值的联系纽带。市场化和全球化背景下的农村社会的复杂程度远远超过以往的任何时期，希望像曾经有过的那样，或者以宗法礼教，或者以革命理想、以一种方式一揽子地解决所有的问题是不可能做到的。这对中国共产党的执政能力提出了更高的要求。党必须介入农村各种关系资源中去，作为主导的力量和因素协调其他的因素，而不是试图“官退民进”，也不能指望以自身的性质完全改造和淹没其他因素的性质。在村民自治的实践中，在农村金融活动中，在农村地区社会秩序构建过程中，在农民观念的重新塑造过程中，都在反复提醒着这种现实主义态度的极端重要性。国家通过吸纳与整合民间的资源与积极因素而进一步增强对农村基层的控制和指导能力，农民经由国家的指导而利用各种有效资源形成密切的连接关系，并以这种集合体的形式与国家实施良性互动，国家战略与农民福利也就得到了较好的结合，国家与社会之间也就能够达到较为协调的关系状态。有了这样的现代化社会基础，那么，正如中国共产党在各个历史时期都反复强调的那样，就能够调动一切积极因素，全力推进中国农村现代化的顺利实现。

实施乡村振兴战略的提出并且写入党章，是一个重大历史事件。乡村振兴战略是习近平新时代中国特色社会主义思想的有机组成部分，也是我们做好新时代农业农村工作的总纲目、总遵循。2018 年中央一号文件指出，在中国特色社会主义新时代，乡村是一个可以大有作为的广阔天地，迎来了难得的发展机遇。坚持把解决好“三农”问题作为全党工作重中之重，坚持农业农村优先发展，按照产业兴旺、生态宜居、乡风文明、治理有效、生活富裕的总要求，建立健全城乡融合发展体制机制和政策体系，统筹推进农村经济建设、政治建设、文化建设、社会建设、生态文明建设和党的建设，走中国特色社会主义乡村振兴道路，让农业成为有奔头的产业，让农民成为有吸引力的职业，让农村成为安居乐业的美丽家园。我们看到，实施乡村振兴战略，要实现“两个加快”，即加快推进乡村治理体系和治理能力现代化，加快推进农业农村现代化。本书的题目和主旨与这个要求非常契合，“社会基础”概念和研究路径，应当可以成为乡村振兴战略研究的独特视角。

一、从“农村现代化的社会基础”角度出发，可以更深刻地理解“建立健全城乡融合发展体制机制”的重大意义

“社会基础”概念具有鲜明的总体论理论品格。我们必须十分自觉、十分清醒地认识到，城乡本就是一体的、融合的，哪怕在二元结构最为典型、最为牢固的时代，城乡也是“犹如一枚硬币的两面”，是一个统一的有机体。换言之，并不存在一个所谓的“农村问题”，之所以有这个问题，是由于研究者出于研究的方便，出于操作性的可能，从总体当中构建出这样一个研究领域和研究对象；在具体工作中，也是出于工作的方便与可能性，划分出工作领域和分工分管的职能，并进行相应的部门设置。非如此不可能进行研究，也无法推动工作。但是在研究分工和工作分工长时间体制化之后，总体性的前提往往被悬置或者忽视，原本被“构建”出来的问题占据所有的视野而成为问题本身，研究领域、学科分化、工作推进、机构设置都在切割现实，最终无论是在研究中还是

在工作中，完整的现实都消失了，成为从学科视角、研究兴趣和特定工作任务所造就的零碎的、片段化的现实。农村成为与城市相分割甚至相对立的区域，农村研究和农村工作随之成为独立领域，这样，手段与目的、原因与结果往往就颠倒过来，为解决总体性问题而存在的学科划分和工作分工成为阻碍解决问题的重要障碍。因此，在思想认识上，要将悬置的总体性清晰明确地找回来，要在自觉的总体性原则下开展研究分工和具体工作。这种总体性的要求也正是“战略”的本意。战略即为总纲，纲举目张，才能建立内在统一、逻辑自洽、相互支撑、形成合力的政策体系。战略即为核心，在以往的实践当中，政策打架的现象屡见不鲜，重要原因在于战略不清、核心不明，各个具体政策背后都有隐含的理论前提，而理论的背后又有特定的价值前提，源于不同的甚至相冲突的理论和价值前提制定的具体政策，不可能不是内在冲突的，政策之间、部门之间、层级之间各自为政、自行其是、内耗严重、效率低下成为常态。有了明确的总体性的战略，就有了明确的核心、明确的指针、明确的道路，才可以据此构建完整的政策体系。从这个角度来讲，习近平总书记所强调的“城乡融合”而非“城乡统筹”，就不但是工作上的具体要求，同时具有十分重要的认识论和方法论意义。

二、从“农村现代化的社会基础”角度出发，可以更深刻地理解“城镇化与逆城镇化相得益彰”的重要论断

我们知道，新中国成立以来，农村为国家工业化、现代化作出了巨大贡献，形成了牺牲农村福利、以农村为发展代价的城乡二元结构。改革开放以来，发挥农村基本经济制度独特优势，为中国成为“世界工厂”实现“中国奇迹”提供了几乎无限供给的低成本土地和劳动力要素资源，释放出惊人的生产力，但是要素资源持续流出，城乡鸿沟差异仍然明显。近年来，随着户籍政策改革稳步推进，农业功能丰富完善，农村基础设施水平大幅提高，农村产权制度改革持续深入，农村社会事业不

断发展，农村生活环境不断改善，很多农民不愿意放弃农村户籍，而选择在城乡之间自由流动，越来越多的人开始向往农村生活环境和生活方式。二元结构依然存在，但是性质发生很大变化，正在从原先带有“剥夺”意味的城乡二元结构向学术界称为“保护性二元结构”转化，城乡关系结构特点发生质的变化。习近平总书记讲的“让农民成为体面的职业，让农村成为安居乐业的美丽家园”[①]，就是对这一变化的形象归纳和前景展望，实施乡村振兴战略正是应对这一变化的重大举措。如果说在经济高速增长阶段，城乡差距所导致的“推力”和城市二、三产业快速扩张形成的“拉力”共同构成强烈的“推拉效应”，农村人口、资源、资金持续流出，许多地方“村庄空”“产业空”“组织空”现象突出，那么在经济发展新阶段，这种状况将会有明显改变。一方面，二、三产业结构正在发生深刻变化，农民工年龄结构、知识结构与产业就业结构要求不相适应的状况越来越突出，城市生活成本也上升很快，近两年我国农村转移劳动力增幅都不超过 0.5%，达到历史低点，城市“推力”开始出现；另一方面，新农村建设成效明显，农村生产生活条件持续改善，大量农村人口流出并稳定在城市使一些农村地区人均耕地面积显著增加，适度规模经营成为可能，现代农业经营体系和一、二、三产融合发展使农民收入大幅度提高，因此农村的“拉力”也开始显现，形成新的“推拉效应”。这样分析，农村将会快速消亡的认识是不正确的，采取政策手段加速农村消亡的做法，无论其初衷如何，也是有很大片面性的。即便我国城市化水平达到 70%，也还有超过 4 亿人口生活在农村。因此，我们必须牢记习近平总书记的重要指示：“要保持历史耐心和战略定力”“城镇化、逆城镇化两个方面都要致力推动。城镇化进程中农村也不能衰落，要相得益彰、相辅相成。”这是实施乡村振兴战略的基本指针。

① 《中央农村工作会议在北京举行 习近平李克强作重要讲话》，《人民日报》2013 年 12 月 25 日。

三、从“农村现代化的社会基础”角度出发，可以更深刻地理解“实现小农户和现代农业发展有机衔接”的重要要求

到 2015 年，我国农村承包地流转水平超过 30%，这意味着将近 70% 的农村耕地仍然由小农户耕作经营，“家家包地、户户务农”仍然是我国农业生产经营组织方式的常态，小农户与现代农业发展所要求的市场体系、金融体系、法律体系、科研体系之间的矛盾仍然非常突出。我们必须正视这一问题并且实事求是地提出应对解决办法，而不是一味地推进土地流转。扶持规模经营方面，小农户经营在我国人地关系高度紧张的国情下有天然的合理性。实践证明，在当前普遍较为粗放的生产经营方式和低下的管理水平下，较大规模经营几乎无法做到土地产出率、资源利用率和劳动生产率同步提高，往往导致单产下降，浪费宝贵耕地资源。而“半耕半工”的家庭生计模式在解决农村中老年人就业的同时，充分发挥精耕细作的传统农业优势，在保障粮食安全方面作用巨大。因此不能在观念上将小农户和新型经营主体对立起来，贴上绝对的落后与先进的标签，必须立足中国国情，走中国特色的现代农业道路。同时，土地流转水平其实是城镇化水平在农村土地上的投影。换言之，有多少农村人口永久离开土地进入城市生活，决定了农村土地流转水平。因此，提高农村土地流转水平，实现农业规模经营不是一厢情愿的事情，而决定于城镇化水平这一基本约束条件。必须以大力发展各种新型经营主体、实施多种创新形式来缓解小农户经营导致的土地细碎化带来的一系列问题，但是也必须要以城乡人口结构、农村人地关系结构作为建立政策体系的依据和出发点。党的十九大报告指出，要“实现小农户和现代农业发展有机衔接”，切中要害。长期以来，从资金投入上看，由于“项目制”的国家扶持政策和产业资金投放方式决定了能够承接项目的只能是大户、企业等新型经营主体，政策导向上将大户、新型主体作为先进的、正面的、积极的评价标准，基层政府为了获取项目资金只扶持大户，作为“大多数”的小农户很难获得直接的政策资金支持；从政策供给上看，

努力建立的现代农业体系，包括法律体系和金融、农业科技、市场流通、农业基础设施建设等政策体系，多数是以规模经营为指向，以满足新型经营主体需求为目的，较少考虑小农户的需求，客观上损害了小农户的利益。同时要注意到，产业资本承接政策项目资金产生的经济效益往往不能够留在农村地区实现循环拉动，对更直接、更广泛的农民增收作用有限，“平均数掩盖了大多数”，这在一定程度上可以解释为什么国家支农资金投放力度与农村面貌改变程度不相匹配。因此，必须进一步完善农业社会化服务体系，平衡新型经营主体和小农户的关系，设计制定更加符合小农户利益的国家支农资金投放方式，建立能够更好地回应小农户需求的政策供给模式，建立更加符合实际的小农户与国家政策的承接对接机制，这样才能真正实现小农户与现代农业的有机衔接。这是实施乡村振兴战略的关键性问题。

四、从“农村现代化的社会基础”角度出发，可以更深刻地理解“健全自治、法治、德治相结合的乡村治理体系”的目标任务

“社会基础”概念有着鲜明的社会治理导向，认为经济结构是嵌入在社会结构当中的，农村社会结构的良性变化、农村社会治理绩效的提高，是实现农村现代化的重要内容和前提条件。因此，乡村振兴必然带有强烈的良性社会变迁的含义。近些年来的新农村建设呈现出以财政高额投入为手段，以基础设施建设为主要内容，以物质配备水平为评价标准的倾向，对由于人口结构、产业结构和生产组织方式变化所带来的社会治理内容的剧烈变化应对办法不多，依旧以行政村为社会治理单元，却忽视了在行政村层级上，行政边界、社会边界和经济边界往往已经不能够统一，以行政村为单位发展集体经济也不是唯一的形式，而农民合作社等经济组织由于功能定位单一、生产与生活相分离而不能有效发挥

社会治理的功能。因此要研究探讨一种新的农村基层基本治理单元模式，形成新型农村生产生活共同体。这种新型农村生产生活共同体将带有鲜明传统乡村特色的舒适生活方式，实现“三产”融合的发达产业中心和治理有效的社会基本治理单元三者有机统一，消除了城市和农村在性质上非此即彼的对立，创造了一种既非城市也非农村的新型模式，不是简单化的城市吃掉农村，而是实质意义上的城乡融合。新型农村生产生活共同体打破行政村界限进行空间重构，统一建设高标准生产生活基础设施，统筹使用耕地和集体建设用地；依托高效农业和先进农产品加工业进行产业重构，在高度分工的基础上实现工农商学研一体化，实现职业农民在本区域的充分就业和稳定增收；通过多种纽带达成农民的再组织化，实现社会空间重构，农业生产过程与农民生活过程相统一，企业与社区互为内在，形成农民之间，农民与市场、农民与集体组织之间的新型联系。

因此，从“社会基础”视角来看，要同时做好两方面的工作。一是要大力发展农村集体经济，在发挥集体经济解决农民就业、增加农民收入功能的同时，赋予集体经济组织担负一定的为本社区提供公共服务的职能，使农民共享集体经济的基础设施，以各种类型具有集体主义色彩、体现社会主义性质的农村经济体重塑农村社区居民的生活习惯、心理结构和精神面貌，使生产组织与生活共同体在空间上高度融合，在利益诉求方面高度一致，实现物质、人口和精神三个再生产的统一。这将是乡村振兴的理想图景，也是全面提升治理绩效的理想结果。二是政策导向上应当从鼓励“资本下乡”转向大力支持外出农民返乡创业，扎实开展好正在进行的“结合新型城镇化开展支持农民工等人员返乡创业试点”，推动建立城乡相互吸纳机制和城乡精英循环机制。实践证明，资本下乡这种“资合”方式不可避免地具有社会成本高昂和“道德风险”等问题，资本逐利和流动的基本特点也在切割农村原有社会关系结构，容易引发农村社会治理中的一系列问题。外出农民返乡创业，可以将他们多年积累的经济资本、社会资本、管理经验与乡土资源、信任关系很好结合，将经营成本、道德风险降到最低，实现地缘、血缘、业缘纽带的充分联结，实现“资合”与“人合”的内在统一，实现企业与农村社区的高度融合，同时很好地发挥农村精英的“组织员”功能。

《中共中央 国务院关于实施乡村镇兴战略的意见》提出，要举全党全国全社会之力，以更大的决心、更明确的目标、更有力的举措，推动农业全面升级、农村全面进步、农民全面发展，谱写新时代乡村全面振兴新篇章。乡村全面振兴，需要有相应的社会基础与之相对接，并且作为这一战略任务顺利完成的前提。在最近的研究思考中笔者逐渐认识到，社会基础概念和理论取向，以及这种研究进路，不但可以为乡村振兴提供积极的理论支持，同时可以成为中国特色社会主义政治经济学研究，成为构建中国的大国政治经济学的一块理论砖石。如果以 10 年为期来划分笔者的实践和研究阶段的话，这将是笔者在下一个 10 年主要努力的方向。

第十三章　农村现代化社会基础重构的理论自觉与实践探索 *

一、实践中的困惑与思考

1998 年对笔者而言，无论是在生活上、工作上，还是学术研究方面，都是个分水岭。这一年，笔者从山东省委党校党史教研部副主任调到中共潍坊市委担任市委副秘书长，开始了另一种角色，进入了另一个“生活世界”。从 1998 年到 2008 年这 10 年间，笔者的工作又发生了两次变动，2001 年调任山东省昌乐县县长，2005 年底调任青州市委书记。在笔者的内心，笔者一直同时以两种身份在观察和参与着中国社会变迁的巨大浪潮，也一直是以两种心态“体验”着中国改革进程所带来的巨大变化。这两种身份和心态，一种是一名基层官员，一种是一名经受过系统学术训练并且有长期学术实践的学者。这两种身份在进行着对话和交流，这两种心态也时时以审视的目光打量着对方，给笔者带来一种非常特殊的心理体验。这种心理体验促使笔者对长期以来关注的中国农村现代化问题进行更加深入的思考。可以将这种经历视为一种人类学意义上的“深度参与式观察”，在这一过程中，会发现只以一种身份和心态去观察和研究社会时难以发现的诸多问题，其中最为关键的是发现理论与实践之间的微妙关系。说这是一种微妙关系或许会让许多人感到难以

* 本章是笔者为《中国农村现代化：思路与出路》写的自序。该书由人民出版社于 2009 年出版，本章章题和章内小标题为收入本书时笔者所添加。

理解，但在笔者的感受当中的确如此。许多论证严密、逻辑清晰、在很多时候被认为是不言而喻的理论事实上却在实践的检验中是那样虚弱和苍白无力，实践是残酷的，这种残酷性不仅表现在它对身处其中的人的命运的巨大影响，也在于它对力图说明它、解释它、引导它、改造它的理论的无情的检验，这种检验往往让笔者产生巨大的怀疑。我们不能够怀疑实践本身，而只能将矛头指向理论。在对现有的理论不满意的同时，对其进行修正甚至颠覆的工作也就开始了。在很多时候我们会发现学者与官员所遵循的是两种极不相同的价值评判系统，学者更倾向于求“真”而官员更倾向于求“善”，学者在试图追究事物的本源，要揭示这个世界的真相，当他完全进入这种状态的时候很少去考虑这种“真”在生活世界中到底会造成什么样的影响；官员求“善”，也就是说，他必须要求得到一种各个方面都能够接受的、能够实质性地增进某一区域、某些人群福利的实践结果，更通俗地说就是他必须解决问题，甚至要使用一些不那么符合“理论”的方法去解决问题，布迪厄所说的实践的紧迫性也许就体现在这里。这两种价值评判系统使得官员和学者常常处于一种心理上的对立状态。这种状况是极其有害的，一方面不利于学术的发展，另一方面，理论如何指导现实？在我看来，学术与实践，可以视为一条流水线上的上下游工序，理论创造应当成为下游的实践过程的“半成品”，应当成为政策基础。如果下游工序的操作人员总是认为上游提供的原料和零件完全不符合使用要求，那么这种衔接就出现了严重的问题，理论就无法应用于实践，无法实现它的价值，因而学者的价值也就无法得到应有的体现。官员们很茫然，因为他们缺乏有力的理论和思想武器以指导和改造现实，学者们也很无奈，于是会发出“把吴钩看了，栏杆拍遍，无人会，登临意”的慨叹。必须要强调学者与官员的对话与交流，这种交流不能是表面化和形式上的，不能是仅仅强调学者要深入实践，官员要加强学习，而是必须实现学者与官员之间在韦伯意义上的“移情”基础上的深刻理解，认清自己在中国现代化这一伟大实践过程中的自身位置，实现学术界与行政工作的良好互动。也就是说，必须跨越文本逻辑与实践逻辑之间的遥远距离，形成紧密的结合，因此也就形成巨大的合力。这种想法也许过于现实主义，但是在中国目前的发展阶段，在这种语境当中，这种现实主义应当是有意义的。正是在对理论与实践复杂关系的反复思考中，在学者与官员这两种身份和心态之间的游走中，我更加深刻地理解了布迪厄的实践理论，也进一步地领会了毛泽东所说的“实践”的深刻含义。“拈花微笑，意在其中”，也是人生难得的一种意境。也正是因为这样一种原因，笔者认同从问题意识出发进行学术研究的观念和路径。长期以来，学术界对中国农村现代化研究十分关注，研究成果可谓汗牛充栋，但一个无法否认的事实是，这些研究大都受到“学科意识”的支配，学者们局限于学科的视域和方法，因而得出的往往是局限于某一学科的无法准确全面反映中国农村现代化规律的结论。经济学从“理性人”假设出发关注农村发展，甚至把农村现代化过程还原为农业发展的效率问题，进而把农业的效率问题归结为农村农业的体制机制问题，从而认为通过体制变革提高了效率也就找到了实现农村现代化的道路。而在现实中，农民的行为事实上表现为农户的行为，从而很难用“理性人”假设加以概括和说明，当然这种理论也就更加无法有效解释农村诸种复杂问题的成因。政治学、社会学、文化人类学都从各个方面对农村现代化问题进行了卓有成效的工作，但是由于无法摆脱学科意识本身的褊狭而不能在彻底和综合的意义上取得进展。中国农村现代化是一个综合性的问题，需要的是“问题意识”的自觉，也就是说，当前需要各个学科以“问题意识”为基点，加强协作配合，综合使用各种理论方法，才能为中国农村现代化实质性的推进提供强有力的理论支持。

二、理论探索的心路历程

年轻时看到的一首诗中说，“所有的梦想都源于一粒种子”，笔者之所以后来走上中国农村现代化研究的道路，那粒“种子”是从20年前，也就是 1988 年开始的。1988 年，笔者进入山东大学哲学系跟随樊瑞平教授读研究生，将研究方向确定为毛泽东哲学思想研究，硕士论文《晚年毛泽东的艰苦探索》在修订后出版，以此获得 1995 年山东省社会科学优秀成果一等奖。这段学习经历是笔者学术研究的开端。当时并没有执意对中国农村现代化问题做更多的关注和思考，但是在对毛泽东思想进行长期学习研究过程中，他对中国农村在革命与建设中的关键位置的论述和反复强调，他对一种有别于西方的中国式现代化道路的探索，他主持制定的被后来一些学者屡加抨击的具体经济社会政策都给笔者以极其强烈的心灵震撼，这种震撼随着时间的推移，随着对实践的深度接触非但没有削弱，反而日复一日地更加强烈起来。“农村问题”，从那时起就成为笔者在读书和研究时遥遥相望的一个目标。回首看来那时的学习可以视作为此后的中国农村研究做理论上的必要准备。可以想象，毛泽东著作中所体现出的高度责任感、无处不在的历史透视感，以及令人惊诧的透过表象直达本质的洞察力，他的综合性思维对中国社会极其清晰透彻的分析会给一个刚刚踏入学术门槛的年轻人多么大的冲击和影响。这种影响对笔者而言至关重要。笔者的学术背景是哲学，在进入省委党校工作之后，接触了大量来自山东各地的党员干部，他们带来了笔者以前未曾接触过的实际问题，当时的笔者是回答不了的。大量的阅读开始了，经济学、政治学和社会学的书籍向笔者打开了一个新的世界。但是文本的表述远远不能够满足回答干部们从实践中带来的问题的需求，在笔者的争取下，笔者被派到山东省嘉祥县，一个当时比较落后的地方去挂职锻炼。笔者想以此机会来实现学术上的转型与跨越。挂职锻炼固然接触实践，但也只是锻炼而已，作为一个旁观者很难真正地触及实践的“隐秘核心”，无法对实践的逻辑进行全面的了解和体会，支离破碎的感觉也无法支持系统的理论表述，这又带给笔者新的不满足。1998 年，笔者来到潍坊市委担任副秘书长，开始新的历程。在其后的工作中，围绕着一个区域经济社会发展主题，围绕着落实中央和上级政策，笔者系统研读了多学科的著作，“问题意识”也就逐渐成形。以前反复诵读的毛泽东思想、中共党史方面的理论在实践的衬映下，在笔者的头脑中出现了新的光彩。在10年时间里，笔者写下了大量的文字，这些文字记录了笔者的生活和工作经历，也是对这段历史的一种特殊形式的记录和描述。

这些文章以“农村现代化社会基础”概念为分析工具，分析了当前中国农村现实，系统阐述了实现中国农村乃至中国现代化的路径、方法，为当前“三农”问题求解和社会主义新农村建设提出了一种新的理论范式和实践途径，在学术界引起了一些反响，被认为是在研究方向和研究方法上具有创新性质的学术成果。这些文章集中论述了这样一个主题：19世纪以来中国社会问题的实质，是一个超大型农民国家在实现赶超型的外生型现代化过程中所出现的诸种社会矛盾的总和。传统中国农村的社会结构是由乡土性质、儒家伦理、宗族组织、乡绅力量和国家意志几个方面的综合作用而形成的，形成了特定的农民与农民个体之间、农民与农民组织之间、农民及农民组织与国家之间的稳定的连接关系与模式，这是中国传统政治与社会体制长期保持稳定状态的社会基础。近代以来，这种社会基础受到强烈的冲击与破坏，随着以西方模式为导向的现代化过程的展开，分散小农与国家之间、农民与市场或者资本之间的关系始终处于无法化解的紧张状态之中，不能够实现良性的对接，农民不能够在保证自身基本福利的前提下支持国家的现代化战略。中国国民党和中国共产党进行的社会改造和革命的努力都可以视为解决这一根本问题的实践过程。而实践方式的不同在很大程度上决定着中国基本的政治和经济制度建构以及现代化道路的现实走向。也正是由于这个原因，可以将农民间的连接关系、农民个体与国家的连接关系以及由农民个体经由特定的形式组成的农民群体与国家的连接关系模式作为影响中国农村现代化发展方向、模式和形态的重要因素，并以“社会基础”概念来概括这一组关系模式。相应地，也可以把调整和改变这种关系模式的努力称为“社会基础再造”。

三、理论探索与实践确证

2005年调任山东青州市委书记以来，笔者重视以科学的理论指导地方经济社会发展，围绕建设社会主义和谐社会开展工作。笔者特别强调了综合性思维的重要意义，强调要以思维方式的改变促进各项工作的开展。青州是一个古城，历史上一度非常发达，在20世纪80年代中期还被称为“长江以北第一县”，但在其后的发展过程中速度和效益明显不如国内省内的一些地区，为了实现“青州复兴”这个青州人民的共同心愿，笔者在2006年初首先从思想解放和观念变革开始打开工作的突破口。提出了破除小农意识、破除小市民观念、破除计划经济意识的口号，并以体制机制的创新保证能够落到实处。所有的重要会议都以电视现场直播的方式向社会公开，下大力气解决干部作风散漫的问题，从解决政府诚信问题出发，一方面，彻底解决那些政府应当解决的问题，完成政府应当完成的使命和任务；另一方面，毫不手软地打击破坏经济社会发展与社会稳定的黑恶势力，树立起一个强有力的政府的形象。调动各个方面的积极性，实现以政府为主导、群众为主体的凝心聚力的发展局面。在笔者看来，青州的发展要解决社会动员与社会控制两个方面的问题，首先要将人心凝聚起来，以一个被各方面所认可的目标使力量导向于一个方向，实现高水平的社会动员，在此基础上建立严格的制度措施和行之有效的体制机制，实现有效的社会控制，使经济社会的发展能够在一个有秩序的框架内平稳进行。这是一个经济社会发展的过程，更是一个社会改造的过程，通过社会动员和社会控制的政策行动，调整青州人与人之间的关系模式，调整青州社会结构模式，不是简单地修一些路，建一些学校、工厂、公园、博物馆，不是简单地发展起几个优势产业，而是要从根本上建立起一种有利于青州长期稳定发展的社会形态，使之有良性发展的社会基础。对于青州而言，这不仅是经济结构调整的过程，而且具有社会变迁的含义。以这种观念为指导，围绕工业振兴、服务业提升、城市建设与管理转型、社会主义新农村建设4个工作重点，实施新的城市规划和产业结构调整，初步形成了南部文化产业园、北部经济开发区两翼齐飞，东部黄楼花卉园区、西部猛山经济发展区首尾互动，鲲鹏展翅、昂首东进的城市发展格局，为“青州复兴”打下了坚实的基础。以机制体制创新推动工作开展，青州实行了书记、市长抓“总”，常委包“片”，副市长管“线”，人大、政协领导靠“点”的工作机制；立足改革、发展、稳定、党建四大方面成立了21个领导小组，成立了50多个重点工程指挥部，在重点项目建设方面避免了部门条块分割、各行其是的缺陷，强力推进各项工作进度，做到了领导合力最大化。成立“市人民办事中心”，70多家单位进驻，纳入各类审批、收费、服务项目506项，集行政服务中心、会计集中核算中心、招投标中心于一体，基本实现“进一个门办一切事”；统筹城乡财政，平衡区域财力，基层机关干部、教师和村主要干部工资由市财政统一发放，离退休人员工资实现社会化发放；成立会计集中核算中心和国库集中收付中心，进行集中核算和收付，努力做到财政收付阳光化。政府行政效率空前提高，干部作风得到明显转变，青州市经济社会发展环境得到极大优化。注重社会公平与和谐，全力做好就业再就业和社会保障工作，大力发展敬老事业，把2007年作为“青州市敬老院建设年”，年内投入1500万元，提高“五保”供养标准；突出抓好农村养老院建设，建设建筑面积1.6万平方米的青州市中心敬老院，集中供养周围7个镇（街道）的“五保”对象；其他镇各建一处中心敬老院，确保“五保”集中供养率达到95%以上；高度重视卫生工作，确保年内标准化卫生院建成率达到100%；新型农村合作医疗参合率达到99%以上，农民大病报销上限由1万元提高到2万元，2008年达到2.5万元；大力发展职业教育，将低收费甚至免费的职业教育作为提高劳动力素质，同时有效降低青少年违法犯罪率的积极手段；从群众最关心的地方入手，持续进行打黑除恶行动，使群众安全感大大提高；笔者在电视直播大会上承诺亲自拆批每一封人民来信，仅2008年就批阅各种人民来信2110封，同时建立起了完备的领导接访制度，群众对政府的满意度有了极大的提高。在经济发展方面，做强做大机械加工、石油化工、冶炼建材三大工业主导产业，突出抓好现代物流、旅游休闲、花卉苗木三大优势产业，立足青州比较优势，实现又好又快发展。青州形成了勇于拼搏、敢于竞争、乐于奉献的新时期“青州精神”，在这种精神感召下，青州市与北京市竞争，获得了2009年第七届中国花卉博览会的主办权，国家地质公园、中国历史文化名城、国家环保模范城市申报创建工作进展非常顺利，获得全国双拥模范城称号。从主要经济指标上来看，青州市地区生产总值，2005年140亿元，2006年177.6亿元，增长26.9%，2007年221.1亿元，增长24.5%，2008年263.5亿元，增长19.2%，相比2005年基本实现翻番；财政总收入，2005年19.8亿元，2006年23.8亿元，增长20.4%，2007年26.7亿元，增长12.1%，2008年31.5亿元，增长18%；地方财政收入，2005年5.15亿元，2006年6.46亿元，增长25.4%，2007年9.72亿元，增长50.5%，2008年11.8亿元，增长21.2%；各项存款余额，2005年121.6亿元，2006年138.2亿元，增长13.7%，2007年161.2亿元，增长16.6%，2008年204亿元，增长25.8%；社会消费品零售总额，2005年53.15亿元，2006年61.7亿元，增长16.1%，2007年72.8亿元，增长18%，2008年89.4亿元，增长22.8%；城镇居民人均可支配收入，2005年9113元，2006年9752元，增长7%，2007年11005元，增长12.8%，2008年12818元，增长16.5%；农民人均纯收入，2005年4630元，2006年5183元，增长11.9%，2007年6105元，增长17.8%，2008年7023元，增长15.0%。青州社会稳定和谐、经济又好又快发展、城市面貌大为改观、干部群众精神面貌焕然一新，政通人和，进入了历史上最好的发展时期之一。

这些成绩的取得，与笔者长期在农村现代化研究方面的努力有着极其紧密的关系。对于这一方面，笔者从“文化自觉”的角度进行了比较深入的思索。提出了文化自觉是实施经济文化强县战略的文化心理基础、文化自觉是推进经济文化强县战略的文化心理动力、文化自觉是实现经济文化强县战略的文化心理保障的观点，在《大众日报》上发表，引起了比较强烈的反响，《人民日报》在 2008 年 7 月 7 日刊发了笔者的文章《发挥文化在新农村建设中的积极作用》，青州实现经济文化强县战略的做法得到各方面广泛认同。科学发展观如何在基层得以真正落实，和谐社会的理念如何在基层得以真正实现，一个区域如何实现错位发展，这些对县域治理来说至关重要，对整个国家而言也是长治久安的基础，对此笔者进行了不懈的思考。“三名一强生态文明新青州”的提出，县域生态文明建设的稳步推进，都是在努力将中央的政策和精神在县域发展的实践中作出因地制宜的、彻底的落实。“创意城市”观念的提出和在全面工作中的推行极大地促进了青州各方面的发展，《新华社国内动态清样》在 2008 年 5 月 20 日专门刊发了《山东青州探索“创意城市”的文化建设新路》的文章介绍这一经验。这些文字凝结着昌乐和青州广大干部群众的智慧与心血，从一个侧面也反映了这两个地方的发展进程，更进一步地说，反映了进入 21 世纪以来我国改革实践在县域范围内的巨大进展。笔者为自己亲身参与并且为推进这一进程作出贡献而深深地自豪。

第十四章　关于社会主义新农村建设几个基本理论问题的探讨*

“建设社会主义新农村”并不是最近的提法。早在1956年第一届全国人民代表大会第三次会议通过的《高级农业生产合作社示范章程》曾提出过“建设社会主义新农村”的建设目标。但是显而易见，党的十六届五中全会以“社会主义新农村建设”为明确目标进行的论述，在完整性、系统性和深刻性方面远远超过此前，非常清晰而具体地指出了在新的历史条件和社会背景下中国农村发展的方向、动力以及保证目标实现的政策措施。当前，深入研究社会主义新农村建设问题，尤其需要注意以下几个基本理论问题。

一、社会主义新农村建设“新”在哪里

这个问题也可以表述为社会主义新农村建设为什么是“新”的，即这种“新”的质的规定性体现在哪些方面。关于这个问题，学术界有几种代表性的观点。

温铁军认为，新农村建设的“新”主要体现在以下三个方面：其一，城乡之间的良性互动，改变以往简单化地加快城市化的倾向，全社会都更加关注并致力于农村的综合发展。其二，农村社会制度的完善和农村和谐社会的构建，应逐步建立起比较符合农村实际的社会保障体制，逐渐把在城市中已经相对过剩的社会文化资源引向农村，适当地引入外来志愿者帮助农民把各种社会文化组织发展起来，比如成立老年协会、妇

女协会。这些工作到位了，就能率先在农村达到构建和谐社会的目标。其三，农村人文传统和自然环境的全面恢复，应该重新恢复农村本来就拥有的田园风光，农民应该生活在一种相对比较和缓、比较和谐的社会人文环境之中；让一些精神紧张、不堪污染的城里人被田园诗般的农村所吸引。①

林毅夫认为，推动社会主义新农村建设，就是加强农村公共基础设施，改善农民生活消费环境，启动农村巨大的存量需求，消化掉过剩生产能力，农村劳动力向非农产业转移，以及增加农民收入的渠道才得以畅通，因此，公共基础设施建设是社会主义新农村建设的着手点，社会主义新农村建设的对象应是自然村，社会主义新农村建设的资金应以公共财政为主。②

贺雪峰认为，建设社会主义新农村的核心，就是要建设一个让农民出得去、回得来的，可以容纳 9 亿农民在其中完成劳动力再生产，在其中过上体面而有尊严生活的社区共同体；新农村建设的战略任务，就是要通过建设社会主义新农村，使农民安居乐业，至少可以温饱有余，有生存得下去的环境，从而使城乡之间良性互动：在城市经济发展、就业机会增多，务工经商收益增加的时候，农民可以进城务工经商；而当城市经济不景气，就业减少时，进城农民可以选择回到农村，有了稳定的农村，中国现代化就有了回旋余地，就可以立于不败之地。③

政策部门的观点。陈锡文认为，新农村建设包括 4 个方面的内容：(1) 新农村建设要坚持发展农村生产力，要以经济发展为中心，经济不发展，农民收入不提高，新农村建设搞不下去。(2) 新农村建设要加快完善农村经济社会管理体制，乡镇机构设置、职能设置必须与农民的要求和承受能力相适应。(3) 通过城乡统筹解决农民最无奈、最无法解决

① 参见温铁军：《怎样建设社会主义新农村》，《人民日报》2005 年 10 月 31 日。
② 参见林毅夫：《要搞一场新农村运动》，《中国财经报》2008 年 2 月 20 日；林毅夫：《新农村运动与启动内需》，《北京大学中国经济研究中心研究简报》1999 年第 7 期。
③ 参见贺雪峰：《新农村建设：打造中国现代化的基础》，三农中国网 2006 年 12 月 19 日。

的问题。（4）要建设一个好的农村环境。郑新立则更加注重村庄建设，他认为，当前和今后的一个时期，新农村建设的重点内容包括三类：一是农村区域性的基础设施和公共服务设施项目，该类项目覆盖乡镇和有一定规模的中心村，与城市基础设施共同构成比较完整的国家基础设施和公共设施网络。二是直接面向村庄的公益类建设项目，如村庄整治规划、村庄道路、供水设施、村庄排水沟、公用水塘建设、公共厕所、垃圾场、村民活动室等。三是农户自主参与、农民直接受益的项目。[①] 其他各方面的学者也提出了关于社会主义新农村建设的诸多理论观点，但是基本上也没有超出以上所述这几种观点的框架。可以看出，林毅夫和政策部门的观点更多地倾向于从典型的经济学视角作出判断，事实上没有把农村作为社会整体来看待，而只是强调了物质领域这一个方面。温铁军所持观点是他一贯坚持的“解构现代化”或“无法复制的现代化”观念在新农村建设方面的集中体现，贺雪峰的观点与温铁军的说法有极其相近之处，要点在于不但要在基础设施方面下功夫，更重要的是重构村庄内部的精神世界与和谐关系，这是对中国快速城市化进程和世界经济周期性波动以及中国经济持续增长持谨慎态度所得出的结论。比较而言，这两种观点更加契合于社会主义新农村建设的本质含义，但是在新农村建设的空间单位方面仍然存在严重问题，这一点下文另述。

综合以上，笔者认为，社会主义新农村建设的“新”，本质上不体现于农村地区修路盖房等物质方面，村容村貌的变化和基础设施建设的加强是新农村建设的实践结果，而不是其运作机制；社会主义新农村建设是具有深刻社会变迁含义的战略性构想和举措，就“生产发展、生活宽裕、乡风文明、村容整洁、管理民主”五个方面的目标而言，其中每一方面都在各个历史时期反复强调过，关键在于有一种新的建设方法和方法体系，使中国农村社会重新具备内生的可持续发展能力。从这个意义上看，建设社会主义新农村便可以理解为中国农村社会基础再造的过程，针对当前的社

① 参见《农村工作通讯》2005 年第 8 期。

会理想、国家目标或现代化导向，有目的、有意识地对农民之间的连接关系以及由此形成的农民与国家、市场之间的关系结构进行调整和改造，使得二者之间能够高度地契合，能够实现顺利的对接。同时，也可以理解为农民如何形成一致行动的能力与国家力量相配合实现国家目标并获取自身福利的实践过程。这是社会主义新农村建设之所以“新”的本质所在。

二、社会主义新农村建设与中国农村发展的历史经验

（一）传统中国农村社会

传统中国农村基层政治体制学术界对传统中国农村社会的总体认识，可以概括为“皇权不下县，县下有宗族，宗族有自治，自治靠伦理，伦理造乡绅”，这种观点试图概括传统中国农村基层社会的政治体制与政治逻辑。马克斯·韦伯评论道：“事实上，正式的皇权统辖只实行于都市地区和次都市地区，出了城墙之外，统辖权威的有效性便大大减弱乃至消失。”[①] 有学者进一步将其总结为：“三代之始虽无地方自治之名，然确实有地方自治之实，自隋朝中叶以降，直到清代，国家实行郡县制，政权只延于州县，乡绅阶层成为乡村社会的主导性力量。”[②] 费孝通认为，皇权政治“在人民实际生活上看，是松弛的和微弱的，是挂名的，是无为的”[③]。连接国家力量和民间力量、整合官方秩序与乡土秩序的是乡绅阶层，乡绅与宗族的密不可分。正因为如此，国家不能有效动员和整合乡村政治资源，社会随之长期处于停滞的状态当中。但是，也有学者认为：“我国历史上大部分时期，血缘共同体（所谓宗族或家族）并不能提供——或者说不被允许提供有效的乡村自治资源，更谈不上以这些资源

① 〔德〕马克斯·韦伯著，洪天富译：《儒教与道教》，江苏人民出版社1993年版，第110页。
② 吴理财：《民主化与中国乡村社会转型》，《天津社会科学》1999年第4期。
③ 费孝通：《乡土中国生育制度》，北京大学出版社1998年版，第63页。

抗衡皇权。”[①] 中国长期实行的保甲制度对基层社会有着十分强大的控制功能，“保甲体系带来的是自上而下的政治轨道，它可以直达每家每户，事实上，这个体系可以说是把警察体系引进了每家每户”[②]。而乡里制度也同样发挥着这种功能。这样就将国家的财政赋税与地方治安稳定这至关重要的两个方面通过乡里制度和保甲制度严密控制起来了。然而，乡里制度利用宗族家庭的财力和势力及其在乡里社会的凝聚力从事乡里社会的建设和管理是很有必要的。

（二）乡村建设运动

20 世纪二三十年代，梁漱溟、晏阳初等知识分子发起了“乡村建设运动”。通过定县实验，邹平实验，无锡实验，徐公桥、乌江、镇平和江宁实验，一时间给中国农村带来了兴旺的希望。晏阳初认为：“对于民族的衰老，要培养它的新生命；对于民族的堕落，要振拔它的新人格；对于民族的涣散，要促成它的新团结新组织。所以说中国的农村运动承担着民族再造的使命。”[③] 在这种认识基础上，晏阳初把中国农村的基本问题归结于“愚、弱、贫、私”4 个方面，相应地要通过开展文艺教育、生计教育、卫生教育、公民教育四大教育来解决。梁漱溟从文化保守主义出发，强调中国的特殊性，认为中国近代以来乡村败坏的原因在于向西方学习，因此解决问题的根本出路在于“认取自家精神，寻取自家的路走”[④]。所以，“救济乡村是乡村建设的第一层意义，至于创造新文化，那便是乡村建设的真意义所在……所谓乡村建设，就是要从中国的旧文化里转变出一个新文化来”[⑤]。他认为中国的问题是，中国“伦理本位、职业分途”的社会结构被破坏后，西方式的“个人本位，阶级对立”的社

① 秦晖：《传统中华帝国的乡村基层控制：汉唐间的乡村组织》，《中国乡村研究》第 1 辑，商务印书馆 2004 年版，第 30 页。
② 费孝通：《中国绅士》，中国社会科学出版社 2006 年版，第 54 页。
③ 宋恩荣编：《晏阳初全集》第 1 卷，湖南教育出版社 1989 年版，第 294 页。
④ 中国文化书院学术委员会编：《梁漱溟全集》第 5 卷，山东人民出版社 1989 年版，第 112 页。
⑤ 中国文化书院学术委员会编：《梁漱溟全集》第 1 卷，山东人民出版社 1989 年版，第 611 页。

会结构又未能建立起来，“遂陷于东不成、西不就的状态中”，因此，要创造新文化，救活旧农村，进行乡村建设事业，就必须从建设一新社会组织构造入手，创造一种以理性和伦理为基础的新团体组织，由此推动经济、政治与社会的全面进步。作为主要的代表人物和推动者，乡村建设运动正是在这两种基本观念指导下展开的，但结果是无论是晏阳初的“要化农民必先农民化”的平民主义路线，还是梁漱溟强调知识分子作用、带有典型精英主义色彩的行动路线，都没有取得实质意义上的成功。如梁漱溟所言“号称农村运动而农民不动”，究其原因只可能是“乡村建设运动与农民从心理上根本合不来”。[①] 站在社会主义新农村建设角度来看乡村建设运动，其重要的贡献在于在当时深刻认识到中国问题的实质是农村问题，而农村问题的实质是人的问题——农民问题，而解决这一问题的出路在于改造农村的社会组织结构，即农民的联结和组织方式，这在某种意义上与中国共产党的主张是一致的，但是这种理论却没有办法使农民在一种强有力的关系纽带联结下形成一个整体，无法在广泛范围内形成能真正发挥作用的农民一致行动能力，因此，这种理论虽然看起来力图从农村本质问题出发，却由于文化本位的局限，没能涉及农民根本的需求，不能够使农民成为乡村建设真正的主体，不能使农村内生出巨大的创造性力量。

（三）人民公社制度

人民公社具有两个方面的重要意义：一方面，它曾经是中国农村最重要的制度模式和中国农村社会的存在方式，是最基本的和重要的农民组织方式和联结关系，是农村社会秩序生成的核心制度性力量。作为特定社会理想的具体实现方式，它为中国农村的现代化乃至整个国家的工业化作出过非常特殊的贡献，它彻底打破了乡土中国的传统循环模式，是农业集体化运动史无前例的创举。另一方面，人民公社制度及其实践

① 中国文化书院学术委员会编：《梁漱溟全集》第 2 卷，山东人民出版社 1989 年版，第 575 页。

构成了农村社会的“改革前史”，为农村改革提供了最基本的社会背景，今天观察到的乡村两级治理的技术和逻辑还带有极多的人民公社的痕迹，从发生学的意义上讲，人民公社制度及其后果是进行社会主义新农村建设理论研究绕不过去的一个主题。人民公社制度以前所未有的方式将农民紧密组织起来，取消了除行政资源之外的几乎一切社会动员和组织管理资源，在意识形态和行政权力的强力推动之下，农村社会面貌发生了巨大改变，可以说，在农民组织化和一致行动能力方面，在国家对农村社会的深入程度方面，达到了登峰造极，当然也可以认为这是不正常的表现。但是在农民原子化现象十分严重、农村社会“去组织化”趋势和特征极为明显的情况下，全面反思人民公社（包括合作化）的历史经验，对于社会主义新农村建设有着极为特殊的重要意义。

三、社会主义新农村建设与社会主义核心价值体系的建构

共同的价值观念和相近的行为准则是维系社会成员之间、社会成员与组织之间的正常关系，保证社会良性运转的基本前提。

回顾中国历史，每一次商品经济发达、货币化因素重要性增加、社会深刻变迁时，都会出现思想价值领域的巨大震荡、分化和冲突，所谓“礼崩乐坏”，社会控制和社会整合的难度大大增加，由此也就产生了对新的、完整的价值体系的迫切需求，这一方面是维持稳定的社会与生产秩序的需要，另一方面也是保证统治合法性的需要。儒家思想作为统治思想的出现与稳定，以宋明理学为代表的新儒家思想的产生、发展与稳定，都是在特定的历史背景下发挥着这种作用，以此统一价值思想，重新整合被分散化了的各种社会力量。毛泽东思想的产生与发展归根结底也遵循这一规律，并使“一盘散沙”的中国人尤其是中国农民被集合为无坚不摧的巨大力量，从而再造了基层社会，重构了社会秩序，使中国真正意义上的现代化成为可能。

改革以来市场化因素的发育一方面在消解着农村地区的传统价值观

念，另一方面也在侵蚀和消解着经过长期努力而在农村地区培育的社会主义价值观念，这种双重的消解与其他因素综合作用，使得很多农村地区失去了内生性发展的动力和底蕴，也使党在农村地区的威信、战斗力、凝聚力受到很大影响。由于农民缺乏统一的价值体系作为维系的纽带和手段，因此很难形成合作能力与一致行动的能力，农民的原子化现象日趋严重，农村地区正常的生产、生活秩序无法形成，在道德底线被普遍突破的情况下，所谓“依法治国”也就只能是一句空谈；由于农民与基层干部之间在价值观念和行为准则的认同方面存在一定程度的冲突，因而导致干群关系紧张以及基层政府与农民的行动不能够协调一致，不能形成双方的彼此认可，不能形成“官民合作”的体制和局面，农村建设受到很大影响。这些严重问题的存在迫切要求将社会主义核心价值体系建设作为基本工作内容来予以重视。历史地看，任何制度的施行都必须有相应的价值系统与之相适应并且作为制度的强力支撑，即价值观念系统必须对制度的合法性作出充分的解释和说明。也就是说，在社会主义新农村建设过程中，不但要制定完备的制度和政策体系，而且必须建立一整套完备的、内在和谐的对政策体系的价值和理论说明系统，这恰恰是目前十分欠缺的。客观上要求政策和制度必须从一个统一的理论和价值系统中推演出来，这样才能够有高度的配套性和内在和谐性。但是当前各种不同的具体农村政策却各有不同的甚至是相互冲突的理论和价值背景，这种情况下，在实践中使这些政策成为互相支持和配合的政策体系是非常困难的。当前如果单独评价某一个政策的绩效或许是很好的，但是这一系列政策在农村地区同时施行却会造成很大的混乱，各项政策无法形成合力推进农村发展，反而会互相影响、互相抵消，使基层干部和农民群众无所适从，开展工作困难重重，这也是在社会主义新农村建设过程中必须强调社会主义核心价值体系建设的重要原因，强调这一点将会使社会主义新农村建设真正成为社会主义和谐社会建设最重要的内在组成部分。

第十五章　论中国农村现代化的社会基础*

在多数社会研究中，“社会基础”一词虽然极其常见，但通常是作为含义不言自明的概念来处理的，并不会对其进行严格的界定和说明，在这些时候，“社会基础”实际上并不具备学术术语的意义，更近乎一个普通的习语。而在本章看来，社会基础概念是分析中国农村现代化路径、因素与实现方式时最为核心的重要概念，本章力图在对其进行学术说明的同时阐发其丰富的理论和实践意义，使社会基础概念成为中国农村研究中一个新的有用的分析工具，并由此建立一种中国农村研究分析框架。

一、“社会基础”概念

“社会基础”概念的基本含义可以界定为：在一定的历史阶段上，存在着由于各种因素所促成的发生于农民之间、农民与各种社会阶层之间以及农民与国家之间特定的联结关系，由于这种联结关系而形成某种制度化了的关系模式，农民个体的行动和农民的一致行动都直接决定于这种关系模式；同时，因某种联结方式而具有一致行动能力的农民与国家、市场之间的互动方式和结构必然呈现出在其他联接方式条件下极为不同的面貌。任何政治和经济制度的建立、稳固与延续都必须一方面适应和协调这种关系模式，另一方面又要想方设法地调整和改造这种联结方式以使特定的社会理想和制度设计得以实现。在这个意义上，农民之间的联结方式和联结关系成为决定中国农村现代化方向和形态的社会基础。更为具体地讲，可以将中国农村现代化的社会基础概括为国家（政策的

* 本章原刊于《科学社会主义》2006 年第 4 期。

制定者）、基层政权（政策的实践者）、农民个体、农民共同体之间形成的复杂关系，在中国特殊的政治架构中还必须着重考虑到中国共产党领导这一重要的因素。

“社会基础”概念的提炼是以对此前相关理论的充分理解为前提的。“权力文化网络”“关系共同体”“村庄社会关联”“社会资本”等概念都构成了“社会基础”概念的学术渊源。学术的积累在某种意义上可以视为概念的分化和精细化，使用越来越具有深刻刻画能力和解释能力的概念分析在人们的认识当中越来越复杂化的生活世界，从而能够越来越接近社会的“奥秘核心”。

概念同时是指标，使用新的概念也意味着用更为精确的指标对社会进行愈益精微的描述和测量；概念同时也是方法，决定着在观察中能看到些什么和在研究中能得到些什么，在原先概念体系中不是问题之处在新的概念视野中可能会成为真正的问题。“社会基础”概念与上述概念之间有着紧密的联系，但是出于不同的关注方向和研究取向而呈现出自身的特点。这一点在以下的论述中将得到详尽的说明。

二、社会基础概念的理论取向

（一）实践取向

长期以来，国内社会学研究中所采用的指导性理论大多是具有帕森斯传统的结构功能主义理论，农村研究中尤为常见。帕森斯的结构功能分析模型，从功能分化的角度，将社会结构概念发展成一种庞大的旨在解释一切人类行动的系统理论。依照这种理论，社会结构的事实是一种超越个人并对个人有制约力的思维类型，它们独立于个人之外并且强加于个人之上。这样，作为行动者的个体面对结构和规范时的能动性消失了，这就意味着这个世界并不是由生活中的行动者创造出来的，而是先验地存在着这样一种确定而稳固的框架，他们是无能为力的，这时作为具体的人也变得无关紧要了，或者说人消失了，剩下的只是抽象而凝固的关系框架。而在相比于城市生活更像是一种“戏法”的中国农村社会中，我们看到的是另外一种以此理论无法解释的现实。中国农村社会程式化和模式化的程度都很低，大多数社会成员并没有被整合进高度科层化的正式组织中，而像政府这样的正式组织也由于其面对的是极为复杂的同时是极不“标准化”的现实因素，而不可能采用既定的、严格的、规范的手段实施治理，正式的规则也就只能以极富弹性的方式表现出来。正是由于科层化、标准化和理性化程度低，在很多时候农民与干部（国家）、基层与上级之间的角色关系就不是确定的，而是不断地被行动者“创造”出来的，是一种“权益性行动”，这样就不能说社会秩序结构总是具有先验性和外在性，也不能说行动者在规范面前总是被动的和服从的，或者说这时规范不再显现为凝固的结构，而成为流动的过程。近来的一些农村研究也说明了这一点。这样，结构功能主义在一定程度上就失效了。同时，“在帕森斯的理论体系中，功能概念由于为社会系统内一切制度化结构提供了合理存在的依据而占据着核心地位。通过功能概念，帕森斯为社会描绘了一幅以均衡、和谐为特征的理论图景”。而就中国农村社会中的国家政策执行过程来看，政策在很多时候却没有实现其制度化的功能，即没有实现某种特定结构的功能，或者说实现的是另外一种为这种结构始料未及的后果。这种现象不是默顿提出的“潜功能”，而是吉登斯所讲的“意外后果”。结构功能主义强调了结构与功能之间的对应关系，但并没有关注结构事实上是如何发挥作用的，即一定的结构是通过什么样的过程完成了功能或是没有能够完成功能。因此用结构功能主义理论对中国农村社会进行分析和解释就不可能将研究进行到深入的程度。

正是由于这些原因，我们在使用社会基础概念时把中国农村社会作为一个在实践中不断创造出来的过程加以看待，社会基础概念强调国家力量和政策（革命、改革或具体的政策）进入农村社会时所面对的诸种极其复杂的局面，强调国家与农民的关系、国家对农村的治理都是一种实践过程，这样，在社会基础视域中的国家政策就不再是作为文本的政策是政策文本，而是作为实践形态的政策或政策的实践过程，是国家力量“遭遇”社会基础时所产生出的种种意料之中或意料之外的实践后果。中国共产党十六届五中全会提出“建设社会主义新农村”的目标，而新农村建设的主体归根结底是生活于其中的农民，成败的关键在于农民如何与这一目标实现对接，这样，所谓的建设社会主义新农村便成为农民如何形成一致行动的能力与国家力量相配合实现国家目标并获取自身福利的实践过程。因此，社会基础概念实践性的理论取向也可以体现于现象学社会学的创始者舒茨所言：“生活世界就是不断被我们的行动所修正并不断修正我们行动的世界。”黄宗智提出了“从实践到理论再到实践”的研究路线，这实际上也是社会基础概念的理论品格，孙立平指出要从实际运作的角度，即实践的角度对社会关系、社会结构等现象重新加以关注，以社会基础为理论的出发点意味着要注重国家权力怎样和农民、农民之间的关系模式和行动模式展开互动，怎样“使日常生活变成上下两种力量互动的舞台”。[①] 更进一步地，以社会基础为理论出发点必然要求更加关注福柯意义上的“毛细血管的权力”或“关于权力的微观物理学”即“应当是在微观层面，应当在权力运作的末梢，在一种权力与另一种权力交界的地方，只有在这里，我们才能真正了解权力是如何实现的”，并在这样的前提下系统地考察中国农村走向现代化时各种因素交织的局面。从实践的理论取向而言，应星等人的社会学研究，苏力等人的法学研究与本章所提出的社会基础概念及分析框架是一致的。

（二）“大历史”取向

“大历史”是黄仁宇提出的一种历史研究方法和思维方式，他认为应从小事件看大道理，从长远的社会经济结构观察历史的脉动，注重理念

① 参见孙立平：《迈向对市场转型实践过程的分析》，《中国社会科学》2002年第5期。

与技术的差距、行政技术与经济组织的冲突，以及上层结构与下层结构的分和。在这种分析框架下来看，当前中国“三农”问题实质上是一个世纪以来中国最本质、最重要的社会矛盾在当代的具体体现，或者说是一个超大型农民国家在长达上百年的向现代化转型的过程中最关键的、带有连续性特点的矛盾问题在当代的具体体现，是一个老问题而非新问题。中国“三农”问题的实质体现于两个方面：在特定资源条件的限制下，一是分散的小农与市场对接的成本太高，表现为小农与资本之间的关系紧张；二是分散的小农与政府之间的交易成本太高，表现为农民与国家的关系紧张。

这两种紧张关系自清朝末年、民国以后一直是困扰中国发展的主要因素，也是当前“三农”问题成为严重战略问题的历史根源所在。极度分散的小农形态与近代以来中国后发外生型的现代化道路之间有着难以克服的内在紧张，这种紧张状态事实上促成了近代以来中国的社会基础抑或中国基本的社会结构形态的形成，中国国民党和中国共产党政权前后所进行的社会改造和革命的努力即是解决这种紧张状态的实践过程。而实践方式的不同在很大程度上决定着中国基本的政治和经济制度建构和现代化道路的现实走向。

我们可以把中国农村现代化的社会基础之再造的过程分为这样带有连续性的 5 个阶段：从民国建立到 1949 年中华人民共和国成立为第一阶段；从 1949 年到 1956 年社会主义改造的基本完成为第二阶段；从 1956 年到 1978 年改革开放前为第三阶段；1978 年到目前为止视为第四阶段，而此后一直到 20 世纪中叶是本研究所构想的第五个阶段。从民国以来的四个阶段及其过程中的三次中国农村现代化社会基础的翻转，使中国农村现代化的目标、模式和发展道路呈现出不同的形态。中国共产党领导的 1949 年前的革命是一个翻转社会基层、再造中国社会基础的过程，以此实现与革命理想的对接，本身也是革命理想实现的途径与过程。在这一过程中，“阶级”概念和观念从彻底的意义上改变了农民的联结关系，使之在一种全新的关系模式中获得了一致行动的意识和能力，在共产党的组织动员下成为实现革命理想最重要的力量。20 世纪 50 年代以后，为了实现赶超型的工业化，以国家资本主义和人民公社等方式再一次重构了中国农村的社会基础。这两次都是较为彻底的再造，就其目标实现而言也是成功的。1978 年以后的改革，提出了一种新的社会理想取向，但由于渐进式的或者目标开放式的改革模式，相对于前两次而言，社会基础的重组和再造却是暧昧的和模糊不清的。一方面，前一阶段的影响极大地延续下来，农民的联结关系并未实现转型，国家权力的运作方式没有多大改变；另一方面，总体目标实际上已经彻底改变了，这就导致市场化的目标与既定的社会基础之间不兼容，小农与市场化目标无法实现对接。前述三个阶段都是中国农村现代化过程的连续性阶段，不过每一阶段都有其特定的具体目标与导向，这说明，一种社会理想目标的实现，必须有相应的社会基础——农民联结关系相对接。而在实践当中，迄今为止的社会基础并不能与所提出的发展目标相契合，因此必须进行两方面的努力，一方面，在发展模式和路径上要实现与社会基础的契合；另一方面，要再造社会基础以实现与总体目标之间的对接关系。长期以来学术界也并没有能够很好地注意这些问题，不能从最为基本的社会基础之再造角度对中国农村现代化的发展道路、发展模式作出分析，也无法以此对政治架构和权力运作方式的变迁作出真正深刻的理解和说明。

（三）内生性取向

毛泽东指出："一国之内，在四围白色政权的包围中，有一小块或若干小块红色政权的区域长期地存在，这是世界各国从来没有的事。"[①] 中国共产党正是一直围绕着中国这些"世界各国从来没有的事"展开革命和建设实践，坚持从中国实际出发，从而不断从胜利走向胜利。正如黄宗智所言："正是因为在革命过程之中中国共产党别无选择地要依赖农民

① 《毛泽东选集》第 1 卷，人民出版社 1991 年版，第 48 页。

的支持来与国内外敌人作斗争，才迫使共产党必须准确地掌握农村的实际状况，从而寻找出一条行之有效的动员农民的行动路线。也正是在这种必要之下形成了世界上最最重视社区田野调查的社会科学传统。……我们甚至可以说，唯有在中国的现代史中才能看到西方人类学的认识方法被成功地当作革命战略而运用于全社会。”[①]这是共产党一贯坚持的思想路线在现代社会科学语境中的表达。中国农村的很多社会、经济、法律等现象是世界上迄今为止未曾有过，理解这些现象的关键在于解析中国农村的社会基础方面，从中国农民的关系结构、联接方式以及在这一前提下的农民行动模式出发，而不是以在西方国家历史上被证明行之有效的理论出发；政策的制定与实施要从“非均衡的中国政治”出发，而不是从政策制定者的一厢情愿出发。

第一，长期以来，学界所关注的是中国现代化“后发外生性”的特点，着重考察的是使用参照西方世界而形成的一套现代化指标体系来测量中国现代化的水平。这些高度量化的指标在很多时候并不能够真实地反映中国经验和生活于其中的中国人的真实感受，而如果一种指标体系是独立和外在于生活主体而存在的，那么它的意义就是值得怀疑的。在这个意义上，社会基础概念认同这样一种观念：“从长期来看，使本国的传统制度适应新的功能比或多或少原样照搬西方的制度更为有效。”[②]并且，“有意识地把旧的最好的东西和新的最好的东西结合在一起的企图，无论其动机多么的美好而善良，都将由于现代化模式和社会其它结构之间的奇异依存性而注定要失败”[③]。

第二，当今中国农村所处的经济社会背景的复杂性事实上超过历史上一切时期和国际上一切地区。一方面，农民尤其是中西部地区农民仍

① 〔美〕黄宗智：《认识中国——走向从实践出发的社会科学》，《中国社会科学》2005年第1期。
② 〔美〕西尼尔·E. 布莱克编著，杨豫等译：《比较现代化》，上海译文出版社1996年版，第5页。
③ 〔美〕吉尔伯特·罗兹曼主编著，国家社会科学基金“比较现代化”课题组译：《中国的现代化》，江苏人民出版社1998年版，第6页。

然维持着传统的小农生产模式，在生产方式和生活方式上处于前现代化和前工业化状态之中；另一方面，由于全球化和市场化的作用，现代的甚至后现代的诸种因素已经开始大面积地渗入农村社会，吉登斯意义上的属于后现代范畴的“风险社会”不可避免地波及似乎远离后现代的中国农村，这种分属不同世纪的严重问题交织在一起的图景，是应用任何现成的理论都无法给出清晰的解释和说明的。因此，必须强调一种由内而外的研究视角，从农民真实的生活世界和行动入手，把握农村问题的复杂性和中国农村走向现代化道路的独特性。

第三，从制度建设方面来看，自上而下的政策安排和制度设想在农村社会中由于具体的社会基础方面的差异往往呈现出大相径庭的面貌，在与各种地方性因素或“地方性知识”的互动交织中，政策执行并不是一个按部就班的线性过程。

贺雪峰已经证明，村民自治制度在不同的农民联结关系结构中实践的结果极为不同；关于家族文化与农村宗族的研究证明农民基于传统纽带形成的特定联结关系和联结方式对于农村现代化和国家政策的实践影响重大；大量的人类学研究也已经说明国家力量与农民关系结构的对接是否顺畅以及国家权威与民间力量的冲突与整合是导致治乱变迁的重要因素；近来的研究中所敏锐注意到的国家制度安排与农村社会的“遭遇”性质事实上也尤其体现了学者对本章所言社会基础意义上的内生性理论取向的关注。综合以上这些因素，可以认为，如何深入理解内生性的农民的关系结构与中国农村现代化走向之间的关系是社会基础概念提出的重要动因。事实上，如果参照西方先发展国家的历史经验，同样清楚地证明，一定的经济政治制度必然以某种特定的社会关系结构为基础。总之，社会基础概念分析框架要求一种由内而外的理论视野，在实践过程中，在以农民联结关系为基础的“舞台”上对中国农村现代化的过程和机制展开描述与分析。

（四）现实主义的取向

几乎所有后发国家都有强烈的赶超愿望，这种愿望带来的往往是不顾社会基础以及其他现实约束的现代化的高速推进。斯科特在其《国家的视角》一书中详细地分析了那些试图改善人类状况的项目是如何失败的，其中包括苏维埃的集体化、坦桑尼亚的强制村庄化、巴西利亚等极端现代主义的城市建设等项目，无一例外地遭到彻底的失败，同时给社会经济带来巨大损害。这些完全忽视社会基础的乌托邦力图使用这样一种逻辑："模式化、设计相同的单位，按照相同的配方和工作程序生产相同的产品。相同的单位可以很容易地在各个地方被复制，巡视员可以进入一个清晰的领地，用一张核对一览表来核对他们的工作。"① 为了国家的清晰化和便于管理控制，造成国家简单化的后果，出于某种改造社会的雄心壮志，造成社会的崩溃和生态的严重退化。与之相反，社会基础分析框架要求一种现实主义的理论取向，要充分考虑到社会的多样性、复杂性和不可重复性，要在国家政策与社会基础之间达成一致、平衡和对接，哪怕这种对接从表面上看有损于某种社会理想的迅速实现。用更为清楚的语言来表达就是："小心翼翼。每行走一段距离便要对原有的信息存量进行一次修正，而那种跳跃式前进很可能命丧谷底。"② 在前述传统农业社会和高风险社会交织在一起的复杂背景下，在中国社会已经出现"断裂社会"趋向的背景下，尤其要求要以一种现实主义的取向来考虑问题。

以上对社会基础概念的理论取向作出了说明，可以发现，从内在的理论联系上，这 4 种理论取向所共同坚持的都是作为"关系"的社会学理论，都贯彻了马克斯·韦伯意义上的"理解"的方法，都将农村社会的图景和各种国家政策、社会理想在农村地区的实践作为"再生产"的过程来看待，都坚持"和谐社会"的理念。也正因为如此，以社会基础概念为核

① 〔美〕詹姆斯·C. 斯科特著，王晓毅译：《国家的视角：那些试图改善人类状况的项目是如何失败的》，社会科学文献出版社 2004 年版，第 289 页。
② 张军：《过渡经济学》，《社会科学战线》1998 年第 5 期。

心和基础才能够构造出具有首尾一贯性的，没有内在冲突的分析框架来 。

三、社会基础概念的分析结构

（一）微观分析结构

我们必须回答，在一个特定的社区范围内，农民能够以什么样的形式组织和联结起来？农民赖以组织起来的资源是什么？比如，在市场化的过程中，传统（村庄记忆、传统的人际纽带和组织资源等）在发挥什么样的作用，如何促进了农民的合作，促进了与农民市场的对接，同时在这一过程中也消灭了作为传统形态的传统本身，或者说，传统以另外的一种形式留存下来了，形成带有现代性特征的一部分，是不是存在这样的一个过程？举例来说，农民如何获得金融支持？关键在于怎样有效降低作为现代市场主体的金融机构与极度分散的农户之间的交易成本，而实现这一目的的关键又在于农民怎样实现有效的联结关系，在内部能够获得彼此的信任，在金融市场上能够获得足够的信用，这种关系如何形成，形成的过程、机制、资源是什么？比如，村庄内部的种种纠纷如何化解，仅仅依靠正规化的法制建设和科层制的司法系统能否完成这一任务？具有中国特色的调解等制度和方法在什么样的社会基础上能够得到有效的使用，同时又不会瓦解国家对农村地区实施有效控制的努力？等等。农民在具体问题方面的合作能力和农村社区秩序形成、新农村建设的途径成为社会基础概念在微观层面上所要面对的问题，相应地也在这一层面上分析结构形成。

（二）中观分析结构

这一层面所要面对的主要问题是，在县域范围内农民与基层政权之间的互动关系。不但要考察历史上这种关系的变迁，尤为重要的是关注税费改革以后，在基层财力弱化、基层政权行为模式、行政方向转型等问题交织在一起的过程中，农民的行为方式、国家权力在农村地区的运行机制以及国家对农村实施治理的技术和策略，以此能够在具体的政策制定及实施方面进行深入分析，并提出有针对性的政策建议。农民的联结形式和组织形态与现有体制之间的关系十分复杂，新的社会基础意味着新的治理方式和新的权力结构，在具体实践中究竟表现为什么样的形态？需要做出什么样的重大调整？这意味着乡村建设与基层政权间的关系必然以新的角度进入研究视野。

（三）宏观结构分析

在这一层面，将涉及国家与社会这个极为重大同时又是长期以来争论不休的主题 。按照黄仁宇的说法，国民党完成的是中国社会上层的重组，共产党完成的是中国社会基层的再造，是一个翻转社会基层的过程，也可以理解为是一个改造了中国人（主要是农民）的联结关系的过程，同时也形成了新的国家与农民 、社会理想之间的关系模式。可以这样理解，当农民在接受了“阶级”这个概念，认同了自己的阶级身份之后，农民之间普遍的联结方式马上产生彻底的改变，就不再是单个的农民之间可有可无的极为松散的联系，而成为阶级内部各分子之间非常紧密坚固的关系，并以这种关系形成的一致行动能力再造了中国。在当前的背景下，农民之间的普遍关系是什么？作为总体的农民如何实现与改革以来市场化的目标相对接，与一个越来越“现代化”的国家相对接，与全球化的时代潮流相对接？这是在社会基础宏观结构分析中所要试图回答的问题。

四、结语

总之，社会基础概念的提出力图使用一种新的分析工具，用以指出在中国市场化、全球化进程已无可避免也不可逆转的背景下，在较为彻底的意义上解决一个世纪以来的农民问题——中国最基本的社会矛盾的理论取向和现实思路，使得中国农民能够在自身利益不受到巨大侵害的前提下温和地支持和认可由国家主导的市场化的改革，使得农民与资本、农民与国家之间能够处于可长期维持的一种较为平稳、较为协调的关系状态之中，并且在国家力量的充分参与下被整合进总体目标的框架和体系，使国家与农民之间达成相互制约和促进，而不是相互冲突，以摆脱治乱循环的陷阱，实现建设社会主义新农村的目标。同时，实质上推进市场化和民主化的进程，而这种进程必然是明显有别于欧美等原发性资本主义国家的。

第十六章　中国农村现代化研究的理论原型与核心命题

——从“社会基础”概念的角度*

中国近代史，可以归纳为一个超大型农民国家在资源极度匮乏的条件下追求赶超型的现代化的过程。从这个角度看，中国“三农”问题可以理解为一个多世纪以来中国最本质最重要的社会矛盾在当代的具体体现，或者说是一个超大型农民国家在长达上百年的向现代化转型的过程中最关键的带有连续性特点的矛盾问题在当代的具体体现。也正因为这样，我们可以把长期以来有关中国农村的研究——不管其表述方式如何，近似地看作关于中国农村现代化条件、路径、方式及特点的研究。而本章的目的，就是从“社会基础”概念这一特定的角度出发，对先前的研究作出一种学术史的分析。

本章社会基础概念的含义界定：在一定的历史阶段，存在着由于各种因素所促成的发生于农民之间、农民与各种社会阶层之间以及农民与国家之间特定的联结关系，由于这种联结关系而形成某种制度化了的关系模式，农民个体的行动和农民的一致行动都直接决定于这种关系模式；同时，因某种联结方式而具有一致行动能力的农民与国家、市场之间的互动方式和结构必然呈现出在其他联结方式条件下极为不同的面貌。任何政治和经济制度的建立、稳固与延续都必须一方面适应和协调这种关系模式，另一方面又要想方设法地调整和改造这种联结方式以使特定的

---

*　本章原刊于《毛泽东邓小平理论研究》2006 年第 8 期。收入本书时笔者作了部分删节。

社会理想和制度设计得以实现。在这个意义上，农民之间的联结方式和联结关系成为决定中国农村现代化方向和形态的社会基础。使用社会基础概念，可以从微观层面上对农民在一定的社区范围内形成一致行动能力的方式和资源进行探讨，在中观层面上对县域范围内农民与基层政权之间的互动关系进行考察，在宏观层面上为解决作为总体的农民如何实现与改革以来市场化的目标相对接，与一个越来越“现代化”的国家相对接，与全球化的时代潮流相对接的重大问题找出新的突破口。本章使用这个概念为线索和分析工具对中国农村现代化研究的学术史进行分析，也就意味着将把考察的重点放在各种学科视野中所呈现出的（有意或无意地）中国农民在各个历史时期的特定联结关系以及由于这种关系而形成的一致行动能力及其后果方面。

从“社会基础”概念角度出发，可以将农村现代化研究成果概括为理论原型及核心命题两个部分。

一、理论原型

（一）毛泽东对中国农村社会的深刻洞察

毛泽东对中国历史的主要贡献之一是翻转了中国社会的底层机构，使中国有了实现现代化的可能。[①] 所谓“翻转社会底层机构”，事实上指的是将历来被称为“一口袋马铃薯”或一盘散沙的中国农民以极为有效的方式组织成为坚强有力的整体的过程。这一成果依赖于毛泽东对于中国农村实际的深刻洞察。他在《湖南农民运动考察报告》中指出：“没有贫农，便没有革命。若否认他们，便是否认革命。若打击他们，便是打击革命。”[②] 他在《新民主主义论》中指出：“农民问题，就成了中国革命

---

① 黄仁宇：《大历史不会萎缩》，广西师范大学出版社 2004 年版，第 264 页。
② 《毛泽东选集》第 1 卷，人民出版社 1991 年版，第 21 页。

的基本问题，农民的力量，是中国革命的主要力量。”① 阐明了农民的革命主体地位，阐明了依靠农民自身的力量改造社会的可能性和必要性。但是，这种可能性建立在农民对于自身困苦状况的清醒认识以及对这种状况产生的根本原因的清醒认识，建立在改造农民之间的普遍联结关系前提下的农民一致行动的能力，因此，农民阶级意识的觉醒在这一过程中发挥了最为重要和核心的作用。毛泽东自觉使用的阶级分析方法以及在此基础上形成的农民组织和农民运动的理论在一切方面都在发挥着指导性的决定作用。毛泽东在高度评价农民作为中国革命主力军地位的同时，也清醒地认识到小农自发的资本主义倾向，因此才有了《论人民民主专政》中的“严重的问题是教育农民”②。毛泽东在很多重要文献中都详细地反复阐明农民作为中国革命的主体和中国革命的对象的矛盾关系问题，反复强调改造农民之间的联结关系，使之真正成为中国革命成功和社会理想实现的主力军的重要性和具体措施。诚如黄宗智所言：“正是因为在革命过程之中中国共产党别无选择地要依赖农民的支持来与国内外敌人作斗争，才迫使共产党必须准确地掌握农村的实际状况，从而寻找出一条行之有效的动员农民的行动路线。也正是在这种必要之下形成了世界上最重视社区田野调查的社会科学传统。我们甚至可以说，唯有在中国的现代史中才能看到西方人类学的认识方法被成功地当作革命战略而运用于全社会。”③ 可以认为，毛泽东的农村研究是 20 世纪上半叶农村和农民问题研究的最辉煌成果，也是新民主主义理论的重要组成部分。不仅在革命时期，直到今天，毛泽东的以改造社会基础来实现社会理想的思想仍然是建设中国农村现代化的关键要点。

（二）费孝通的乡土理论

费孝通最具声望的著作是《江村经济》和《乡土中国》，前者通过

① 《毛泽东选集》第 2 卷，人民出版社 1991 年版，第 692 页。
② 《毛泽东选集》第 4 卷，人民出版社 1991 年版，第 1477 页。
③ 〔美〕黄宗智：《走向从实践出发的社会科学》，《中国社会科学》2005 年第 1 期。

对一个村庄的微观解析回答乡村变迁的动力问题，并形成了费孝通基本的“农村工业化”的思路，这种思路与20世纪80年代以后乡镇企业的蓬勃兴起遥相呼应；后者对中国农村社会结构的特点进行总括式的描写，并回答了形成这种特点的诸种要素。在《乡土中国》中，费孝通提出了“礼治秩序”和“差序格局”两个对中国农村研究极为重要的概念，揭示了中国农村社会秩序得以形成的内在原因。他指出：“礼和法不相同的地方是维持规范的力量，法律是靠国家的权力来推行的，维持礼这种规范的是传统。”[①] 因此，“所谓人治和法治之别不在人和法这两个字，而是维持秩序所用的力量，和所根据的规范的性质”[②]。这一方面说明，研究中国农村现代化时必须注意传统与现代、中国与西方的对接，而不是一概地否定传统的功效；另一方面，要注意到中国农村社会秩序的形成有赖于一个变迁缓慢的社会，“在一个变迁很快的社会，传统的效力是无法保证的”[③]。这样也就同时印证了毛泽东对于市场化、国际化因素冲击下急剧变化的中国社会的阶级分析，印证了中国共产党“翻转社会基层”的紧迫性和可行性。“差序格局”概念进一步细致地揭示了中国农民基本的组织资源和共同行动的纽带，“长老统治”“熟人社会”等概念对农村社会的刻画精微入里，是今天进行农村现代化研究时很方便使用的“理想类型”。从社会基础概念出发，我们需要注意的是，经历了革命洗礼、长期的人民公社体制的熏染、市场化的猛烈冲击这三重根本性变革之后，费孝通所描述的农民之间的这种组织资源和联系纽带还在多大程度上、以什么样的方式存在着，现代性与“乡土因素”之间的纠结呈现出怎样的实践状态，切实地回答这一问题对当前的农村研究和农村政策制定都极为重要。

以上构成了中国农村现代化研究学术史的经典内容，自20世纪80年代以来的大多数中国农村研究从概念抽象到方法路径都受到这几方面

---

① 费孝通：《乡土中国生育制度》，北京大学出版社1998年版，第50页。
② 费孝通：《乡土中国生育制度》，北京大学出版社1998年版，第49页。
③ 费孝通：《乡土中国生育制度》，北京大学出版社1998年版，第52页。

思想和理论的深刻影响，也可以这样说，以上理论是中国农村现代化研究的理论原型。

二、中国农村现代化研究的核心命题

（一）农村宗族与文化研究

宗族研究是当代中国农村研究的重要方面。值得注意的是，多数宗族研究是以村庄治理为背景展开的，即“村治中的宗族”，这种实践导向和问题导向的研究在现实中的解释力就显得尤为突出。特别是在中国南方农村地区宗族势力普遍复兴、宗族力量大量参与村级选举和治理的背景下，这些研究力图回答这样一些问题：传统性的宗族与现代性的民主是否有亲和力？民主发展是否能与传统宗族相对接？宗族是否具有催发现代性民主的内生力？更具体地来看，在研究中，宗族能否成为保障农民利益、制约权力非法侵害的组织？能否演变为开放的民主性组织？宗族是民主化的桥梁还是障碍？[①] 联系费孝通对乡土中国的论述，可以看到，这种研究反映了传统中国农民最为紧密的一种联结关系在农村市场化、民主化、现代化过程中的变迁方式，是国家政权建设行动与乡土社会在微观层面上的激烈互动，是意识形态因素减弱后农村社会形成新的社会秩序的历程。这种研究与农民的合作能力、农村社会基本的信任结构的形成、农村经济组织形式密切相关，因而必然地成为社会基础研究关注的重要方面。王铭铭基于社区研究之上的人类学研究是中国农村文化研究的代表性作品。在这些研究中讨论了民族——国家与传统家族社会组织之间的关系、现代化过程中民间传统的地位、地方性互助制度、民间生活观念与现代幸福观的可比性、现代权威制度形成中民间权威的

① 参见肖唐镖、兴珍宁：《江西农村宗族情况考察》，《社会学研究》1997 年第 4 期；肖唐镖：《农村宗族重建的普遍性分析》，《中国农村观察》1997 年第 5 期；肖唐镖：《农村宗族势力与国家权力的互动关系分析》，《探索与争鸣》1998 年第 7 期；肖唐镖：《村治中的宗族：对九个村的调查与研究》，上海书店出版社 2001 年版。

延续等问题，对 20 世纪以来国家政权建设对乡土社会经济、社会、文化的渗透和冲击，以及地方社区对政治运动和“规划的社会变迁”的反应方式和过程作出了令人信服的解释和分析。① 这些成果建立了村落与超越村落的国家与社会力量之间关系的分析框架，从理论上和技术上为农村现代化研究打开了新的视域。与之相对应，王沪宁的研究也将村落文化作为中国农村现代化的核心内容加以看待，但是改造和消亡是这一研究的主题。他认为虽然村落文化在现阶段有着积极的一面，但是村落文化血缘性、聚居性、等级性、礼俗性、农耕性、自给性、封闭性、稳定性的特质与带有社会性、工业性、开放性、广泛性和变革性特点的现代社会主义文化是不相容的，因而村落家族文化的消解是不可避免的历史趋势。②

（二）村民自治研究

这方面成就最大的当属徐勇的研究，他的系列成果将村民自治研究推进到了真正深入的程度。在对村民自治制度和实践进行全面把握的基础上，徐勇从现代国家建设包含着双重含义，即民族—国家建设和民主—国家建设出发，认为村民自治是中国民主政治发展的新的突破点，而中国村民自治的发展从上看需要体制性的行政放权，从下看则需要现代社会组织的发育。村民自治是在现代民主—国家建构中产生的，其制度设计中蕴含着现代民主理念。但中国的村民自治具有国家赋权的特点，民主自治的立法精神能否落实取决于行政放权所提供的体制空间，村民委员会为村民自治提供了制度性的自治平台，但是需要农民组织化参与。传统的家族组织不可能为村民自治提供所需要的组织资源，反而会扭曲村民自治的精神。只有市场化过程中形成的理性化社会和农民的自我组

① 参见王铭铭：《社区的历程：溪村汉人家族的个案研究》，天津人民出版社 1997 年版；王铭铭：《村落视野中的文化与权力：闽台三村五论》，生活 · 读书 · 新知三联书店 1997 年版。
② 参见王沪宁：《当代中国村落家族文化：对中国社会现代化的一项探索》，上海人民出版社 1999 年版。

织，才能为村民自治的成长提供必要的社会条件。因此，民主自治社会将是一个长期发育的过程。他还特别指出，各类农民合作专业经济组织将在村委会这一自治制度平台上发挥积极作用，构成村民自治运行的组织基础。[①] 这与本章所强调的“社会基础”概念是相通的。景跃进的研究从村委会和村支部关系的特定角度对村民自治制度的实践形态作出了细致的分析，对村“两委”矛盾的生成逻辑作出了理论上的解释，对化解村“两委”矛盾的实践探索过程如“两票制”“一肩挑”“一制三化”等作出了模式化的说明，对其合法性和绩效进行了比较，从党政关系维度、国家与社会的关系维度以及群众路线维度对解决村民自治中的“两委”关系问题提出了理论方向。[②] 金太军等人从乡村关系与村民自治的角度[③] 将村民自治研究置于更加广泛的框架之中，仝志辉的研究从“选举”角度切入村民自治制度的研究，展现了乡土社会在“遭遇”选举时产生的社会变迁图景。[④] 从社会基础概念角度来看，这些出于不同学术视角的研究在深化村民自治这一农村基本制度研究的同时，也体现出农民之间的普遍的、基本的联结方式正在发生着深刻的改变，这种改变也许比村民自治制度本身更有积极的意义。

（三）人民公社研究

张乐天出版了关于人民公社制度第一部系统的、实证性的研究，提出了“外部冲击—村落传统互动”模式，以浙江海宁一个人民公社为基本研究对象，从公社制度的总体性、公社的经济管理和社会生活、公社具体制度安排和制度特征、制度与农民行为等方面，对人民公社的导入终结的全过程进行了详尽的描述分析，指出正是人民公社制度对传统的

---

① 参见徐勇：《中国农村村民自治》，华中师范大学出版社 1997 年版；徐勇：《乡村治理与中国政治》，中国社会科学出版社 2003 年版；徐勇：《流动中的乡村治理》，中国社会科学出版社 2003 年版。
② 参见景跃进：《当代中国农村两委关系的微观解析与宏观透视》，中央文献出版社 2004 年版。
③ 参见金太军：《乡村关系与村民自治》，广东人民出版社 2002 年版。
④ 参见仝志辉：《选举事件与村庄政治》，中国社会科学出版社 2004 年版。

“嵌入”使农村摆脱了“循环的陷阱”，对人民公社的功能、缺陷以及公社对农村现代化的意义有着十分深入的阐发。[①] 从社会基础概念意义上来看，张著的贡献在于他开创性地全面描述了在人民公社这种制度体系内，农民固有的联系模式和组织方式怎样被社会动员与国家力量摧毁，农民所形成的新的基本的联结关系以及在此基础上产生的行动能力，阐述了国家对原有社会基础的改造以实现国家目标与社会基础相对接的过程与机制，也理性而深刻地反省了这种强制性的对接关系的致命缺陷。这对于理性看待传统与现代、乡土性质与国家力量的矛盾，构造现时代合理的乡村治理结构，组织农民与市场化相对接，实现农民与国家力量的动态制衡，从而很好地实现社会主义新农村建设的目标有极大的借鉴意义。罗平汉和辛逸的著作也从制度史的角度和人民公社分配制度的特定角度对公社研究的深化作出了贡献，特别是辛逸的著作对公社体制内“按劳分配”和“按需分配”的关系、公共食堂的本质、工分制和家庭副业等专题作了更加具体细致的研究，[②] 这对于探究农民组织资源和组织成本问题有非常切实的意义。

（四）乡村秩序与乡村治理

在费孝通的乡土中国研究中，我们可以十分清晰地看到传统中国农村秩序得以形成、社会得以正常有序运转的根由，但是在后人民公社时期，特别是进入 20 世纪 90 年代后期，在社会分化剧烈、失范严重的背景下，村庄社会秩序何以生成？村庄治理如何进行？这些问题构成了这一时期农村研究的主题。在贺雪峰看来，解决这些问题的前提在于对转型期中国农村社会性质有深刻的认识。他的《新乡土中国》就很明显地表现了继承先贤的宏大理论追求。贺雪峰提出了有关乡村社会性质研究的“村庄社会关联”“村庄面向”“半熟人社会”“村级权力结构的模化”

① 参见张乐天：《人民公社制度研究》，东方出版中心 1998 年版。
② 参见罗平汉：《农村人民公社史》，福建人民出版社 2003 年版；辛逸：《农村人民公社分配制度研究》，中共党史出版社 2005 年版。

等一系列重要概念，令人信服地解释了村民自治等理论上相当完善、动机十分善良的制度却无法收到良好效果的根由所在。[①] 在此基础上，贺雪峰进一步明确提出了“乡村研究的国情意识”，提出了从个案调查到分类研究这一乡村政治研究的路径，这些成果将乡村性质的研究进行到了前所未有的精致和精细的程度，为以社会基础概念为核心的农村现代化研究提供了宝贵的理论资源。

苏力等人的法学研究展示了作为文本的法律在乡土社会中的运作过程与逻辑。[②] 从社会基础概念角度来看，苏力的贡献在于他从法律运作的视角展示了国家权力怎样和农民、农民之间的关系模式和行动模式展开互动，怎样“使日常生活变成上下两种力量互动的舞台”。[③] 回答了在与西方国家相比极不标准化和“现代化”的中国农村社会，正常的社会秩序如何形成，国家政权建设如何有效推进，农村如何在法治方面实现适合中国国情的现代化的问题。

在“乡土中国”与“新乡土中国”，“文字下乡”与“送法下乡”的对照呼应中，我们看到了苏力、贺雪峰等人与费孝通共同的理论取向。在这些成果基础上，我们可以进一步探讨诸如村庄内部的种种纠纷如何化解，仅仅依靠正规化的法制建设和科层制的司法系统能否完成这一任务？具有中国特色的调解等制度和方法在什么样的社会基础上能够得到有效的使用，同时又不会瓦解国家对农村地区实施有效控制这些极为重要的问题。

（五）农民合作化与组织化研究

由于强烈意识到原子化的农户无法实现与市场经济的对接，也很难与国家在农村地区正规化、科层制的努力相契合的窘境，近年来，对农

---

① 参见贺雪峰：《乡村治理的社会基础——转型期乡村社会性质研究》，中国社会科学出版社 2003 年版。

② 参见苏力：《送法下乡——中国基层司法制度研究》，中国政法大学出版社 2000 年版；苏力：《道路通往城市——转型中国的法治》，法律出版社 2004 年版。

③ 孙立平：《实践社会学与市场转型过程分析》，《中国社会科学》2002 年第 5 期。

民合作化与组织化的研究成为农村研究中极重要的方面。当前很多研究从农村经济组织及农村合作经济发展的角度对农民如何有效率地组织起来以促进生产、增加自身福利进行了深入探讨，对农民合作的历程和实现方式的理论归纳，对农民组织化的形式、机制的微观分析也达到了较为深入的程度。[①]但这些研究共同的问题在于，一方面，这些研究没有能够将农民组织化和合作化的行动置于国家力量与农民的互动过程中进行深刻分析，更没有从国家—地方政府—乡镇政权—村级组织—农民行动这样一个更为复杂却更能说明中国实际的互动网络中加以考察，因此，无论从理论上如何证明其正当性和合理性，都由于简单化的缺陷而无法实际解释和解决现实当中农民组织化程度低、合作困难的问题；另一方面，经济不是也从来不是物与物之间的关系，也不是人与物的关系，归根结底只可能是人与人之间的关系，因此，农民的组织化、合作化虽然在形式上更多地表现为经济组织和经济联系，但是从本质上看，这是在形成一种新的微观层面上的农民之间的联结关系和关系模式。这种联接关系必然是综合性的，它的形成包括了经济利益方面的计算（作为理性人的一面），也会包括传统的血缘、社区记忆等纽带，在面对相近的市场经济规则时，各种地方性知识也会发挥很强的影响力，如果不能以深刻的理解的方法去考察农民的观念和行动，以及他们形成一致行动能力的因素和过程，仅仅从经济因素一个维度出发，就无法理解农村社会的复杂性，解释和解决农民如何组织起来这个当前农村最为核心的问题。也正是在这个意义上，本章所提倡的“社会基础”概念及其分析框架可以发挥更大的作用。

与之相对应，其他一些研究在各个方面克服着上述研究的理论缺憾。胡必亮提出了“关系共同体”概念，他从血缘关系圈、地缘关系圈、业

① 参见程同顺：《中国农民组织化研究初探》，天津人民出版社 2003 年版；赵凯：《中国农业合作经济组织发展研究》，中国农业出版社 2004 年版；梅德平：《中国农村微观经济组织变迁研究》，中国社会科学出版社 2004 年版；尤小文：《农户经济组织研究》，湖南人民出版社 2005 年版；冯开文：《合作制度变迁与创新研究》，中国农业出版社 2003 年版。

缘关系圈和华人网络社会等表现形式中抽象出“建立在现实生活中各种实体的小共同体的基础上的而又超越于小共同体的共同体现象”[①]，强调中国人利用关系和运作关系在较大范围内建立普遍信任，从而实现合作的特点，认为农民可以利用关系跨越社区的界限，成为一种开放性的组织。这是对农民组织资源和组织方式的一种新的阐述方式。于建嵘对农民有组织上访群体的研究从政治观念和政治诉求的角度对农民组织关系的建立、组织形态的演化作出了说明，并且鲜明提出了普遍建立农民协会这一解决农村问题的对策性建议。[②]潘维提出了一种有别于国内学术界主流意见的观点，认为在市场化的过程中，正是基层政权为中国农民走向市场架起了一座桥梁，扮演了市场中介的角色，在基层政权的带领下，农民以小型农村集体为单位闯荡工业市场，保障了自身的安全，换取了地区的经济发展和稳定乃至全国的繁荣稳定，因此没有出现市场化过程中普遍出现过的农民抗议运动。这里强调了社会主义传统和集体主义精神对于农民和农村发展和现代化的决定性作用，认为不但不能削弱基层政权，而且认为农民、农村社区、农村基层政权“三位一体”、不可分割，必须加强基层政权的组织力量，否则农村社会就会退化，农民就又会变成一盘散沙。“乡镇企业死了，乡镇企业的精神万岁”[③]或许是作者观念最明确的表达，意味着固有的国家力量和基层政权的政治动员能力是形成农民一致行动能力的最有效的资源。在一些与市场对接程度较高的村庄的研究中，如折晓叶、毛丹对“超级村庄”和“单位化村庄”的研究也都在致力于揭示农民基本联结关系的改变对于农村现代化的根本性意义。[④]

---

① 胡必亮:《关系共同体》，人民出版社 2005 年版，第 14 页。
② 参见于建嵘:《农民有组织抗争及其政治风险》,《战略与管理》2003 年第 3 期。
③ 潘维:《农民与市场——中国基层政权与乡镇企业》，商务印书馆 2003 年版，第 373 页。
④ 参见折晓叶:《村庄的再造——一个超级村庄的社会变迁》，中国社会科学出版社 1997 年版；毛丹:《一个村落共同体的变迁——关于尖山下村的单位化的观察与解释》，学林出版社 2000 年版。

三、结语

以上从“社会基础”概念的角度对中国农村现代化研究成果的理论原型及核心命题进行了分析。这是一种从特定视角出发所做的类型学分析，强调农民组织资源的凝聚、联结关系的改变以及一致行动能力的形成是中国农村现代化的核心问题，而其他问题都要建立在这个核心问题得到较好解释和解决的基础之上。社会主义新农村建设的主体是农民，农民主体地位的实现、农民主体力量的发挥、农民与其他社会阶层和利益集团关系的协调是决定新农村建设成功的关键。此前的学术研究已经在这方面做了大量的理论和经验的积累，应当从“社会基础”概念角度将这种理论探索进一步推向深入。

第十七章　“组织起来”思想与中国农村现代化社会基础之再造 *

1943 年 11 月 29 日，毛泽东同志在中共中央招待陕甘宁边区劳动英雄大会上作了题为《组织起来》的重要讲话。在当时的历史背景下，“组织起来”的直接目的是为发展边区生产、克服经济困难指出一条明确的道路和具体可行的实践机制。但是，《组织起来》的理论意义远不止于此。70 多年以后重读这篇重要文献，我们将立足当代中国农村现实，以“中国农村现代化社会基础之再造”这一命题为对应，主要以政治社会学的概念和方法对其进行新的诠释和解读。

一、为什么要重读《组织起来》

当前“三农”问题的严重性和解决“三农”问题的紧迫性是重读《组织起来》的现实背景，我们必须从当前农村社会根本性问题出发，重新解读指导中国革命与建设事业走向胜利的毛泽东重要文献，并从中找寻破解当前困境的智慧与理论源泉。

（一）农民分散化、原子化趋势愈加明显

20 世纪 80 年代以后，随着人民公社制度的解体、土地承包制度的推行以及市场经济的不断发育，国家力量从农村地区在一定意义上的撤

* 本章原刊于《现代哲学》2006 年第 6 期。

出，导致原有的农民组织系统、组织资源和整合机制日渐涣散，从“僵化”体制下解放出来的农民却越来越清晰地体现出“小农”的特征，甚至比历史上任何一个时期的农民都更像是“小农”。这种状态可以称为“农民的原子化”。“原子化的含义包括两个方面，一是个人间社会联系的薄弱，二是追逐自己的利益时，是以个人而不是以群体的形式行动的。”①农民的原子化一方面造成小农经济面对市场不确定因素时的极端脆弱性，无法保证农民收入增长和生活水平的稳步提高；另一方面由于无法组织起来而缺乏基本的合作能力，无法提供必需的社区公共产品，造成生产生活方面更为严重的问题。农民分散化、原子化趋势是当前诸多农村问题甚至全局问题产生的本质性原因，也成为导致农村衰败的主要机制。

（二）长期以来基层政府对农村剩余的过度提取导致乡村治理危机

改革开放以来的由地方政府主导的地方工业化快速发展，基层政权组织工作人员的迅速膨胀，1994 年以后分税制的实行，以及基于赶超战略的上下级政府间“压力型体制”②的普遍推行，共同导致地方政府对农村经济剩余的过度提取，农民负担在 20 世纪 90 年代以后迅速加重，成为影响党群关系和社会稳定最主要的因素之一。随之而来的是乡村治理危机的出现，基层政权的合法性水平明显下降，为了在汲取能力下降的同时还能够实现收入的增长，地方政府采用了种种不正当手段，甚至一些地方还出现了“基层政权黑恶化”和“农民有组织抗争”的现象，③这使得原本就处于“断裂社会”④的中国社会变得更加复杂和不可预见，隐藏着极大的社会风险。

---

① 孙立平：《转型与断裂：改革以来中国社会结构的变迁》，清华大学出版社 2004 年版，第 255 页。

② 参见荣敬本、崔之元等：《从压力型体制向民主合作体制的转变——县乡两级政治体制改革》，中央编译出版社 1998 年版。

③ 参见于建嵘：《农民有组织抗争及其政治风险——湖南省 H 县调查》，《战略与管理》2003 年第 3 期。

④ 参见孙立平：《断裂——20 世纪 90 年代以来的中国社会》，社会科学文献出版社 2003 年版。

（三）“社会主义新农村建设”理论的提出

进入21世纪以来，为了扭转农村形势不断恶化的局面，新一届中央领导集体从全局的高度对农村工作政策进行了重大调整，将“三农”问题作为全部工作的重中之重，在全面推行农村税费改革政策的基础上，提出了“社会主义新农村建设”的战略部署。党的十六届五中全会通过的《中共中央关于制定国民经济和社会发展第十一个五年规划的建议》指出，建设社会主义新农村是我国现代化进程中的重大历史任务，要按照“生产发展、生活宽裕、乡风文明、村容整洁、管理民主”的目标，有计划、有步骤、有重点地稳步推进社会主义新农村建设。在省部级主要领导干部新农村建设专题研讨班上，胡锦涛同志又明确提出发展农村生产力、促进农民增收、加强民主法制、加强精神文明、推进和谐社会、全面深化农村改革等6项工作任务以及5条要求。社会主义新农村建设的推行，客观上需要一套系统的理论加以指导，也迫切需要总结历史经验保证政策的正确制定与顺畅执行。在这一背景下，重读《组织起来》就具有特别重要的作用和非常特殊的意义。

二、如何把握《组织起来》的深刻理论内涵

笔者可以从以下几个层面分析毛泽东提出“组织起来”的理论含义。

（一）强调要使分散的力量成为集中的力量

从具体的层面上，针对具体的现实任务来看，“组织起来”意味着使根据地的军民大众为着克服当时的实际困难而共同投身劳动生产运动中去，使分散的力量成为集中的力量，使分散的行动成为集中的行动，从而使处于个体状态的社会成员成为一个强有力的集合体。正如毛泽东在《组织起来》中所言：“抗日战争六年半中，敌人在各抗日根据地内实行烧、杀、抢的‘三光’政策，陕甘宁边区则遭受国民党的重重封锁，财

政上经济上处于非常困难的地位，我们的军队如果只会打仗，那是不能解决问题的。”[①] 因此必须“把群众组织起来，把一切老百姓的力量、一切部队机关学校的力量、一切男女老少的全劳动力半劳动力，只要是可能的，就要毫无例外地动员起来，组织起来，成为一支劳动大军”[②]。在这里，“组织起来”更多地体现为完成特定任务的操作性手段。这也是对此最为普遍的理解方式。

（二）强调在实现使群众“组织起来”的过程中，党的积极作用的意义

毛泽东在讲到“组织起来”时，特别强调党内克服不良倾向的意义，他指出：“如果在地方工作中不批评官僚主义倾向，在军队工作中不批评军阀主义倾向，那就是愿意保存国民党作风，愿意保存官僚主义灰尘和军阀主义灰尘在自己清洁的脸上，那就不是一个好党员。”[③]“组织起来”不仅是为了一个阶段性的、当前的具体任务而形成的个体的集合，而且是要保证建立一个具有高度稳定性、延续性的严密组织系统。毛泽东一直将组织视为革命成为可能的不可或缺的手段。列宁也认为，无产阶级在反对资产阶级的斗争中，除了组织，没有其他的武器，[④] 革命的严酷性一直在强化着这种观念。“无产阶级政党一开始就是非法的，被统治者认为是极度危险的，因而必须置于国家机器的严密监视之下，这意味着无产阶级通往政权的道路具有极其紧张的性质……这样一个党必然按秘密工作的要求发展成一个职业革命家组织，而不能将各色各样的人都变成党员，必然强调党的高度集中和高度统一，而不能像孟什维克那样把党建成西欧模式的群众性政党。”[⑤] 这就要求将组织的严密程度和组织的纯

① 《毛泽东选集》第 3 卷，人民出版社 1991 年版，第 929 页。
② 《毛泽东选集》第 3 卷，人民出版社 1991 年版，第 928 页。
③ 《毛泽东选集》第 3 卷，人民出版社 1991 年版，第 934 —935 页。
④ 参见谢遐龄：《1930 年代中央苏区的农村社区重建》，《复旦社会学论坛》第 1 辑，上海三联书店 2005 年版。
⑤ 陈明明：《现代化进程中政党的集权结构和领导体制的变迁》，《战略与管理》2000 年第 6 期。

洁性作为革命能否成功的首要问题来加以重视，因此，列宁的这段话就在中国革命历程中被反复引用：“没有铁一般的和在斗争中锻炼出来的党，没有为本阶级全体人所忠实信赖的党，没有善于考察群众情绪和影响群众情绪的党，要顺利地进行这种斗争是不可能的。”这样，“组织起来”以及如何“组织起来”就成为毛泽东思考的首要问题。

（三）强调“组织化”过程以及依托于这一过程形成的特定的关系结构

马克思在《路易·波拿巴的雾月十八日》一文中说：“小农人数众多，他们的生活条件相同，但是彼此间并没有发生多种多样的关系。他们的生产方式不是使他们相互交往，而是使他们相互隔离……法国国民的广大群众，便是由一些同名数简单相加形成的，就像一袋马铃薯是由袋中的一个个马铃薯汇集而成的那样。”[①] 民众虽然人数众多，有相近的境遇，但是缺乏相应的组织资源、组织手段、组织能力，因而无法形成特定的结构形式，同时也更加不可能产生所谓的组织意识，在这样一种组织条件下，对外无力对抗外侮，对上无法抵制压迫，对内无法形成公正协调的秩序，因此孙中山将中国农民喻为“一盘散沙”。按照黄仁宇的说法，国民党完成的是中国社会上层的重组，共产党完成的是中国社会基层的再造，是一个翻转社会基层的过程，[②] 也可以理解为是一个改造了中国人（主要是农民）的联结关系的过程，同时也形成了新的农民与国家、农民与特定社会理想之间的关系模式。“当农民在接受了‘阶级’这个概念，认同了自己的阶级身份之后，农民之间的普遍的联接方式马上产生彻底的改变，就不再是单个的农民之间的可有可无的极为松散的联系，而成为阶级内部各份子之间非常紧密坚固的关系，并以这种关系形成的一致行动能力再造了中国。”这正是毛泽东“组织起来”最深层的

① 《马克思恩格斯选集》第 1 卷，人民出版社 2012 年版，第 762 页。
② 黄仁宇：《大历史不会萎缩》，广西师范大学出版社 2004 年版，第 41—44 页。

理论思考和战略性眼光之所在。换句话说，就是要使无数社会个体围绕既定的中心，为着特定的目标，依照一定的规则构成新的关系模式，这是一个组织化的过程，而力量的积累和显现正是在过程当中产生的，不断组织起来的过程就是革命的过程，就是建设的过程，就是社会理想不断实现的过程，同时也是阶级意识萌发、革命信念坚定，以及其后国家观念产生的过程，最重要的是这也正是组织起来的、形成新的关系结构的中国农民创造历史的过程，组织起来的过程也就是完成新的社会结构建构的过程。

历史地来看，《组织起来》鲜明地体现了毛泽东一贯坚持的理论观点和基本原则，并在其后的革命与建设过程当中产生了极为重要的影响。

1. 合作社思想

毛泽东指出："目前我们在经济上组织群众的最重要形式，就是合作社。"[①] 毛泽东给合作社以极高的评价，他说："我们有了人民群众的这四种合作社（指农业生产合作社、综合性合作社、运输合作社和手工业合作社——引者注），和部队机关学校集体劳动的合作社，我们就可以把群众的力量组织成为一支劳动大军。这是人民群众得到解放的必由之路，由穷苦变富裕的必由之路，也是抗战胜利的必由之路。"[②] 这种"必由之路"的思想在 1949 年以后成为改造农村社会的基本思路，从互助组到初级社、高级社到人民公社，无不贯穿着《组织起来》中明确表述过的理论观点。当然，《组织起来》强调的是"我们的合作社目前还是建立在个体经济基础上（私有财产基础上）的集体劳动组织……总之，只要是群众自愿参加（决不能强迫）的集体互助组织，就是好的"。[③] 这与新中国成立后不久就全面推行排斥私有财产的农业合作化运动有相当大的区别。历史已经证明这种带有强制性色彩的运动造成了一些较为严重的后果，

① 《毛泽东选集》第 3 卷，人民出版社 1991 年版，第 931 页。
② 《毛泽东选集》第 3 卷，人民出版社 1991 年版，第 932 页。
③ 《毛泽东选集》第 3 卷，人民出版社 1991 年版，第 931 页。

但是必须承认正是由于农民合作化程度的大幅度提高，才使得中国赶超型的现代化进程在短期内得以实现，也使得中国农村第一次摆脱了“循环的陷阱”[①]，合作化所发挥的作用一直延续到今天。

2. 处理好“予”与“取”之间的矛盾关系的思想

毛泽东指出，如果“不能够帮助群众组织生产，改善生活，只知道向他们要救国公粮，而不知道首先用百分之九十的精力去帮助群众解决他们救民私粮的问题，然后仅仅用百分之十的精力就可以解决‘救国公粮’的问题，那末，这就是沾染了国民党的作风，沾染了官僚主义的灰尘”[②]。这是在强调对农民“予”与“取”的辩证关系。在革命和建设过程中，凡是这个矛盾处理得好的时候，事业就能够实现快速健康的发展，新中国成立前后的土改运动和党的十一届三中全会以后一系列政策的出台对革命成功、政权稳固以及农村经济社会发展的巨大推动就是极好的证明；而在处理这个矛盾方面出现失误的时候，农村形势就会发生明显的逆转，20 世纪 90 年代以后由于农民负担过重所引发的一系列严重的社会和政治问题也是很好的证明。

3. 党必须与群众紧密结合的思想

毛泽东指出：“我们共产党员，无论在什么问题上，一定要能够同群众相结合……我们应该走到群众中间去，向群众学习，把他们的经验综合起来，成为更好的有条理的道理和办法，然后再告诉群众（宣传），并号召群众实行起来，解决群众的问题，使群众得到解放和幸福。”[③]毛泽东之所以强调这一点，是因为中国共产党所要完成的是彻底改造旧社会的任务，或者说是动员社会成员对原有社会结构彻底地改造与重组。

① 参见林毅夫、蔡昉、李周：《中国的奇迹：发展战略与经济改革》，上海三联书店 1999 年版；罗平汉：《农业合作化运动史》，福建人民出版社 2004 年版；张乐天：《人民公社制度研究》，东方出版中心 1998 年版。
② 《毛泽东选集》第 3 卷，人民出版社 1991 年版，第 933 页。
③ 《毛泽东选集》第 3 卷，人民出版社 1991 年版，第 933 页。

在这一过程中，所有其他的动员手段和组织资源都成为从属和次要的，甚至在中国的特定国情下，只有共产党的领导成为最为关键甚至在某些时候是唯一的组织资源。为了克服20世纪以来中国社会的全面危机，“只有先建立一个强有力的政治机构或政党，然后用它的政治力量、组织方法，深入和控制每一个阶级、每一个领域，才能改造和重建社会国家和各个领域的制度与组织，才能解决问题，克服全面危机”[①]。毛泽东清醒地意识到，党组织必须成为新社会的基本领导力量，新社会的整个结构将依托于这个领导力量而形成和生长起来，基于这一点，党组织必须深入或者“融入”被组织和动员的群众之中，使理论掌握群众的同时也使群众掌握理论。同时，党的领导是在持续不断的行动过程中被建构起来的，因此，“一切革命实践都是由党动员、组织群众广泛参与，也就是说，居民自己都介入、参与了重要的革命活动，并通过革命实践对党的领导之正确和必不可少形成直接的、切身的体验……没有这些在社会行动中不断获取党的领导价值的新鲜体验，党的领导就渐渐失去群众基础，假如党的基层组织脱离社区群众，蜕化为行政官僚机构，积累日久，就会有危险性”[②]。从这个意义上来讲，《组织起来》中所要求的生产运动并不仅仅是为了克服经济困难而开展的经济生产行动，而且是与在土改中“诉苦”[③]同样的组织和动员农民，重组社会关系结构的特殊技术手段和机制，而这种技术和机制在其后的历史过程中被大量使用着，成为中国社会运转的鲜明特征之一。

总之，可以认为，毛泽东在《组织起来》中所阐述的“组织起来”的思想蕴含着一种改造旧中国原有社会关系模式、重组社会结构、再造农村社会基础的理论方法，这是今天重读《组织起来》时应当具备的理论基点。

---

① 《思想家》编委会编：《思想家：跨世纪探险》，华东化工学院出版社1989年版，第19页。
② 谢遐龄：《1930年代中央苏区的农村社区重建》，《复旦社会学论坛》第1辑，上海三联书店2005年版，第31—35页。
③ 参见郭于华、孙立平：《诉苦：一种农民国家观念形成的中介机制》，《当代中国农村的社会生活》，中国社会科学出版社2005年版。

三、《组织起来》对中国农村现代化的深刻启示

(一)组织起来——中国农村经济发展的必由之路

毛泽东指出:"在农民群众方面,几千年来都是个体经济,一家一户就是一个生产单位,这种分散的个体生产,就是封建统治的经济基础,而使农民自己陷于永远的穷苦。克服这种状况的唯一办法,就是逐渐地集体化;而达到集体化的唯一道路,依据列宁所说,就是经过合作社。"[①]这段话对于今天的农村现实有着极强的指向性。极度分散的小农在变动不居的市场面前往往显得十分脆弱,"有些农村人口的境况,就像一个人长久的站在齐脖深的河水中,只要涌来一阵细浪,就会陷入灭顶之灾"[②]。如果不想重蹈历史上多次出现过的在市场冲击下小农大量破产的覆辙,就只能使农民以集体的形式、以集体的名义和力量进入市场。从国际的经验来看,在主要的西方发达国家,农户加入合作经济组织的比重都在 80% 以上,丹麦和日本达到 100%,以大农场经营为特点的美国,农户合作化的比重也在 83% 左右,而在中国这一比重仅为 5.27%。[③] 20 世纪 80 年代,在荷兰,农业合作组织提供了 90% 的奶制品和 60% 的谷物;在法国,农业合作组织提供了 90% 的奶制品和 67% 的谷物以及 42% 的水果;在美国,农业合作组织提供了 71% 的奶制品、45% 的谷物和 34% 的猪肉。[④]也就是说,摆脱意识形态方面的考虑,仅就农业这一特殊产业而言,合作化是保障农民经济利益的普遍选择和大势所趋,市场经济条件下的农民合作在发达国家已经有了较为成熟的经验模式。提高农民的组织化程度,广泛发展在确认既有产权基础上的农民合作化和多种形式的农民经济合作组织(包括生产性、消费性、金融合作等合作社)

---

① 《毛泽东选集》第 3 卷,人民出版社 1991 年版,第 931 页。
② 〔美〕詹姆斯·C. 斯科特著,程立显等译:《农民的道义经济学:东南亚的反叛与生存》,译林出版社 2001 年版,第 1 页。
③ 程同顺等:《农民组织与政治发展》,天津人民出版社 2006 年版,第 19 页。
④ 徐更生、熊家文主编:《比较合作经济》,中国商业出版社 1992 年版,第 249—250 页。

是成本最低、最具操作可能性也最能够保障农民利益，克服农户与资本之间紧张关系的现实选择，因而也是中国农村经济发展的必由之路。

（二）组织起来——中国农村现代化的基本前提

对于实现中国农村现代化的关键因素，在各个时期持不同观念的精英人物却得出了大致相近的看法。孙中山指出中国的问题在于“一盘散沙”，黄仁宇认为现代国家相对于传统社会的最大特点在于能够“从数目字上进行管理”，[①] 即能够以特定的方法、途径将国民纳入组织化的框架中来；晏阳初、梁漱溟等人进行的乡村建设运动也正是从这一点出发。晏阳初认为：“对于民族的衰老，要培养它的新生命；对于民族的堕落，要振拔它的新人格；对于民族的涣散，要促成它的新团结新组织。所以说中国的农村运动承担着民族再造的使命。”[②] 梁漱溟认为，进行乡村建设事业，就必须从建设一种新社会组织构造入手，创造一种以理性和伦理为基础的新团体组织，由此推动经济、政治与社会的全面进步。[③] 但是他们的努力都因为没有办法使农民在一种强有力的关系纽带联结下组织成为一个整体，不可能获得实质性的效果，只有毛泽东意义上的“组织起来”，才使中国农村现代化看到了真正的希望。

中国农村现代化带有明显的后发外生性特点，现代化的目标和动力系统往往来自外部，所依托的资源也来自外部，这就要求国家力量对农村地区强力介入，在提高农民的组织化程度的基础上以整体的形式共同奔向一个既定的目标，这是中国农村现代化道路的基本经验。当前中国农村所面对的是市场化的背景、革命的遗产和传统的碎片，国家力量较之 20 世纪 80 年代以前大幅度退出农村，农民的“去组织化”导致农村现代化进程受到严重影响。在经验研究中我们可以看到，在国家力量退出的情况下，由于农民不能够有效组织起来形成一致行动的能力，因此

---

① 参见黄仁宇：《资本主义与二十一世纪》，生活 · 读书 · 新知三联书店 1997 年版。
② 宋恩荣编：《晏阳初全集》第 1 卷，湖南教育出版社 1989 年版，第 294 页。
③ 参见郑大华：《民国乡村建设运动》，社会科学文献出版社 2000 年版。

无法提供必要的社区公共品，在道路、水利、医疗、教育等考量现代化水平的重要方面都出现严重倒退；由于组织化水平低，农民无法清晰有效地表达自己的利益偏好和主张，无力制约基层政府的不规范甚至是非法行动，无力对抗来自基层政府的过度经济提取，合理的、现代化的乡村治理结构无法形成；由于不能有效组织起来，农村社会秩序出现严重混乱，在出现纠纷时不能援引权威的合法规范加以化解，不能依靠合法的权威力量加以协调，各种黑恶势力乘虚而入，成为调解农村地区纠纷和矛盾的重要力量与机制。不能说黑恶势力总是与腐败等政府行为联系在一起，农民组织化水平低下正是村庄大量产生这些势力的肥沃土壤。这些问题不能得到有效解决，中国农村现代化无从谈起。

这样，在当下条件下所谈的“组织起来”就不再局限于农业生产和农民增收方面的经济合作组织，而要着眼于推进农村现代化所必需的秩序和制度保障。农民组织起来有赖于三种最为重要的资源，即传统的、行政的和市场的（或契约的）。在实践中必须综合协调这三种组织资源，这当然不同于乡土中国那种仅仅依靠传统因素实施社会整合的方式，也不同于在改革以前那种完全依靠行政手段组织农民、整合农村的方式，当然也不能够只强调市场化的因素而将传统因素视为“落后”，或将行政因素视为“保守”，而是根据实际情况，以党的领导为主导，创造出各种“组织起来”的灵活方法。同时，根据具体需要的不同又可以将农民组织划分为基层行政组织、经济合作组织、农民维权组织、传统民间组织和社会文化组织，[①] 这与2006年中央一号文件所强调的社会主义新农村建设要“协调推进农村经济建设、政治建设、文化建设、社会建设和党的建设”是完全一致的。这些不同的组织形式在共同目标下能够协同作用而成为一个发挥合力的完善组织体系，是中国农村现代化顺利推进的基本前提。

① 贺雪峰：《农民组织起来的五种形式》，三农中国网2006年10月30日。

（三）组织起来——社会主义新农村建设的逻辑主线

社会主义新农村建设所要求的“生产发展、生活宽裕、乡风文明、村容整洁、管理民主”涵盖农村社会生产生活的各个方面，要求形成较好的生产和生活条件，良好的经济与社会秩序，形成良性的乡村治理结构，要求具备适合农村现实的金融环境和金融秩序等，其核心内容仍然在于如何充分发挥各种组织资源和整合手段的作用，使农民形成旨在增加自身福利同时又能够被国家制度框架充分容纳的组织方式和一致行动的能力。例如，无论多么强调“以工补农”，强调以公共财政覆盖农村，农村水利、饮水、村庄道路、生产生活用电、生产路、村庄治安、义务教育、公共环境卫生及美化等关系农民基本生产生活条件的物质积累也不可能完全由国家包办，而这些又都是依靠单个的农民个体和家庭无法生产和提供的，只能以农民合作的方式来实现。在实地调查中发现，一个只有 450 亩耕地、85 户 360 口人的村庄，为了吃水却打了 42 眼井，每户打井的费用包括施工、水泵购置、电缆水管购置等共需将近 2000 元钱，而且水质还不如原来的村里统一供应的自来水，农民资金浪费十分严重，带来了很多生产生活问题。而事实上这个村庄从 20 世纪 80 年代开始就有自来水，农民合作水平与能力的下降将会使社会主义新农村建设的目标无法落到实处。例如，由于农村地区地域广阔，人口分散且经济剩余较少，同时社会的科层化和标准化程度都不高。在这种短期内难以有太大改变的背景下，司法成本必然很高。也就是说，如果仅仅严格按照司法程序和法律条文来实现农村地区的社会秩序是相当困难的，大量的“法律不入之地”需要生活于其中的农民通过各种“地方性知识”来使社会秩序得以形成与维持，[①] 这客观上要求该范围内的农民必须是一个遵循同样或近似价值观念、评判标准，具有近似行为方式的组织起来的整体，而不是互不相干的个体。再如，金融支持对于农村地区的发展和农

① 参见苏力：《法治及其本土资源》，中国政法大学出版社 2004 年版；强世功：《法治与治理——国家转型中的法律》，中国政法大学出版社 2003 年版。

民增收致富至关重要，而作为独立的市场主体的现代金融机构在开展业务时必然首先从自身的成本核算开始，金融机构与分散的农户在交易时成本极高，一方面与交易额很小且极为分散的农户直接交易必然会大大增加金融机构的时间、人力等成本；另一方面金融机构无法（至少是很难）判断极为分散的农户的信用资质，也很难控制信用风险的发生，为了避免出现风险，在很多时候只能十分谨慎地对待与农户的金融交易行为，这也是交易成本过高的表现。由此可以知道，分散的小农与现代市场经济对接的成本极高，农民很有可能无法顺利地从市场当中获取资源实现发展，而破解这一难题的关键就在于怎样有效降低作为现代市场主体的金融机构与极度分散的农户之间的交易成本，而达到这一目的的关键又在于农民怎样实现有效的联结，在内部能够获得彼此的信任，形成稳定的关系结构，对外以一致行动的能力在金融市场上能够获得足够的信用，只有这样，“资金下乡”才真正成为可能。也就是说，无论国家的愿望多么良好，资金供应多么充足，政策配备多么完善，如果没有农民“组织起来”的基本条件，不能形成农民一致行动的意识和能力，而是直接面对极为分散的农户，社会主义新农村建设的任务是不可能实现的。

因此，为实现中央提出的关于社会主义新农村建设的要求和目标体系，迫切需要总结出与这一目标体系相契合的建设方法与方法体系，在这一方法体系中尤为重要的是必须在理论上有一个逻辑起点，有一条贯穿于各个具体目标之中的逻辑主线，以此在实践中统摄新农村建设的各个具体目标，推动社会主义新农村建设各项工作的全面开展，才不至于在工作中茫无头绪，或者在各个具体目标之间顾此失彼。这条逻辑主线仍然是也只能是“组织起来”，或者说社会主义新农村建设的实质就是在新形势下使农民组织起来，形成一致行动的能力与国家力量相配合实现国家目标并获取自身福利的实践过程。

（四）组织起来——增强党的执政能力建设的必然要求

如果说强调组织起来对于农村经济发展的重要作用更多的是从农民

的角度出发，那么探究组织起来对于党的执政能力建设的影响则更多地倾向于国家的视角。

首先，国家政权建设要求“组织起来”。20 世纪以来的国家政权建设的过程就是国家力量不断深入农村地区的过程，[①] 是农民不断摆脱社区的色彩和个体的身份，成为现代民族国家的一分子，而且“（现代民族国家）使以往忠实于地域共同体和血缘共同体的个体，不再直接作为政治共同体的整合对象，而是首先被功能性地重新聚合在彼此关联的社会治理空间中，然后再通过国家组织上和意识形态上对社会的强力渗透，来实现政治共同体的政治整合”[②]。也就是说，社会个体越来越不再成为政治整合的直接对象，而必须通过组织起来的形式纳入国家政权建设的框架中去。国家政权建设客观上要求有越来越高的社会组织化程度，而不是相反。同时，作为“权力集装器”[③] 的现代民族国家对社会控制水平的要求大大提高，昔日“日出而作，日落而息，帝力于我何加哉”的图景事实上已经不复存在，国家多种形式的监控体系必须覆盖整个社会和人群。“清晰性是控制的前提。任何国家对社会的大规模干预——接种疫苗、生产产品、动员劳动力、贯彻卫生标准、普及教育——都需要清晰识别的个体单位……不管这些个体单位被如何控制，他们都必须按照一定方式被组织起来，从而它们可以被识别、观察、记录、计数、统计和监测。”[④] 组织起来，使农村地区摆脱模糊和涣散的状态，对于国家政权建设和执政党的执政基础而言都具有极为特殊的重要意义。

其次，中国共产党所面临的新的社会背景要求迅速提高农民组织化水平。（1）总体性社会[⑤] 的解体导致党和国家垄断一切社会资源的状况不

① 参见〔美〕杜赞奇著，王福明译：《文化、权力与国家：1900—1942 年的华北农村》，江苏人民出版社 2003 年版。
② 胡位钧：《中国基层社会的形成与政治整合的现代性变迁》，《复旦政治学评论》第 2 辑，上海辞书出版社 2003 年版，第 41 页。
③ 〔英〕安东尼·吉登斯著，胡宗泽等译：《民族——国家与暴力》，生活·读书·新知三联书店 1998 年版。
④ 〔美〕詹姆斯·C. 斯科特著，王晓毅译：《国家的视角：那些试图改变人类状况的项目是如何失败的》，社会科学文献出版社 2004 年版，第 243 页。
⑤ 参见谢立中：《当代中国社会变迁导论》，河北大学出版社 2000 年版。

复存在。在城市面临的是“单位制”解体后的巨大社会控制空白，在农村则面临人民公社解体、国家力量大量退出后导致的社会控制真空地带，大量原本被严密控制在有形组织体系中的社会个体甚至是党员游离于体制之外，无从把握，无法控制，这对于始终强调“支部建在连上”的中国共产党而言是一个巨大的考验。这就要求迅速提高对社会成员特别是农民的组织化水平和程度。（2）与以上密切联系的是市场化因素的充分发育和开放性社会的来临，导致社会成员流动性大大增强。村庄在很多地区只存在居住社区的意义，原本党组织在农村地区的战斗堡垒作用和基本社会控制单元的作用消失殆尽，这种状况迫切要求迅速提高农民组织化水平。（3）一个高风险社会的来临。越开放的政治系统越要求有较高的监控能力，以降低不确定性和风险，全球化的背景与中国相对涣散的农村组织化状况之间的高度不协调使得爆发各种危机的可能性大大提升。近些年出现的“非典”和禽流感就是非常鲜明的例证，如果任由农民“去组织化”持续下去，那么中国社会抗击风险的能力就会越来越弱，中国共产党的执政地位也一定会受到严重影响。这也在要求迅速提高农民的组织化水平。

总之，党的执政能力的增强，政权合法性的提高，都有赖于社会组织化程度的提高，即“组织起来”的水平和能力。“组织起来”既是社会动员的重要手段，也是实施社会控制的重要机制与技术，从某种意义上说，执政党的执政地位就是建立在高度的“组织起来”的基础之上的。

四、组织起来与中国农村现代化社会基础之再造

在特定的历史阶段，总是存在着由于各种因素所促成的发生于农民之间、农民与各种社会阶层之间以及农民与国家之间特定的联结关系，并由这种联结关系而形成某种制度化的关系模式，农民个体的行动和农民的一致行动都直接取决于这种关系模式。同时，因特定的联结方式而具有一致行动能力的农民与国家、市场之间的互动方式和结构必然呈现

出与其他联结方式条件下极为不同的面貌。任何政治和经济制度的建立、稳固与延续都必须一方面适应和协调这种关系模式，另一方面又要想方设法调整和改造这种联结方式以使特定的社会理想和制度设计得以实现。在这个意义上，农民之间的联结方式和联结关系成为决定中国农村现代化方向和形态的社会基础。“组织起来”的思路实际上具有对这一基础的再造功能，其意义在于切合当前的国家目标和现代化的导向，有目的、有意识地对农民之间的联结关系以及由此形成的农民与国家、市场之间的关系结构进行调整和改造，使得它们之间能够高度契合，能够实现顺利的对接。

笔者认为，实现中国农村社会基础的再造较好地体现了毛泽东“组织起来”的实质内涵，也更加清楚地表达了毛泽东“组织起来”的深层意图。或者说，农村社会基础再造所要完成的任务也正是“组织起来”所要完成的使命，并在全面继承“组织起来”的理论优势的同时，具体阐释了“组织起来”的内容、方向和目标，认为农村社会基础的再造是迅速推进农村现代化进程、实现农村良性协调发展的根本性举措，将使得中国农民能够在自身利益不受到巨大侵害的前提下温和地支持和认可由国家主导的市场化的改革，使得组织起来的农民与资本、国家之间能够处于可长期维持的一种较为平稳、较为协调的关系状态，并且在党和国家力量的充分参与下被整合进总体目标的框架和体系，使国家与农民之间达成新型的相互制约与充分合作的关系，而不是相互冲突，以摆脱治乱循环的陷阱。这样，在“组织起来”与“农村现代化社会基础之再造”的对应关系基础上，我们将可以进一步构建社会主义新农村建设的宏观、中观和微观的理论体系与分析框架，将这一伟大事业稳步推向前进。

第十八章　农村社会基础再造

——社会主义新农村建设的着力点*

一、社会基础再造的方法论意义

社会基础再造的含义在于针对当前的社会理想、国家目标或现代化导向，有目的、有意识地对农民之间的联结关系以及由此形成的农民与国家、市场之间的关系结构进行调整和改造，使得二者之间能够高度契合，能够实现顺利的对接。

社会主义新农村建设是带有全局意义的战略构想和目标，具有制度变迁的重要含义。制度变迁的过程就是社会基础重组和再造的过程，当社会基础按照一定的意图和规则实现再造的时候，制度变迁的过程也就顺理成章地完成了。杜赞奇指出："在 20 世纪前期的中国历史舞台上，不论是在中央还是在地方，政权都在急剧地更替，但在华北，国家政权扩张的一个重要方面——深入基层和吸收下层的财源——在这整个时期却基本上没有中断。所有的中央和地区政权，都企图将国家权力深入社会基层，不论其目的如何，它们都相信这些新延伸的政权机构是控制乡村社会的最重要的手段。"[①] 与这一过程同步的是被杜氏称为"权力文化网络"的"小到一家一户，大到数个村庄之间的组织与联系"的彻底变

---

* 本章原刊于《国家行政学院学报》2007 年第 1 期。收入本书时章内标题为笔者添加。

① 〔美〕杜赞奇著，王福明译：《文化、权力与国家》，江苏人民出版社 2003 年版，第 2 页。

化，农村成为“一个行政单位以稳定国家税源的行政区划”[①]，这突破了长期以来“皇权止于县政”的框架，使得基于“乡土本色”和“礼治秩序”[②]的传统中国农村社会基础发生了根本性的改变，一种带有“现代化”意味的基层社会制度初步建立了起来。中国共产党领导的革命是一个翻转社会基层、再造中国社会基础的过程，以此实现与革命理想的对接，本身也是革命理想实现的途径与过程，这一过程中，“阶级”概念和观念从彻底的意义上改变了农民的联结关系，使原本被视为一盘散沙的农民在共产党的组织动员下成为实现革命理想最重要的力量。在土地改革运动中，这一特点体现得极为鲜明。土地改革从来就不是一场单纯的要求土地的经济行动，正如杜润生所言：土地改革自始至终是一场激烈争夺政权的阶级斗争。[③]民众动员才是土地改革的真正目的。通过土改中“启发阶级觉悟”“划分阶级成分”“斗争大会”“发展党组织”“建立群众组织”等程序与过程，[④]农民日益摆脱“马铃薯”状态而成为紧密团结起来的阶级整体，为夺取政权建设一个新中国奠定了基础。在此过程中产生了一整套行之有效的动员和发动农民，使之产生阶级意识和阶级觉悟，产生阶级归属感并直接指向一致行动能力的技术和机制，“诉苦”便是其中非常重要的一种。“将农民在其生活世界中经历和感受的‘苦难’归结提升为‘阶级苦’的过程，不仅成为日后与之相伴的阶级斗争的基础，而且是在农民的内心世界中塑造农民与国家关系的基础”[⑤]。也诚如李康所言：“痛苦的个体如何感知集体的被剥夺？还要把自身痛苦视为集体被剥夺的一部分？如何把这种被剥夺转变为普遍的革命推动力，导向改变处境的集体行动？而使人们意识到冤情，找到归咎处和改变处境的道路，这正是革命动员的过程。”没有诉苦，就没有“翻身”[⑥]的深切感受，没有群众动员与组织，就没有农

---

① 〔美〕杜赞奇著，王福明译：《文化、权力与国家》，江苏人民出版社 2003 年版，第 2、140 页。
② 参见费孝通：《乡土中国生育制度》，北京大学出版社 1998 年版。
③ 参见杜润生：《关于中国的土地改革运动》，《中国现代史》1997 年第 1 期。
④ 参见王友明：《解放区土地改革研究：1941—1948》，上海社会科学院出版社 2006 年版。
⑤ 参见郭于华、孙立平：《诉苦：一种农民国家观念形成的中介机制》，《当代中国农村的社会生活》，中国社会科学出版社 2005 年版。
⑥ 参见韩丁：《翻身：中国一个村庄的革命纪实》，北京出版社 1980 年版。

民的阶级意识和国家观念的形成，没有农民间新的联结方式的出现和制度化，就不会有革命的胜利与新生政权的存在。“社会基础”的再造是革命成功最基本的保障，也是革命过程的逻辑主线。

1949 年之后，城市地区的“单位制”和农村地区的合作化运动及人民公社制度在新的国家战略目标导引下又一次重构和再造了社会基础。为了实现快速工业化的赶超战略，城市居民和农民都必须按照新的方式被联结为新的关系模式。农村地区通过合作化，使得征税单位、土地所有制和政权结构三者合一，极为有利于国家政权建设的目标。[①] 人民公社制度进一步使农村摆脱了“循环的陷阱”，[②] 农民之间的组织资源与组织方式、农民与国家之间的联结关系发生了质的变化，呈现出新的面貌和状态，不再是单个的农民之间可有可无的极为松散的联系，而成为阶级内部各分子之间非常紧密坚固的关系，并以这种关系形成的一致行动能力再造了中国。虽然在群众生活水平提高等方面付出了很大的代价，但是以这两种基本制度安排为基础的“人民公社、统购统销、户籍制度、城市就业与生活保障制度”政策体系[③] 保障了新生政权的生存，并且使一穷二白的中国成为世界主要的工业国之一。

通过以上分析我们知道，新的战略目标与社会基础再造之间存在着高度的契合关系，战略目标的实现以社会基础的再造为前提和保障，新的战略的实施总是以社会基础的再造为起点，并且以社会基础的再造为着力点和逻辑主线的。

① 参见陈益元：《建国初期农村基层政权建设研究：1949—1957》，上海社会科学院出版社 2006 年版。

② 参见张乐天：《人民公社制度研究》，东方出版中心 1998 年版。

③ 参见刘应杰：《中国城乡关系演变的历史分析》，《当代中国史研究》1996 年第 2 期。

二、社会基础再造对新农村建设的作用

农村社会基础再造对于社会主义新农村建设的关键作用表现在以下几个方面。

首先，农村社会基础之再造是社会主义新农村建设的逻辑起点。社会主义新农村建设是以政府为主导、以农民为主体的建设过程，但是，分散的，甚至是原子化的小农无法完成这一历史任务。“原子化的含义包括两个方面，一是个人间社会联系的薄弱，二是追逐自己的利益时，是以个人而不是以群体的形式行动的”[①]，就目前的情况看，分散的农户越来越呈现出这种原子化的特征。在这种情况下，农民很难形成一致行动的能力，很难以集体的方式创造和提供依靠单家独户无法提供的公共产品，而农村税费改革的推行所带来的一个“意外后果”却是由于乡村两级财政水平的下降而导致的农民合作能力的进一步下降，以及农民与政府间关系的进一步疏离，“悬浮型政权”[②]色彩初步显露，这是一种十分危险的倾向。在这样的社会基础条件下达成社会主义新农村建设的目标必然困难重重。1978 年以后的中国市场化的发育对农村社会基础同时进行着双重消解。一方面，市场化迅速瓦解着传统的农民间的联系纽带和联结关系，血缘的、宗族的、地域的等乡土中国最重要的联结因素被日益成为独立的市场主体的农民所忽视和淡漠；另一方面，市场化因素也在消解着长期以来由于“革命”教育与实践而形成的农民间的特定联系以及农民与国家间的特定联系方式。因此，社会主义新农村建设的首要问题就在于如何在市场化水平不断提高，市场配置资源的能力越来越强的情况下，实质性地提高农民合作的能力与组织水平，使农民摆脱原子化的状态，实现农民与市场、农民与国家之间的良性对接与互动。

① 孙立平：《转型与断裂：改革以来中国社会结构的变迁》，清华大学出版社 2004 年版，第 255 页。
② 周飞舟：《从汲取型政权到悬浮型政权——税费改革对国家与农民关系之影响》，《社会学研究》2006 年第 3 期。

其次，农村社会基础之再造是社会主义新农村建设的逻辑主线。本章所强调的社会主义新农村建设语境下的“农村社会基础的再造”，其含义在于这是一个有意识的、主动的行动过程，而非一个自然的、自发的演进过程，也就是说，这一过程必须在党和国家的控制与领导之下进行，将农民的再组织与合作能力形成的过程纳入体制内的框架中来，使之成为新的制度和体制的有机组成部分；这一过程应当是由党组织来发动和主导的，成为与增强党的执政能力和执政水平同步的过程，成为极大地提升党的群众基础和合法性水平的重要举措，成为有效促进基层政权建设的关键行动；这一过程必须是协调多种因素的建设过程。农民合作能力和一致行动能力的形成有赖于三种最为重要的资源，即传统的、行政的和市场的（或契约的），要对应社会主义新农村建设的战略构想和总体要求，综合协调这三种组织资源，这当然不同于乡土中国那种仅仅依靠传统因素实施社会整合的方式，也不同于在改革以前那种完全依靠行政手段组织农民、整合农村的方式，当然也不能够只强调市场化的因素而将传统因素视为“落后”，或将行政因素视为“保守”，应当完全从中国基本国情出发，从社会主义新农村建设的要求出发，实现农村社会基础的再造，以此为社会主义新农村建设的逻辑主线和着力点，以此实现社会主义新农村建设的伟大成功。从这个意义上看，所谓的建设社会主义新农村便可以理解成为农民如何形成一致行动的能力与国家力量相配合实现国家目标并获取自身福利的实践过程。

最后，农村社会基础之再造是社会主义新农村建设的逻辑重心。如前所述，社会主义新农村建设是在制度变迁意义上提出的，不能将其简单化地理解为阶段性的工作任务甚至是一场“运动”，因此其逻辑重心不在于在当下“立竿见影”地增加农民收入和改善农村生产生活环境（当然这肯定是工作的重要方面），而是要从根本上改变国家权力在农村地区的运行机制，形成新的良性的乡村治理模式。事实上，在“以工补农”等方针提出以前，国家也并非没有向农村注入资金和其他事关发展的重要资源，但是巨额资金注入农村之后，并没有发挥预想的积极作用，资金的使用效率和效益十分低下，浪费十分严重，除了少数“典型”之外，农村的相对落后仍然在延续；在农村税费改革以前十几年的时间里，中央多次试图采取极为严厉的措施减轻农民负担，但是农民负担越来越重，被中央视为威胁到国家政治稳定的重大事项。[①] 如果说此前的政策措施并未真正发挥作用，那么在乡村治理结构和农村社会基础没有发生重大变化的条件下，凭什么能够断言社会主义新农村建设这样一组政策供给的努力会真正发挥效用达到预期的目标？因此社会主义新农村建设的逻辑重心必然在于以农村社会基础再造为前提建立适应开放性、流动性、市场化、全球化时代背景的乡村治理结构，形成新的乡村社会秩序与规则，使政府与农民的行动在这一规则框架内有序展开。

三、社会基础再造在新农村建设中的实践展开

以社会基础之再造为基本分析视角，从社会主义新农村建设具体目标出发，可以从 5 个方面作出更为具体的分析。

（一）“生产发展”与农村社会基础之再造

农业生产发展有赖于农户与市场之间的良性对接。而当前农业产业化、国际化的压力是单个的农户所无法承受和缓解的，农民与市场之间的矛盾越来越尖锐了。金融支持对于农村地区的发展和农民增收致富至关重要，而作为独立的市场主体的现代金融机构在开展业务时必然首先从自身的成本核算开始。金融机构与分散的农户在交易时成本极高，一方面，与交易额很小且极为分散的农户直接交易必然会大大增加金融机构的时间、人力等成本，致使金融机构无利可图；另一方面，金融机构很难判断极为分散的农户的信用资质，也很难控制信用风险的发生，为了避免出现的风险，只能是十分谨慎或消极地对待与农户的金融交易行

① 参见林万龙：《政府为什么要推行农村税费制度改革》，《中国农村观察》2003 年第 5 期。

为，这也是交易成本过高的表现。小农生产的产品日益受到市场的挤压，而资金支持又由于种种原因而很难到位，基本生产设施的建设和维护由于农民的原子化和国家力量的退出而日渐衰败，所有这些都是生产发展目标的巨大障碍。而解决这一困境的根本性措施在于重新聚集农民的组织资源，使农民在彼此合作和“官民合作”的基础上实现共同行动，提高公共产品供给能力，提高科技化和标准化水平，有效降低与市场对接的风险和成本，而达到这一目的的关键又在于农民怎样建立有效的联结关系，在内部能够获得彼此的信任，形成稳定的关系结构，对外以一致行动的能力在产品市场和金融市场上能够获得足够的信用，只有这样，生产发展才真正成为可能。

（二）生活宽裕与农村社会基础之再造

生活宽裕体现为两个方面：一方面是增加收入，另一方面是必须降低生活成本，否则收入的增长会被诸多额外支出所抵销。在教育、医疗等政策供给未发生明显变化的情况下，降低村庄生活成本的关键在于提供廉价的村庄公共产品。如果农民之间无法形成良性的联结关系结构，无法形成基本的合作意识和能力，无法形成政府与农户间的信任与合作结构，那么降低医疗成本、提高农民生活水平的目标也无法实现。“生活宽裕”同时还体现在农民文化生活和精神世界的丰富方面，使农民的价值世界有所指归和依托，找寻到生活的意义和真实的幸福感，这是农民生活质量提高的重要组成部分，是增加农民福利的重要方面。这些同样要依赖农民合作能力的增强和群体意识的强化，毕竟人不仅是“理性人”，他只能在与他人的密切交往行动中才能感知自身存在的全部意义。因此，实现“生活宽裕”目标的前提仍然在于农村社会基础之再造。

（三）“乡风文明”与农村社会基础之再造

“乡风文明”目标的本质要求是实现农村地区良好的社会秩序与政治

秩序。传统中国农村的社会秩序主要依靠道德约束、长老统治、宗法伦理等机制力量来形成，强调无为和无讼，[①]秩序形成以内生性为主。1949年以后，党组织深入农村，国家垄断几乎所有社会资源，在“总体性社会”[②]背景下，行政权力成为形成与维持农村社会秩序的基本力量，革命话语作为基本的评价手段和标准发挥着最为重要的社会整合功能。1978年以后这种情形发生了重大改变，越来越倾向于以“法制”为主要手段构建农村地区的社会秩序。但问题在于，第一，农村地区地域广阔，人口分散且经济剩余较少，在这种短期内难以有太大改变的背景下，司法成本必然过高；第二，农村地区社会的科层化和标准化程度都不高，在这种复杂社会场景中，大量的“法律不入之地”必须要生活于其中的农民通过各种“地方性知识”来使社会秩序得以形成与维持[③]；第三，必须注意，法制是秩序的结果而非秩序的根源，“真正要实行规则之治，一个非常重要的前提是规则之治的治理对象本身要具有一定的规则，而这种规则性不可能通过我们制定规则，将不规则的现象纳入一个规则的条文就可以解决了”[④]。这客观上要求该范围内的农民必须是一个遵循同样或近似的价值观念、评判标准，具有可预期行为方式的整体，而不是互不相干的个体。正因为以上原因，长期以来，虽然法律供给不能不说十分充足，但农村地区总是存在着“有法律而无秩序”[⑤]的难题。长老统治、行政力量、成文法律，无论其表现形式如何、合法性来源何在，都是化解纠纷、形成秩序的手段和机制，当这些手段都在一定程度上失效之后，另外的力量便会介入进来。最为典型的就是各种黑恶势力在农村地区的兴起。黑恶势力是破坏正常社会秩序的力量，但同时也是一种“调解”机制和解决矛盾纠纷的办法，是形成另外一种社会秩序的力量。当农民

① 参见费孝通：《乡土中国生育制度》，北京大学出版社1998年版。
② 孙立平：《改革以来中国社会结构的变迁》，《中国社会科学》1994年第2期。
③ 参见强世功：《法制与治理——国家转型中的法律》，中国政法大学出版社2003年版。
④ 苏力：《送法下乡》，中国政法大学出版社2000年版，第193页。
⑤ 蒋立山：《为什么有法律却没有秩序——中国转型时期的社会秩序分析》，《法学杂志》2005年第4期。

生产生活中的矛盾纠葛无法在体制内得到低成本的迅速有效解决时，求诸黑恶势力就成为一些农民无奈的选择。正是农民合作水平低下的背景中乡村社会秩序形成的需求不断产生着这些势力存在的肥沃土壤。如果合法的外生性秩序形成机制失效之后，农民又无力通过合作来产生内生性的秩序，“乡风文明”的目标是无法实现的。因此，建立良好的农村社会秩序的前提是提高农民的组织和合作能力，使得在能够通过内部整合形成秩序基础之后与外部嵌入的行政力量和法律制度实施对接，这一过程便是农村社会基础再造的过程。

（四）“村容整洁”与农村社会基础之再造

“村容整洁”只能由生活于其中的农民依靠自身的力量实现。“村容整洁”在技术上并不困难，在管理上也并不复杂，但问题在于很有可能无法克服公共产品生产过程当中的“搭便车”行为。如果村民总是想依赖他人的劳动获得一个良好的村庄生活环境，而自身却不想有任何付出，那么村庄公共品提供就不可避免地会处于不断衰败之中。因此，必须对“搭便车”行为实施制约和惩罚。这种制约建立在共同体观念基础之上，建立在村民对村庄社会评价体系的认可与尊重之上，建立在村民对自身与其他人良好社会关系的重视之上，总之，建立在对生活于其中的村庄的归属感之上。离开了这些，对“村容整洁”这样每日都在发生的琐细事项的管理和控制难度就会无限增大，直至由于成本太高而难以为继。我们在今天的很多村庄看到的就是这样一幅场景。也就是说，没有农民间普遍的、密切的联结关系，没有农民间持续的合作能力和共同行动的能力，“村容整洁”目标是很难真正实现的。这也就意味着，农村社会基础之再造是实现“村容整洁”目标的关键。

（五）“管理民主”与农村社会基础之再造

“管理民主”要求体现在两个方面，一方面，在村庄内部形成和谐有序的民主管理体制；另一方面，在村级组织与乡镇及以上政府层级之间形成民主和谐的合作机制。这两方面都有赖于农民间以及农民与各种组织之间良性关系结构的形成与稳固。长期以来，农民之间缺乏紧密联结关系，导致无法形成群体内聚力，无法建立个人与整体之间关联关系的明确认知，也就无法树立对村庄将来的明确预期，这样，生活在村庄中的农民的“村庄面向”实际上并没有面向村庄内部[①]，谁也不会真正关心村庄的命运与将来，所以才会出现“五块钱就卖掉自己的选票”的事情，产生“谁当干部都一样”的心态；当选的干部在不能对村庄产生强烈归属感和责任感的情况下，谋利动机会明显增强，“当干部就是为了挣钱”的心态就会蔓延开来，失去外部制约和自我约束的干部权力成为损害农民利益的破坏性力量。在这样的乡村治理环境条件下，地方政府对村庄民主选举和民主管理过程的插手和介入就变得十分容易，农民的民主权利受到侵害而无力抗拒也得不到有效解决。基于这种分析，我们可以认为，实现“管理民主”目标的根本性保障在于重新构建农民之间普遍的、紧密的联结关系，恢复村庄的内聚力，形成对村民的民主驱动力和对干部的舆论压力，并在农民合作的前提下实现农民与政府的合作。农村社会基础之再造，这是实现“管理民主”本质性的努力方向。

① 参见贺雪峰:《新乡土中国》，广西师范大学出版社 2003 年版。

第十九章　“社会基础”视角下的当代农村司法实践研究*

一、社会基础概念的内涵

“社会基础”是我们新近提出的一个研究农村社会问题的理论工具和分析框架，是理解中国农村现代化实现途径的重要概念。我们把“社会基础”概念界定为“在一定的历史阶段上，存在着由于各种因素所促成的发生于农民之间、农民与各种社会阶层之间以及农民与国家之间特定的连接关系，由于这种连接关系而形成某种制度化了的关系模式，农民个体的行动和农民的一致行动都直接决定于这种关系模式；同时，因某种连接方式而具有一致行动能力的农民与国家、市场之间的互动方式和结构必然呈现出在其他连接方式条件下极为不同的面貌。任何政治和经济制度的建立、稳固与延续都必须一方面适应和协调这种关系模式，另一方面又要想方设法地调整和改造这种连接方式以使特定的社会理想和制度设计得以实现。在这个意义上，农民之间的连接方式和连接关系成为决定中国农村现代化方向和形态的社会基础”。

首先，“社会基础”是关于农村现代化的实践的理论，即中国农村社会问题必须内嵌于整个中国现代化的实践过程中来分析和观察，“社会基础”强调农村问题是中国社会由传统到现代过程中产生的实践问题。现代化在改变和重塑中国农村社会的过程中并没有完全按照现代化理想推行者所设定的轨迹运行，当舶自西方的适用于商业社会的现代司法程序在遇到中国农村社会现实时发生了许多的变异，并没有给中国农村带来良好的“法治秩序”。因此，中国农村司法现代化建设过程中的问题也必须在考虑农村社会不断变迁的实践中解决。

其次，“社会基础”本质是一种“关系”学说，即从纵向的农民与国家之间的关系和横向的农民与农民之间的关系两方面来分析问题。大量的农村民事纠纷的出现说明过去维护农民之间关系的道德、准则，甚至习俗等农民通常赖以处理日常关系的纽带在新的社会基础上发生了变化，预示着农民之间的关系出现了新的模式。同时，农村近些年来出现的大量的上访事件、“官民冲突”等现象也表明农民与国家的纵向关系发生了变化。因此，纵向的国家与农民之间的关系也应当在新时期相应地予以调整。

再次，“社会基础”强调中国农村现代化建设的“二元社会”背景。农村社会现状和形态不同于城市，因此农村的社会治理和秩序生成也应当不同于城市的思路和逻辑，它有着自身的特定发展逻辑和实现形态。完全按照理想的、应然的现代化司法理论在农村的实施治理非但不会达到预期的目标，反而会产生许多不愿意见到的“意外后果”。国家和农民的行为就是在这一特定“二元环境”中产生的，因而中国农村实现法治治理和法治秩序的过程就是一个多种因素所博弈、平衡的过程，决定国家和农民行为的这种社会治理架构是社会各种力量汇聚的产物。

最后，“社会基础”概念强调国家力量在整个农村现代化过程中的特别作用。在这里，“社会基础”概念明确承认并强调发挥国家力量在现代化过程中的积极主导作用。中国现代化的过程就是一个国家力量培育、扶持社会力量不断壮大的过程。在这个过程中，国家力量的作用远不像西方社会那样只是一种“必要的恶”，而更像是一个无微不至的“父亲的角色”，在社会成长的过程中为社会“代劳”了许多本应由社会自身需要做的事情，所以它必须对社会的发展不断地加以动员和控制。农村司法实践从某种角度上说也是国家力量对“不成熟”的基层社会进行动员和控制的一个过程，而这种动员和控制是随着时代内容的发展不断变化的，在这种动员和控制的过程中形成了独具中国农村特色的现代司法之路。

笔者就是在这一分析框架下对中国农村司法实践过程进行研究的，通过反映国家和农民之间纵向关系的农村司法实践这一具体而微的社会现象，探讨农村社会纠纷和矛盾的解决、国家对农村采取何种动员和控制手段才能有效以及农村社会稳定在一种什么样的国家和农民关系条件下才能得到实现。从而有目的和有针对性地进行农村国家政权建设，为农村社会秩序的形成机制提供一种思路，进而为整个中国农村现代化的实现构建一个稳固而和谐的农村社会基础。

二、农村司法实践的历史背景

由于国家战略目标和社会理想的改变，国家动员和控制农村的策略和方式也就不同，每一历史时期农民与国家之间打交道的方式也是不一样的，他们所表现出来的关系结构也就有了各个时期的特点。自改革开放以来，国家正式力量从农村社会部分退出，人民公社时期的“政治动员”方式[①]已不适应国家市场化、全球化战略目标的要求，农村社会内部纠纷解决机制趋于解体，传统的国家对农村的动员和控制方式和能力减

① “……如果一次调解不成，两次、三次，直至把问题解决为止。有一次吴大娘在街上走，听到一家在打骂孩子，她马上就到邻近的群众家去打听，知道这是李广义的妻子李平在打骂李广义前妻的孩子。她并了解到李平经常这样虐待孩子。她了解以后，就去李家进行教育劝止。当时李平答应得很好，可是以后仍未改正。吴大娘在群众的协助下三番五次上门教育劝说，并对这种虐待孩子的行为进行了批评，最后终于使李平悔悟过来，彻底改正了错误，现在对孩子很好。大家都称赞吴大娘真有办法。但她说：‘我若是不依靠大家，什么事也办不了。’”这是改革开放前的一次人民调解员的纠纷调解经历，当时农村内部的大部分民事纠纷就是靠许许多多像吴大娘这样的基层国家干部、党团员，甚至是群众活动积极分子“尽心尽力”的“说和”来解决的。像吴大娘这样的基层人民调解员就构成了党动员和控制基层农村社会的基本网络结构，他们就像整部国家机器上的一颗颗“螺丝钉”，不但要调解村民之间的纠纷和矛盾，还担负起动员农民、向农民灌输和宣传党和国家新政策的任务（参见陆思礼：《毛泽东与调解：共产主义中国的政治和纠纷调解》，《调解、法制与现代性：中国调解制度研究》，中国法制出版社 2001 年版）。笔者把这种社会治理形式称为“政治动员”方式。

弱[①]。基于重新控制农村、维护农村社会秩序、顺利推进农村社会主义现代化建设的目的，国家逐步确立了“依法治国”的战略目标，希望通过在农村建立现代司法体系的方法来规范农民的行为，对农村实行“法律动员”，实现农村的“规则治理”[②]。这表明，在新的历史条件下，农民与国家之间的纵向连接关系开始发生变化，人民公社时期以来的农村社会基础趋于解体，新的社会基础开始建立。

（一）国家现代司法战略目标的转变

党的十一届三中全会确立了以经济建设为中心的社会主义初级阶段基本路线，市场经济要求的是“法治”和规则，人民公社时期“政治动员”的农村社会治理方式不符合市场经济的要求，在渐进的市场化改革目标推进过程中逐渐解体。国家希望通过在农村建立新的社会动员和控制手段，即用法律的方式来规范和指导农民的行为和交往方式，希望以“法律动员”的手段来塑造农民、再造新农村，进而为农村现代化建设奠定一个良好的社会基础。“依法治国”“建设社会主义法治国家”的目标就成为党和国家推动实现现代化最迫切的任务。

邓小平指出：“我们过去发生的各种错误，固然与某些领导人的思想、作风有关，但是组织制度、工作制度方面的问题更严重。这些方面的制度好可以使坏人无法任意横行，制度不好可以使好人无法充分做好事，甚至会走向反面。”[③]

1997 年 9 月 12 日，中国共产党在第十五次全国代表大会上正式提出，“进一步扩大社会主义民主，健全社会主义法治，依法治国，建设社

① 费孝通的“差序格局”和“礼治秩序”是传统农村社会秩序控制形态的写照，而经过革命建立起来的社会主义集体政治控制方式在市场化的作用下，农村社会“不流动性”的社会基础已不存在，市场化对中国农村社会基础的这种“双重消解”作用使这两种社会秩序控制机制都已不再起到决定性作用。而新的社会控制机制没有建立起来，所以农村社会纠纷无法得到及时有效的解决，影响农村社会的稳定和秩序。

② 从 1978 年到 1992 年，国家制定了 219 件社会生活各方面急需的法律和法律问题的决议，各省、自治区、直辖市人大及其常委会也相继制定了一批地方性法规（引自《2000 年中国法律年鉴》，中国法律年鉴出版社 2000 年版，第 226 页）。

③ 《邓小平文选》第 2 卷，人民出版社 1994 年版，第 333 页。

会主义法治国家”。

1999 年 3 月，在九届全国人大二次会议上，“依法治国，建设社会主义法治国家”被写入宪法。

进入 21 世纪，2006 年 10 月，党的十六届六中全会通过的《中共中央关于构建社会主义和谐社会若干重大问题的决定》提出，“社会主义法制更加完善，依法治国方略得到全面落实，人民权益得到切实尊重和保障”，依法治国成为和谐社会建设的首要任务。

2007 年 6 月 25 日，胡锦涛在中央党校发表讲话，再次强调：“全面落实依法治国基本方略，弘扬法治精神，维护社会公平正义！”[①]

建设社会主义法治国家也就成了现代化建设的应有之举，没有法治就没有市场经济，不重建全国法律体系就无法指导全国人民的经济活动。大量的农村纠纷在“依法治国”的口号下被引导到法庭要依法处理，因为这样才符合“法治国家”的方向和目的。各级公检法机关重建，曾被废除的律师制度等也被恢复，与此同时，在集体时代行之有效的人民调解等带有“政治动员”色彩的制度和方式受到冷落，被看作人治的产物，不符合法治精神。在这一大背景下，全国司法体系得以重建，为解决农村基层纠纷所需的法律供给问题，从 20 世纪 80 年代开始律师事务所设立以来，律师事务所及其工作人员的数目一直呈上升的趋势，相应的以党委、支部为核心的基层人民纠纷调解体系的功能有所下降。比如，基层人民调解委员会，它所处理的纠纷案件有所减少[②]，事实上它的数量和解决纠纷的实际功效也大不如前[③]。

（二）国家对农村社会治理方式的转型

---

① 《胡锦涛在中央党校发表重要讲话强调 坚定不移地走中国特色社会主义伟大道路 为夺取全面建设小康社会新胜利而奋斗》，《人民日报》2007 年 6 月 26 日。

② 《2000 年中国法律年鉴》，中国法律年鉴出版社 2000 年版，第 1226 页。

③ 笔者调查发现，村民发生纠纷时大多不愿到调解委员会去解决纠纷，首选的是村委会（当然涉及村委会及村干部的除外），其次是到政府强力部门，很少到法院。因为一是由于调解人员须经常到当事人双方家里了解情况，免不了吃点或喝点，所以在村民眼里这是不公正的；二是调解委员会权力有限，它不像其他部门那样有强制执行的权力，在村民眼里它“不算个什么”。

传统中国社会是由两个不同性质的部分所构成的，一个是以皇帝、朝廷和官僚制为中心的帝国组织体系，其中形成了一个担负文化“大传统”的精英活动圈子，律令的效力贯穿始终。另一个是庞大的地方共同体（以村庄为其主要形态），其中担负文化“小传统”的农民活动圈子尊重以孝道为基础的乡约族规，以此为行为准则。两者在制度上并存于异质空间之中，而儒家观念和儒士集团（士大夫和族绅乡贤）充当了两者之间的连接桥梁。[①] 中国这一“超大型的农民国家”其实是由一个个同质性的“村庄”所构成的，农民世代生活范围不会超出其所在村庄太远。[②] 小范围的地域性活动养成了农民的“不流动的乡土性格”[③]，也形成了处理农民之间以及农民与国家之间的“地方性知识”，并把它内化为农民日常生活中的自身行为准则。指导村民日常生活交往的行为准则是以根据个人在社会中不同的地位和社会情境的不同而确定的“礼”为核心的[④]，是一种“礼治秩序”[⑤]。礼治秩序并不要求人们在交往中过分地“出风头”，只要按照既定的“礼”规范行事就可，特别是在涉及自己礼仪的事情上更是要讲“理（礼）”，否则会被认为是“不懂事”。由于

① 季卫东：《调解制度的法律发展机制》，《调解、法制与现代性：中国调解制度研究》，中国法制出版社 2001 年版，第 12 —13 页。费正清认为，中国国土面积庞大却能始终维持一个统一的局面，原因即在于中国特殊的社会结构，“朝廷的统治只限于社会的表层或上层，对乡村影响很小。而中国的政体是国家与文化综合而成的，国家的集权程度很高，但文化却全然分散在平民百姓当中”，而国家正式的行政官员则不过两万多人。（〔美〕费正清著，张沛译：《中国：传统与变迁》，世界知识出版社 2002 年版，第 256 页）。而连接统治阶层和下层人民的则是数量庞大的受儒家文化和道德思想浸染的缙绅阶层，到 19 世纪末，“在已经超过 4 亿人口的国家里，虽然正式官员不到两万名，带功名的绅士却约有 125 万之多”，通过他们，封建朝廷才能达到统治目的，在当时农业时代，因为这样的社会结构也是“对国家、绅士、小农三方都有利的互动均衡”（朱新山：《乡村社会结构变动与组织重构》，上海大学出版社 2004 年版，第 37、45 页）。

② 施坚雅认为，中国农民的日常生活范围并不仅限于他们所在的村庄，而是以基层集镇为中心，半径为 3.4 公里到 6.1 公里的大约 50 平方公里的一个正六边形区域内。而这恰好也是中国农民在传统交通不发达的时代一般活动的范围，因此施坚雅认为中国的基层社会单位不是村庄，而是以集镇为中心的基层市场（大约相当于现在说的一个社区），提出了分析中国农村社会结构的“市场体系理论”（参见〔美〕施坚雅著，史建云、徐秀丽译：《中国的农村市场与社会结构》，中国社会科学出版社 1998 年版）。

③ 费孝通：《乡土中国》，北京大学出版社 2005 年版，第 3 —4 页。

④ 〔美〕柯恩：《现代化前夕的中国调解》，转引自《法制、调解、现代性：中国调解制度研究》，中国法制出版社 2001 年版，第 95 页。

⑤ 费孝通：《乡土中国》，北京大学出版社 2005 年版，第 70 页。

技术上的限制，传统国家也乐见地方共同与其控制和治理基层社会，没有多少意愿把自己的力量深入农村，普通农民感觉到的并不是国家的存在，而是家族的、地方的存在。这种农村社会治理方式可以称为“礼俗动员”，传统社会秩序是一种“礼治社会秩序”。

人民公社的建立使“礼治秩序”下原本依赖血缘和地缘关系连接在一起的、分散的、原子化的小农通过加入执政党为核心的各种组织而紧密联系起来。国家和农民从未有过如此密切的直接接触，国家为了保证这一体制的正常运转，在基层政权建设方面借鉴了革命战争时期把“支部建在连上”的做法，代表国家权力的中国共产党支部建立在农村各个基层组织，党小组、党的活动积极分子等组成的一个个战斗堡垒构筑了中国共产党实施其政策的基层基础，并在这些战斗堡垒的带动作用下把原来各自为政、分散、原子化的农民第一次紧密地组织和团结在党的周围，把国家的政策和思想不折不扣地传达到基层、落实到每一个农民，通过党和国家的政治宣传来动员和控制农村社会，为国家的现代化战略目标服务。[①] 在这一体制下，农民时时处处都感受到“政治力量”的存在，并把它作为自己日常生活和交往等一切行动的“纲领”。这种国家力量强力控制农村社会的手段可以称为“政治动员”方式，人民公社时期的农村社会秩序也可以称为一种“政治社会秩序”。

市场化国家战略目标要求在对社会进行动员和控制时尽量采用法律的手段，一切以确定的法律和规则为行动指针，在市场经济交往中能产生一个稳定的预期，从而利于经济活动的展开。这种社会动员和控制方式可以称之为“法律动员”模式，社会秩序的治理结构是以法律为基础的。改革开放后，渐进的国家社会治理战略其实就是以“法治社会秩序”的建构为方向和目标的。伴随着改革开放的深入，农村社会治理方式开始以大规模的正式国家司法面貌出现，农村有了纠纷不再是找“县长”，

---

① 虽然陆思礼考察的是城市基层社会中的人民调解体系，但是这与中国共产党在农村基层社会的纠纷解决思路是一致的（参见陆思礼：《毛泽东与调解：共产主义中国的政治和纠纷调解》，《调解、法制与现代性：中国调解制度研究》，中国法制出版社 2001 年版）。

而是找“院长”（法院）。在这种情况下，那些把公公告上法庭的儿媳的官司，甚至为了一口气而诉诸公堂的“一元钱官司”就成为知法懂法的先进典型。

三、农村司法实践的现状

当国家力量试图以法律的手段重新对农村社会进行动员和控制时发现，现代司法理念在遭遇基层社会“地方性知识”并没有受到还“不规则”“不标准”的农民完全认可；同时，由于现代法律手段是城市商业社会的产物，农民在寻求法律援助的时候需要支付不菲的开销，加之各种不确定因素，使得“打官司”成本高昂。因此，现代司法制度在农村社会遭遇不同程度的“规避”。

（一）农村民事纠纷解决途径

据笔者在山东省青州市的调查，农村社会内部纠纷的解决途径主要有以下几种。

第一是正式的国家司法途径。正式的国家司法救济是农民解决纠纷考虑的一个重要方面，也是国家试图将农村纠纷解决纳入正式控制渠道、实现规则治理的社会理想的努力方向。由于正式的司法救济渠道强大的国家背景和道义合法性，它在农村社会内部发生纠纷时提供了最有力和最强大的支持，并成为国家解决农村纠纷、稳定社会秩序的最后一道防线。

第二是以基层党委为核心的人民调解途径。“人民调解”被称为“东方一枝花”，也被称为稳定农村社会秩序的“第一道防线”。它是基于农村社会地域性的特点，运用传统的村庄内部的原有资源对农民的纠纷和矛盾进行调解，化解矛盾、稳定秩序的一种方式，也是农村民事纠纷解决的主要途径。据调查，绝大部分村民间的纠纷是通过这一途径来解决的。

第三是暴力救济。暴力救济这种形式虽不多见，但却是最激烈的一种纠纷解决方式，也是农村社会纠纷在得不到正式解决和秩序失序时的一种表现。“以眼还眼”的暴力救济方式是现代司法精神所不容许的，但是在农民得不到其他救济方式的情况下，这种最原始的暴力手段也就成了一种选择。

第四是上访。上访在中国有着源远流长的历史，也是农民在得不到救济时的一种无奈之举，他与中国传统的“告御状”是同一种思维模式，把解决纠纷的希望寄托于强大的上级政府。然而这种救济方式不但成本高昂，而且得到解决的概率亦非常低。

第五是无救济。有些村民在与别人发生纠纷时，考虑到双方的地位、争执的成本等因素，其影响远大于自己主张权利所得时，就会采取“忍气吞声”的态度，从而不采取任何的救济方式。“忍一忍就行了，要不然搭上的工夫、钱财更多，更不划算。”（调查笔录）

（二）国家正式司法在农村实践的效果

据笔者调查，农民在其日常生活话语中已经接受了法律的观念，但是基于其自身的利益他们也在故意“规避”着法律，而不采取法律的行动。同样，作为基层社会的司法工作者也是在理性地“规避”着法律，最后通过“打官司”这一途径解决问题能够获得满意结果的并不占多数。

“2007 年 1 —6 月，青州市东夏镇人民法庭共接到各类纠纷案件 238 起，其中判决的有 91 起，仅占总数的 38.2%，在这 91 起判决的纠纷中另有 10 起提起上诉，占这 91 起的 11%，占总数的 4.2%”。（调查笔录）

最后走完整个司法程序的纠纷案件只有不到 40%，即使从上诉率来看，相当一部分农民对一审判决的结果是不满意的。在这些案件中，经济和同类纠纷最易解决，而且即使判决后双方很少有上诉的，上诉类一般集中在那些责任界定难以明确、赔偿数额存在争议的案件。

东夏镇某李姓村民因土地承包问题在法院起诉另一当事人，法院判决后对李某的赔偿金额始终得不到落实。李某要求法院强制执行已没有效果，由此对法院执行失去信心，就天天到市委、市政府或公安局等单

位上访不止，如今费时近两年，耗资1万多元。（调查笔录）

在这种情况下，村民大量选择其他的纠纷解决渠道来维护自己的权益，如上访。上访是公民的一项政治权利，是公民表达权益的一条渠道。从全国范围来看，上访呈上升趋势，“2003年全国党政信访部门共受理1272.3万人（件）次公民来信来访，比上年上升4.1%，其中，中央和国家机关受理公民信访量上升了46%，国家信访局受理公民信访量上升了14%；全国党政信访部门共接待公民集体上访31.5万批次、712万人次，比上年分别上升了41%和44.8%，其中50人以上的集体上访批次和人次比上年分别上升33.3%和39%，单批集体上访人数最多的达800余人。2004年第一季度，国家信访局受理公民来信同比上升20.2%，接待群众上访批次、人次同比分别上升99.4%和94.9%”[①]。其中就包括了许多农村民事纠纷上访事件。

从法院判决执行力情况来看。除了那些经济合同纠纷，农村民事纠纷标的额一般较低，正规的司法程序是需要成本的，“打官司”之前，当事人须先交一部分费用不低的各种开销，而这些费用往往会比当事人主张的权益要求还要高，所以经常出现“赢了官司输了钱”的情况，所以最好的办法是法院主动帮着当事人调解。例如泰顺法院受理的一起案子中，吴某向当地公司讨要工资，当吴某把诉状递给泰顺法院立案庭时，立案庭的工作人员审查诉状后又进行了分析：吴某是外省人，诉讼标的额只有156元，若法院予以受理，吴某要预先交纳250元的诉讼费。[②]否则这类问题虽小却极易转化成刑事案件，农民工暴力讨薪事件的发生就说明了这一问题。

① 范愉：《纠纷解决的理论与实践》，清华大学出版社2007年版，第350页。
② 参见《浙江法制报》2007年6月29日。

四、农村司法实践困境的突破口

建立高效权威的现代司法体系，使农村社会纠纷控制在法律框架范围内，在农村实现“规则之治”是整个国家现代化的基本目标和社会理想。应通过法律和制度来动员和控制农村社会，把农村纠纷解决引导到国家现代司法这一途径，用现代法律重塑农民、再造农村。但在向这一战略目标转型过程中如何满足现实的农村司法需要，即转型过程中的农村纠纷如何解决、农村社会秩序如何建立？国家政权建设必须有目的和有针对性地对当前企图单纯依靠国家正式司法实现农村稳定和秩序的治理架构进行改造，作为过渡和对正式司法解决农村纠纷不足的补充，有必要在依法治国战略指导下，重新加强党和国家对农村的政治控制，并发挥各种“地方性知识”的积极作用来共同维护农村社会秩序。

（一）国家政权建设的新契机

现代化是一个现实中的实践问题，在城乡二元分割的现实条件下，农村社会中指导农民行为和交往关系的各种“地方性知识”仍然起着作用，它们在“顽强地”抵制和消解着国家正式司法活动的价值和权威，在短期内正式司法不可能成为农民解决矛盾、指导交往的唯一关系准则，农村社会秩序的维护在向“法治社会”转型的过程中还必须借助国家力量的“政治动员地方性知识”的积极作用等手段作为补充和过渡。因此，农村的司法在现实中应当有不同于城市司法实践的实践轨迹，在当前更需要的是国家力量在“法治”指导的前提下加强对农村的控制，国家政权建设也应当朝着这个方向努力。

“和谐社会”思想提出后，国家法治现代化的思路明显就已经开始朝着这一方向迈进，即不再单纯依赖正式的司法渠道来解决民间的纠纷。最高人民法院院长王胜俊在珠海与当地法官的一次座谈中就说，死刑的判决标准有三个："一是要以法律的规定为依据；二是要以治安总体状况为依据；三是要以社会和人民群众的感觉为依据。"[①] 这其实就是对司法在维护社会秩序、解决人民需要方面功用的反思，而在农村更需要这样的转变。

乡土社会的纠纷解决机制绝不是一个可以由国家权力改造并进行化约的技术性问题，而是一个综合的社会工程。在市场经济条件下传统社会价值观在涉及农民切身重大利益问题上作用式微，而人民调解等国家政治控制手段的功能发挥不出来。青州市也存在这样的问题，例如涉及农村土地承包方面的问题，基层社会法院和人民调解组织的尴尬地位就已经显现出来。[②] 这种状况若长久持续下去，农村社会危机深重，但危机也给国家政权有针对性地、有目的性地建设提供了一个契机，即"我们无法通过宣传和教育或以法律禁止而彻底清除这种传统的'消极'影响，我们有必要借助这种传统的'积极'影响来逐渐形成发展出一些适合中国社会的制度"[③]。

（二）大调解的兴起和社区建设的开展

国家通过法律手段将农村纠纷引导进正式的司法体系中进行解决，但它并没能控制好那些"不符合"法律行为的"意外后果"的发生。大量不遵守法律程序的上访、暴力自救、无救济等案件的发生，从某种程度上说，这是司法力量对农村社会控制力不足的表现。因此，在现阶段还不能实现"依法治国"的条件下，要想维护好农村社会秩序，就不能完全放弃人民公社时期的"政治动员"手段和方式，它们的积极作用还应当继续发挥。所以，重新加强党和国家在农村的"政治存在"，国家

① 《最高法院长：群众感觉应作为判死刑依据之一》，《南方都市报》2008 年 4 月 11 日。

② 在调查中笔者也发现，作为基层维护社会稳定一部分的司法系统，其作为要围绕当地党政部门的需要进行。青州市某村的土地承包纠纷因当地政府操作的失误造成很多农民失地，纠纷繁杂，农民告到法庭，法院不予受理，原因是这类纠纷在法律运用方面并无多大困难，但会给当地政府行政造成极大麻烦，于是法院接受当地党委政府部门的指示，法院要从当地社会发展大局的角度出发，此类案件不予受理（黄律师语）。

③ 苏力：《法治及其本土资源》，中国政法大学出版社 1996 年版，第 14 页。

政权建设就必须有目的和有针对性地对现今农村动员和控制体系进行重构，在“法治”战略的指导下，加强以基层党支部为核心的社会控制网络，同时发挥各地方“本土资源”的积极作用。这样既可以避免国家政权建设陷入“内卷化”的旋涡[①]，又可以稳固党在农村社会的执政基础。

农村民事纠纷解决的途径并不只有正式的国家司法一种，因此国家政权建设应当除了大力进行法治宣传和普及外还应当加强人民调解等民事纠纷解决途径的功用，借助“本土资源”的力量来完成农村社会治理的目标。人民调解是成本最低，从根源上解决农村民事纠纷，不使纠纷对村庄社区秩序产生破坏性影响的较为有效的方法。人民调解被称为确保基层社会稳定的“第一道防线”，村级调解能够解决掉大部分村庄内部的纠纷和矛盾，给上一级政府减轻了许多压力；在当前农村流动性增加，纠纷相对于村庄范围有所扩大的情况下，加强基层人民政府的调解力量，对纠纷解决意义重大。国家也已经意识到基层人民调解的重要作用，对在改革开放初期轻视人民调解作用的做法开始反思，开始重视人民调解组织的作用，国家开始加强和调整基层人民调解组织的力量。[②]近年来，国家选派大学生到基层担任村干部，除了解决大学生就业问题外，更重要的是要通过这一方式来加强党对农村工作的领导，增强党的现代化法治战略推行的力度。

近年来青州市在对加强基层人民法院建设工作的力度的同时，也加

① “内卷化”又译作“过密化”（Involution），最先由美国学者吉尔兹提出，是指在农业生产中，总产出或产值在单位工作日报酬递减的条件下扩展。在人口膨胀而生产效率没有改善的压力下，农业生产实际上是没有效率的、只是单纯靠投入维持的、简单的“没有发展的增长”（参见〔美〕黄宗智：《经验与理论：中国社会、经济与法律的实践历史研究》，中国人民大学出版社 2007 年版）。杜赞奇将这一概念引入对国家政权的分析方面，“国家政权内卷化在财政方面的最充分表现是，国家财政每增加一分，都伴随着非正式机构收入的增加，而国家对这些机构缺乏控制力。换句话说，内卷化的国家政权无能力建立有效的官僚机构从而取缔非正式机构的贪污中饱——后者正是国家政权对乡村社会增加榨取的必然结果。更广泛地说，国家政权内卷化是指国家机构不是靠提高旧有或新增（此处指人际或其他行政资源）机构的效益，而是靠复制或扩大旧有的国家与社会关系——如中国旧有的营利性经纪体制——来扩大其职能”。〔美〕杜赞奇著，王福明译：《文化、权力与国家：1900—1942 年的华北农村》，江苏人民出版社 2003 年版，第 50—52 页）。

② 参见舒亚：《论人民调解制度》，《现代法学》1999 年第 3 期。

强了对基层人民调解组织的力量，在每个街道、乡镇和社区进行了“大调解”建设试验，即在当地党委的领导下，由各分管领导结合辖区各涉及当事人纠纷的部门共同组成调解委员会，针对当事人的要求统一协调，尽量引导当事人协商解决，既维护了当事人的利益，又不使社区秩序受到冲击。同时加强社区建设，青州市将原来各个乡镇、街道辖下各个村庄划分成数个“社区”，在社区配备基层干部负责解决农民的日常生活难题和纠纷，尽量不使村内纠纷扩大。例如，青州市王府街道办事处就将原辖区 100 多个村庄划成 10 个社区（调查笔录），村民纠纷在村内不好解决的首先要到社区找上级政府来解决，这样在改革开放后国家力量在部分退出农村地区后再一次下移到基层，使国家有能力对农村社会纠纷进行及时解决，并对农村社会进行控制和引导，不但有利于农村民事纠纷的解决，也能从根本上巩固党在农村执政的合法性基础。笔者在调查三个乡镇、街道司法所的纠纷档案时发现，这些纠纷无一都首先经过了社区干部的调解，或是在社区干部的帮助下才能得到调解（调查笔录）。

五、结语

正式司法途径在农村遭遇困境其实也是国家力量对基层农村社会控制不足的表现，正式国家司法将农民动员起来，引导他们用法律的手段来解决其困难和要求时，并没有想到其结果会得不到控制，司法实践的真实形态没有按照国家制度设计和安排的线路运行。在现阶段以维护稳定为第一要务的政治压力下，单纯的司法途径不足以有效控制农村社会秩序、解决农村纠纷和矛盾。因此，必须重新加强国家力量对农村社会的控制，而这种控制是在国家法治战略指导下的，以基层党委、支部为核心，发挥各地方“本土资源”的积极作用，形成共同的农村社会控制体系，这是由“政治社会秩序”向“法治社会秩序”转变的过程中的一种过渡制度和措施。既从司法实践的角度加强党和国家对农村的整合，又不会因国家力量的过分强大而重新使农村社会秩序僵化，而是从根本上来巩固农村的“社会基础”，为农村现代化的实现提供一个稳定的环境和秩序。

乡村振兴

第三篇

『五位一体』整体推进——基于潍坊实践的思考

第二十章　经济建设

一、从农业产业化到农业农村现代化 *

习近平总书记在参加十三届全国人大一次会议山东代表团审议时指出，改革开放以来，山东创造了不少农村改革发展的经验，贸工农一体化、农业产业化经营就出自诸城、潍坊，形成了“诸城模式”“潍坊模式”“寿光模式”。新时代，我们要准确认识和更好发挥山东农村改革的宝贵经验，并结合新时代条件和要求，使之转化为打造乡村振兴齐鲁样板、加快推进农业农村现代化的强大动力。

（一）山东农村改革的突出特点是“以农业产业化为核心”

山东农村改革的“诸城模式”“潍坊模式”“寿光模式”，都发源于潍坊地区，特点是以农业产业化为核心。

20 世纪 90 年代，在从计划经济向市场经济转轨的时期，农民一家一户分散经营与大市场之间的矛盾越来越突出，一度出现比较严重的“菜贱伤农”“粮贱伤农”现象，农业持续发展面临挑战。党的十四大明确提出建立社会主义市场经济体制后，山东省委要求潍坊市在总结提升诸城市商品经济大合唱、贸工农一体化做法基础上，按照建立社会主义市场经济体制的要求，率先探索更高层次的农业发展机制。随后，潍坊

* 本节原刊于《大众日报》2018 年 11 月 21 日。

市进行了广泛调查研究，全面总结党的十一届三中全会以来农业农村经济发展历程，系统梳理诸城市贸工农一体化，寿光市靠市场带动农村经济，寒亭一村一品、一乡一业，安丘实施名牌战略，高密实施区域化种养等经验做法，学习借鉴了日本、法国、美国等国家农业发展先进理念。在通过总结、对比、借鉴之后，认为：要破解农村改革与发展中的深层次矛盾、解放农村生产力，必须靠产业化改造传统的自给半自给的农业和农村经济，使分散经营的农户与国内外大市场紧密衔接，农村经济顺利进入市场经济大循环。1993 年 5 月，潍坊印发实施《关于按照农业产业化要求进一步加强农村社会主义市场经济领导的意见》；1994 年初，山东省委印发一号文件在全省推广潍坊农业产业化经验；1995 年底，《人民日报》发表社论《论农业产业化》并配发三篇述评，充分肯定了农业产业化思路和做法；2001 年 10 月，全国农业产业化现场经验交流会在潍坊召开，农业产业化在全国全面推行和实施。

农业产业化以“确立主导产业、实行区域布局、依靠龙头带动、发展规模经营”为主要内容，体现“生产力标准”的原则，从调整生产关系入手，依靠深化改革，创新农业生产的组织形式、经营模式和运行机制，使农业农村生产力极大释放。它的全面推行和实施，把千家万户的农民与千变万化的市场紧密连接，促进了农村产业结构升级和资源优化配置，提高了农业比较效益，这一过程本质上是农业供给侧结构性改革的过程。农业产业化引领了中国农业发展 20 多年，农业产业化形成的理论成果和制度成果成为指导我国农业和农村经济发展的重要依据，经过多年的实践、探索、提升，农业产业化已经成为中国特色农业现代化道路的重要内容。

（二）农村土地制度改革应以促进农村稳定、推动农业发展、保障农民利益为依据

农业农村现代化是实施乡村振兴战略的总目标。总结山东农村改革的经验，推进新时代农业农村现代化，需要我们在以下方面着力。要着

眼于农业农村优先发展推进农村土地制度改革，增强农村内生性动力。

农村土地制度是农村基本经营制度的核心。党的十九大报告指出：“保持土地承包关系稳定并长久不变，第二轮土地承包到期后再延长三十年。”这是继续发挥农村基本经营制度优越性、发挥好农村作为现代化建设战略总后方作用的根本保障。习近平总书记在论及农村土地制度改革时指出：“要尊重农民意愿和维护农民权益，把选择权交给农民，由农民选择而不是代替农民选择，可以示范和引导，但不搞强迫命令、不刮风、不一刀切。不管怎么改，都不能把农村土地集体所有制改垮了，不能把耕地改少了，不能把粮食生产能力改弱了，不能把农民利益损害了。”[①]因此，无论是农村承包地、宅基地还是集体建设用地改革，都应当以促进农村稳定、推动农业发展、保障农民利益为依据，而非一味地以推进城市化和发展工业为目的，这也是习近平总书记在党的十九大报告中讲的“要坚持农业农村优先发展”的本意。

应通过城乡增减挂钩节余指标交易，更好落实土地用途规划，显化土地价值，为农村建设提供充足资金保障。通过土地指标交易渠道，城市资金、发达地区资金可以直接进入农村地区和欠发达地区，较各级层层转移支付的财政渠道更直接便捷。农村土地价值通过有形规范市场得以显化，交易价格明显提升，土地增值部分作为地方财政收入可用于农业农村建设的资金量将会大幅增加，农村建设领域随之产生社会资金进入的利润空间，避免目前完全依靠基层财政投入进行农村建设带来的政府债务等一系列问题，可以将城市开发建设的成熟经验、充裕的社会资金供给、农民改善生活条件的强烈愿望、地方政府积极的行政作为充分结合起来，使农村作为今后一段时间建设的主战场，有效化解过剩产能，全面改善农村基础设施条件、农民居住生活条件，提升农村地区负载产业和人口的能力水平，为实施乡村振兴战略提供更好的展开条件。

① 《习近平主持农村改革座谈会：加大推进新形势下农村改革力度 促进农业基础稳固农民安居乐业》，《人民日报》2016 年 4 月 29 日。

（三）通过发展壮大集体经济，构建农村新型生产生活共同体

要发展农村集体经济多种实现形式，发挥集体经济综合功能。党的十九大报告指出："深化农村集体产权制度改革，保障农民财产权益，壮大集体经济。"推动乡村振兴，实现内生性发展，壮大集体经济是基础。

要鼓励基层和农民群众在创新集体经济组织形式、产权形式上进行大胆实践，在实践基础上做好集体经济实现形式理论和政策的创新；要重点研究解决当前集体经济"两张皮"的问题，尤其是农民合作社中，"一股独大"必然使合作社变相成为翻牌公司，合作社社员成为大股东的雇佣劳动力，失去集体经济的性质特点，而如果股权分散，则缺乏组织性，决策成本高昂，市场竞争能力减弱。如何真正发挥合作经济和共有产权在农村的积极作用，使之成为农村集体经济的重要形式，是一个关键性的课题；要将集体经济发展与农村基本治理单元相结合，通过发展集体经济构建农村新型生产生活共同体，在保障农民权益的同时全面提升农村社会治理水平。

近些年来的新农村建设，呈现出以财政高额投入为手段、以基础设施建设为主要内容、以物质配备水平为评价标准的倾向，对由于人口结构、产业结构和生产组织方式变化所带来的社会治理内容的剧烈变化应对办法不多，依旧以行政村为社会治理单元，却忽视了在行政村层级上，行政边界、社会边界和经济边界往往已经不能够统一，以行政村为单位发展集体经济也不是唯一的形式；而农民合作社等经济组织由于功能定位单一，生产与生活相分离，而不能有效发挥社会治理的功能。应当在发挥集体经济解决农民就业、增加农民收入功能的同时，通过政策安排赋予集体经济组织担负一定的为本社区提供公共服务的职能，使农民共享集体经济的基础设施，以各种类型具有集体主义色彩、体现社会主义性质的农村经济体，重塑农村社区居民的生活习惯、心理结构和精神面貌，使生产组织与生活共同体在空间上高度融合，利益诉求方面高度一致，实现物质、人口和精神三个再生产的统一，这将是乡村振兴的理想图景。

（四）鼓励外出农民返乡创业，实现“资合”与“人合”的内在统一

要积极鼓励农民返乡创业，构建良性乡村治理体系。乡村振兴，关键在人。我们的政策导向，应从鼓励“资本下乡”转向大力支持外出农民返乡创业，扎实开展好正在进行的“结合新型城镇化开展支持农民工等人员返乡创业试点”，推动建立城乡相互吸纳机制和城乡精英循环机制。

实践证明，资本下乡这种“资合”方式不可避免地具有社会成本高昂和“道德风险”等问题，资本逐利和流动的基本特点也在切割农村原有社会关系结构，容易引发农村社会治理中的一系列问题。外出农民返乡创业，可以将他们多年积累的经济资本、社会资本、管理经验与乡土资源、信任关系很好结合，将经营成本、道德风险降到最低，实现地缘、血缘、业缘纽带的充分联结，实现“资合”与“人合”的内在统一，实现企业与农村社区的高度融合，同时很好发挥农村精英的“组织员”功能，有利于实现党的十九大报告提出的“健全自治、法治、德治相结合的乡村治理体系”目标。乡村振兴也需要有生力军，要让精英人才到乡村的舞台上大展拳脚，让农民企业家在农村壮大发展。

（五）注意保护小农户利益，避免“平均数掩盖大多数”

要特别注意保护小农户利益，避免“平均数掩盖大多数”。截至2015年，我国农村承包地流转水平超过30%，也就意味着将近70%的农村耕地仍然由小农户耕作经营，“家家包地，户户务农”仍然是我国农业生产经营组织方式的常态，小农户与现代农业发展所要求的市场体系、金融体系、法律体系、科研体系之间的矛盾仍然非常突出。必须正视这一问题并且实事求是地提出应对解决办法，而不是一味地推进土地流转，扶持规模经营。

一方面，小农户经营在我国人地关系高度紧张的国情下有天然的合

理性。实践证明，在当前普遍较为粗放的生产经营方式和低下的管理水平下，较大规模经营几乎无法做到土地产出率、资源利用率和劳动生产率同步提高，往往导致单产下降，浪费宝贵的耕地资源。而“半耕半工”的家庭生计模式在解决农村中老年人就业的同时，充分发挥精耕细作的传统农业优势，在保障粮食安全方面作用巨大。因此不能在观念上将小农户和新型经营主体对立起来，贴上绝对的落后与先进的标签，必须立足中国国情，走中国特色的现代农业道路。另一方面，土地流转水平其实是城镇化水平在农村土地上的投影，换言之，有多少农村人口永久离开土地进入城市生活，决定了农村土地流转水平。因此，提高农村土地流转水平、实现农业规模经营，不是一厢情愿的事情，而取决于城镇化水平这一基本约束条件。因此，我们必须以大力发展各种新型经营主体、实施多种创新形式，缓解小农户经营导致的土地细碎化带来的一系列问题；但是也必须以城乡人口结构、农村人地关系结构，作为建立政策体系的依据和出发点。

党的十九大报告指出，“实现小农户和现代农业发展有机衔接”，切中要害。长期以来，从资金投入上看，由于“项目制”的国家扶持政策和产业资金投放方式，决定了能够承接项目的只能是大户、企业等新型经营主体，政策导向上将大户、新型主体作为先进的、正面的、积极的评价标准，基层政府为了获取项目资金只能扶持大户，作为“大多数”的小农户很难获得直接的政策资金支持；从政策供给上看，努力建立的现代农业体系，包括法律体系和金融、农业科技、市场流通、农业基础设施建设等政策体系，多数是以规模经营为指向，以满足新型经营主体需求为目的，较少考虑小农户的需求，客观上损害了小农户的利益。同时要注意到，产业资本承接政策项目资金产生的经济效益往往不能够留在农村地区实现循环拉动，对更直接、更广泛的农民增收作用有限，“平均数掩盖了大多数”，这在一定程度上可以解释为什么国家支农资金投放力度与农村面貌改变程度不相匹配。因此，必须进一步完善农业社会化服务体系，平衡新型经营主体和小农户的关系，设计制定更加符合小农户利益的国家支农资金投放方式，建立能够更好回应小农户需求的政策供给模式，建立更加符合实际的小农户与国家政策的承接对接机制，这样才能真正实现小农户与现代农业的有机衔接。这是实施乡村振兴战略的关键性问题。

（六）农业科技要超越良种良法结合、农机农艺配套的简单层次，运用互联网、物联网、人工智能等高新技术，实现农业农村的全面变革

要更加重视新技术革命对现代农业产业体系、生产体系、经营体系的促进作用。落实党的十九大报告提出的“构建现代农业产业体系、生产体系、经营体系”，不能仅仅把眼光局限在良种良法结合、农机农艺配套等具体农业科技上，更要注意到高速互联网的全面覆盖、物联网技术的成熟、人工智能技术的广泛应用，在促进生产力发展的同时对农村生产关系领域的深刻影响。

例如蔬菜产业，在传统技术条件下催生出“买全国，卖全国”的“寿光模式”，以大型蔬菜集散地为中心，鲜活农产品从生产者到消费者要通过长时间储存、远距离运输，经过多层批发零售环节，成本高昂，耗损严重，化学品投入量居高不下。但由于消费者与生产者之间无法建立直接信息沟通，消费者也无从监控农产品生产过程，生产者无法有效建立质量信誉，也无法以此形成均衡价格，只能依靠大型市场比如“寿光蔬菜”树立品牌形象，也就只能依靠高成本、高损耗的大型市场模式组织生产和销售。在互联网、物联网技术广泛应用的条件下，中小型农产品生产者与若干消费者直接结合成为虚拟社区，甚至形成网上消费合作社等多种组织形式，通过可视技术监控生产全过程，以全程可追溯保证农产品质量信誉，同时实行农产品定制化服务，通过已经极其成熟发达的物流配送网络送净菜进城，极大降低城市垃圾生成量。这就为以小农户、小型家庭农场及其组合为主要形式的生产经营组织替代辐射广大区域的大型蔬菜市场，在一定程度上提供了条件，整个鲜活农产品生产经营模式将发生质的变化，使新的农业组织方式、经营方式、农产品流通方式成为可能。

又如新出现的分布式小分子垃圾污水处理技术装备，也使原来几乎无解的农村污水问题比较彻底地得以解决，加之农村环保环卫设施存量较少，推行改造起来沉没成本较低，较之城市地区可以发挥“后发优势”，在农民生活设施改善方面实现“弯道超车”，使乡村成为美好生活的家园，这也正是党的十九大报告提出“加快推进农业农村现代化”的应有之义。

二、构筑统筹城乡发展的平台 *

党的十六大报告指出，统筹城乡经济社会发展，建设现代农业，发展农村经济，增加农民收入，是全面建设小康社会的重大任务。农村富余劳动力向非农产业和城镇转移，是工业化和现代化的必然趋势。这是立足我国国情和农村实际作出的一个重大判断。山东省昌乐县牢牢抓住统筹城乡经济发展这个解决“三农”问题的关键，积极探索，努力实践，蹚出了一条激活县域经济发展的新路子。

（一）加大招商引资力度，提高非农产业对农村富余劳动力的吸纳力

农民收入增长幅度连年徘徊，城乡收入差距不断扩大，“三农”问题越来越成为影响经济社会全面发展的瓶颈。解决“三农”问题，仅就农业抓农业很难奏效。“三农”问题，归根结底是个农村经济结构问题。农村经济结构由高到低分三个层次，第一个层次是指一、二、三产业的结构，应以发展二产为主，带动三产，促进农村劳动力的转移；第二个层次是大农业结构，包括农林牧渔，调整方向应以畜牧、林业为主；第三

* 本节原刊于《发展论坛》2003 年第 10 期。

个层次是种植结构，应以瓜菜果等经济作物为主。这三个层次之间的逻辑关系是：只有第一层次的二产调大、调强了，更多的农村劳动力转移到二、三产业了，才能腾出土地发展林业和为规模养殖提供加工基地和市场，需要的资金也可从二、三产业中得到积累；而第一、第二层次调整了，农村人多地少的矛盾才能解决，种植结构的调整和规模经营才能实现，同时，生产的标准化也才能在硬约束下得到实现。为此，昌乐县以招商引资工作为总抓手，在大力发展非农产业上做文章，走出了一条招商引资—发展二、三产业—吸纳农村富余劳动力—增加农民非农产业收入的新路子。

实践证明，招商引资是解决自身资金投入不足，借助外力发展本地经济的有效途径。在各地竞打招商引资牌，竞争日趋激烈的形势下，昌乐县坚持立足县情，积极探索行之有效的路子。一是建园区，筑巢引凤。聘请上海同济大学规划设计院对全县工业园区科学规划、合理布局。重点规划建设了“两区四园”（包括 1 处省级开发区和 5 处县级工业园区），总面积达 66 平方公里，完成投入 2.85 亿元，普遍达到了道路、供水、电力、通信、有线电视和场地“五通一平”标准。工业园区形成聚集效应，成为投资热点和最具活力、最具潜力的经济增长点。二是造洼地，放水养鱼。把“环境兴县”作为提升县域经济发展竞争力的着力点。通过组织干部群众到江浙等经济发达地区参观考察，增强全社会参与环境建设的积极性和主动性，树起了昌乐县的环境品牌。县里建立了“一站式”服务大厅，推行首问负责制和限时办结制。凡外来资金项目，从项目立项、审批注册直到厂房选址、开工建设和建成投产，提供全方位的一揽子服务，赢得了投资者的赞赏。三是拓思路，活化形式。充分发挥产业、资源、区位优势，突出园区招商，并积极探索节会招商、“虚拟赠地”招商、网上招商、锁定重点地区“掘井式”招商等形式，增强了招商引资的成功率和实效性。昌乐县全县先后引进项目 935 个，到位资金 28.3 亿元，提供就业岗位 5 万多个，吸纳当地农村劳动力 3 万多人。2002 年，全县实缴税金过百万元的企业增至 37 家，比 2001 年增加了 13 家，工业税收成为支撑县财政的主体；全县农民人均纯收入达 3343 元，其中，来自农业的收入仅占到了 15.6%，初步形成了“吃饭靠一产，用钱靠二、三产”的格局。

（二）做活经营城市文章，提高中心城镇对农村进城人口的承载力

繁荣农村，必须推进城镇化。这是世界各国走向现代化的基本经验。但提升城镇化水平，需要投入。在县镇财政拿不出更多的钱用于城镇建设的情况下，对城镇资源进行市场化运作，把城镇作为最大的国有资产来经营，走以城建城、以城兴城的路子，就成了摆在昌乐县面前的现实选择。

一是加速城市规模膨胀。膨胀规模是城市化的前提，而转变传统的城市建设观念，是加快经营城市步伐的先导。昌乐县先后多次组织外出参观学习，县里召开了数次经营城市动员大会、十几次调度会研究部署，并利用县内新闻媒体和政府网站对经营城市进行广泛宣传，使全县上下转变了“无偿使用”的观念，树立了城市基础设施是“特殊商品”的意识；转变了“独家经营”的观念，树立了“多元发展”的意识；转变了“等钱办事”的观念，树立了“借力发展”的意识。在此基础上，县委、县政府采取高度垄断、集中储备、公开拍卖等措施，确保土地市场一个口子进水，一个池子蓄水，一个龙头放水，实现了国有资产的最大升值，从而使城市建设进入了一个良性互动的新阶段。经营城市以前，县财政每年投入城市建设的资金不足 600 万元，而开展经营城市不到两年时间，城市建设的投入就达到了 5.71 亿元。城区总体规划由原来的 23.5 平方公里，扩大到了 59.3 平方公里。

二是完善基础设施配套。城市基础设施和社会设施的配套完善，是城市化的关键。昌乐县坚持把招商引资作为筹集经营城市资金的突破口，积极探索 BOT 、以地换路、三权拍卖、移位还建等运作方式，广泛引

进社会资金投资于城市开发建设，走出了一条以市场机制解决资金问题的新路子。两年来，引进城市开发建设项目 14 个，计划投资 10.5 亿元，完成投资 2.4 亿元。建成了温州商城、商业步行街、中华宝玉石博物馆、恒安湖公园、管道燃气、公交车等项目，正在建设福州商城、新城区路网、新昌乐二中、污水处理厂、新体育场等重点工程，即将开工建设新昌路铁路立交桥、站前街路面硬化、孤山街改造等工程，城市经济发展活力和综合竞争力明显增强。

三是多渠道创造就业岗位。就业是民生之本。保证进城农民有活干、有饭吃是城市化的核心。我们以经营城市为契机，先后引进建设了温州商城、福州商城、东山商城、商业步行街、文化路市场、城东大型商业市场群、城西农副产品批发市场等第三产业项目。众多的城建项目和拉动的相关产业提供了大量的就业机会，带动了产业和人口的聚集。两年来，全县城镇第三产业新增就业岗位近万个，其中仅从事交通运输业和商贸流通业人员就增加了 5000 多人。目前，全县城镇人口已达 17.3 万人，城市化水平由 2001 年的 26.5% 上升到了 28.9%。

（三）加快农业“三化”进程，提高农产品的市场竞争力和农民抗御风险的能力

全面建设小康社会，农村是重点，农业是焦点，农民增收是关键。要使农民富裕，加快农村奔小康步伐，必须有实实在在的措施。总的看，这些措施主要有两条：一是减少农民，二是搞好农业内部挖潜。昌乐县前者紧抓不放，后者着眼于农业自身的发展和提高，大力推进农业的产业化、标准化和农民的组织化，加快了农业增长方式由数量供给型向质量效益型、由传统农业向现代农业转变，为统筹城乡经济社会发展奠定了良好的基础。

一是大力推进农业产业化。农业产业化经营是昌乐县的亮点和特色。按照“市场牵龙头、龙头带基地、基地联农户”或“龙头企业 + 农场工

人”的产业化运作模式，先后培植发展各类农副产品加工龙头企业 87 家，形成了肉鸭、肉鸡、蔬菜、粉条、乳制品等 7 条产业化链条，全县 40% 以上的农产品实现了加工增值。乐港食品公司是亚洲最大的肉鸭加工企业，年加工肉鸭 3500 万只，带动农户 5000 多户。红河镇清泉村 52 岁的养鸭户吴维新受年龄、文化限制，出去难以找到工作，现在给乐港公司养两棚鸭，年收入 1 万多元。

二是大力推进农业标准化。为应对加入 WTO 给农业带来的新挑战，昌乐县加大了农业标准化体系推广力度，投资 2000 多万元，健全从农产品生产环境、生产过程到产品品质、加工包装等全过程的标准体系，健全从农产品生产到加工、储运、销售等各个环节的检验检测体系，重点健全对高毒、高残留农药、兽药、化肥等生产资料的使用实施有效监控的农产品质量监督体系，从源头上保证了农业标准化的顺利实施。积极开展无公害农产品、绿色食品以及标准化种养基地的申报认证，打响了昌乐农产品的无公害牌、绿色牌。目前，全县无公害农作物种植面积达 30 多万亩，被列入国家无规定动物疫病区示范区。全县先后有 21 个品种被认证为无公害食品和绿色食品。

三是大力推进农民组织化。在深化农业产业化经营中，实现千家万户的小生产与大市场的有效对接，提高农民的组织化程度是必由之路。在尊重农民意愿的前提下，引导农民与龙头企业、专业协会、科研单位等组成多种形式的专业化生产合作社或股份合作社，形成了依靠合作经济组织生产经营的新格局，增强了农民抗御自然风险和市场风险的能力。在稳定土地家庭承包经营制度的前提下，本着“依法、自愿、有偿”的原则，积极稳妥地推进土地使用权的合理流转，促进了土地资源的科学配置，产生了初步的规模效益。

三、创新农村工作思路，多渠道增加农民收入 *

当前，农业和农村经济正处在一个新的历史发展阶段。新阶段增加农民收入，应当有新思路、新办法和新措施。山东省昌乐县坚持“农内”增收与“农外”增收并举，一、二、三产业增收相结合，统筹城乡经济社会发展，大力推进农业产业化、农业标准化、农业国际化，加快“非农化”进程，农村经济发展进一步加快，农民收入水平明显提高。2003年，全县农民人均纯收入3616元，增加273元，是1997年以来增收最多的一年。

（一）用产业化的模式组织农业生产，让农民有稳定的收入来源

面对千变万化的大市场，一家一户作为生产单位的农业生产组织结构，受技术、规模、档次等多种因素的影响，风险非常大，农民要想增收很难。实行农业产业化生产，可以有效地解决科技进入农村、农产品走出农村这“一进一出”的问题，提高农业的科学化水平和市场化程度；可以在家庭承包经营的基础上，较好地实现“统”“分”的有机结合，实现规模经营、集约经营；可以将生产、加工、销售等环节连成一体，多层次提高农产品的附加值；可以通过各类龙头的带动，把农户和市场紧密连接起来，有效地降低经营风险。适应现阶段农业发展的需要，按照“龙头带基地，基地联农户”和“龙头 + 农场 + 农场工人”的产业化运作模式，突出加大了对龙头企业、龙头市场和各类协会组织的扶持发展力度。一方面，通过加大投入、规范改造等措施，集中力量培植现有骨干龙头企业、龙头市场和协会组织，促其上规模、上档次、上水平，更好地发挥辐射带动作用。目前，全县有1家、3家和8家龙头企业分别进入全国、省、市重点扶持龙头企业行列，年销售收入过亿元的达到9家。潍坊乐港食品股份公司形成了年加工生产肉鸭4000万只、饲料60万吨、

* 本节原刊于《山东经济战略研究》2004年第12期。

肉鸭熟制品2万吨、羽绒4000吨、羽绒制品30万件的能力，被农业部等8部委确定为全国151家“农业产业化国家重点龙头企业”之一，直接带动农民增收1亿元，人均增收200元。尧沟镇西瓜批发市场已形成占地200亩、年交易量5亿公斤的规模，成为“江北第一瓜市”，被国家农业部命名为“全国西瓜定点市场”。尧沟镇农民瓜菜协会会员已发展到1800余人，被国家科协授予“全国百强农业技术协会”称号。另一方面，依托现有农业优势产业，通过招商引资、启动民间资本、鼓励有条件的企业向农产品加工领域延伸等多种途径，科技人员领办、农村能人创办、村干部带头、涉农站所转型等多种形式，发展起了一批新的龙头企业、龙头市场和协会组织。目前，围绕肉鸡、肉鸭、蔬菜、奶牛等产业，先后发展起各类农副产品加工龙头企业121家，各类农副产品交易市场20余处，各类农民协会组织40余个，全县70%以上的农户通过各类龙头和协会组织的带动，直接或间接地参与了农业产业化经营。

（二）用市场化的眼光培植主导产业，努力打破制约农民增收的“瓶颈”

现阶段调整优化农业产业结构，必须用市场化的眼光培植农业主导产业，把量的扩张与质的提高有机结合起来，努力把产业调优、调特、调大、调强。一是立足强项优势，全力拉长农业主导产业和特色产业。市场经济在一定意义上讲是规模经济、特色经济，没有规模和特色，就难以形成市场，就不可能有效益。着眼于拉长强项和特色优势，我们按照“特色＋规模”的思路，集中力量培植发展了以大棚瓜菜、烟桑、林果、肉鸡、肉鸭、奶牛为重点的农业主导产业，全县瓜菜面积达到了38万亩，其中大棚瓜菜已发展到16.8万亩，黄烟、桑蚕形成了5万亩的种植规模，林果发展到10万亩，其中大棚果5000亩，速生丰产林6万亩，肉鸡、肉鸭饲养量达到4000万只，奶牛存栏量已超过1万头。另外，我们还发展起了无籽西瓜、芋头、韭菜、芦笋等一批地方特色产业，基本形成了“一镇一业，一村一品”的发展格局。二是围绕提高市场竞争力，大力推进了农业科技进步。不解决农产品品种和质量问题，就会出现增产不一定增效、丰收不一定增收的问题，要想让农产品在市场上保持竞争力，离不开科技的支持。昌乐县重点组织实施了以良种良法引进、科技示范、实用技术培训为主要内容的科技兴农“三项工程”。先后引进农业新品种 200 多个，引进推广工厂化育苗、测土配方施肥等农业新技术 150 多项，主要农产品的良种化水平达到了 90% 以上。先后建成各类示范园、示范基地 27 处，较好地解决了农民想干不敢干、想干干不了的问题。深入开展了“十万农民学科技用科技”活动，全县 90% 以上的农村劳动力掌握了 1 项至 2 项实用技术，6000 余人拿到了“绿色证书”。三是大力推进农业标准化生产，针对国际市场绿色壁垒不断升级、国内市场实行准入制度范围越来越广的实际，把推行农业标准化、确保农产品质量安全，作为实现农民增收的关键措施来抓。通过抓源头控制、抓质量监测、抓示范引导、抓农产品品牌，全县有 16 种、3 种和 1 种农产品分别取得无公害、绿色和有机食品认证，标准化种植基地总面积达到了 18.7 万亩，标准化养殖场发展到 200 多个，被列入国家无规定动物疫病区示范区，畜禽疫病防治达到了国内先进水平。

（三）用工业化的理念壮大农村经济，不断优化农民收入结构

发达国家和国内先进地区的实践都充分证明，农民仅靠纯农业增收潜力有限。要彻底解决农民增收问题，不能“头痛医头，脚痛医脚”，必须用工业化的理念来对待农村经济，反弹琵琶，坚持“农内”“农外”一起抓，跳出农村看农村，跳出农业抓农业。在实际工作中，我们坚持工业与农业通盘考虑，走以工促农的路子，努力实现“一减少五增加”，就是减少农民，增加工人、增加市民、增加商人、增加民工、增加从事农业产业化的人员，最终使“农外”收入成为农民增收的主渠道。针对昌乐县工业经济基础相对薄弱、财力有限的实际，把招商引资放在了总揽经济工作全局的核心位置来抓，确立了“招商引资促发展，求真务实建强县”的总体思路，三年的时间引进县外项目 1141 个，实际到位资

金 48.31 亿元，其中过亿元的项目 32 个，过千万元的项目 160 个。这些项目不但有效地增加了财政收入，减轻了农民负担，还提供了 5 万个就业岗位，转移农村劳动力 4 万多人。在加大招商引资力度的同时，县里还研究出台了鼓励民营经济发展的一系列大力度优惠政策，有效地调动了机关干部、农村干部、毕业学生和各类社会能人经商办企业的积极性。目前，全县注册工业企业达到 900 家，其中年销售收入 500 万元以上的已发展到 139 家，带动形成了食品、塑料、珠宝、蔬菜加工、高新技术等九大主导产业，为农民提供了大量的就业岗位。目前，农民来自工业方面的收入占到了纯收入的 44.2%。

（四）用城市化的思维发展农村第三产业，进一步拓展农民的增收空间

加快推进城市化进程，可以吸引大量农民进城务工经商，从事第三产业，进一步拓宽农民的增收渠道。我们针对全县二、三产业基础较差、城市化水平较低、吸纳农村劳动力有限的实际，把加快城市化作为解决“三农”问题的重要措施来抓，吸引更多的农民进城居住，变农民为市民。为加快城市化进程，县委、县政府立足长远，聘请同济大学规划设计院对县城进行了新一轮的城市建设规划，重新调整了规划布局，规划面积由 23.5 平方公里扩大到 50 平方公里，并按照几十年不落后的思路，进行了高档次修编。加大了对城市的投入，两年来基础设施建设累计投入达到 8.76 亿元。加大了城市各类市场的建设力度，先后规划建设了副食品批发商城、东山商城、福州商城、温州商城、商业步行街、城北大型瓜菜批发市场、劳动力市场、塑料制品批发市场、花卉市场、车辆配件市场等专业市场，全部建成后可吸纳 1.5 万农民进城务工创业。加快了县经济开发区及其他重点项目区建设，为转移农村劳动力创造了良好的载体。通过把园区建设与城镇整体发展有机结合起来，使园区承接了城市功能，有力地拓宽了城镇发展空间，为农民进城务工经商创造了良好的条件，对农民增收发挥了重要作用。

四、青州市社会主义新农村建设的探索与实践 *

自党的十六届五中全会明确提出社会主义新农村建设的任务目标以来，青州市从实际出发，把新农村建设列为全市四项重点工作之一来抓，有效促进了新农村建设扎实推进。尤其是青州市结合实际，探索总结的新农村建设“五种模式”并举，农村经济社会稳步发展。

（一）“五种模式”并举，新农村建设取得初步成效

党的十六届五中全会召开之后，青州市委、市政府深刻理解中央建设社会主义新农村的战略部署和重要意义，组织有关人员到省内外考察学习新农村建设的先进经验和做法。在 2006 年 5 月 11 日召开的全市农村工作会议上，青州市委、市政府明确提出了“围绕一个目标，坚持四个原则，抓好九大工程，探索五种模式，千人下乡驻村”的新农村建设总体思路。由此，各村结合实际，围绕发展主导产业，“五种模式”并举，新农村建设稳步推进。

特色农业带动型。市委、市政府紧紧围绕农业增效和农民增收这个根本目的，做了大量卓有成效的工作。农业产业结构调整渐趋合理，瓜菜、果品、畜牧、花卉、优质粮五大支柱产业不断壮大，特色农业专业种养镇、村初具规模。2006 年，全市新增优质农产品基地 5.1 万亩，8 万亩的绿色食品基地和 6 个绿色品牌顺利通过检测，有机、绿色、无公害品牌全市已达 31 个。特色农业加快了全市农民增收致富的步伐，特色农业主导型新农村建设模式促进了特色农业的健康发展，进一步巩固和扩大了“一镇一业，一村一品”创建活动成果。全市特色农业产值占到农业总产值的 80% 以上。

---

* 本节原刊于《理论前沿》2007 年第 7 期。

二、三产业主导型。解决“三农”问题不能只靠农业，还必须推动农业内外协调发展。新农村建设工作展开以来，青州市以东坝村为代表的二、三产业主导型新农村建设模式逐渐显示出其旺盛的生命力。多年来，东坝村始终坚持“工业立村和工业强村”，大力发展村办企业和民营经济，既富裕了群众，又壮大了集体经济实力，促进了全村各项事业不断进步。2006年，东坝全村实现销售收入10亿元，上缴税金2900万元，人均所得达到8600元。到目前，东坝的民营企业、东夏的机械加工、口埠的石油化工、庙子的铁矿开采和冶炼以及益都物流园的建设，都为二、三产业的发展奠定了良好的基础。

土地整理开发型。青州土地整理开发型新农村建设模式以何官镇南张楼村为代表。南张楼村耕地6309亩，人均耕地1.48亩，以前由于自然条件差、土地利用率低、种植结构单一、基础设施落后等原因，严重阻碍了村民奔小康的步伐。自从中德土地整理与村庄革新落户该村后，他们根据制定的土地发展规划，对267块分散的耕地进行了整理，增加了耕地150多亩，并在全市率先实现了耕翻、播种、脱粒的机械化作业，劳动生产率大大提高。同时，村“两委”支持鼓励村民投资企业，使绝大部分劳动力成为“进厂上班，下班种田”的两栖人，村民收益大幅度提高。2006年，全村工农业总产值3.786亿元，人均纯收入6080元。如今，一条条平坦的柏油路，一幢幢拔地而起的小洋楼，以及鳞次栉比的厂房，红红火火的市场，宽敞幽静的校园，多功能的文化广场，都在向人们展示着南张楼的殷实与富足、繁荣与文明。

生态家园效益型。青州王坟镇堪称生态家园效益型新农村建设模式的典范。该镇地处青州西南青石山区，山区面积占98.9%，农业生产自然条件差。王坟镇党委、政府认准了山区综合开发这条路子，团结带领全镇干部群众，大力弘扬艰苦奋斗的精神，大搞山区综合开发治理，经过10多年的连续努力，终于使穷山恶水变成了青山绿水，经济效益、社会效益和生态效益相互促进、协调发展。新农村工作展开以来，该镇结合自身实际，用发展的眼光面对农业和农村工作的新机遇，始终坚持走生态发展的路子，荒山治理严禁私采、滥挖、乱建，促进了农业生态观光游在我市的发展。

文化旅游促进型。青州境内风景名胜荟萃，充分挖掘它们的潜能，大力开发旅游资源，促进农民增收致富，文化旅游促进型新农村建设模式取得阶段性成果。五里镇井塘村是全市新农村建设 10 个示范村之一，也是全市文化旅游促进型模式的代表。井塘村位于五里镇南部山区、玲珑山脚下，该村周围生态环境较好、旅游资源丰富。新农村建设工作开展以来，该村立足旅游资源优势，本着开发古村、建设新村的原则，对玲珑山、井塘古村和新村进行综合开发，大力发展旅游业，带动相关产业，新农村建设工作扎实推进。文化旅游型新农村建设促进了旅游名市建设，旅游名市建设带动了文化旅游型新农村建设，在全力打造旅游名市的进程中，文化旅游型新农村建设稳步推进。

（二）“五种模式”建设新农村的成功经验

新农村建设“五种模式”并举，全市农村经济、生态和社会效益稳步提升，推动了新农村建设的健康顺利开展，同时也积累了不少成功的经验。

领导重视，组织健全，是新农村建设的保障。建设社会主义新农村，关键在领导，关键在组织。市委、市政府将新农村建设确定为全市四大重点工作之一，市级财政拿出 200 万元作为新农村建设的启动资金。组成了强有力的组织机构，建立了由市委书记任组长，包括 35 个相关部门主要负责人在内的新农村建设工作领导小组，抽调精干人员组成办公室（设在市委农工办），并明确责任分工，做到事事有人管、有人抓、有落实。领导小组办公室多次深入乡镇、村检查督导工作，及时总结经验，查找不足，制定相应的政策措施，将新农村建设工作一步步引向深入。

思路明确，措施得力，是新农村建设的前提。通过到外地学习和到镇村实地调研，提出了青州市新农村建设总体思路，并在实践中不断完善提高。制定了“市级抓示范，镇级抓创建，村村抓整治”的工作方法；明确了市直部门帮扶市级示范村的工作方式，将新农村建设纳入对镇、村、市直相关部门考核的主要内容；以农村卫生环境综合治理为切入点，开展“村容村貌综合整治年”活动。实行“以奖代补，先干后补”的方法引导开展无害化垃圾处理场建设等农村基础设施建设，提高农民群众的生活质量，改善农村环境面貌，从根本上解决农村脏、乱、差问题。这些思路和措施，将青州市新农村建设推向一个新的高潮。

有一个坚强有力的村级班子是新农村建设的关键。村“两委级”班子是新农村建设的具体执行者，村级班子强不强，是新农村建设各项政策措施能否顺利执行的关键。在新农村建设中，要切实抓好以党支部为核心的农村基层党组织建设，选好配强村支部班子，特别是选好村支部书记，充分发挥基层党组织在新农村建设中的领导核心作用。

充分尊重群众意愿，为农民群众谋利益是新农村建设的出发点和立足点。青州市充分考虑到农村环境面貌脏、乱、差是制约农民生活质量水平提高的重要因素，确定了以农村环境综合整治为新农村建设的切入点和突破口；鉴于当前农民精神文明生活方式单一的形势，倡导建设休闲娱乐广场、农民图书馆等设施，丰富农民的精神文化生活；针对农民的分散生产难以适应社会大市场的需求，农民生产滞后于市场变化的实际，引导成立农民合作经济组织，增强农民抵御市场风险的能力，提高农民组织化程度。坚持以人为本，坚持群众的主体地位成为青州市新农村建设顺利开展的“法宝”。

五、努力探索具有地方特色的新农村建设 *

青州市坚持用城乡统筹的思路规划新农村建设，用现代理念教育农民，用工业理念谋划农业，用城市理念建设农村，抓住发展经济这个根

* 本节原刊于《领导干部论坛》2008 年第 3 期。

本环节，以工业领跑、产业拉动、项目带动，多措并举，统筹兼顾，加快农村城镇化、农业产业化和非农化进程，探索出一条独具特色的新农村建设之路。

（一）村庄合并，有效整合农村资源

推动农村人口向城镇集中、向城市转移，是经济社会发展的规律，也是建设社会主义新农村的目标要求。青州市 90 万人口中，农村人口达 68 万，其中直接居住在农村的 62 万，全市共有村庄 1004 个，其中 500 人以下的 311 个。人多地少的痼疾使得大幅度增加农民收入非常困难；而村庄分散、规模小，也带来资源浪费、重复投入、干部职数过多等一系列问题。

为有效整合农村各种资源，统筹农村经济社会发展，青州市从实际出发，按照群众自愿、依法操作、适度调整、稳步推进的思路，积极稳妥地推进村庄合并，科学、适度地调整村庄规模，引导农民向小城镇集中，向城市转移，让农民变民工、变职工、变市民。

在村庄整合模式上因村制宜，大胆创新，探索出了联村自治、地域融合、整体搬迁、中心聚集、农民进城 5 种行之有效的模式。村庄合并促进了 5 种资源的整合：一是促进了农村经济资源的整合。以产业核心村或经济强村、大村为中心进行合并，带动周围的小村、弱村共同发展，从而膨胀了产业规模，拉长了产业链条，加快了农村经济发展，增加了农民收入。二是促进了公共基础设施资源和农村社会化服务体系的整合。推动社会公共资源向农村倾斜，强村、大村公共资源向弱村、小村辐射，提高了农民生产生活水平。三是促进了农村人力资源的整合。有效转移了农村劳动力，减少了村、镇人口。四是促进了农村土地资源的整合。对土地进行科学整理规划，提高了土地的有效利用率和产出率，促进了农村产业结构的转化和升级。五是促进了农村基层组织资源整合。进一步理顺了基层党组织设置，优化了农村干部队伍结构，强化了基层党组织在建设基层和谐社会中的领导核心地位，激发了基层党组织带领农民

建设新农村的热情和创造力。

（二）产业聚集，推进农业产业化进程

建设社会主义新农村，必须以经济建设为中心，以提高农民收入为核心，以发展生产为首要任务，从而夯实新农村建设的物质基础。而农村经济的发展，关键要靠产业发展作支撑。青州市始终把农业产业化作为富裕农民、提升农业的重要措施来抓，农业产业化水平明显提高，形成了优质粮、花卉、瓜菜、果品、畜牧五大支柱产业，占农业总产值比重达到 93% 。

在建设新农村的过程中，青州市进一步突出产业支撑作用，在发展壮大五大支柱产业的基础上，强化各类农村合作经济组织建设，做大产业规模，拉长产业链条，打造品牌农业新优势，形成一批主导产业突出的专业村、专业镇，为镇、村经济形成明显的产业支撑。

一是发展特色农业经济，优化农村产业结构。依托地方特色农产品和专业化市场，发展特色产业经济，形成一批花卉产业带动型、蔬菜产业带动型、果品加工产业带动型、专业市场批发带动型村庄，带动了区域特色经济发展。

二是带动农村二、三产业的聚集发展。依托资源优势，采取招商引资、发展民营经济等多种形式，大力发展农产品加工业、制造业，提高了农产品商品率和加工转化率，实现农产品生产、加工、销售的产业化体系，提高了农产品附加值。

三是提高农民组织化程度。按照“规范一批，培育一批，发展一批”的思路，发掘各自产业优势，组建各种形式的农民专业合作经济组织 123 家，其中农民专业合作社 79 家，遍布农业生产、加工、销售和技术、信息、服务等诸多领域，参与农民达 1.5 万人，带动农户 3.8 万户，进一步提高了农民群众抵御市场风险的能力，促进了农村经济的新跨越。

四是在实践中完善了“产业建党”新模式。产业经营化组织的兴建，将大批的农村优秀人才尤其是青壮年党员聚集到产业链上。青州市积极

适应农业产业化发展的新形势，在产业链上建立党组织，完善了横向建组织、纵向理关系、层面强功能、上下互贯通的“三维立体”党组织设置方式和管理体制，加强了对主导产业的服务和引导，推进了农业产业链条的延伸，同时也壮大了党员队伍，使党员在加快产业发展、助农共富中发挥先锋表率作用。

（三）项目带动，促进工业反哺、城乡统筹

青州市将工业振兴、城市建设、服务业提升与新农村建设作为四大工作重点统筹规划，一体推进，实行工业领跑、城建与服务业助力，推进了农村城镇化、农业现代化和非农化进程。实施“大企业进入，大项目带动”战略，将青州工业振兴的两大平台经济开发区和邵庄工业园分别落户城乡接合部和山区农村，以工业园区为载体，吸引各地客商前来投资兴业，通过工业反哺，推动了农村经济和各项社会事业的发展。第一，盘活了农村土地资源，通过荒山整治、废矿坑平复和村庄整理，将贫瘠的山坡荒地开发利用，提高了土地利用效率，同时通过出租村集体用地等途径，壮大了村级经济实力；第二，通过组织农村富余劳动力进厂务工，增加了农民的工资性收入，加快了他们的非农化进程；第三，工业园区建设带动了周边乡村交通、通信、电力、饮水、绿化等基础设施建设，改善了农村的生产生活环境，尤其是胶济高速客运铁路专线青州北站的建设，将带动北部农村实现高速发展；第四，园区的项目建设，带动了村民文化素质的全面提高，在现代工业文明的熏陶下，村民的民主意识、开放意识、市场意识进一步增强。

（四）多措并举，创新合力兴农新模式

社会主义新农村建设是一项庞大而艰巨的社会工程，在充分发挥农民主体作用的同时，需要调动城乡各方面的积极因素，有效配置各种资源，形成建设新农村的合力。青州市采取多种措施，统筹城乡资源，改善农村的生产生活条件，提高农村干部群众素质，保护、调动、激发农

民群众建设新农村的积极性、创造性，将各种外在力量成功转化为推动新农村建设的内源力。

一是以包村扶贫工作为突破口，推进农村群众脱贫致富的步伐。创新扶贫机制，由单一的救济式扶贫向综合式开发扶贫转变。把扶贫包村工作同山区资源利用、小流域综合开发、农业产业结构调整、旅游业开发和招商引资等方面有机结合起来，形成了综合扶贫开发的新局面，一批规模大、投资多、效益好的项目相继建成投产，使村村都有一条致富路子，户户都有致富项目，提高了扶贫包村的整体效益，村集体经济和群众收入都有较大提高，农村群众脱贫致富的步伐大大加快。

二是以“村村有大学生村干部”工程为突破口，全面提升农村干部素质。建设社会主义新农村，关键在干部，关键在人才。

三是以“千名机关干部下乡驻村”活动为突破口，推动城乡资源统筹。广大驻村干部将现代发展理念灌输到农村，鼓励农民群众更新思想观念，增强发展意识，帮助所驻村制定科学合理的发展规划，引导村庄走生产发展、生活富裕、生态良好的文明发展道路；将先进的科学技术输送到农村，通过组织外出参观学习，举办科技讲座和开展三下乡活动等，加强农民的科技文化培训，培养了一大批有文化、懂技术、会经营的新型农民；将各种社会资源引进到农村，改善了农村的基础设施建设和社会保障、基础教育、公共医疗卫生等服务体系建设，提升了农村经济社会发展的水平，推进了全市新农村建设进程。

六、发展现代花卉业，加快推进社会主义新农村建设——青州市花卉业发展的实践与思考 *

青州是古九州之一，是全国著名的历史文化名城。近几年来，青州

* 本节原刊于《中国花卉园艺》2007 年第 9 期。

先后被评为国家卫生城市、国家园林城市、中国花木之乡、中国优秀旅游城市。作为青州市三大优势产业之一的花卉产业，经过多年的长足发展，取得了显著的经济效益和社会效益，有力地推动了青州市的社会主义新农村建设。2006 年，全市城乡居民储蓄余额达到了 109 亿元，农民人均纯收入 5183 元，实现地方财政总收入 27 亿元，被誉为“江北花卉第一县”。

（一）青州花卉产业的发展历程及现状

回顾青州花卉业的发展历史，大致经历了 4 个阶段。第一阶段为起步阶段。20 世纪 70 年代末 80 年代初，青州市的花卉生产主要以农户零散种植、传统培育、集市销售为主，品种单一，规模小，仅仅作为一种副业而存在。第二阶段为发展阶段。从 1993 年开始，市场开始形成，以青州万红花卉有限公司成立为标志，粮花对比效益日益明显，花卉种植面积迅速扩大，花卉生产成为部分村户的主业，陆续出现了一批花卉专业村、专业户和龙头企业，开始由小而散向专业化、集中种植转变。第三阶段为产业化迅速发展阶段。从 2001 年开始，以连续六届花卉交易会的举办为标志，政府自觉加强对花卉产业的支持和引导，销售网络进一步扩大，品种结构日趋合理，组织化程度不断提高，科技水平和设施设备有了较大提升，初步形成了生产、科研、销售、流通、服务的产业体系。到目前，全市花卉生产专业村达到 126 个，专业户 15000 多户，花木栽植面积达到 10 万多亩，年收入达 18 亿元。第四阶段为开始向现代花卉业发展的阶段。以成功申办第七届中国花卉博览会和举办山东省第四届花卉博览会为标志，现代物质条件广泛装备于花卉业，生产经营向高度社会化、集约化、专业化、规模化发展，产业结构发生根本性变化，逐步向现代花卉业迈进。

（二）青州花卉产业发展中的几点体会

发展现代花卉业，必须坚持政府统一规划花卉业发展的初始阶段，往往存在着“小而散，小而全”的问题，如果没有政府的统一规划，花卉业的发展必然陷入低水平重复和盲目发展的怪圈，直至失去生命力。针对这个问题，青州市政府按照市场主导、政府引导、重点突破的原则，坚持“大规模、高起点、外向型、强辐射”的发展思路，狠抓统一规划，加大园区、基地和龙头企业建设力度。先后建成了万红花木种植园区、桂花盆景栽培基地等6个较大的专业花木生产区，规划了7万亩万红花木基地、2万亩综合交易基地、城市绿化花木基地、面积260亩投资1.2亿元的“中国北方花卉交易中心”。为不断提高青州市花卉业的档次和水平，2006年9月，青州市聘请中国林科院、中国社科院、中国农业大学的20多名花卉苗木专家，规划论证了35平方公里的“青州花卉苗木博览园”，项目总投资3.5亿元，计划用10年时间实施，建成集生态、科研、休闲于一体的在山东乃至全国有特色、有影响的农业生态博览园和江北规模最大的花卉苗木批发交易市场。

发展现代花卉业，必须坚持把科技先行放在第一位发展现代花卉业，必须着眼增强农业科技自主创新能力，加快农业科技成果转化应用，提高科技对农业增长的贡献率。为了解决青州市花卉业科技水平低的实际问题，青州市政府拨出专款1000万元，设立了青州市花卉苗木发展基金，鼓励花卉苗木产业发展。先后与中国农业大学、山东农科院等大专院校和科研单位建立了长期稳定的技术合作关系，成功合作研究出了日光温床扦插育苗、无土栽培杜鹃等60多项技术，其中有5项获国家专利。专门建设了花卉苗木试验基地，成立了山东省仙客来研究所、青州兰花研究所，建立了组培室，开发了三大系列260多个花卉苗木新品种，成功引进培育国内外名、优、稀、特花卉苗木品种230多个，推广自动化滴灌、喷灌等花卉苗木生产技术30多项。在增加科技投入的同时，积极培养、引进专业技术人才。截至目前，青州市从事花卉苗木生产的大专院校毕业生达230多人，先后举办各类培训班120多期，培训人员12000多人，8000多人获得“绿色证书”，为花卉苗木产业的健康快速发展打下了坚实的基础。

发展现代花卉业，必须构筑高效快捷的市场体系，市场是生产的导向标。完备的市场硬件、健全的信息和流通体系是发展花卉业的必要前提。近几年来，青州市以专业批发交易市场建设为依托，以培植花木经纪人、营销队伍、运营公司为重点，大力加强花卉市场体系建设，先后投资1.8亿元，建起了总面积达20万平方米的黄楼万红交易大厅。积极支持花卉企业进行产销分离，发展花卉专业营销公司，花卉营销队伍不断壮大，花卉经纪人已达到2600多名，专业运输车辆1000余辆。在全国设立了130多处销售点，销售网络覆盖全国20多个省、自治区、直辖市。市场流通体系日益成熟，初步建成了覆盖面广、批发量大、集散力强的中国北方花卉苗木批发中心，使青州成为我国南花北移、北花南移的重要集散地。

发展现代花卉业，必须提高花卉产业组织化程度。随着经济全球化速度加快，在市场因素、技术因素等综合作用下，现代花卉业必须依靠健全的产业组织，向高度专业化和商品化方向发展，以降低成本，提高生产率和市场竞争力。政府在进一步强化“公司+基地+农户”模式的基础上，先后组织成立了花卉苗木协会、盆景协会等10余个协会组织，推广科技服务组织600多个，架起了农民通向市场、农民学习应用科技、政府联系花农的桥梁，促进了生产要素的优化组合，形成了市场牵龙头、龙头带基地、基地连农户、产供销一体化的大产业格局。

发展现代花卉业，必须立足实施花卉品牌战略。为了不断提高产业知名度和影响力，青州市从2001年开始，先后成功举办了六届青州花卉博览交易会。到2007年，青州花展吸引了来自国内外的近万家单位参展，合同交易额13.8亿元，现场交易额3.6亿元，先后有180万人次前来参观、交易，为青州花卉走向全国、走向世界搭建了信息及科技交流的平台。2007年，青州又规划建设了投资8.9亿元的花博会会展中心和体育中心。花博会会展中心建筑面积9.6万平方米，体育中心设计规模容纳4万人，到2007年8月底前将完成一期工程，用于举办第四届山东省花博会、第七届中国花卉博览会及其他各项花事活动。通过组织举办节会活动，展会经济的作用日益突出，品牌推广力度不断加大，青州花木在国内的知名度明显提高。

（三）加快青州现代花卉业发展的战略构想

青州花卉业虽然取得了长足发展，但与先进国家地区相比、与现代花卉业要求相比还存在不少问题。下一步，将坚持以市场需求为导向，以科技为前导，以龙头企业为带动，通过多层次、多环节、多形式、多元化的优化组合和城与乡、农工商、产加销、产学研的紧密联结，加快花卉生产专业化、规模化、产业化进程，最终实现现代化。

全面完善现代市场营销体系充分发挥现有流通渠道的作用，建设和扶持专业化的销售龙头企业和中介服务机构，促进花卉批发业向规模化发展，花卉零售业实现精细化经营。整合现有的花卉批发市场，建设现代花卉拍卖中心，形成以拍卖市场为核心，集花卉销售、信息、服务于一体的现代化花卉交易模式。

进一步用现代物质条件装备花卉业，建立高水平的花卉科研基地。狠抓选种、育种、引种和应用技术研究，推广经济适用型自动控制温室，加强工厂化育苗、设施栽培技术、保鲜和包装贮运等技术的研究开发与应用，尽快实现花卉生产的自动化和标准化，提高花卉产业的档次和水平。

切实加强花卉生产社会化服务体系建设按照产业化经营、专业化分工、社会化服务的原则，鼓励企业、农户和科研机构自愿、自主地组建行业协会、研究会等花卉中介组织，建立产前、产中、产后专业化服务实体，健全花卉生产社会化服务体系。

加大高层次花卉科技、经营和管理人才的培养力度。依托重点院校，设置培训基地和研发中心，将产、学、研结合起来，培育出一批适应国内外市场需要的花卉专业人才。建立健全激励机制，营造拔尖人才脱颖而出的环境，加大对高层次花卉科技、经营管理和市场开拓人才的引进力度。

不断加强国际交流与合作。抓住新一轮的全球生产要素优化重组和花卉生产从发达国家向发展中国家转移的机遇，加大国际资本和民间资本的引资力度，有针对性地学习、借鉴先进国家发展花卉产业的经验，跟踪引进新品种、先进技术和管理经验，加强引进技术的消化吸收和创新提高，提升花卉品质和附加值，增强国际竞争力，真正使青州花卉冲出中国，走向世界，融入世界花卉生产的大格局中。

青州将以第四届中国花卉产业高峰论坛为契机，认真学习、借鉴国内外花卉产业发展的先进经验，加快现代花卉业发展的步伐。将紧紧抓住举办“四博会”和筹办“七博会”的契机，努力推动青州市现代花卉业的进程。

七、积极探索土地流转新路子 *

土地流转是实现农业规模经营、发展现代农业、增加农民收入的重要途径。青州是一个传统农业大市，随着农业生产能力的提高，现代农业对规模化的要求与现行的分散家庭承包经营之间的矛盾日益突出。针对这一状况，我们坚持以“农业发展园区化、农村管理社区化、农民身份职业化”为方向，在认真执行土地承包政策的同时，以土地流转为突破口，充分挖掘土地资源潜力，释放土地能量，努力使土地“活”起来，使农民“富”起来，收到了很大成效。截至目前，全市成片流转土地及荒山涉及 12 个镇（街道）484 个村庄 2.1 万户，流转面积 10.63 万亩，占承包土地面积的 11%。2008 年，全市完成农业增加值 25.6 亿元，同比增长 4%；农民人均纯收入 7023 元，同比增长 15%。

（一）以调动农民积极性为前提，完善社会动员机制

土地流转，农民是主体；搞好土地流转，前提是农民要有积极性。

* 本节原刊于《山东通讯》2009 年第 8 期。

为解决农民认识上的偏差，使土地流转成为农民的自觉行动，我们充分利用广播、电视、报刊、会议等多种形式，广泛宣传《土地承包法》《土地流转管理办法》，宣传土地流转的意义、原则及流转的形式、应履行的手续等，使广大群众不仅明白土地流转的主体、方式、原则和程序，而且使他们看到推进土地流转于己、于人、于村、于国都是一件十分有利的事情。为保证土地流转工作健康有序进行，专门成立了市长任组长，分管副书记、副市长任副组长的农村土地流转工作领导小组，负责全市土地流转工作的指导和协调。先后召开全市土地流转电视直播大会和三次土地流转现场会，制定下发《关于加快土地流转促进规模经营的意见》和《关于推进青州市土地股份合作社建设工作实施意见》，明确提出将土地流转作为新农村建设的重要考核指标，要求每个镇、街道抓出 2 个以上土地股份合作社和 2 个流转户数在 100 户以上、面积在 300 亩以上的土地流转典型，验收合格的一次性奖励 5 万元，极大地调动了基层的工作积极性。为促进土地流转后剩余劳动力转移问题，我们加大对农民的培训力度，有针对性、有计划地组织农民进行市场知识、市场信息、领导技能、专业知识培训，积极提供就业信息和就业岗位，千方百计帮助农民转化成“市民”，增强了土地流转的动力。

（二）以发展农村土地股份合作社为重点，完善规模经营机制

土地承包过于零散，家家种地、户户备耕的落后经营方式，已经成为现代农业发展的一大障碍。我们在深入调查研究的基础上，按照股份制和合作制的基本原则，探索实施土地股份合作社模式，在不改变农民土地承包经营权的前提下，引导农民把土地承包经营权转化为股权，入股合作社统一经营管理，按照股权从合作社获得相应收益，实现了承包权、经营权、收益权的既适当分离，又有机结合。在组织形式上，坚守“民办、民管、民受益”原则，民主、公开推选董事会、监事会组成人员，严防“暗箱”操作和个人独断，并充分发挥村集体的组织协调作用，保证合作社正常运转。在分配原则上，主要采取混合分配的方式，农民

收入由固定股份分红和年底浮动分红两部分组成。固定分红在入股地块前三年平均收入基础上，由全体社员协商确定，以小麦、玉米等实物为标的，按照共同约定时间的市场价格折算，以货币或实物的形式按期兑现；年底浮动分红是年底根据合作社经营状况，社员可以获得的一定红利收入。何官镇南小王村土地股份合作社社员每年不仅可得到1000斤小麦/亩的基本收入，还可以在合作社收入留足公益金的前提下，得到集体分红，既保证了农民稳定收益，又增加了收入。在经营形式上，一是合作社自身经营管理，实行规模开发，集约经营。南术店土地股份合作社利用土地30亩，投资300万元新建全市规模最大的标准化养猪场一处，可年出栏生猪3000头。二是将土地转包给种植、养殖大户，实行基地化生产。何官镇十几个农户，联合承包了南小王村合作社70多亩土地，投资建起了15个5亩/栋的超大棚，种植高秆蔬菜。三是转包给农业龙头企业。王坟乖场土地合作社与山东农科院鲁研公司、青岛易发国际贸易有限公司、青州全成食品有限公司三家单位签订了荒山承包经营协议，利用该片荒山发展集生态防护林、经济林、畜牧养殖和集休闲旅游、度假于一体的生态园。四是作为储备土地。黄楼镇通过合作社储备土地5000亩，用于招商落户科技含量高、具有一定规模、辐射能力强的花卉企业，已有山东良田花卉有限公司落户投资建设，上海成美花卉有限公司正在洽谈之中。青州通过建立和完善农村土地合作社，加速了土地流转进度，大幅提升了土地附加值，解除了土地对农户的束缚，促进了劳动力转移，提高了农民收入。目前，全市已成立土地股份合作社30家，入社社员2238户，入社土地13310亩。

（三）以建立土地流转有形市场为依托，完善市场供求机制

当前农村土地流转中普遍存在着信息不畅、服务不到位的问题，导致一些农户想流转土地没人要，一些客商想流转土地，但找不到来源，严重影响了土地资源的合理流动和优化配置。为此，青州市本着“以人为本、便民利民、政府扶持、服务为主、因地制宜、分步实施”的原则，

投资 200 多万元建立健全市、镇、村三级土地服务网络，搭建土地流转平台，培育规范长效市场。首先，以农村经济管理局为依托在人民办事中心建设全市土地流转服务大厅，负责指导各镇（街道、园、区）做好农村土地承包经营权流转工作；建立市级农村土地承包经营权流转信息库，为跨镇的土地流转供求双方提供信息服务；同时，对全市每户农民的土地承包情况和全市各村的财务活动情况、审计情况进行微机化管理，实行全天候监控，及时发现解决工作中存在的问题。其次，各镇（街道）依托财经中心，成立镇级土地流转服务中心，建立乡镇农村土地流转信息库，为本行政区域内农村土地流转供求双方，提供信息发布、鉴证合同、法律政策咨询等一条龙服务。目前，7 个镇（街道）土地流转服务大厅已建成投入使用。最后，各村成立土地流转服务站，确定一名土地流转信息联络员，负责及时收集各村待转出土地信息和土地需求信息，以村为单位登记，上报镇级土地流转服务大厅。市、镇、村三级土地流转服务网络的建立，搭建起了政府主导、市场运转、规范长效的土地流转平台，实现了全市土地流转信息资源共享，土地流转供求信息渠道畅通。目前，全市已经收集并发布土地供应信息 1080 条，涉及土地 13766 亩；土地需求信息 91 条，涉及土地 3013 亩。

（四）以建立纠纷调解仲裁网络为保障，完善协调服务机制

随着中央惠农政策的不断出台，农民种田热情空前高涨，由于不规范土地流转引发的农村土地承包经营权矛盾纠纷明显增多。为化解这一问题，青州紧紧抓住被农业部确定为全国首批土地承包纠纷仲裁试点单位的契机，投资 50 多万元，在全市建立了上下贯通的土地承包纠纷调解仲裁网络。在农业大厦成立土地承包经营纠纷仲裁委员会，设立 100 多平方米的高标准仲裁庭，拿出业务骨干专抓土地纠纷仲裁工作，并与青州市法院协调配合，对生效仲裁决定书坚决执行，大大提高了仲裁权威。截至目前，已立案调解仲裁 124 起土地承包纠纷案件，其中立案调解 20 起，仲裁 104 起。镇（街道）成立土地纠纷调解办公室，安排专人负责

解决土地纠纷。村级设立土地纠纷调解小组，以村会计、议事会主任为主，发挥他们熟悉情况、工作便利的特点，把好土地纠纷的第一道关口。土地承包权矛盾纠纷调解仲裁三级网络的建立，使青州土地纠纷化解率达到了98%以上，做到了小纠纷不出村，大纠纷不出镇，疑难纠纷不出市，解决在基层、解决在萌芽状态，保障了农民的合法权益，促进了社会的稳定。

八、青州工业择路突破 *

工业发展路有千条，关键看怎么走。作为老工业基地的青州市，分别为不同企业找到了一条条好走的路，实现了一个个突破。

工业发展的快慢，不光在工业本身。我们坚持跳出工业抓工业，通过狠抓城市建设、物流整合以及文化旅游建设，走出了一条以工业为主体、城建为突破口、农业为基础、服务业为先导，相互促进、相互拉动、协调发展的新路子。

2006年以来，青州市坚持把工业振兴作为“四大重点”之首，创新思路，转变方式，工业经济重新焕发了新的活力，呈现出快速发展的勃勃生机。三年来，青州市工业投入，过千万元的企业数量以及规模以上企业销售收入、利润、实缴税金等主要指标基本上都翻了一番，重新跨入全国县域经济百强行列，青州工业正在向着重振辉煌的目标加速迈进。

（一）转变领导方式，变干预为服务

过去抓工业的方式，主要是行政手段，市场经济下，必须彻底改变对企业发展的领导方式，变干预为服务。

近年来，为改变工业企业多而小、散而乱、低水平重复建设以及同行业之间恶性竞争的现象，厘清发展目标和系统发展规划，我们在确立

* 本节原刊于《商周刊》2009年第1期。

机械加工、石油化工、冶炼建材、现代物流、旅游休闲、花卉苗木“六大产业”基础上，聘请专业机构编制了工业发展规划，从发展规划、发展规模、结构优化、环境改善等方面进行科学规划设计，为青州工业量体裁衣，找准定位，打造工业核心竞争力。

发展方向明确了，还需要良好的发展平台。在国家产业政策的控制下，特别是为破解土地瓶颈，我们一方面，要提升经济开发区的档次和水平。按照高新企业聚集区的要求，对入区企业进行逐一梳理，狠抓传统产业的高新化，搞好技术改造和产品升级换代。另一方面，建设猛山经济发展区。按照“依法治理矿坑、整合废山资源、搭起建设平台、发展工业经济、再造生态环境、造福子孙后代”的指导思想，因地制宜。

一个地区工业经济的快速发展，离不开大企业、大项目的支撑带动作用。我们坚持实施“221 工程”，筛选、确定 20 家重点企业、20 个重点项目和 10 家成长型企业，落实领导包靠责任制，进行重点培育，使一大批重点项目成功投产或进展顺利，仅 2008 年就有 19 个过亿元项目开工建设，完成投资 27 亿元。

实现工业经济的快速发展，绝不能以牺牲环境为代价。只有把不符合国家产业政策、高耗能、高污染的企业淘汰掉，才能保证那些符合政策的企业更好的发展。2006 年以来，共取缔小化肥、小炼铁、小化工企业 118 家，对 67 家企业实施限期治理；严把新上项目审批关，拒批高耗能、高污染项目 68 个。

市场经济的竞争是资金、技术、人才的竞争，更是软环境实力的竞争。我们坚持把环境建设提高到“谁破坏环境，谁就是对青州人民犯罪”的高度，创新环境建设机制，努力营造“洼地”效应。大力营造重商亲商的浓厚氛围。在全社会倡导并牢固树立“尊重和服务于外商、尊重和服务于企业家、尊重和服务于纳税人”意识；对为经济社会发展作出突出贡献的企业家，提请市人大授予其青州人民勋章。

（二）跳出工业抓工业，助推工业经济发展

工业发展的快慢，不光在工业本身。我们坚持跳出工业抓工业，通过狠抓城市建设、物流整合以及文化旅游建设，走出了一条以工业为主体、城建为突破口、农业为基础、服务业为先导，相互促进、相互拉动、协调发展的新路子。

一个良好的城市环境，可以增强外商投资吸引力，也可以拓宽发展空间，加快劳动力转移，促进工业经济发展，带动财政增收。我们把城市建设作为引领经济社会发展的火车头，依托良好的城市基础，进行城市化运作，点石成金，实现了强力“爆发”，全市初步形成了“一城四区”的城市发展格局。实施和谐拆迁，累计完成拆迁270多万平方米，城市建设的总投资超过200亿元，先后开工建设了中都财富广场、青都国际城、南阳河综合治理、会展中心和体育中心等40多项重点项目，城市面貌发生了翻天覆地的变化。城市建设的顺利推进，优化了环境，提升了品位，增强了经济发展吸引力；城市建设的成功运作，使城市资源实现了快速增值，企业的资产也随之得到了快速膨胀；城市拆迁的大规模实施，实现了拆出和谐，将部分改制企业的遗留问题同步进行了一次性处置，使多年来悬而未决的老大难问题得到了圆满解决，企业得以轻装上阵，快速发展；城市布局的完善提升，使企业“退城进园”目标得以实现，原来在城区内的老企业先后迁入经济开发区，步入了新的发展阶段。

坚持把现代物流业作为重要支撑性产业来抓，专门设立了市场物流发展管理局，成立了九州物流投资有限公司，对全市所有物流项目在土地、资金等方面进行统一管理和运作，初步形成了以政府为主导、企业为主体、业户为基础、市场为纽带、与消费者紧密联系的物流业发展模式。先后对全市钢铁、木材、建材等市场进行了整合，兴建了现代钢铁物流中心、康屯木材市场、亿丰宜佳商贸城等专业市场，打造了市场专业化、专业市场规模化、规模市场信息化的大物流发展格局，实现了规模效应。

优美的生态环境和丰富的旅游资源能够为一个城市带来较高的知名度和巨大的人气，从而极大地促进对外交流合作和招商引资工作的开展。我们围绕打造旅游名市、生态名市，加大投入，强化措施，深度开发旅游资源，通过做大做强旅游产业来打造青州城市品牌。成功运作文化旅游项目30余个，总投资达90多亿元；突出包装策划和创意创造，聘请国内外知名专家组织规划设计，构建起“佛寿文化、古城文化、山地森林、弥河水生态”四大文化旅游区；广泛吸纳社会资本，开工建设了东夷文化标志园、“宋城”、龙兴寺、广福寺、甲子文化园等重点旅游项目，使全市旅游产业的档次水平得到了显著提高。

文化是一个城市的灵魂，也是企业核心竞争力最重要的因素。青州是一座古城，具有深厚的历史文化积淀，我们通过加强文化建设，把丰厚的历史文化底蕴融入企业文化塑造中，努力实现文化与经济的良性互动。加大文化投入，启动建设了文化产业园、“十一园、十二馆”等重点文化产业项目建设，建成了一大批公共文化设施，引导企业加大自主创新和自主品牌建设力度，积极推行卡特彼勒山工6Sigma管理文化模式，使企业市场竞争能力不断增强。

（三）提升企业素质，把企业当成事业来做

工业思路的创新和领导方式的转变，无非是为了给工业发展创造一个好的环境和条件，但工业经济要实现持续健康发展，必须靠自身的努力。我们坚持从提高企业家境界、树立远大理想、增强责任意识入手，全力解决企业发展内在动力不足的问题。

他山之石，可以攻玉。先进地区的成功经验，能够为企业的经营发展提供很好的借鉴。为了使企业家们眼光放长远，多次组织重点企业的法人代表赴珠三角、长三角、长株潭地区进行参观考察。通过考察学习，企业家们既感受到了压力，增强了加快发展的危机感、紧迫感，又坚定了把企业做大做强的信心和决心，还吸取了先进地区成功的生产经营管理理念和经验，提升了企业组织管理水平，增强了干事创业的能力。

引导号召广大企业家把企业当作崇高事业来做，时刻不忘回报社会，企业家的社会责任感得到了显著提高，自觉加强了对社会公益事业和慈善事业的捐助。汶川特大地震发生后，青州工业界纷纷慷慨解囊，踊跃捐款捐物，累计捐献财物总价值超过4000万元。

2007年，全市生产总值（GDP）达221.1亿元，其中第一产业增加值24.3亿元，第二产业增加值129.0亿元，第三产业增加值67.8亿元，一、二、三产业的比重优化为11.0∶58.3∶30.7。

2007年完成财政总收入267317万元，地方财政收入达到97198万元。2008年地区生产总值（GDP）达到260亿元，地方财政收入达到11.78亿元，在山东省122个县市区综合评价中居第25位。

2007年，城镇居民人均可支配收入达11005元，人均消费支出7244元。

青州现有六大主打优势产业：机械制造、石油化工、冶炼建材、旅游休闲、现代物流、花卉苗木。

近两年青州大招商项目有：美国卡特彼勒投资3亿元的山工机械、厦门丰亿投资公司投资5亿元的青都国际城项目、浙江华通集团投资5亿元的中都财富广场项目、总投资20亿元的港天保税物流中心、香港新世纪投资公司投资8亿元的九龙涧景观公园等。

九、从区域视角看特色小镇建设 *

"特色小镇"概念一经提出，立刻引起社会各界的广泛关注，成为高频词汇。2016年7月，住建部、国家发展改革委和财政部发出正式文件，决定到2020年在全国范围培育1000个左右各具特色、富有活力的休闲旅游、商贸物流、现代制造、教育科技、传统文化、美丽宜居等特色小镇。各级党委政府快速响应，纷纷制定发展目标，出台配套政策，

* 本节原刊于《中国乡村发现》2017年第6期。

很多企业积极介入，各地农民积极配合，短短几个月就形成了上下同应、齐心协力推动特色小镇发展的局面。学术界也不甘落后，以特色小镇为主题的研讨会、讨论会时有召开，形成了理论关注的一个热点。

特色小镇问题，既是一个理论问题，更是一个实践问题。目前，在实践层面上特色小镇建设已经全面展开，但理论研究却严重滞后，而实践日益显示出对理论建构的迫切性。

对于特色小镇建设的理论研究，笔者认为，应先对特色小镇建设予以明确和准确的定位。这要从什么是特色小镇以及特色小镇在中国城镇化过程中的地位说起。应当肯定的是，特色小镇是中国城镇化过程中在目前阶段必然出现的一种城镇化实践形态，是中国特色城镇化道路在现阶段的具体体现，是中国城镇化发展过程中的一件大事。这是时间定位。特色小镇又是一个区域城市性与乡村性的结合乃至融合，是一个地区城市性的最终完成。在这里，笔者是从中国城镇化的历史进程来给特色小镇建设定位的。

笔者的这个定位来源于自己在实践中的体会。从 2001 年到 2010 年的近 10 年时间，笔者先后在山东昌乐和青州做过县长、市委书记。那时我国就开始了城市化的高速发展历程，国家提出城乡统筹和城乡一体化的发展理念。

笔者当时就有一个困惑：如何理解城乡统筹和城乡一体化？到底是以城统乡还是以乡统城？这个问题直接牵扯到工作的重心问题。在实践中肯定是以城统乡和城乡一体化，这是因为城镇化基本上是由工业化拉动和支撑的，而工业化的平台基本上是以建在县城里的工业园区为主的。所以，一个城市对人口的聚集基本上都在中心城市，在一个县域内主要是县城和几个中心镇。但是，这种实践很快就提出了新的问题。随着中心城市的发展，不但城市病开始出现，而且由城镇化引起的新的乡村问题不断出现。在实践中我们意识到，城乡统筹和城乡一体化要做新的解读，必须把一个区域当作一个整体来考虑，由这个整体来决定城镇化布局和时间秩序。笔者当时提出一个概念——“全域城市化”。为了实现“全域城市化”，我们以项目为抓手，按照每个区域的产业特色和文化特色安排了一系列项目，每个项目都具备了产业与人文结合、城镇与旅游并重、以旅游统摄整体的三位一体的格局。目前这些项目发展得都很健康，已经拿到了5A认证。现在回过头来看，实际上就是建设了一个又一个的特色小镇。特色小镇突破了建制镇的模式，以产业为支撑、以市场化为运行机制，不仅为外来游客提供旅游产品，也为当地居民转换农民身份过上幸福生活提供了条件。

其次，特色小镇建设反过来促发我们对何为城镇化的思考，这可能为中国特色城镇化理论的建构提供新的实践基础和实践来源。党的十七大提出，要走中国特色城镇化道路。我们只有把什么是新型城镇化道路弄清楚了，才能知道我们的中国特色城镇化道路怎么走。

到底什么是城市化、城镇化？到现在也没有一个明确的定义。人口学、地理学、经济学、历史学、社会学，这些学科都从自己的立场和角度来研究和定义城市化、城镇化，给出的定义很不一样。当然，这种情况的出现也不奇怪，学科本身就意味着局限性，学科就是角度，定了角度看问题，就有了片面性。学科意识的片面，是因为研究的需要，但是我们在实际操作中却不能片面，我们是要去解决实际问题的。也就是说，如果在科学研究中要有学科意识的话，那么，在实践中就要强化问题意识，淡化学科意识。在城镇化的问题上也是一样，各个学科给城镇化下的定义，具有各个学科的片面性，而我们要的是综合性的城市化的定义。

这里笔者介绍两个关于城市化的定义。

第一个是著名城市地理学家约翰·弗里德曼的城市化定义。他对城市化的定义是综合性的。他认为：城市化作为国家和区域系统中的一种复杂的社会过程，既包括人口和非农业活动在规模不同的城市环境中的地域集中过程，非城市景观逐渐转化为城市景观的地域推进过程，即物化的实体性的城市化过程，也包括城市化文化、生活方式、价值观在农村地区的扩散过程，即抽象的精神上的城市化过程。弗里德曼把前面的城市化的物质化过程叫作城市化Ⅰ，或叫作狭义的城市化，把后面精神上的城市化过程叫作城市化Ⅱ，或叫作广义的城市化。我们平时理解城市化，恐怕都理解成建房子、修道路，没有看到城市化的过程也是人的精神、思维的变迁过程，也是社会变迁的过程。我们这些年的城镇化实践，确实是注重了物质的城镇化，而很少注意城镇化的社会方面，更没有很好地注意城镇化过程中所隐含的人的精神生活的变迁。这也就是我们觉得现在社会发展了但不和谐了的一个原因。

第二个是苏联学者库采夫的城市化定义。库采夫从社会形态的角度，对城市化下了一个综合性的定义。他说，城市化是社会从一种形态转向另一种形态的世界历史过程，在这个过程中，城市型的人口分布逐步变成以地区型为主的人口分布，因此要评价这个过程，必须对城市聚集化、城市化地区人口分布体系，城市化生活方式以及个别要素的普及等方面发展的全面直接和间接指标进行研究。库采夫这个定义，已经考虑到经济、社会、文化等各个方面的变迁，特别值得注意的是，他的定义提到了一个非常重要的说法，就是“城市化地区”。

最后，从区域视角来思考特色小镇问题。“城市化地区”这个概念要引起足够的重视，这已经不是就城市论城市了，而是看到了城市与城市所在区域的关系，看到了城市与城市的关系，同时也有利于看到城市与特色小镇的关系。每一个特色小镇的定位也都要置于这个小镇所在的区域来思考。“城市化地区”这个思维方法和分析工具，对定位一个区域的城市和特色小镇具有很重要的意义。

为了更加深刻地理解城镇化，也为了真正地理解从区域的视角看城镇化，我们必须引进一个新的概念——“城市性”。什么是城市性？简单说，所谓城市性是对一个区域综合特征的最高概括，表示一个区域所具有的城市特征。城市性离不开城市，但并不仅仅指城市，还包括城市周边的区域，凡是在经济结构、社会结构、文化结构、制度结构和观念结构等方面具有城市特征的区域都是具有城市性的区域，因为凡是存在着人类经济活动的地表空间都存在着乡村和城市两个大的空间聚落。作为人类经济社会活动的空间载体，乡村与城市在经济、社会、文化乃至制度与观念等方面结构上完全不同，乡村的这些结构可以叫作“乡村性”，城市的这些结构可以叫作“城市性”。城市是一个区域的经济、社会和文化的聚集高地，城市性是一个区域经济社会发展程度的标志。城市在所在区域广大农村不断发挥聚集的辐射作用过程中，既不断提高城市本身的城市性程度，又改造和退化农村地区的乡村性，使农村不断地提高城市性。

这个概念听起来很难懂，但具体到实践层面也不难理解。笔者在山东工作期间对这个问题曾经有所思考，也在实践中有所探索。这个思考和探索起源于笔者对青州整个区域发展布局的考量，主要是怎么处理县域城镇化过程中县城的发展与乡镇的发展之间的关系。青州市国土面积只有 1860 平方公里，却生活着 90 多万人口。我们的城镇化是从发展县城开始的，也是以膨胀县城为中心的，以发展县城为主，以发展几个重点镇为辅，形成以县城为中心、以重点镇为卫星城、以乡镇驻地为补充的县域城镇体系。随着城镇化的发展和工业化的快速推进，再加上由于工业发展而兴起的第三产业特别是旅游业的快速发展，人流、物流、信息流纷纷向县域集中。这时，建设用地趋于紧张，城乡之间已经基本没有区别。笔者考虑，这已经全域城市化了，于是，提出一个新的概念——“全域城市化”。当时笔者对这个概念的解释主要有三层意思：第一，搞城市化必须有城市建设，在县域来讲就是膨胀县城和几个中心镇。第二，城市化并不意味着所有的区域都建成城市。全域城市化，也不是说笔者所在的区域都搞成城市。第三，这个城市所在区域的所有居民的生产方式、生活方式、文化再生产方式和思想观念都由这个区域的城市的性质来决定，而不是由这个区域中非城市部分也就是农村的性质来决定。那时笔者还没有看到“城市性”这个概念，所以，也不好说清楚。如果有“城市性”这个概念，就可以很好地定义这个全域或区域城市化问题了。按照城市性这个概念，我们一个县域，有一个县城和几个中心镇作为城市的核心地带，其他地方虽然在聚落形态上可能还是农村，但它已经被这个城市的城市性决定了，城市性的程度高了也就是实现了城市化。

第二十一章　政治建设

一、加强和改进党对人大工作的领导，为人大依法履职创造良好条件 *

人大工作是党的工作的重要组成部分。加强党对人大工作的领导和支持，是新形势下加强党的建设、提高党的执政能力和领导水平的重要组成部分，也是坚持和完善人民代表大会制度、做好人大工作的根本保证。青州市委深入贯彻落实科学发展观，坚持以党的十七大精神为指导，切实加强和改善党对人大工作的领导，一以贯之地重视、支持、帮助人大及其常委会开展工作，使青州人大的工作更加有位、有为、有活力。

（一）加强党的领导，使人大工作更有位置

人民代表大会制度是我国的根本政治制度，是我们党发挥总揽全局、协调各方的领导作用，对国家事务实施领导的一大特色和优势。近年来，青州市委高度重视人大工作，不断完善市委对人大工作的领导机制，始终把人大工作列入市委的重要议事日程。坚持人大常委会负责同志列席市委常委会议制度，青州市委召开的重要会议和组织的重大活动，都邀请人大常委会参加，使人大能够及时全面地掌握市委决策部署和全市工作大局。同时，对关系全市工作大局的决策部署，青州市委都事先充分听取人大常委会的意见，并经常向人大常委会出题目、交任务，安排人

* 本节原刊于《山东人大工作》2010 年第 1 期。

大开展调查研究，充分发挥人大的优势，摸实情、作决策。2009 年 6 月，省委、省政府作出“两区”建设的决策部署后，青州市委及时到人大召开征求意见座谈会，并选取了 6 个题目交给人大常委会开展调查研究。人大常委会经过深入细致的调研后形成了高质量的调研报告，青州市委经过讨论研究后，很多建议意见被吸收到市委的决策中。此外，青州市委还定期或不定期地听取人大工作情况汇报，及时研究解决人大工作的重大问题，促使人大更加自觉地围绕中心开展工作，与市委同心同向、同频共振。

（二）支持工作开展，使人大工作更有作为

人大工作要有所作为，离不开党委强有力的领导和支持。由于人大工作的法律性、程序性强，青州市委不断强化法制意识，积极支持人大及其常委会依法行使职权，自觉维护国家权力机关的地位和权威。一是支持人大依法履行重大事项决定权。凡是法律规定应由人大及其常委会讨论决定的重大事项，都依照法定程序提交人大及其常委会审议决定。青州市委对国民经济和社会发展计划、财政预决算、重大项目建设、民主法制建设等决策，都及时通过政府提请人大及其常委会审议决定，及时上升为全市人民的共同意志。二是支持人大依法履行监督权。积极支持人大及其常委会通过听取和审议“一府两院”专项工作报告，组织开展视察、调查、执法检查等开展监督工作。青州市委要求“一府两院”认真自觉地接受人大及其常委会的监督，定期向人大及其常委会报告工作，对人大及其常委会通过的决定、决议和审议意见，认真贯彻落实，并及时把贯彻落实情况和结果向人大及其常委会报告。2009 年 11 月，青州市人大常委会在视察城区道路交通安全情况时提出，道路交通安全是建设“和谐青州”“平安青州”的重要内容之一，事关人民群众的生命财产安全，但市部分重点道路的安全设施配套跟不上道路交通安全发展的要求，极易造成交通事故，危害人民群众的生命安全。在青州市委的支持下，市政府有关部门加大工作力度，利用不到 1 个月时间，在驼山

路等交通要道安装了信号灯、安全标识等设施，受到了人民群众的交口称赞。三是支持人大依法行使人事任免权。青州市委把党管干部原则与人大常委会依法任免原则有机结合起来，凡应由人大常委会任免的干部，先安排组织部门向人大常委会通报被任免干部情况，征求意见，为人大常委会全面了解和掌握干部情况，依法任免干部提供帮助。支持人大常委会完善干部任免办法，实行任前考试、任职发言、任职报告制度，切实把好用人关，实现了坚持党的领导与依法办事的有机统一。

（三）强化创新意识，使人大工作更有活力

近年来，青州市委积极支持人大及其常委会围绕中心、服务大局，创造性地开展工作，不断探索人大工作新途径，努力提升人大工作水平。一是在干部队伍建设方面通盘考虑。着力改变过去人大干部结构年龄老化的突出问题，把人大干部的配备、培养、交流、提拔和使用纳入了党委干部队伍建设的总体规划，通过交流、考选、调入等方式，先后为人大机关充实综合素质强、文字水平高的年轻同志 7 名，为人大工作注入了新鲜血液。二是在工作安排上大胆使用。充分发挥人大干部年富力强、经验丰富等优势，给他们交任务、压担子，市人大常委会为全市经济建设和重点工程建设作出了积极贡献。三是在人大宣传工作上大胆创新。

青州市委高度重视人大宣传工作，支持人大常委会有关工作机构加强同市委宣传部门的联系、沟通。每年初，市委宣传部、市人大常委会办公室都联合下发《关于进一步加强人大宣传工作的意见》，共同召开人大宣传工作会议，将人大宣传工作纳入市委宣传工作计划。同时，支持市人大常委会有关机构运用各种媒体，采取有效形式，广泛宣传人民代表大会制度的优越性，宣传人大的地位和作用，进一步提高全社会对人民代表大会制度的认识，在全市上下形成了关心、支持人大工作的良好氛围。

二、发挥人大优势，促进科学发展 *

“坚持和完善人民代表大会制度，支持人民代表大会依法履行职能。”这是党的十七大对党组织提出的新要求。因此，地方人大及其常委会在实践中，要始终坚持党的领导，牢牢把握人大工作正确方向，充分发挥人民代表大会制度的优势作用，不断推进地方经济社会又好又快发展。

（一）充分发挥人大在经济社会发展中的促进作用

当前，保持经济社会又好又快发展是青州市委的中心工作，青州市人大常委会的工作必须服从和服务于这个大局。一个地方的经济社会发展好不好、快不快，需要这个地方全体人民的共同努力。作为市人大常委会，应及时把市委的决策，通过法定程序变为人民的意志，调动全市人民群众的积极性投入社会主义现代化建设。确保党的大政方针和市委的决策的贯彻实施。监督是宪法和法律赋予人大的一项重要职责。人大常委会可通过工作视察、执法检查、听取专项工作汇报等形式，积极行使监督职能，把支持置于监督之中。比如，青州市城区拆迁问题，市人大常委会就把群众的要求及时地向市委汇报，与政府加强沟通，确保老百姓的利益不受损失，维护了全市的稳定，促进了全市经济社会的发展。

（二）充分发挥人大在市委决策中的重要作用

调查研究是人大常委会的一项基础工作，也是人大开展监督工作获得信息的重要窗口。近年来，市人大常委会紧扣市委的中心工作，围绕群众关注的热点、难点问题，用前瞻性眼光搞好调查研究，为市委决策、推进政府的工作发挥重要作用。山东省委工作会议提出了建设经济文化强省的重大战略任务，这为青州打造“三名一强”（文化名城、旅游名市、生态名市、经济强市）生态文明新青州提供了难得的发展机遇。青

* 本节原刊于《山东人大工作》2008 年第 10 期。

州历史文化底蕴深厚，自然资源丰富，区位、交通、人文等各方面的优势都较为突出，经济综合实力进入了全国百强县，具有建设县域生态文明城市的有利条件。同时，青州在经济社会发展中也存在一些困难、问题和矛盾。需要逐项认真研究，加以解决。比如，发展高新技术产业，关停高耗能、高污染企业；严格城市规划，加快城市拆迁改造，积极推进退城进园，提升城市品位；发挥资源优势，推进文化、旅游、物流产业发展；发展现代生态农业，大力植树造林，开展矿山开采秩序治理，创建国家园林城市、国家环保模范城市，等等。这些工作都需要大力推进。因此，在青州市委加强调查研究的同时，青州市人大常委会要紧扣市委决策需要，紧扣青州发展需要。既要考虑眼前利益，又要着眼于长远，搞好调查研究，为市委决策提供依据。为加快推进“一城四区六大基地”建设，全力打造“三名一强”生态文明新青州，实现科学发展、和谐发展、率先发展发挥好作用。

（三）充分发挥人大在体制机制创新中的重要作用

工作目标确定以后，创新工作方式方法是完成工作任务的重要因素。一是解放思想、转变观念。事业推进的快慢取决于目标一致的行动能力。这就需要全社会各个方面进一步解放思想，转变观念，统一思想认识，围绕着青州市委的中心工作来进行。青州市人大常委会要把市委的决策通过法定程序转变全市人民的自觉行动，确保市委中心工作的贯彻实施。二是推进体制机制创新。近年来，青州上下不断解放思想，提升境界、创新体制机制，探索出了整体化布局、片区化介入、组团化发展、项目化推进、市场化运作的“五化”模式，把自然资源、人力资源、经济资源、旅游资源、市场资源和行政资源，整合转化为经济社会又好又快发展的优势和能量，产生了巨大的发展推动力。青州市人大常委会要依法履行好监督职能，促进“一府两院”严格执法，确保人民群众在改革创新得实惠。同时，要发挥好代表的模范带动作用，积极投入到经济建设中来，为促进青州经济社会又好又快发展作出积极贡献。

三、把群众满意作为不懈追求 *

青州市位于齐鲁大地中部，历史文化悠久，曾是中国古代九州的重要部分。近年来，我们深入贯彻落实科学发展观，始终把群众利益放在首位，以群众满意作为不懈追求，努力从群众满意处做起，从群众不满处改起，收到了让群众满意的效果。

追求又好又快发展，为改善民生奠定坚实的基础。发展经济、改善民生是广大群众的最大愿望，满足群众这一愿望的根本途径就是以科学发展观为指导，实现经济社会又好又快发展。工作中，我们突出比较优势，采取多种措施，积极引导资金向服务业、先进制造业、高新技术产业和现代农业等重点领域流入，做强做大机械加工、石油化工、冶炼建材、现代物流、旅游休闲、花卉苗木六大产业，经济结构进一步优化。工业振兴迈出坚实步伐，规模以上企业达到 500 家，销售收入过亿元的企业达到 50 家。特色农业发展迅速，农业产业化水平明显提高。优质粮、花卉、瓜菜、果品、畜牧五大支柱产业占农业总产值约 93%，特别是抓住青州成功获得 2009 年第七届中国花卉博览会举办权这样的发展机遇，全力以赴，乘势而上，促进花卉产业发展。目前，全市花木种植面积达到 10 万亩。在发展经济的同时，我们坚持生态理念，突出"古、青"特色，实施绿化工程；扎实开展矿山秩序整顿，关停采矿企业 509 家，压减率达 87%；加大废弃矿坑和荒山资源整理力度，形成建设用地，突破发展用地瓶颈；加大节能减排力度，关停 19 家重点能耗和排污企业，规模以上工业企业万元产值能耗同比下降 5.9%。经过多方努力，上半年，全市实现地区生产总值 116.1 亿元，同比增长 19.8%；城镇居民可支配收入 6500 元，农民人均现金收入 7415 元，分别增长 16% 和 19%。

推进平安建设，净化群众生产生活环境。平安是社会之福、群众之

* 本节原刊于《求是》2007 年第 20 期。

福。近年来，我们大力开展平安建设，加强治安防控体系建设和治安管理，完善严打整治工作机制。加强交通主干线、公共复杂场所等重点部位的控制，重点对交通运输、建筑行业、批发市场、集贸市场等进行整治，对各类黑恶势力团伙实施严厉打击；完善城乡治安防控体系，深化镇（街道）、警务区和村（社区）“三级”治安防控体系建设，全市 19 处镇、街道全部成立巡控督查队，各村（社区）和居民小区成立治安巡逻队，专职巡逻队员达到 5000 多人；落实特警、交警管线，派出所干警管片，居民小区联防管点责任制，建立多警联动、全天候科学用警的弹性工作机制，社会治安明显好转。

坚持依法拆迁，让广大群众共享城市发展成果。城市发展必然有拆迁。我们按照“依法拆迁，安置先行”的原则和“让利于民”的指导思想，从老百姓切身利益出发，建立公平、合理、优惠的补偿机制，妥善解决老、弱、病、残及低保户住房问题。坚持“政府主导、规划先行、公司经营、市场运作、部门配合、社会支持、立体监督”的运作机制，成立城市建设投资公司、招投标管理办公室和招投标交易中心，严格按法定程序规范操作。我们集中解决拆迁范围内涉及的企业改制、房屋产权、村级资产等历史遗留问题，让群众不花钱或者花较少的钱就能住进宽敞、明亮的新楼房。

力求务实高效，“行政办事中心”应运而生。为了提高政府机关办事效能，我们成立了集行政许可、便民服务、会计集中核算、公共资源交易四项职能于一体的“行政办事中心”。中心建筑面积 12000 平方米，进驻 70 个单位 400 名工作人员，纳入各类行政许可、收费及服务事项 506 项。中心采取“集中办公、窗口受理、一口对外、承诺服务、限时办结、统一收费”的一站式服务模式，推行“一般事项直接办理、复杂事项承诺办理、联办事项同步办理、上报事项负责办理、特殊事项集中办理、控制事项明确答复”等制度，狠抓职能到位、服务到位两个关键因素，实现公开、规范、高效运转，赢得了群众的广泛好评。

第二十二章　文化建设

一、县域文化建设的思考 *

县域文化建设与县域经济、社会发展水平和发展质量密切相关，加强县域文化建设，已经成为事关经济和社会发展全局的重要问题。近年来，青州市加快实施经济文化互动战略，县域文化建设呈现出蓬勃发展的良好态势，文化名城、旅游名市、生态名市和经济强市“三名一强”生态文明新青州建设取得了令人振奋的成绩。2008 年，实现地区生产总值 11.8 亿元，重新跨入全国百强县行列，列第 87 位。

建设县域文化要树立经济文化互动发展理念。在制定任何一种县域发展战略时，都必然地试图全面了解所要面对的县域客体，要对此有清晰的认识与把握，这是基本的常识。但是，在实践中往往会倾向于仅仅以地理区位、产业基础、财政状况等具体方面作为制定战略的依据，却不能够从该地区的文化底蕴出发，不能够充分考虑特定的县域文化类型和文化心理影响甚至制约有形物质因素发挥作用的重要意义。这种缺乏经济文化互动发展观念指导的认识过程必然是不全面的，不能做到真正的实事求是，也不能制定出真正科学的符合地方实际的发展战略来。而如果能够真正坚持经济文化互动的理念和发展方式，则会在经济社会发展各个方面取得突破性的成绩。青州市在县域文化建设的指导思想上坚持“三破三立”，树立全新的文化建设理念：一是破除“文化虚功论”

* 本节原刊于《中国文化报》2009 年 4 月 28 日。

的观念，树立“文化是核心竞争力”的理念。通过文化建设，重塑干部群众思维方式和行为方式，提高全社会“文化自觉”水平，凝心聚力，务实创新，形成了振兴青州的共同思想基础。二是破除“就文化抓文化”的观念，树立“抓文化就是抓发展”的理念。就文化抓文化没有出路。近年来青州市通过组织外出考察学习、开展解放思想大讨论、对重要会议实行电视直播、举办海岱书院大讲堂等形式，解放思想、提升境界、更新观念、统一认识，牢固树立抓文化就是抓发展的理念，坚持跳出文化看文化、跳出文化抓文化，把文化建设融入全市重点工作，实现了文化与经济的有机结合、互相促进、互动发展。三是破除“文化是文化部门的事”的观念，树立“人人都是文化建设主体”的理念。只靠文化部门去抓文化，根本不可能实现文化大发展大繁荣，要牢固树立“人人都是文化建设主体”的观念，在全社会形成了想文化、抓文化、干文化的浓厚氛围。

建设县域文化要坚持创意理念。创意就是财富，创意就是超越，创意就是竞争力。一个具有竞争力的城市必定是以文化为引领的创意之城。纵观国内外优秀的文化成果，无一不融入创意的元素，这些成果之所以具有强大的生命力并在市场上形成强大的号召力，就是因为融合了每一个时代的人对生活世界的崭新理解和基于这种理解之上的智慧创造。青州历史悠久，文化资源丰富，坚持让文化引领城市发展，让创意渗透到城市发展的各个方面、各个环节、各个细节，把文化建设与城市建设、社区建设、房地产开发以及旅游开发有机结合起来，促进文化优势向经济发展优势转化，探索出了一条创意城市的新路子。青州是东夷文化主要的发祥地之一，据此青州启动建设了占地 400 亩、投资 2.7 亿元的东夷文化标志园。宋代是中国历史上非常繁荣的时期，而古代青州最繁盛的时期就在宋代，范仲淹、李清照、富弼、欧阳修等名人都曾经在青州生活或做官，据此青州规划建设了体现宋朝文化，占地 830 亩、投资 7 亿元的“宋城”，同时结合 2009 年中国第七届花卉博览会筹办，规划建设了占地 1320 亩，以李清照文化、宋词文化为主题的“七博会”室外展区。北城社区在清代时曾经作为驻防满洲旗城，据此青州规划了占地 1000 亩、投资 5 亿元的旗城文化保护项目，建成后将成为中国满学研究的重要基地和旗城文化旅游目的地。依托汉代位于青州的广县城，规划建设占地 900 亩、投资 10 亿元，以展示汉代文化为主，完全是汉代建筑风格的广县古城。围绕“九州文化”，依托西南山区丰富的自然生态资源，规划建设总投资 120 亿元的九州文化生态园。以道家文化为主题，规划建设投资 2.5 亿元的甲子文化生态园。以周代文化为主题，规划建设投资 8000 万元的马驿门遗址公园。以伊斯兰教文化为主题，规划建设东方伊斯兰文化中心。专题建筑、建筑形态、建筑小品等所有建筑符号等都成为文化内涵的丰富载体。目前，规划建设了 30 多个文化旅游项目，实现了文化旅游统筹发展。3 年到 5 年时间内，一座现代与历史辉映、文化和生态交融、特色鲜明的魅力城市将呈现在人们眼前。

建设县域文化要建立多元投入机制。推动文化大发展大繁荣，投入问题是关键。不管是文化建设长远规划的制定与落实，还是具体的文化设施的建设与管理，都需要大量资金的支持。在人民群众对文化建设的强烈需求与县级财政相对紧张的情况下，积极探索文化建设的投资渠道成为搞好县域文化建设的重要问题。在实践中，青州创新发展思维，建立了政府资金、民间资本、外商资本、社会捐助的“四轮驱动”投入机制。一是加大政府投入。安排专项资金 1100 万元，用于文化产业发展政策性奖励和文化产业启动。安排配套资金 400 万元，用于乡镇综合文化站建设工程、农村电影放映工程、农家书屋建设等。加大经营城市间接投入，先后运作、置换出价值 35 亿元的 4000 多亩土地，全部用于公共文化项目建设。二是启动民间资本。坚持谁投资、谁所有、谁受益的原则，放宽政策，激活民间资本，鼓励非公有制资本进入文化领域。由书画经营业户共同出资 2000 万元、营业面积 8500 平方米的青州书画艺术城等项目先后投入运营。三是广泛招商引资。把文化产业、文化事业作为招商引资的重点，对文化项目进行策划、规划、包装，建立完善文化产业项目库。先后规划建设的图书馆新馆、文化馆新馆、博物馆新馆、青州国际会展中心、体育中心、红木艺术馆、机械博物馆、君怡都书画艺术城、甲子文化园等30多个文化建设项目，全部通过招商引资建设。四是吸引社会捐助。从2006年到现在，文化项目、文化设施的规划、建设总投入达130多亿元。其中政府的投资比重不到5%，仅仅起了引导性作用，更多的资金来源于多样化的投资渠道，包括民间资本在内的多重投资体制，保证了文化建设大规模、高质量、快速度的良好局面。

建设县域文化要使文化建设渗透于经济社会发展过程之中。青州市坚持经济文化一体化发展理念，收到了显著效果。一是坚持文化建设渗透于城市建设之中。把整座城市作为一个大型文化旅游景区来规划建设，深入挖掘城市文化内涵，全面盘活文化资源，把文化融入城市建设的各个环节和全过程。特别是注重发展文化产业，规划建设以元代建筑风格为特色的占地2366亩的益王府花园、以尧王文化为主题的占地2500亩的尧王文化生态园、以明代建筑文化为特色的占地2000亩的衡王府花园等大型文化主题社区。二是坚持文化建设渗透于工业建设之中。文化是企业核心竞争力最重要的因素。青州市坚持“跳出工业抓工业”，通过转变企业家观念，加大自主创新和品牌建设力度，企业市场竞争能力不断增强。规模以上工业企业主营业务收入连续3年每年增加100多亿元。三是坚持文化建设渗透于旅游开发之中。把文化建设融入旅游发展总体规划、依托“古城文化、佛寿文化、山地森林、弥河水生态”四大旅游片区，规划配套30多个文化旅游景区（点）。四是坚持文化建设渗透于新农村建设之中。以春节系列文化活动、农村文化艺术节、夏季广场文化系列活动、花博会文化艺术节四大品牌活动为主要内容的文化惠民工程，极大地促进了乡风文明建设。五是坚持文化建设与全民素质提升工程一体化互动发展。深入开展群众性精神文明创建活动，加强社会公德、职业道德、家庭美德、个人品德建设，形成了勇于拼搏、敢于竞争、乐于奉献的“青州精神”，成为统一思想、振兴青州的巨大精神财富。

建设县域文化要创新工作体制机制。党的十七大报告指出：“在时代的高起点上推动文化内容形式、体制机制、传播手段创新，解放和发展文化生产力，是繁荣文化的必由之路。”青州市开创性的文化建设得益于探索实施了一套独具特色的领导体制和工作机制。打破了行政资源的条块分割，充分整合干部和人力资源，对文化建设重点项目，实行“市委、市政府决策—指挥部推进—城建投资公司运作—人民办事中心服务”四位一体模式整体推进。青州市成立40多个项目指挥部，每个指挥部由一名市级领导挂帅担任总指挥，采取企业项目部运作模式，这种运作模式从机制上保证了工作的强力推进。这些市级领导有市委、市政府的领导，也有人大、政协的领导，每名领导干部都在文化建设的主战场上发挥领军作用，形成了“二线领导上一线，一线领导上前线，一级领着一级干”的生动局面。事实证明，体制和机制的创新，保证了文化建设所必需的执行力，保证了文化建设各项工作的顺利推进。

二、发挥文化在新农村建设中的积极作用 *

社会主义新农村建设是长期的历史任务，也是复杂的系统工程。扎实推进新农村建设，必须深入贯彻落实科学发展观，充分发挥文化的积极作用。近年来，山东省青州市在推进新农村建设的过程中把加强农村文化建设放在突出位置，取得了积极成效。实践证明，加强农村文化建设既是新农村建设的重要内容，又是推进新农村建设的强大动力和重要保障。

建设社会主义核心价值体系的必然要求。发展社会主义先进文化，实现文化大发展大繁荣，要求我们在广大农村地区大力加强文化建设，以先进、积极、健康的文化占领农村思想文化阵地，宣传党和国家的路线、方针、政策，创造健康文明的生活方式，提高人民群众的思想道德

* 本节原刊于《人民日报》2008年7月7日。

水平和科学文化素质。青州市坚持统筹发展、协调发展的方针，以城市社区和农村乡镇为重点，全面加强文化设施、文化队伍建设，不断创新文化活动内容和方式，形成了布局设施合理、队伍素质较高、群众文化活动丰富，政府主导与社会支持、全民参与相结合的农村文化建设新格局。

实现新农村建设目标的必然要求。生产发展、生活宽裕、乡风文明、村容整洁、管理民主，是新农村建设的目标。这些目标既包括满足广大农民群众物质生活方面的需求，也包括满足其精神文化方面的需求。农村发展进步的目的，归根结底是让广大农民群众过上更加幸福的生活。只有农民群众的物质生活水平和精神文化生活水平同时进步，才能说在实现新农村建设目标上取得了实质性进展，而这都有赖于农村文化建设水平的提高。

增强基层社会动员和社会管理能力的必然要求。在我们党领导的革命、建设和改革实践中，文化工作一直是社会动员和社会管理工作的重要组成部分。当前，在价值观念多元化的现实背景下，尤其需要注重农村基层文化建设，将其作为增强执政能力、提高党对农村基层管理水平的重要举措来抓，以文化建设带动提高社会动员能力，以强大的社会动员能力实现低成本的农村社会管理目标。青州市成立了市文化行业协会，下设 19 个分会，拥有会员单位 98 个，吸收会员 5000 余人，经常性地组织开展各类群众文化活动，活动范围覆盖 12 个镇（街道）大多数村和社区，在基层社会动员和社会管理中发挥了积极作用。

促进农村社会和谐稳定的必然要求。独特的社区文化是增强农村社区凝聚力的重要因素，经常性的群众文化活动是使居民对社区产生强烈认同感和归属感的有效手段。文化上的认同感以及心理上的归属感，可以帮助农民摆脱互不相干的个体状态，在生产生活上合作互助，在维护社会稳定上一致行动，从而促进社会和谐稳定，为实现农村地区又好又快发展提供前提条件，为增强党和政府威信、增强农民群众幸福感奠定重要基础。青州市大力加强农村文化建设，12个镇（街道）全部建立了文化站，80%以上的村（社区）建有文化大院，初步形成了以市文化馆为龙头、镇文化站为枢纽、村文化大院为基础、以文化专业户为补充的多层次多体制群众文化网络，既丰富了广大农民群众的文化生活，又有力地促进了农村社会和谐稳定。

三、以创新精神推动文化旅游大发展*

在潍坊市委、市政府的正确领导下，青州市牢固树立文化旅游业统筹发展的理念，坚持把文化旅游业作为拉动经济增长、提升核心竞争力、改善投资环境的先导产业，作为全力打造文化名城、旅游名市、生态名市和经济强市的重要举措，突出创意、创新，努力推进文化旅游资源优势向经济优势的转变，实现了文化与旅游业互利共赢、协调发展。2007年实现文化旅游总收入15.8亿元，增长44%。云门山风景区和仰天山森林公园2处景区被评定为国家4A级风景区，先后荣获全国社会文化先进县、国家园林城市、山东省地质公园等荣誉称号，被评为山东最具竞争力旅游强市。

（一）加大体制创新力度，实现文化旅游发展大统筹

整体推进、统筹发展是做强做大文化旅游业的根本途径，是实现文化旅游业科学发展、率先突破的强力保障。

推进文化旅游一体化发展。文化是青州旅游的灵魂所依，旅游是青州文化的活力所在。发展文化旅游业，首要的是牢固树立文化旅游一体化发展的理念，努力促进文化旅游的互动共赢协调发展。我们充分挖掘青州的生态文化、古城文化、民族宗教文化，规划一批重点文化旅游项目，彻底改变传统单一的观光旅游理念，努力将每一个旅游景点都赋予

---

* 本节原刊于《研究与咨询》2008年第11期。收入本书时笔者作了部分删节。

文化内涵，将文化建设赋予旅游功能。体现东夷文化、占地 1700 亩、总投资 2.7 亿元的东夷文化标志园进展顺利；以八旗文化为主题，总投资 5 亿元的旗城，以李清照文化、宋词文化为主题，占地 1320 亩的“七博会”室外展区，以道家文化为主题，总投资 1.5 亿元的甲子文化生态园，以周代文化为主题，总投资 8000 万元的马驿门遗址公园等项目全部启动建设；占地 830 亩、总投资 7 亿元的“宋城”，占地 950 亩、总投资 10 亿元的广县古城，已经完成规划；代表“古九州”特色，总投资 120 亿元的九州文化生态园，正在与外商洽谈。发展文化地产业，开工建设以元代建筑文化为特色的占地 2366 亩的益王府花园、以尧王文化为主题的占地 2500 亩的尧王文化生态园、以明代建筑文化为特色的占地 2000 亩的衡王府花园等大型文化主题社区，极大地拓展了青州旅游概念，使文化建设与旅游发展相得益彰。文化正在成为青州旅游的底色和最大特征。

推进文化旅游统筹管理。立足全市一盘棋，打破条块分割，积极探索建立主体明确、权责统一、运行高效的统筹管理体制。成立旅游文物管理委员会（旅文委）、市文化产业发展办公室和文化产业园工作委员会、弥河生态旅游开发管委会、仰天山森林公园管委会、云驼风景区管委会“四大管委会”。旅文委作为市政府主管旅游、文物的机构，对全市旅游资源实行统一规划、统一开发、统一管理、统一经营。凡是景点规划建设、景区资源保护与管理、旅游产品开发销售、旅游服务业发展等涉旅产业，全部由旅文委牵头管理。“四大管委会”负责辖区内文化旅游资源的挖掘整理和开发利用。文化产业发展办公室负责文化产业发展规划和项目策划，重点搞好非物质文化遗产的挖掘整理。我们将隶属不同镇、街道的 29 个村庄分别划归市文化产业园和市云驼风景区管委会管理，破除了发展阻力，实现了真正意义上的统筹管理。科学的统筹管理体制，实现了管理效益最大化。通过整理荒山荒坡，形成 8600 亩的文化产业园，将全市职业学校纳入其中，目前已完成基础设施配套。其中，投资 3 亿元、12 万平方米的民族技师学院一期工程，投资 2 亿元、

8.6 万平方米的潍坊教育学院一期工程将于 2008 年秋季竣工并投入使用；仰天山森林公园和云门山风景区进一步提升完善，成功创建成为国家 4A 级风景区；总投资 5 亿元的弥河水生态旅游区项目也已完成规划并启动建设。

统筹文化旅游发展领导合力。创新组织领导体系，统筹人力资源，对重点规划建设项目，全部成立由市级领导挂帅、相关部门领导组成的指挥部，并采取指挥部、党委（党支部）、项目部“三位一体”的运作模式。指挥部由市委、市政府直接领导，全权负责项目的组织、指挥和调度。大力推行一线工作法，指挥、副指挥全部靠在现场，点对点地抓问题，抓工作推进。各成员单位分工协作密切配合，协同作战。推行企业项目部运作模式，每个项目独立运作，封闭运行，形成了加快发展、充分发挥整体合力的执行机制，保证了工作的强力推进。

（二）加大资源布局调整力度，推进文化旅游发展大整合

针对青州文化旅游资源丰富、分布广泛的现状，努力克服景点规模不大、布局散乱的瓶颈制约，全力加快资源整合力度，努力提升景区内涵，做大做强青州文化旅游的优势品牌。

坚持科学规划。突出包装策划和创意创造，发展创意文化，发挥资源优势，彰显地域特色，体现文化旅游项目的唯一性、权威性和排他性，创意策划了大批古城文化、生态文化和民族民俗文化旅游项目；投入 5200 万元，用于文化旅游发展规划，聘请阮仪三等国内外知名专家组织创意规划，对全市的文化旅游资源进行充分挖掘、提炼、整合，对青州文化旅游发展进行整体定位，并对核心风景区进行了高标准规划，努力塑造青州文化旅游品牌的新形象。先后编制了《青州市历史文化名城保护规划》《青州市文化旅游总体规划》《青州市核心旅游区控制性详细规划》。全面推进青州历史文化研究规划和历史文化的保护性规划，对物质文化遗产和非物质文化遗产切实加强保护，首批市级非物质文化遗产名录已经公布，并落实了保护、传承措施。组织编写《青州文化大型系

列丛书》，3 大系列，40 余册，800 多万字。目前《青州通史》4 卷已出版发行。

实施大片区发展战略。以原有景点为载体，以提升内涵为主导，以整合资源为手段，以打造品牌、建设重要旅游目的地为目标，在空间布局初步构建起了具有鲜明区域特色、结构合理、效益显著的“四大文化旅游区”。一是占地 60 平方公里的佛寿文化旅游区。以城南云驼风景区为中心，将龙兴寺、甲子文化生态园、东夷文化生态园、山体卧佛等景点整合，并规划建设佛学院、策划开发禅音表演等旅游项目，塑造特色产品，形成以文化体验、修身养性为主题的旅游景区。二是占地 40 平方公里的古城文化旅游区。以青州老城区为中心，将范公亭公园、东关古街、偶园、清真寺、真教寺、满族旗城等反映不同历史和民族文化的景区进行开发整合，投资 8 亿元，将 7.1 公里的南阳河打造成一条展示青州历史文化脉络的生态画廊、历史长卷，形成以古州文化、休闲娱乐为主题的旅游景区。三是占地 600 平方公里的山地森林文化片区。以西南山区为中心，将清风寨、八喜谷、仰天山森林公园、泰和山庄等景点进行开发、整合，规划建设九州文化生态园，形成以绿色生态、休闲度假为主题的旅游景区。四是占地 260 平方公里的弥河水生态文化片区。沿城东弥河两岸，结合七博会室外展区建设，依托特色花卉业、生态林果业、会展业、综合服务业等多种产业，加快花卉博览园、弥河生态林场等景点建设，着力打造以戏水、赏花为主题的自然休闲观光旅游带。

四、深化经营城市必须解决好思想问题 *

当前，全国各地普遍掀起了深化经营城市、加快城市化进程的热潮。如何深化经营城市，昌乐县进行了一定探索。从认识的角度看，要注意解决好 4 个方面的问题。概括地讲，就是要注意“提高一个认识，树立

* 本节原刊于《山东经济战略研究》2002 年第 12 期。

三个观念，增强四种意识，处理好十个关系”。

提高一个认识。城市建设就是抓经济工作的认识。经营城市是社会主义市场经济的客观要求，经营城市与各项工作相辅相成，互为促动。抓经营城市，提高城市品位，可以增强对投资者的吸引力，创造商机，把城市经济搞活；可以改善城市环境，完善城市功能，提高人民群众物质文化生活水平和思想道德素质，促进各项社会事业全面发展。抓经营城市，可以吸纳农村剩余劳动力，变农民为市民，拉动二、三产业发展，带动城市人流、物流。因此，工作中要把经营城市作为经济工作的一个重要方面，与工业工作、招商引资、结构调整一起研究、一起部署，加快发展步伐，推动经济健康发展。

树立三个观念。一要树立解放思想、与时俱进的观念。思想是行动的先导。思想解放的程度，决定着改革的深度和发展的速度。坚持解放思想、实事求是的思想路线，弘扬与时俱进的精神，是保持先进性与创造力的决定性因素。工作中没有现成路子可走，“摸着石头过河”，首要的还是要解放思想，与时俱进。二要树立创新的观念。创新是民族进步的灵魂，是社会发展的不竭动力。没有创新，就没有进步。经营城市本身就是工作创新的结果。工作中，必须大胆探索、大胆尝试，以创新的思维方式来经营好城镇，积极探索市场化运作的路子，鼓励社会投资和开发，激活城镇经济，推动城镇建设持续、快速、健康发展。三要树立个性化观念。特色是城镇的灵魂，也是城镇的魅力所在。城镇特色是一种文化的积淀和发展，需要充分认识和挖掘。各地要根据自身的资源条件、地理环境、经济基础、文化背景等，因地制宜地确定独特的经营城市战略。要强化建筑的空间布局，讲究建筑的群体效应和环境效应，突出建筑的永久性和艺术性。要重视规划设计的核心作用，对各个地块实施具体指导，对道路、工程管线、层次绿化等进行综合设计，使各项功能区相辅相成。

增强四种意识。一是增强规划意识。城市规划是发展城市的灵魂、建设城市的纲领。只有搞好规划，才能有个性鲜明的城市形象和富有文化内涵的城市品位，才能产生巨大的经济效益、社会效益和环境效益。要本着“城市建设，规划先行”的原则，根据区位优势和当地的经济基础，搞好定位。要借鉴先进经验，邀请国内专家论证，使城镇规划科学、准确、超前。二是增强市场意识。小城镇建设需要投入，而仅靠政府投入远远不够，要解决建设与投入的矛盾，就必须强化市场意识，转变过去把城镇基础设施当作一种社会福利性、非生产性设施的观念，树立城市基础设施是一种特殊商品的意识。要用市场经济的手段去管理和经营城市基础设施，使城建事业逐步向市场经济转变。三是增强法制意识。市场经济也是法制经济。市场条件下的经营城市，必须依法行政。工作中要做到法制先行、体制理顺、方法创新，要尽快理顺管理队伍，建立健全城市管理法规，使城市管理有法可依。要将专业队伍管理与群众参与结合起来，采取招投标有偿出让管理权、实行目标管理责任制等方式，充分发挥各级各类人员在城市管理中的积极性和创造性，加大执法力度，提高管理效能。四是增强人本意识。市民是城市的主体，市民综合素质的高低集中反映了城市的文明程度。城市的现代化，不仅仅是设施的现代化，更重要的是人的现代化。没有市民素质的普遍提高，就谈不上经营城市水平的提高。城市管理部门、宣传部门要围绕精神文明创建活动，利用多种形式广泛宣传城市卫生管理、市容环境管理、道德规范等各项法律规章，使城市管理意识深入人心、家喻户晓，提高广大群众的整体素质。

处理好十个关系。一是处理好城市规划、建设和管理的关系。现代城市不但要规划好、建设好，而且要管理好，这是非常重要的三个环节。必须通盘考虑，科学规划，精心建设，强化管理。城市规划要以城市化发展纲要为指导，注意规划的系统性和协调性。要坚持百年大计，质量为本。强化城市管理是搞好城市的重要环节，要用改革的办法积极吸收国内外城市管理的先进方法来管理城市，使城市管理更科学、更规范、更有效，使要素流动更顺畅，人民生活更方便。二是处理好拆与建的关系。拆迁与建设都是经营城市工作中不可缺少的两个方面。拆迁就是为了更好地建设。对不符合规划的“三违”建筑要敢于拆掉，不能迁就；在建设过程中要坚持高标准，不留遗憾。三是处理好城市建设与园区建设的关系。要将园区建设纳入城市建设总体规划，通过园区建设拉动城市发展；同时，通过加快城市发展吸引项目落户园区，推动园区上水平。四是处理好小城镇建设与中心城市建设的关系。中心城市是小城镇发展的龙头，能为众多的小城镇提供示范、市场和服务。发展小城镇又是发展中心城市的基础和准备过程，基层小城镇发展得越好，越能为中心城市提供资金、人口等方面的准备。要从当地实际出发，加快中心城市建设步伐，尽快形成以中心城市为中心，以中心镇为骨干，重点镇、次级镇布局合理、功能互补的城镇体系。五是处理好城市建设与一、二、三产业的关系。城市建设必须注意与产业调整相结合。通过加快城市建设步伐，吸引农民进城，膨胀二、三产业，优化第一产业，从而实现一、二、三产业的良性互动，相对增加二、三产业的比重，减少第一产业占GDP 的比重。六是处理好数量与质量的关系。要坚持数量、质量、时间、效益的统一。工作中，注意从实际出发，按客观规律办事，切忌不顾客观条件盲目铺摊子，一哄而上。七是处理好求实与创新的关系。在城市经营过程中，既要坚持实事求是，从自身实际出发，又要在工作中坚持开拓创新，大胆探索新的经营城市路子，改革不适应城市化要求的户籍、财税、土地、投融资、行政管理及社会保障等一系列制度，加快城市化进程。八是处理好政府引导与社会参与的关系。经营城市是政府对国有资产依法经营和管理。工作中，既要坚持政府引导，严格按照规划的要求进行建设和管理，又要注意充分调动社会各方面参与的积极性，通过项目招标、土地拍卖等多种形式吸引社会力量参与城市经营。九是处理好国家、集体、个人三者利益的关系。经营城市的过程，也是一次利益再分配、再调整的过程，必然触及方方面面的利益。要坚持以国家、集体利益为重，个人利益、局部利益服从全局利益。对涉及个人利益损失的，也要注意搞好一定方式的补偿。十是处理好工作重点突破与整体推进的关系。经营城市涉及内容很多，要抓住“牛鼻子”，选准工作的突破点，集中攻关，推进整体工作顺利开展。

五、坚持“三个统一”实现“三个度”*

在县域经济发展中，解放思想转变观念就是要建立适应现代市场经济规则、现代政府运作模式的思维方式，树立基于“三个有利于”的价值评判体系，完善市场经济条件下和经济全球化背景下看待事物、解决问题的分析框架，并在此基础上努力促进当地经济社会的全面健康快速发展。要达此目的，必须掌握一定的原则和方法。笔者认为，主要应坚持“三个统一”，实现“三个度”。

（一）坚持连续性和阶段性相统一，注重解放思想转变观念的深度

解放思想转变观念是时代提出的迫切要求。每个时代都给当时的人们以转变思想观念的压力，要求改变那些不适应生产力发展状况和水平的意识、观念和态度。整个人类历史是一部社会变迁史。在社会变迁中，首先发生变化的是在器物层面，然后是在制度层面，最后才能达到思想意识层面。也就是说，思想意识作为最具稳定性和核心性的内容，最终决定着社会变迁的方向、速率和形态，也只有在思想意识领域产生根本性的变化之后，器物和制度层面的变迁才可能具有稳定性并真正发挥其功能。人类历史就是在思想观念与社会进步复杂互动中不断发展的。中国共产党人在科学的世界观与方法论指引下，坚持解放思想、实事求是的思想路线，并在党的十六大报告中进一步明确提出“与时俱进”的理念，这是对人类社会、经济以及思维发展规律的精辟总结，也是对解放思想转变观念连续性要求的最好说明。坚持与时俱进，就要求我们不能把解放思想转变观念看作是静态的暂时的工作，而是动态的长期的任务。

* 本节原刊于《理论学刊》2003 年第 6 期。

必须看到，中国的改革事业从计划经济到市场经济、从传统社会结构到现代社会结构的转型，其变迁速度之快、程度之深在人类历史上是罕见的，如果忽视了解放思想转变观念的连续性特点，就会被形势发展抛到后面，成为改革和发展的阻碍。

马克思主义教会我们用辩证的和历史的眼光看待事物，要注意将事物放到特定的历史时期和背景中加以分析和理解。这就要求在解放思想转变观念的实践中，还必须注重其阶段性的特点。每个时代都会提出特定的问题与要求，都要完成其特定的历史任务。在现阶段，我们的中心任务是抓住 21 世纪前 20 年难得的战略机遇期，实现跨越式发展。因此，解放思想转变观念的中心内容和目的都与此前有所不同，应该在以往思想解放成果的基础上作出进一步的发展和创新。解放思想是在科学的认识论、方法论前提下展开的，转变观念是在对当前形势和任务的清醒认识和准确把握基础上进行的，离开这一点去解放思想，是不可能有好结果的。不能以解放思想之名行背离与时俱进之实。在这个意义上，注重解放思想转变观念实践中连续性和阶段性的统一，应当作为最基本的原则加以强调和恪守。

（二）坚持广泛性和层次性相统一，注重解放思想转变观念的广度

解放思想转变观念的主体不是特指哪一级领导干部，也不是指哪一级部门，而是涵盖了每一个社会成员和社会部门。即解放思想转变观念的主体只有是广泛的，才可能在思想上实现全社会的和谐统一，达成各领域各层次的协调一致，从而集中一切力量加快推进经济社会的发展。从另一方面讲，完整的社会结构之所以能够实现其内在和谐，就是因为结构中的不同个体、不同部门处于不同的位置和层级，发挥着不同的功能，存在着明确的分工配合关系。这样，在解放思想转变观念的实践中必须对处于社会结构和社会运转过程不同层次和位置上的领导干部、职能部门、人民群众提出不同的任务和要求，在解放思想的侧重点和评价

标准方面体现出显著的层次性特点。在县域经济发展中，主要领导干部是引导者、示范者、决策者，发挥着核心的作用。解放思想转变观念对他们而言，第一，要对自身及政府功能进行准确定位，从直接管理经济事务转变到掌握市场经济内在规律和现代政府运行规律，向社会提供优质公共产品方面来；第二，要求领导干部成为具有丰富市场经济理论和社会管理理论的专家和为人民服务的能手；第三，要求领导干部改变思维方式和领导方式，着重解决工作中普遍存在的模糊性、随意性、情绪化的问题，适应市场经济要求，将全盘工作量化和精细化，在严密论证和精确计算的基础上开展工作，推动经济和社会发展。各职能部门与所属干部这一层次是经济和社会生活管理的实际操作者和推动者，是直接与人民群众接触，直接决定经济发展实际结果的关键部分，因此也是解放思想转变观念实践中最重要同时也是有可能遇到最多问题的层次。在这一层次要重点解决政府利益部门化、部门利益个人化问题。解放思想与利益之间的矛盾关系存在的根源是此前政府过多地涉入了经济运行的具体领域和具体环节。因此，解放思想转变观念对这一层次而言，第一，要求他们意识到，以往存在的各种状况是在社会主义市场经济体系不完善的条件下出现的，以往所得到的各种利益中也有一部分是不正常、不正当的利益，随着各项制度的健全和完善，这种谋利的条件正在消失，也一定会消失。第二，要使他们理解，计划经济条件下的“管理型政府”“管理型部门”要向“服务型政府”“服务型部门”转化，以服务创造良好的经济发展环境，专心致志地做好市场无法提供的公共产品的供给工作。第三，要使他们进一步明确，改革的过程是利益再分配和重组的过程，而思想解放的过程则是学习用新的、先进的眼光和态度看待利益再分配的过程。整体利益的实现最终决定着局部利益的实现，这是解放思想转变观念在这一层次得以深入的重要思想基础。群众中蕴藏着巨大的智慧和力量，是我们党力量的源泉和不断胜利的最坚强保障，党的一切实践归根结底都是人民群众的实践。广大群众的思想解放，取决于领导干部和职能部门的思想解放水平和服务水平的提高。如果干部一味埋怨农民的小农意识和对土地的过分依赖，却不能从根本上解决农民的社会保障问题，不能帮助农民提高有效化解市场风险的能力，农民的观念是很难转变的，农村经济也是很难搞好的。如果在这些方面政府作出积极努力并取得明显成果，干部做出表率，部门重塑形象，这时再对群众进行转变观念的教育，就会水到渠成。昌乐县县域经济近年来的快速发展就证明了这一点。领导干部是核心，职能部门是关键，人民群众是基础，这三个方面结合起来，解放思想、转变观念才可能取得实质性的成果。

（三）坚持具体性与针对性相统一，注重解放思想转变观念的力度

解放思想转变观念首先是思想领域的变革，但同时又是一个实践过程，需要在实践中检验解放思想的成果，判定观念转变的程度。尤其是在县一级，作为基层政府，所处理的是具体的行政事务，如果把解放思想停留在纸面上、口头上、会议上，或仅仅在理论上对解放思想进行反复推敲而不能结合本地的具体情况开展工作，这种解放思想也就失去了意义。有些地方名曰“解放思想”，实则盲目蛮干，造成损失说成是“交学费”，也是应当认真检讨的。必须头脑冷静，调查翔实，论证周密，时时以科学方法指导工作，解放思想才会成为动力，促进工作的全面发展。必须认识到，实现解放思想转变观念具体性原则的前提是坚持它的针对性原则。解放思想本身并不是目的，而是为谋求最广大人民群众最根本利益的手段，是全面提高为人民服务水平的途径，这是解放思想转变观念的出发点和归宿。正是由于思想和观念方面的限制，导致经济社会事业不能更加快速健康发展，人民群众生产生活水平不能迅速提高，这就要求我们要善于在工作中发现问题，有针对性地思考问题，在解放思想的过程中解决问题。因此，解放思想转变观念的过程同时也是有针对性地不断发现问题和解决问题的过程，因而它必然是一个非常具体的实践过程。解放思想转变观念是实际工作向我们提出的紧迫任务和要求，这也是一个长期任务，需要我们保持与时俱进的精神状态，不断在具体工作中体现和完成它。

六、山东青州：观念思路更新，建设管理转型 *

青州市在“抓城市建设就是抓经济建设”和“民生、经济、资本、共赢、共建、对话”观念的指引下，坚持“一化、四集中”的城市发展思路，大力推进城市建设与管理转型，促进了全市经济社会健康发展。

城市是现代经济发展的重要载体，一个地区的城市化水平反映了经济发展的水平。加快城市化进程，对于提高区域现代化水平，增强地区综合竞争力，改善人民群众生活，具有重要意义。青州市城建基础较好，交通区位优势明显，旅游资源丰富，历史人文底蕴深厚，民族、宗教特色鲜明，城市发展的优势十分明显。但是，由于近年来城市建设规划、投入、机制等方面相对滞后，城建步伐缓慢，制约了经济的快速发展。

为加快城市化进程，青州牢固树立“抓城市建设就是抓经济建设”的大观念，大力推进城市建设与管理转型，使资源优势尽快转化为经济优势，大力提升城市竞争力，从而促进全市经济社会更快更好地发展。

（一）树立“民生、经济、资本、共赢、共建、对话”的观念

树立“民生”观念，正确认识“城市建设到底是为谁”的问题。城市建设归根结底是为了给市民创造一个适宜的生产生活环境，提高人民群众的生活质量。城市越发展，老百姓得到的实惠也越多。青州坚持走以城养城的路子，通过市场化运作增加城市收益，并全部用于城市的自我滚动和自我发展。

树立“经济”观念，解决“城市建设是什么”的问题。城市建设是推动区域经济社会发展的重要动力，与工业一样，同样可以提供就业岗位、扩大就业再就业，同样可以增加税收、实现财政增长。牢固树立“抓城市建设就是抓经济建设”的观念，跳出“就经济抓经济、就项目抓项目”的误区，以城市化助推工业化、带动服务业发展、促进社会主义

* 本节原刊于《城乡建设》2006 年第 10 期。

新农村建设。

树立“资本”观念，解决“城市建设怎么搞”的问题。青州把城市基础设施及城市文化民俗旅游、产业基础和劳动力资源等，作为城市资本进行运作。在市场经济条件下，青州把政府作为经营城市资源最大的“公司”，真正把城市资源作为“第一资本”来经营，努力实现城市效益的最大化。

树立“共赢”观念，正确对待“城市建设中利益如何分配”的问题。城市建设需要外商的参与，开发商来投资可以使城市资产升值，政府也可以增加收益，街道（社区）可以改善环境，本地企业可以学到先进的建筑理念，同时老百姓可以增加就业岗位，所拥有的固定资产可以升值，居住水平可以提高。由此可见，城市建设是一个多方共赢的过程。青州坚持以海纳百川的开放胸怀对待外商，真正实现“共赢、共发展”。

树立“共建”观念，解决“城市建设主体是谁”的问题。“人民城市人民建”，政府是城市建设的主导，但城市建设的主体是全体市民，一座城市的建设和管理，离不开全体市民的支持和参与。青州倡导“城市是我家，建设靠大家”，动员全市人民以主人翁姿态积极支持、参与到城市建设与管理。

树立“对话”观念，注重“城市建设工作中的方式方法”问题。城市资源是最大的利益争夺对象，城市建设过程中出现这样那样的利益冲突是正常的。为积极稳妥地推进城市建设，青州建立了对话互动交流机制，使官民之间相互理解，相互支持，及时交流沟通思想，并从中找到两者之间的最佳结合点，找到解决问题的最佳途径。

（二）坚持“一化、四集中”的发展思路

观念决定思路。在“抓城市建设就是抓经济建设”和“民生、经济、资本、共赢、共建、对话”观念的指引下，青州市大力推进城市建设与管理转型。城市建设既放开眼界，又立足实际；既广收并蓄，又突出特色。在充分调查研究、反复论证的基础上，青州市委、市政府确定了青

州城市建设的定位和城市的发展思路。

城市建设的定位是以建设现代化中等城市为目标，按照“拉开框架、准确定位、挖掘内涵、重塑形象”的总体要求，以打造文化名城、旅游名市、生态名市、经济强市为着力点，以老城的全面提升为基础，以城市东扩为发展方向，力争经过 3 —5 年的调整，形成“两城三片六大基地”的城市布局。“两城”即西部依山的老城、东部傍水的新城；“三片”即北部发达的工业片区、南部优美的旅游片区、东北部新兴的物流片区。“六大基地”即机械制造业基地、石油化工基地、冶炼建材基地、现代物流基地、旅游休闲基地和花卉苗木基地。

城市的发展思路是“一化、四集中”。“一化”，即市场化。凡城市公益性项目，均量力而行，有多少钱办多少事；凡能通过市场运作、能够吸引外商投资的项目，有多少项目去筹集多少资金。第一，规划市场化。放开规划市场，通过市场的手段请专家来做规划；实施“经济规划”，力求规划出项目，规划出效益；维护规划的严肃性，坚决做到“规划一张图，审批一支笔”。第二，建设市场化。放开建设市场，引进高水平的建筑施工队伍，坚决打破“外地的进不来，本地的出不去”的局面，实现城建项目“三高、两出”，即高品位、高标准、高效率、出精品、出亮点。第三，管理市场化。在人本化、秩序化的基础上，加快市场化进程。引入竞争机制，把城市公用事业逐步推向市场，将物业化管理程度作为市场化管理的重要内容，探索建立房地产开发、政府职能管理和社区物业三位一体的新型社区管理模式。大力培植、积极引进有实力的物业公司，推行社区业主委员会和业主代表大会制度，提高物业管理水平，维护业主合法权益。

全力推进“四个集中”。产业向园区集中——城市规划区内，原则上停止对经济开发区以外的新增工业用地的审批；人口向城市集中——鼓励农村人口向城区聚集，提高城市化程度，使城市基础设施实现共享，提高人民群众的生活质量；居住向社区集中——实行房地产成片开发、社区社会化管理，提高物业管理水平；办公向公共服务中心集中——在城市新区建设公共服务中心，实行市直有关部门集中办公，盘活存量资产，降低工作成本，提高服务效率。

（三）建立健全城市建设制度和机制，实施市场化

运作坚持“政府主导、规划先行、公司经营、市场运作、部门配合、社会支持、立体监督”的 28 字方针。

一是组建城建投资公司。在城市基础设施资金管理中心的基础上，组建成立具有独立法人资格的城市建设投资公司。凡城建项目，一律先由城建投资公司提出项目建议，由规划部门进行规划设计，按法定程序通过后，交城建投资公司进行市场化运作。

二是实行部门联动机制。各部门各司其职，各负其责，协调配合，形成联动机制。规划、建设、国土、房管等部门充分发挥政府推动城市建设的主导作用；财政、金融等部门积极为城市建设提供资金支持；电力、电信、广播电视、自来水等部门搞好管线配套改造和规范；行政执法、公安、交通、工商等部门共同维持良好的城建秩序；街道服从和服务于城建工作大局；社区（村）重点做好群众工作。

三是实行立体监督。人大代表、政协委员负责对城市建设项目尤其是对规划的制定和实施，进行强有力的法律监督和民主监督；建立渠道畅通的群众参与和社会监督机制，发挥群众监督的作用；对阻碍、破坏城市建设的行为，尤其是乱搭乱建、影响城市形象的行为，新闻媒体及时公开进行曝光，发挥好舆论监督作用；建设部门加强对建筑质量的监督，财税、审计部门全程加强财税审计监督，纪检监察、公、检、法、司部门加强司法监督，严厉查处建设过程中的不法行为，形成各个层面对建设过程的立体监督格局。为进一步建立健全督查考核机制，2006 年 2 月青州成立了督查局，按照全市的整体工作要求进行督促检查，推动工作开展。

四是实行重点项目分工责任制。城建重点项目成立一个工作班子，由市级领导包靠。建立以项目考核、指标评价为主体的督查考核机制，形成多引进项目、多承担市里安排的工作就能多增加分值的考核体系。严格落实奖励政策，使那些为城市规划、建设或管理市场化运作作出突出贡献的单位和个人，有荣誉、有地位、得实惠。同时，坚决打击城市规划、建设、管理当中的违法违纪行为。

五是建立健全城市建设管理制度。健全城市规划的制定、实施、修改等多项制度；充分发挥城市规划委员会的法定作用，规划制定必须走专家论证、公开听证、政府决策、社会公示的程序，实行“阳光规划”，重大规划项目必须提交人大通过；规划修改，必须经人大审议批准。建立城建档案信息化建设制度，运用信息化手段，进一步加强对建筑图纸、城市管网布局等城建档案的收集、管理、使用，为下步城市改造发展提供第一手资料。健全城市建设招投标制度，成立市招投标中心，严格、规范操作，使每一个环节都公开、透明，最大限度、最大可能地引进国内外一流企业参与城市的规划、建设与管理。

七、古青州文化与音乐 *

文化是音乐的母体，要研究音乐，就不能割裂其与文化的脐带关系而只谈音乐，而中国文化又涉及史学、文学、哲学等各个方面。因此，笔者认为需要对文化和音乐进行多元多维研究，力图还原历史真实，把握文化和音乐的价值。今天所论及的文化，属于地域文化，需要以“历史地理学”为中心展开文化讨论，而其疆界由于历史漫长、时代变迁已磨灭不清。题目中所提到的青州之所以冠以“古”字，是因为它包含的不仅是今天的青州这个正在崛起的县域城市，而且是历史上的青州，即禹分九州所提到的“青州”。在九州中，青州的位置在当时中国版图的最东方。按古代盛行的阴阳五行学说，地域有东、西、南、北、中五方，颜色有青、赤、黄、白、黑五色，物质有木、金、水、火、土五行，相

* 本节原刊于《潍坊教育学院学报》2009 年第 1 期。

互对应，构成了一个“五行合配图”：东—青—木—春—少阳—青龙。东方属木，木色为青，所以叫青州，换言之，青州即为东方之州，所以后来许多文人骚客又称青州为“东方第一州”，如宋代苏辙诗句：“面山负海古诸侯，信美东方第一州。”

古青州的文化精神无疑是厚重而繁杂的，如《三国演义》中曹操的“青州兵”；《水浒传》中“三山聚义打青州”；《红楼梦》中关于恒（衡）王的传说；《醒世恒言》中“李道人独步云门”，《聊斋志异》中许多优美动人的传奇故事等。而音乐艺术，一如文化精神，生动鲜明而又斑驳丰富。为了阐述古青州文化和音乐的丰富性，本节拟从三部分展开：古青州文化和音乐综述、古青州文化和音乐的独特性、今日青州文化和音乐风采。

（一）古青州文化和音乐综述

独特的文化底蕴造就独特的音乐文明。文化和音乐是动态的、传承的过程，因此应从创造的眼光审视音乐艺术，鉴赏艺术本身承载的文化内涵。要用传承的眼光追溯历史文化，故首先应对古青州文化和音乐的流程进行简单的梳理，以期纵向把握艺术真实。

1. 东夷溯源，窥见音乐文化端倪

史前文化以朦胧的文化概念、审美意识将各种原始图腾以及动植物原型做了粗糙写实。由于地缘、文化理性以及部族的原因，古青州的文化与音乐保持着自己的个性。约公元前 30 世纪，历史进入传说中的三皇五帝时期，中国大地散居着许多氏族和部落：东夷、西戎、南蛮、北狄。《说文解字》曰：“夷，东方之人也，从大从弓。”青州从地域上说属于东方，从阴阳五行上说属于木，可以推断，青州当为东夷族活动的中心区域，这是有资料可以考证的。司马迁《史记》载：“海岱惟青州：堣夷既略，潍、淄其道；其土白坟，海滨广潟，厥田斥卤；田上下，赋中上；厥贡盐絺，海物维错，岱畎丝、枲、铅、松、怪石，莱夷为牧，其篚酓

丝，浮于汶，通于济。”“海岱惟青州”，指明了夏时期古青州的地域范围。此处的“海”指东海，“岱”为泰山。因此，夏时代的青州范围是：东到大海，西到泰山，西北以济水（今黄河下游）为界与兖州相连，境内有淄、潍等河流，大致相当于今天的山东省的中部、东部和北部。由记载还可推断古青州是东夷重要部族堣夷、莱夷的主要活动区域。在古青州，伏羲画八卦、女娲抟土造人、神农尝百草、黄帝战蚩尤、仓颉造字、尧舜禅让等神话故事广为传颂。而大禹治水、夸父追日、后羿射日、精卫填海等故事中的优秀品质已化作中华民族的文化基因和青州人民的斗争精神。由于没有翔实的资料记载，学者只能以考古发现来对东夷部族进行研究。从距今 8000 年左右的后李文化开始，历经北辛文化、大汶口文化、龙山文化到夏王朝时期的岳石文化时期。东夷人以其勤劳坚守创造了丰富而缤纷的物质文化和精神文明，成为华夏文明的一个重要构成部分，而东夷部族和炎黄部落间的纷争和融合，又使得文化异彩纷呈。文字、绘画、雕刻、玉陶器制作、酿酒和纺织都是这璀璨文化中的一部分。音乐源于生活，劳动创造了音乐。杨荫浏先生说：“劳动的动作和呼声，给予音乐与舞蹈以节奏和音调。”在天人合一的原始状态下，音乐应运而生。这些原始形态的音乐虽然已经湮没在历史长河中，但有资料可以略加考证。《世本》说：“庖羲氏作瑟。”《拾遗记》：“伏羲氏丝桑为瑟，均土为埙。礼乐于是兴矣。”《三皇本纪》说：“太昊庖羲氏……作三十五弦之瑟。”《世本・作篇》曰：“夷作鼓。”《史记》称：杂技源于角抵，又叫蚩尤戏。《汉书・礼乐志》说：“舜作韶。”而同时《史记》谓之：“东夷之人也。”太昊、蚩尤、舜都是传说中的东夷部族首领，都曾在古青州领域内活动。另一东夷部族首领少昊氏以鸟作为图腾崇拜，童书业先生指出：“盖齐地本为以鸠为图腾的氏族所居地。”而《路史・国名纪六》载：“爽鸠，齐地，今之青州。”并载：“（少昊）立建鼓、制浮磬，以通山川之风，作《大渊》之乐以谐人神，和上下，是曰《九渊》。”《元和郡县志》称：青州乃“古少昊氏之墟”。这些零星的记载传达出一个完整的信息：古青州地区是东夷音乐和文化的重要源头之一。这个地区考古发现的乐器，更是那个时代的最好见证。1985年在距今青州不远的广饶县五村遗址出土了陶鼓，它由泥质红陶制成，专家考证认为已具有5000多年的历史，属大汶口文化时期的遗物，此陶鼓是目前我国发现最早的陶鼓；陶埙可能是来源于狩猎活动的一种吹奏乐器，在潍坊姚官庄龙山文化遗址中就出土了这种乐器；在日照东海峪遗址出土了龙山文化时期的泥质黑陶铃。我们可以想象到远古先民在典礼、祭祀时欢乐的场景：击鼓者、吹奏者、摇铃者，构成一幅神奇炽热的远古音乐场景。

2. 齐鲁交融，促进音乐文化发展

公元前547年，周公平定商纣王儿子叛乱后在山东建立诸侯，最后一个东夷方国——莱国被齐国灭掉，延续了6000年之久的东夷文化，最终被新兴的齐国文化所替代。东夷姜姓部族姜尚封作齐侯，都营丘（今临淄，与今青州搭界）。齐国处于中原东方，三面环海，有渔盐之利，经济繁荣，继承了东夷文明的精髓，形成了阔达疏缓、包容开放的风格，从某种意义上说是“海洋文明”，此时齐国形成了尊贤尚功的“霸道”。

鲁文化发端于春秋鲁国，集大成于孔子，是中原文化的主流。其主旨是固守传统、强调原则、坚守信念，体现深沉的责任感和道义感，有着一以贯之的基本思路，那就是“王道”。孔子肯定音乐的教化功能，认为音乐需要“尽善尽美”。他评价古典乐舞《韶》说：“尽美矣，又尽善也。”评价《舞》则说：“尽美矣，未尽善也。”荀子《乐论》认为要用“中和”进行音乐审美，用“礼”加以节制，孔子的音乐思想可说是封建社会正统的音乐思想。这两种文化不是平行并进而是时有融合。齐国在稷山（今青州与临淄交界处）下建立“稷下学宫”，延揽“四方文学游说之士”。《史记·田敬仲完世家》记载：“自如驺衍、淳于髡……之徒七十六人，皆赐列第，为上大夫，不治而议论。”孔子、孟子、荀子、墨子等著名思想家都游历于此，将他们的诸多学术思想和人文精神传播到了齐国。汉代加强中央集权，“罢黜百家，独尊儒术”，加深了鲁文化对齐文化的浸润融合，而由孔子创立的音乐思想，自然也从此占据了一席之地。

文明和文化的开放必然造就艺术的缤纷，吴国公子季札盛赞乐舞《齐风》：“美哉！泱泱乎，大风也哉。”《韩非子·内储说上》中“滥竽充数”的故事说明当时竽的流行。《列子·汤问》记载韩娥放歌之事，可见古青州百姓音乐素养之高。《史记·孔子世家》载：“子与齐太师语乐，闻《韶》乐，学之，三月不知肉味。齐人称之。”《论语·述而》又载：“子在齐闻《韶》乐，三月不知肉味。曰：不图为乐之至于斯也。”在齐故城宫城东侧，有“韶院”村，村中曾出土刻有“孔子闻韶处”的石碑及刻有“乐室”铭文的石磬数块。《史记·苏秦列传》：“临淄甚富而实，其民无不吹竽，鼓瑟，弹琴，击筑，斗鸡，走狗，六博，踏鞠者。”青州市老一辈文化工作者周国庆、王全忠先生对挫琴这种流传于古青州的独特乐器进行了认真、细致的调查研究，得出“筑并未失传，青州挫琴就是筑的后代，是由筑经过千百年逐渐演变而来的”结论，我们可以称“挫琴”为“音乐的活化石”。

汉代的青州经济发达、文化繁荣，淄河、弥河这两河流域，更是当时最为繁华的地方。当时青州设立刺史部，区域相当于今山东省的鲁北和胶东地区，光武帝曾多次视察。永嘉五年（331 年），青州刺史曹嶷在今青州市区筑广固城，把青州、齐郡、临淄县三级政权移到广固城，此后，青州城取代临淄，成为山东三齐大地的政治中心和军事重镇，齐文化便演化为青州文化。

钱穆说：“人身非滋养不能生长，文化非刺激不能持续发展。”只有异质文化的相互碰撞才能产生新的生命火花。魏晋南北朝时期，青州为兵家必争之地，在民族交融的同时，文化交融也极为强烈。北方少数民族多次占据青州，带来了草原勇猛之风、燕赵壮烈之气；刘裕灭南燕，移广固，江南士族相继而来，又带来了水乡秀丽之风、吴越文雅之气；西方佛教在青州的兴盛，深邃的哲理、恢宏的思想使青州文化的内涵更为丰富，在根深蒂固的务实、阔达、包容精神基础上，充实了尚礼仪、重理想、好思辨等崭新内容。贾思勰身为刺史，撰成《齐民》传青史：郦道元“生长东齐”，作注《水经》传美名。北魏、北齐的最高统治者大多积极提倡和崇奉佛教。那时青州是山东最大的佛教文化中心，寺院林立，造像之风极盛。其中，龙兴寺遗址出土佛像被评为 1996 年全国重大考古新发现和 20 世纪中国重要考古发现之一。这些至今昭示着古青州璀璨的文化渊源。

古青州战国时代音乐艺术繁荣的事实不仅记载于文献史籍，也为近些年考古发掘所证实。第一，今日青州仍有“二王冢”“四王冢”。“二王冢”是姜齐桓公、景公的墓冢：“四王冢”指田齐威王、宣王、缗王、襄王的墓冢。第二，临淄城南大夫观村以西古墓中出土了战国时代编钟、编磬，其形制规格与《周礼·考工记》所载各部尺寸比例基本吻合，具有很高的学术价值。第三，据《周礼·春官》记载：老百姓喜欢的民间杂乐杂戏称为“散乐”。西汉以后，又融合了西域传入的各种新奇杂技、舞蹈，合称“百戏”。沂南汉画像中《百戏图》，刻画了“掷剑”“跳丸”“走索”“马戏”“车戏”“鱼舞”等表演。第四，山东济南无影山西汉墓出土的彩绘乐舞、杂技陶俑群固定塑造在一个陶盘上。第五，磬用发音清亮的石料制作，“击石拊石”即指这种乐器，甲骨文中，磬的形状很像绳索悬石由一人执槌击打的图像。而此时的磬作为宗庙祭祀、宫廷宴请必备乐器，已经发展为组磬。史料记载“晋及宋、齐，悬钟馨大准相似，皆十六架”。青州博物馆陈列着东汉时期的磬，当属组磬。从发现来看，虽不足 16 组，但是足以证明当时这种打击乐器的盛行。该磬现存放于青州博物馆中。第六，佛教的兴起推动了音乐的传播。青州市龙兴寺遗址出土佛像 600 余尊，在其背屏式造像上常见演奏笙、笛、钵、箜篌等乐器的飞天。第七，在强调以礼治天下的时代，琴所具有的和谐、安定特质有着非常重要的示范作用。青州市西辛出土战国墓，2 号陪葬坑琴长 125 厘米，宽 35 厘米，髹漆木质琴体及其他部分已腐烂，唯余两件铜雁足，高 4.5 厘米，足面饰鎏金透雕花纹。

3. 诗词曲兴，奏响音乐文化华章

唐朝时的青州亦称北海郡，泱泱盛唐，是中国诗坛百花齐放、争奇斗艳的时代。经济的繁荣昌盛促使许多阿拉伯人、波斯人通过海、陆“丝绸之路”来到青州，促进了回族和汉族的融合，同时许多文人骚客相继荟萃青州，为绚丽的历史文化增添了浓墨重彩。时任北海郡太守者多为饱学之士。赵居贞《投龙诗碑》现存于青州云门山上云门洞前，虽经风雨冲刷，刚劲犹存：李邕李北海文章书法俱佳，引得李杜携手拜访。在古青州，李白豪情万丈：大鹏一日同风起，扶摇直上九万里，另写五言《东海有勇妇》，将豪放的唐朝诗风带到了青州。现实主义诗人杜甫也激情澎湃，《壮游》一诗尽显阔达情怀：“……放荡齐赵间，裘马颇清狂。春歌丛台上，冬猎青丘旁。呼鹰皂枥林，逐兽云雪岗。射飞曾纵鞚，引臂落鹙鸧。……”当得知李邕被杀，杜甫涕泗滂沱：“坡陀青州血，芜没汶阳瘗”，表现出深深的哀痛。北宋朝廷，接受晚唐藩镇割据的教训，重文轻武，政治制度是典型的文化治国，利用科举考试层层选拔官吏，统治阶层的文化表现出鲜明的文人特色，多用文人任地方官。青州也不例外，任职的文人络绎不绝。这种文人的气息又因为统治者的提倡渗透到社会生活的方方面面。在青州任过职并当过宰相的就有寇准、张齐贤、张知白、李迪、王曾、夏竦、陈执中、富弼、范仲淹、文彦博、庞籍、吴奎、欧阳修、赵抃、曾布、刘挚、吕惠卿等十几人。其中，最为知名的是号称三贤的范仲淹、富弼、欧阳修。青州的灵山秀水深深吸引了他们，从尔虞我诈中解脱出来，这些文人为青州的文化和音乐事业撒下一路珠玑。欧阳修醉意山水，留下佳句至今传唱：“偷得青州一岁闲，四时终日对潺湲。”“莫笑青州太守顽，三齐人物旧安闲。”王曾不仅官做得好，而且博学多才，书画俱佳，尤工诗赋，著有《矮松赋并序》《有物混成赋》《有教无类赋》等脍炙人口的诗赋。常言道：灵山秀水引佳人，诗书琴瑟来相伴。青州的山水也吸引了李清照、赵明诚夫妇。寓居青州十余载，作成诗文百篇，不但琴瑟和谐，而且著成《金石录》彪炳史册。

唐朝宫廷设立机构“梨园”和“教坊”，为培养曲艺人才作出了突出贡献，涌现出一大批音乐舞蹈人才。同时，异族的大量涌入为青州发展注入了新鲜血液，唐诗配乐演唱也成为时尚。青州歌姬出名，《全唐诗》里薛宜僚著有《别青州妓段东美》，于凄婉离别情怀中暗示了文化演变。李清照将婉约清丽之浪漫词风传递到古州小城，街头巷尾学做宋词，吟诵宋词者比比皆是。青州人作词唱曲有两种方式：一为“填词”，一为“自度曲”。元代后期，随着经济文化的繁荣昌盛，市民阶层的壮大，青州益都成为重要的散曲创作中心，出现了王廷秀、刘庭信、杨朝英等闻名遐迩的散曲创作大家。《录鬼簿续编》说刘庭信：“风流蕴藉，超出伦辈，风晨月夕，惟以填词为事。”王世贞《艳异编》对他也大加赞颂。刘庭信所作散曲今存小令 39 首，套数 7 首，收入《太平乐府》《盛世新声》《词林摘艳》《乐府群珠》等曲集中。

由于工商业发展，都市繁荣，以市民为代表的平民有了自己的娱乐场所，宋朝时称之为“瓦市”“勾栏”，“瓦市”“勾栏”在都市之中，既经营贸易，也进行平民艺术的演出活动。南阳桥一带集歌舞、杂技、茶楼、酒肆，于歌舞升平中彰显着古城风韵。至此，说唱艺术作为一种通俗音乐，在青州有了广阔的市场。青州的唐诗宋词元曲作为一种无形有声、有文字记载的音乐文化，已多次被青州人民整理出版，现在的古籍整理所正对民间散佚的资料展开搜集，以期更好地将古城遗韵发扬。那个时代产生的有形的文化形态，现在正在焕发出夺目光芒。青州一中“矮松园”内，王曾读书台督促着学子们刻苦攻读；南阳河畔范公亭中，“醴泉”清澈井启迪着官员们勤政爱民；范公亭内“归来堂”前，燕子呢喃声呼唤着艺术家孜孜以求。

4. 文苑高峰，创造音乐文化辉煌

明清时期，是青州文化上的又一繁盛期，同时也是说唱音乐和戏曲音乐的鼎盛时期。明清时期青州文化名人，大都精通音律，将作品的创作和音律的和谐很好地结合起来，让无声的文学和有声的韵律相得益彰，创造了音乐史上新的辉煌。明代 270 年，今青州市境内科举考中进士的就有 80 余人，其中官至“阁老”的有刘王羽，做到六部尚书等二品职位的有邢玠、陈经、钟羽正、赵秉忠、房可壮、冯琦等 10 余人。赵秉忠殿试状元卷卷首有万历皇帝朱翊钧以朱笔御批：“第一甲第一名”。故宫博物院王以坤、冯华两位专家对该殿试卷进行了鉴定，他们在鉴定书中写道：“明赵秉忠试卷，真迹。到目前为止，故宫宫廷档案还是空白。目前我们国家明代殿试卷发现的只有这一份真迹，可以说是无价之宝。”遂定为国家一级文物，至今保存于青州市博物馆内。赵秉忠的诗词也很有艺术特色，风格多样，语言华赡，想象丰富，多用典故，妙笔生花，以诗言志。

明末清初，弘治皇帝亲制祭联的内阁大学士刘珝：“忠裨于国，允称一代名臣；孝表于乡，堪为三朝元老。”刘珝的诗文创作独具特色自然豪放，有李白之风。如七律诗《题云门山》有云：“巍巍自古峙东齐，万壑千畴望欲迷。”刘珝之四子刘銧，历宦 50 余年，不但诗文高妙，并且还精通音律乐章，据《寿光县志 · 艺文志》载，他著有《瑟谱》一卷，其注曰：是书未见刻本，《明史 · 艺文志》亦未著录。

明朝时期，诗词唱和成为时尚。嘉靖年间，冯裕、刘澄甫等文人组建“海岱诗社”，号称“海岱七子”，定期集会，诗词唱和，创作颇丰，作品名曰《海岱会集》，收诗词 749 首。至此，青州文学创作形成群体，达到高峰。该书被收入清朝《四库全书》。其后冯裕第三子——冯惟敏号称明朝北曲第一人，与散曲家李开先、官任青州兵备副使的王世贞、书法家雪蓑子等为文友，在散曲和杂剧创作领域取得显著成绩，影响了当时的社会思潮，处处可闻吟诗宋词唱曲之声。冯惟敏著有散曲集《海浮山堂词稿》4 卷，收小令 170 首，套曲 50 首，另有《玉殿传胪》和《僧尼共犯》杂剧 2 种。“后七子”的领袖王世贞在其《曲藻》中赞道：“北调近时冯通判惟敏，独为杰出，其板眼务头、撺抢紧缓，无不曲尽，而才气亦足发之……”

伴随清军入关，青州城内北城成为满族聚居地。青州旗城最早传入的戏剧是昆曲，而后是京戏和河北梆子，青州八旗子弟不管皇家贵胄还是名门权贵都酷爱京剧艺术，其中一代名伶陈德霖的祖父曾任青州驻防副都防。在青州期间，他重唱工，唱腔刚劲激昂又柔婉和畅，带动了一批京剧爱好者。由于青州八旗直接受首都节制，两地往来频繁，戏曲也随之兴盛，出现了一批优秀的戏曲大师，如郭仲霖，曾在中央戏曲学院任教。赵艳琴曾和程砚秋在周村永乐剧院同台演出。

说唱艺术在明清兴盛尚有古迹可考。第一，冯惟敏曾于临朐老龙湾内建戏楼；第二，青州境内至今有明朝驼山昊天宫戏楼和青州上庄铁佛寺戏楼遗址；第三，在现益都卫校园内的“衡王府石碑”后留有瑟谱，虽风雨侵袭难以辨清全文，却是对当时的真实记录；第四，被列入《潍坊市非物质文化遗产保护名录》的《龙虎斗》即明朝时期音乐形式。旋律优美，变化丰富；配器巧妙，富有表现力。乐句酣畅淋漓，气氛昂扬激越；第五，现青州北城为满族聚居地。八角鼓是满族的传统说唱艺术，八角鼓表演形式分独唱、折唱、群唱几种。和八角鼓相伴相生的是八角鼓曲，在熔铸京城戏曲精髓的基础上，添加了浓郁的地方色彩，唱腔圆润，朗朗上口。流传下来的曲牌有《罗江怨》《莲花调》《满江红》《渔家乐》《边关调》《尖尖花》《耍孩儿》《浪淘沙》《银钮丝》等，而著名曲目至今广为传颂的则有中短段《逛清明》《黛玉葬花》《单刀赴会》《醉打山门》《尼姑思凡》等；长段有《四郎探母》《狸猫换太子》《瓦岗寨》《杜十娘》《辕门斩子》等。京城八角鼓历经岁月变迁有了很大改变，而青州八角鼓保持着原生态的特点。

（二）古青州文化和音乐的独特性

音乐艺术是人类文明精美的活化石，时潮隐退，作为人类文化和文明传承的音乐艺术鲜活地留存在诗词、歌赋、音乐、舞蹈等艺术形态里。古青州色彩斑驳的文化，决定了其音乐艺术是中华民族艺术谱系中重要的一支，它以巨细兼备的文化体系和包罗万象的艺术形态，印证了人类文明演进的复杂轨迹和必然历程，展示着古青州人民的智慧与美的创造力，是承载民族智慧的浪漫的文化翅膀。作为地域文化，不同的时代与历史时期，呈现出鲜明的特点。但古青州内核仍然是务实进取的思想、包容开放的精神、淳朴阔达的民风。数千年来的潜移默化，已经深深积淀于青州人民的血液之中。今天，青州文化和其他地域文化一样，已经融入华夏文化的浩瀚大海，但其独特的影响仍然在青州大地上展示它的风采。

根据以上纵向梳理，古青州文化和音乐呈现出以下特点：

时间久远，进程连续。中华文明是神奇的文明，以其恢宏和完整震撼世界。回首 5000 年，史前文化携带一种恢宏之气，向周边扩散、辐射与延展。正是这些史前文化的积淀、融汇与激荡，最终催生出了古代青州的早期文明，而这文明历经了沧桑巨变，却没有任何的断点，形成了一条曲折却连续的脉流。悠久的历史，留下了瑰丽的文化遗存。苏埠屯的商墓遗址，玲珑山的魏碑书法，驼山、云门山的石窟佛造像，松林书院，李清照归来堂，元代真教寺，偶园，摩崖巨寿，衡王府石坊，满洲旗兵城，明清十里古街，范公亭三贤祠，井塘山村以及博物馆珍藏的龙兴寺窖藏佛像、汉代玉璧、北齐线刻石画、仇英《清明上河图》、赵秉忠状元卷，等等，犹如时光播撒的一路珠玑，昔日辉煌，今又流芳，都足以使今人领略古代青州的卓越丰姿。东夷陶埙、挫琴为筑、战国组磬、汉朝“百戏”、盛唐诗乐、宋词传唱、元曲广布、明清戏曲，这一以贯之的音乐流程和文化的延续性同为古青州特色，值得进一步研究。

平和恬淡，温柔敦厚。蔡仲德先生认为我国古代音乐美学思想具有几个特点：第一，要求音乐受礼制约，成为“礼乐”；第二，以“中和”—“淡和”为准则，以平和恬淡为美；第三，追求“天人合一”，追求人际关系、天人关系的统一。古青州文化和音乐产生于农业社会，在那个征战不休、天灾不断的时代里，对阴阳和谐、天人统一的追求是音乐的首要追求。声不平和则阴阳不调，民离神怒。《管子》有言：“昔皇帝以其缓急，作立五声以政五钟。……五声既调，然后作立五行以正天时，五官以正人位。人与天调，然后天地之美生。”诞生并始终处于农业原始文明中的古青州，疆域经历了一个变迁、萎缩的进程，文化则相反，不断吸收异质文化而丰富壮大。中间，虽经异族入侵，民族融合，中西交流，却不会也不能改变其本身特质。古青州文化，集儒家“礼乐教化”、道家“虚静恬淡”、佛家“冲淡”的文化于一身，在整个发展流程中体现出来的不是金刚怒目，而是舒缓渐进、温柔缠绵，体现在音乐风格上亦为温柔敦厚。“温柔敦厚”始见于《礼记·经解》：“温柔敦厚，诗教也。……其为人也，温柔敦厚而不愚，则深于诗者也。……广博易良，乐教也。”敏泽先生认为：“词论中的‘厚’说要求词在艺术表现上要蕴藉含蓄，微宛委曲；内容上要深郁厚笃，既不叫嚣乖张，又不浅显直露。”

青州这种文化和音乐风格，固然和农业文明有着直接关系，和青州本身的地理优势也密不可分。青州，在古人心目中，她雄跨陆海，沃野千里，交通便捷，物产丰足，到处充满生机。晋人陆机《齐讴行》中说：“营丘负海曲，沃野爽且平……海物错万类，陆产尚千名。”苏辙赞誉青州的《送龚鼎臣谏议移守青州》说：“面山负海古诸侯，信美东方第一州。胜势未容秦地险，奇花仅比雒城优。新丝出盎冬裘具，贡枣登场岁事休。铃阁虚闲官醖熟，应容将佐得遨游。”宋人孔乎仲的《青州作》亦云：“九州此居三，山海在封域。北趋京洛近，南卷江淮直。富饶足鱼盐，饱暖遍牟麦。英雄欲飞腾，假此为羽翼。”明人刘澄甫亦作《齐讴行》吟咏说：“营丘据形胜，十二当山河。迤逦琅琊饶，膏腴即墨奢。鱼盐并禾亢稻，海物份交加。”这些诗作都把青州独特的海岱特征充分表现出来，给人一种陆孕海育、物竞天择的地域感受。正是这得天独厚的地理优势，还有淳朴阔达的民俗风情，吸引了每一个骚人墨客。青山远岫、人文风情、村墟篱落、落日炊烟、断壁颓垣，这一切在创作者笔下都是疏淡俊朗、神清气爽的，犹如一幅淡雅的水墨山水画，因为古青州本身就是一幅优美的长卷。即便是那唐诗宋词元曲和民间小调、传唱佛经，也以一种幽婉、平和的语音传递着古州独特的风情。

兼收并蓄，开放拓展。严文明教授将整个中国的古代文化比作一个重瓣花朵，说中原是花心，周围的各文化中心好比是里圈花瓣，再外围的一些文化中心则是外围的瓣。这种重瓣花朵式的结构乃是一种超稳定的结构，又是保持多样性因而充满自身活力的结构，中国文明的历史之所以几千年连绵不断，是与这种多元一体的重瓣花朵式的文化结构与民族结构的形成与发展分不开的。20 世纪 80 年代，费孝通先生提出了中华民族“多元一体格局”的理论，他认为，中华民族的“多元一体格局”是指“它所包括的五十多个民族单元是多元，中华民族是一体，它们虽则都称‘族’，但层次不同”。民族是文化的载体和创造者，中华文化一产生就是一个多民族特色和民族个性的统一体，或者说是多元文化的统一体。这首先来自中国历史上多民族共存的格局及其不断的演变和相互影响，这种格局是中华民族多元文化的前提。笔者认为“一体多元”也可以用来阐述古青州文化和音乐的总体特征，它指的是：以古青州历史、奋斗、理想为血脉，既有承继又有延伸创新，既具有母性又是多重的，是多民族、多样态、多语种、多变化的具有人文智慧与文明之光的新文化。古青州文化就是推己及人、有大局意识、忧患意识和终极理想的，既坚守民族文化合理内核，又不断吸收外来文化以适应时代发展的一种文化。

古青州传统文化，基本是以正统文化为基点向周围进行包容式、同化式辐射，它具有农业文明的封闭性和静态性，但它又明显地具有对外努力开拓的开放性。应该说传统文化在长期发展过程中，不断地将附近各地区、各民族、各质态文化融会到一起，形成青州特有的文化和音乐特色。5000 多年来，作为历代军事重镇、商贸中心、四方通衢，在这块富庶的土地上，演绎了许多波澜壮阔的历史故事。朝代更迭、民族争战、农民起义、藩镇割据、文坛风云、风情演化、变法改制、革命运动等重大历史事件，无不给后人留下说不尽的话题。如周成王灭奄建齐、南燕国建都广固、南北朝青州鏖战、唐代李正己割据平卢、金元李播乱山东、元末红巾军占据益都、明初徐达平定青州等，这些发生在青州的事件，都给中国历史发展的进程以重大影响，更给青州的文化交流和音乐传播创造了便利的条件。在远古混荒时代，东夷部族和炎黄之争，使得文化带上了多元丰富的特质，齐鲁文化交融，令开放式文明和封建正统礼仪教化各有体现。随之而来的佛教艺术兴盛、京剧曲艺流行无不给予了生动的说明。这也意味着，古青州文化和音乐是与时俱进、开拓进取的。每一次风云际会，每一次岁月更迭都在青州文化艺术史上留下了清晰的印记。这一点在阐述青州文化和历史的延续性上已经有所体现。

古青州文化和艺术的包容性、多元性还体现在乐器类型丰富和音乐形式多样上。中国最早的乐器分类首见于《国语》的《周语》部分。当时是根据材料来划分的：编钟、铃等用金属制作，归入“金”类；埙、缶等用陶土烧制，归入“土”类；鼓、健鼓等用动物皮革作为鼓膜，归入“革”类；琴、瑟等用丝绳作为鼓膜，归入“丝”类；柷等用木头制作，归入“木”类；笙、竽等用葫芦或木瓢作为共鸣斗体，归入“匏”类；箫、签等用竹管制作，归入“竹”类。这样“金、石、土、革、丝、木、匏、竹”共8类，所以称为“八音”。看遍古青州发展史，我们很清晰地看到：“八音”中每一类都占据了一席之地。对于音乐形式的多样性，不再赘述。

（三）今日青州文化和音乐风采

进入21世纪，现代化进程加快，多元化是未来文化发展的正确方向。但是在现代化的冲击下，一些优秀的文化传统正在消失，一些文化遗址正在遭到破坏，一些艺术形式正在退出历史舞台。我们需要重新审视的是“多元化是否就是彻底遗忘文化底蕴，彻底地抛弃艺术积累？”回答自然否定。多元化并不意味着失掉区域文化的本真，不意味着抛弃文化与艺术中传承已久的东西。在这样的形势下，世界对各民族非物质遗产保护继承的重要性的认识，达到了新的高度。世界自然保护联盟理事会主席章新胜指出，非物质文化遗产反映了一个民族和国家对自身特性的认同和自豪感，以及它们被世界认可的程度，它们不仅是一个国家和民族历史成就的标志，也是反映今天文明的标志。我国的昆曲、古琴已经被正式列入人类口头和非物质文化遗产代表作名录。

青州文化，上承东夷文化和齐文化，融合儒家文化、佛道文化以及西方文化的精华，博大精深，独具特质，是中华民族灿烂历史文化中的一朵奇葩。目前，青州市很多建设都在如火如荼地进行着。青州市继续投资修复云门山、驼山、玲珑山、仰天山等景点，并规划建设青州博物馆新馆，改造范公亭公园，修复顺河楼，重建李清照“归来堂”纪念祠，扩建范公亭公园，修建阳溪湖、东夷文化标志园、甲子文化园、龙兴寺、广福寺。青州市坚持“利用古的，开发新的，古今结合，两位一体”的基本原则，将山、水、路、林、园、馆等统一规划，合理布局，由点到面，全面开发。还原一个景观，再现一种文化。以直观性与震撼力形成体现古青州深厚文化的景观符号，尽全力将青州打造成“文化名城、旅游名城、生态名城和经济强市”。而同时，非物质文化遗产保护也在紧锣密鼓地进行，对于文化和音乐我们将尽全力去研究，对全人类的共同财富，我们有理由更有责任去保护，并且保护好。

第二十三章　社会建设

一、农业“三税”取消后农村工作出现的问题、成因及对策*

5年内取消农业税、牧业税和农业特产税，是党中央、国务院在新的历史条件下，面向农村发展和农村现代化建设作出的一项重大决策，是减轻农民负担，规范国家、集体同农民利益关系的重大举措。当前，从试点地区的实践情况看，成效非常明显，农民负担有所减轻，党群干群关系明显改善，调动和保护了农民生产的积极性。但是，也应看到，随着取消农业“三税”，农村也出现了一些新的情况、新的问题和新的矛盾，特别是对现行的政府间财政关系、农村基层政权、农村公共服务的供给方式和管理产生了较大的冲击和影响。这些必须引起我们的高度重视，需要认真研究对策加以解决。

（一）农业“三税”取消后农村工作出现的问题

从山东等省试点的情况来看，取消农业“三税”后带来的问题，主要表现在以下5点。

镇村两级运转困难，干部队伍出现涣散状况。镇村两级运转的费用主要包括干部工资、办公经费、公益事业支出、义务教育费用（教师工

* 本节原刊于《理论学刊》2005年第6期。

资和学校校舍的建设维护）、困难家庭和“五保户”费用、烈军属抚恤金等。税费改革前，镇村两级运转所需费用主要靠农村的“三提五统”来解决。税费改革后，取消了“三提五统”，“三税”及附加逐年降低，在给农民减负的同时，镇村两级收入也大幅下降，在运转成本未有大的改变的情况下，镇村两级出现了财务支出压力增大，负债进一步增加等问题。以山东省昌乐县为例，2004 年，该县征收农业税及附加 2550 万元，比上年减少 5420 万元，减幅达 68%，镇均减少 361.3 万元。全县镇级可支配收入 9037 万元，支出如果按 2003 年决算口径 1.48 亿元计算，缺口达 5763 万元。村级组织维持正常运转最低支出 4520 万元（每村每年费用按 5 万元计算，费用主要用于村干部工资、公用事业开支等），农业税附加 2004 年全部收齐仅 728 万元，缺口高达 3792 万元。镇村两级缺口 9555 万元，2004 年上级增加给该县的转移支付是 3902 万元，镇村两级缺口还有 5653 万元。镇村两级经费的严重不足，致使基层政权和组织运转越来越困难，也严重挫伤了基层干部的工作积极性，一些地方的基层干部队伍开始出现人心涣散现象，党在农村基层组织的稳固性有所动摇。这些都将严重影响到整个农村乃至社会政治经济的稳定，必须引起各方面的高度重视。

村级债务偿还无望，成为影响稳定的一大隐患。就全国来看，一个 1000 人左右的村，村级累计债务平均为 10 万到 20 万元，这个数字是巨大而惊人的。据调查，村级债务主要由以下几部分组成：一是由村干部借贷垫付的各类税费。据调查，过去收“三提五统”时，每个村有近 10% 的税费收不上，村干部为了完成镇里下达的刚性任务，往往是通过个人垫付和向邻里好友借贷的方式来补齐缺口，逐年累积，村里欠钱越来越多。这种做法比较有普遍性，占村级债务的 50% 以上。山东省昌乐县到 2003 年底，村级负债达 19241 万元，村负债率 95.1%，平均每个村负债 23.1 万元，人均 409 元。该县朱刘镇一个村，支部书记仅干了两年，已为村里垫付各种款项达 17 万多元。二是超越实力实施达标升级。农村“普九”教育、计划生育、卫生达标等各种达标活动投入了许多钱，而村级财力困难，只好硬着头皮向老百姓集资或高息贷款。三是举债办公益事业。打井、修路、村里幼儿园建设、“五保户”赡养等诸多农村公益事业都需村里出钱或部分出钱，村里没钱，又不得不办，只好举债兴办。四是投资失误形成。兴办的许多村办企业因经营不善倒闭、破产，造成负债累累。笔者了解到，税费改革前，各村对债务的消化主要通过收取村级提留和各种集资摊派的渠道来解决。改革后，取消了“三提五统”，农业“三税”及附加也将于4年内取消，绝大多数村失去了收入来源。下一步，连村干部的工资都不能保证，更不用说还债，化解债务将成为一句空话。长此下去，为村集体垫付资金的干部和向村集体提供借款的农民会因要回欠款无望而上访、告状，从而诱发新的不安定因素，影响农村稳定大局。

村级组织对农民的约束力下降，农村家族、派性、宗教活动日趋抬头。税费改革前，村级组织对农民的制约主要来自土地发包和农业税费的征收。对不履行义务、横行村里的“村霸”，经村“两委”研究，可收回承包地，只给口粮田。实行土地延包30年和农业税取消后，对农民的束缚减弱，一定程度上推进了村民主化进程。但是，我们也看到，有相当部分农民因自身觉悟较低而出现违反社会公德问题。认为“土地包到户，不要党支部：责任到了家，自家顾自家：各端各的碗，不要干部管”。有的村民自恃家族大，在村里为非作歹，公开对抗村委，欺压村民，成为村霸。这部分人“大错不犯，小错不断，难死法院，气死公安”，镇、村组织没办法，而仅靠村规民约已很难约束其行为。同时，封建迷信、宗教活动已开始在农村渗透，严重侵蚀着农民的思想。

农民土地情结趋重，产业结构调整受到制约。农业“三税”取消后，农民对土地的关注比税费改革前明显增强，特别是取消“三税”后，农民种地没有了任何税费，不承担任何义务，导致一些空挂人口、常年在外人口等都纷纷回家要地，机动地超标、地级不均衡等问题，越来越成为农民关注的热点和焦点问题。同时也使部分转移出去的劳动力，重新回到土地上。据在昌乐县农村调查，在第二轮土地延包过程中，凡是仅户口在家，长年不种地的农民，80% 以上当时承诺不再要地，也不承担村里的其他义务，因而多数村把机动地与种养大户签订了 5 年或 10 年承包合同，有的成为果园，有的成为养殖大棚，还有的建起了蔬菜大棚。土地延包仅一年多时间，因农业“三税”取消，现在长年在外不种地的农民又回家要地，致使村委陷于两难境地。按照《中华人民共和国土地管理法》规定，这一部分农民户口在村里，应该给予土地，但实际上，村里已没有了土地。机动地已与承包户签订了长年承包合同，中断合同，就要承担法律责任，村里无钱赔偿。昌乐县红河镇孟家庄村一年内回来 100 多人。该县阿陀镇某村一个在外面待了 30 多年的农民写信向村委要求分地。一家一户、土块分割、低水平重复的小农生产模式已严重滞后，一定程度上阻碍了农业结构调整，对城镇化进程也带来了一定负面影响。

（二）出现问题的主要原因

分配体制不合理，镇村事权、财权不统一。我国现行的分配体制因县级以下事权与财权不统一，成为诱发农村乱收费、高负债的重要因素，也是阻碍税费改革进一步深化的重要因素。现行的财政体制，税收的大部分上缴中央财政，收入数额小、税源分散、征管难度大的税收划为县级政府。同时，乡村两级过多地承担了维持国家政权运转的费用。2002 年，我国 GDP 总量中农业只占 1%~4.5%，乡村人口则占全国总人口的 60.9%。按现行的财政体制规定，从占全国 GDP 4.5% 的比例中征收的农业税费，实际支撑了占总人口 60.9% 的政权运转费用以及提供基本公共产品的费用。同时，还承担了农村义务教育、计划生育、民兵训练以及优抚等全国民众受益而应由国家财政负担的支出。这无疑背离了财权与事权相统一的财政原则。据国务院发展研究中心调查，目前全国义务教育投入中，乡镇负担 78%，县负担 9%，省地负担 11%，中央只负担 2% 左右。这种分配不合理成为导致农民负担加重的诱因。镇、村没有钱还要办事，维持运转，必然“羊毛出在羊身上”，向农民伸手。

配套扶持政策不到位。我国的农村税费改革是在市场经济体制初步建立的形势下，在农村经济发展速度和农民收入增长速度明显减缓的环境下，尤其是在农民负担过重和农村干群关系比较紧张的情况下，又是在当前体制转轨、经济转型、各种矛盾错综复杂的大背景下进行的。农村税费改革作为一项复杂的系统工程，不仅涉及生产力和生产关系的调整，而且涉及经济基础和上层建筑的改革，涉及农村乃至全局工作的方方面面，没有相关配套政策提供制度保证，农村税费改革是难以取得成功的。但目前税费改革全方位的配套改革政策还不到位，给基层政权运转、基层组织建设带来了难度。如财政转移支付的力度太小，教育体制改革严重滞后，农村基层民主政治建设还处于一个低水平上等。由于这些配套政策没有及时跟上，农村基层组织建设就处在了“夹缝”中，暴露出来的问题难以有效解决。

农村沉积的历史问题，通过税费改革暴露出来。当工业发展到一定程度后，国家应逐步采取反哺农业、农村和农民的政策，这是世界各发达国家都曾经历和被实践证明了的普遍规律。但是，我国在工业化和城镇化迅速推进的同时，却疏忽了对农政策体系的及时调整，导致城乡差别迅速扩大，城镇居民收入和农民人均纯收入之间的差距越来越大。不仅收入差距在扩大，而且城镇居民和农民之间在许多政策上是很不公平的。工业发展带来的好处基本给了城镇人口，农村的公益事业发展、农民的教育和医疗、农民的社会保障等要全部由农民自己承担。在这样一个“城乡二元经济社会结构”下，必然会出现诸多历史沉积问题。农村税费改革之后，维持农村正常运转的费用失去了来源，农村债务、公益事业、义务教育及很多农村具体事务等无法处理，导致了历史问题的集中暴露，致使税费改革的力度越大，暴露的历史问题就越多。

镇村管理队伍庞大，财政不堪重负。在社会主义市场经济体制初步建立的新形势下，农村经济体制和管理方式已发生了重大变化。但镇村在对农村的管理上仍沿用计划经济的管理方式，镇村职能仍是“青山依旧，面貌无改”。这些旧的管理方式已不适应市场经济的需要。突出表现在镇村两级人多、事多、成本高，财政不堪重负。

（三）解决当前农村问题的基本思路

农村税费改革是推动财政收入和资源再分配、统筹城乡社会发展的一项重要措施。但农村问题年深日久，烦琐复杂，不可能一蹴而就。彻底解决“三农”问题，还必须进行一系列的综合配套改革。针对税费改革中农村出现的问题，解决的基本思路有以下几点。

深化财税制度改革，重构农村财税体制。传统的分税制改革，削弱了乡镇财政的自我调控能力：实行农村税费改革，彻底取消“三税”，更是断绝了乡镇一级政府和村级组织的主要收入来源。单靠目前的转移支付，难以确保基层组织的正常运转，难以维持农村各项公共服务的正常需要，难以避免财政赤字规模的急速扩张。为此，建议：一是进一步加大转移支付力度。改变国家和省市税费改革成本和转移支付规模仅限于所取消的 600 亿元左右的农业税的做法，对农村公共服务所需资金，通过不同类型村的实际普查，确定数量标准，包括镇村干部人数、工资标准、公益事业费、义务教育经费等，然后确定总的转移支付规模。二是考虑适当增加国税收入中中央与地方的分成比重。将现中央两税与地方分成比例 75% 和 25% 予以调整，建议地方留成 45% 左右，增加的部分用于解决乡村运转不足。这样，一方面可以增加镇、村的可用财力，另一方面也能刺激镇、村发展非农经济。三是统一城乡税制。针对近几年我国农村社会贫富差距进一步增大的实际，国家可以积极研究统一城乡税制的办法和措施，设计适宜的新税制方案，对农村的高收入者，参照城市所得税等税种收取办法，征收有关税费。这样，既防止出现更大的贫富差距，又可以在农村或从事农业的行业内部实现收入再分配，同时还可以增加基层政府的可用财力。

加快乡镇政府改革，重新界定乡镇政府职能。我国乡镇政府是在计划经济体制下从过去人民公社转变来的，虽经多次改革和职能转变，仍带有许多计划经济的职能特征，已远远不能适应市场经济的要求以及当前农村税费改革形势的需要，必须对其进行改革。一是重新界定职能。要按照财权与事权相统一的原则，明确划分各级政府的事权，特别是基层政府的支出责任。像民兵训练、计划生育、农村义务教育、优抚安置、农村社会保障体系建设等全国性的公共产品，应该由国家财政承担，地方政府负责具体的管理。乡村农田水利建设、乡村道路、小城镇建设等中小型基础设施建设，理应由地方政府承担。总之，要从根本上明确乡村公共产品的供给责任，不能将一揽子农村事务简单地推给基层政府。建议中央对各级政府的职能定位以法规的形式确定下来，使之更加具体、明确，有法可依。二是撤乡并镇，合理配置资源。要根据交通条件、人口、区域面积、经济总量等因素，重新对乡镇进行撤并，以减少支出，提高效率，提高城镇化水平。就东部沿海人口密度较高的省份来看，一个乡镇人口应在 6 万到 8 万为宜。三是精简机构，压缩人员。按照农村税费改革后乡镇政府的职能，重新设置政府机构，将设置过多、过散的“七站八所”进行分类归并，严格定岗、定编，实行“精兵简政”。对“编外”人员，要出台安置政策，积极稳妥地做好分流工作。

稳固村级基层政权。中国具有特殊的国情，农业人口众多。村级组织承担着贯彻党的政策、落实土地承包责任制、协调土地关系、农业产业结构调整、协调组织村民、维持一方稳定等重任，必须予以巩固、强化。第一，建立确保村级政权运转的长效机制。有两个建议：一是将村公益支出、村干部工资列入中央、省转移支付范围。二是在中央支付压力较大的情况下，取消农业“三税”后，可按土地亩数收取一定数额的地租，用于村公益事业支出。第二，合村并组，努力减少干部职数。从昌乐县的情况来看，以 4 到 5 个自然村合并为一个行政村为宜，一个行政村人口应在 2000 人左右，多则难以管理，少则造成人员上的浪费。

大力支持农村发展二、三产业，加快非农化进程。解决“三农”问题，增加农民收入，根本途径在于减少农民，引导农民从土地中走出来，从事二、三产业，变成工人、商人、市民。措施上，在继续出台巩固税费改革成果配套政策的同时，应考虑把农民增收的着力点放到转移农民上。要加强政策倾斜。国家要出台鼓励农民从事二、三产业的相关政策，对农村发展二、三产业要在税收、土地等方面给予农副产品加工业所享受的同等待遇。要明确扶持重点。要把劳动密集型产业、高效种养业、农副产品加工业、服务业等用人多、占用土地少、与农村资源联系紧密的产业作为扶持重点，以更好地实现农产品的增值、农民的增收和农村富余劳动力的转移。要继续搞好小城镇建设。在土地方面可适当放开口子，鼓励农民进城居住。同时，改造空壳村，鼓励人口减少的村合并建农民公寓，弥补二、三产业发展占用的土地。

大力化解乡村债务，努力防范财政风险。乡村债务问题已成为影响稳定的一大隐患。要高度重视乡村债务问题，在厘清债务结构的基础上，有针对性地制定化解债务的具体办法。建议中央和省、市尽快制定化解农村债务的具体政策，通过降息止息、核销降息、债务置换等办法化解债务。对于确实由镇村承担的到期债务，要建立偿债准备金，分期逐步清偿。对不属于镇村承担的债务，要按照“谁借谁还”的原则，进行偿还。同时，要严格控制新债务，镇村经济和社会事业的发展要量力而行，根据实际财力制订发展计划，不得举债搞建设。

加强农村民主政治建设，确保农村长治久安。要想进一步维持当前农村的稳定局面，确保党在农村的领导地位不受影响，就必须大力加强农村民主政治建设。一是进一步完善村级自治，努力构建以民主选举、民主决策、民主管理、民主监督和村务公开为主要内容的村民自治体系。二是大力加强党的建设，要在农村实行更开放的党员发展制度，鼓励有选举权的守法公民加入党组织。要积极探索转型期农村党组织的政治思想工作的有效方法，吸引群众，使党的组织成为农村民主政治建设中有力的权威和领导力量。三是加强村级干部队伍建设。在村级干部职数明显减少的情况下，对村级干部的素质和能力要求也提高到了一个新的水平。要积极探索村干部“职业化”管理模式，明确任职条件、职权和工资待遇，建立规范的农村干部培养、选拔和使用制度，努力提高农村干部的整体素质，使其真正成为党在农村政策的贯彻人、人民群众的贴心人、乡村事务的协调人和群众致富的带头人。

大力发展农村合作经济组织，提高农民进入市场的组织化程度。市场经济条件下，乡镇一级政府的职能逐渐弱化，农民进行结构调整、产业经营已由原先的乡镇政府计划安排转为市场调节、农民自愿。在此形势下，如何实现农民一家一户的小生产与大市场对接，从各地的实践看，大力发展农村合作经济组织是一种有效途径。农村合作经济组织可以把农民组织起来，将不同利益主体的资金、技术、劳力、土地等生产要素整合在一起，形成规模和品牌优势，可以解决农户单独办不了、政府包不了、村级统不了的事情，实现农民小生产与社会化大市场的有效对接，以规避市场风险，维护农民利益，增加农民收入。发展农村合作经济组织，可以从三个方面入手。一是强化政策措施，扶持农村合作经济组织发展壮大。目前，农村合作经济组织正处于初创和发展阶段，迫切需要政府在法律和财政、税收、信贷等政策上提供必要的支持。二是围绕支柱产业和主导产品发展农村合作经济组织，充分发挥典型的示范引导作用。要积极培育和建成一批农民可看、可学的示范性合作经济组织，引导农民自觉加入，共同受益。三是指导农村合作经济组织规范化建设。要坚持“先发展后规范，边发展边规范，以规范促发展”的原则，健全组织，完善章程，加强各项制度建设，保证会员的主人地位和经济利益，增强农村合作经济组织自我管理和自我发展的能力。

二、顺时应变，努力增加农民收入 *

为深入贯彻“三个代表”重要思想，更好地指导当前的农村工作，我们采取查阅资料、座谈了解、抽样调查、组织讨论等形式，对山东省昌乐县的农民收入情况进行了调查。

---

* 本节原刊于《中国国情国力》2004 年第 1 期。

（一）农民收入结构明显变化

近年来，昌乐县农民收入的来源主要来自农业（种植业）、林业、畜牧业、工业、建筑业、运输业、商贸餐饮业、服务业、劳务输出等。从总量构成看，工业（包括建筑业）、农业、畜牧业、商饮服务业（包括运输业、商贸餐饮业、服务业）收入一直是农民收入的主要来源，占整个农民收入的近 90%。1997 年，昌乐县农民人均纯收入 2968 元，其中，来自工业的收入 1223 元，占 41.2 %；农业收入 763 元，占 25.7%；畜牧业收入 318 元，占 10.7%；建筑业收入 181 元，占 6.1%；运输业收入 178 元，占 6%；商贸餐饮业收入 86 元，占 2.9%；服务业收入 56 元，占 1.9%；劳务收入 99 元，占 3.3%。到 2002 年，昌乐县农民人均纯收入达到 3343 元，其中，来自工业的收入 1478 元，占 44.2%；农业收入 522 元，占 15.6%；畜牧业收入 458 元，占 13.7%；建筑业收入 221 元，占 6.6%；运输业收入 244 元，占 7.3%；商贸餐饮业收入 157 元，占 4.7%；服务业收入 107 元，占 3.2%；劳务收入 141 元，占 4.2%。从增长情况来看，2002 年全县农民人均纯收入 3343 元，比 1997 年增加 375 元，增长 12.6%，其中，一产收入 1018 元，比 1997 年减少 88 元，降低 8%；二产收入 1698 元，比 1997 年增加 294 元，增长 21%；三产收入 627 元，比 1997 年增加 169 元，增长 37%。

通过上述数字不难看出，在昌乐县农民收入构成中，工业、农业、畜牧业、建筑业、运输业、商贸餐饮业和服务业一直是农民的“主体财源”，但经过 5 年的发展，来自一产的收入下降幅度较大，出现负增长，在农民收入中的比重越来越小，5 年下降 10 多个百分点。而来自二产、三产的收入却逐年增加，在农民收入中占的比重也越来越大，分别占到整个农民收入的 50.8% 和 18.8%，与 1997 年比两者直接增加农民收入 463 元，成为弥补一产收入不足、增加农民收入的稳定的“中坚力量”。目前，昌乐县广大农民已形成“吃饭靠农业（种植业）、用钱靠工业（打工和二、三产业）”的格局，从近几年（1997 年至 2002 年）农民收入的变化情况看，主要有以下几个特点。

农民人均纯收入增长趋缓。统计资料表明，从1997年到2002年，全县农民人均纯收入分别为2968元、3116元、3164元、3217元、3335元和3343元，比上年增长分别为5%、1.5%、1.7%、3.7%、0.2%，年均递增2.4%，低于同期GDP增幅8个百分点。这说明，随着基数的不断扩大，原先增加农民收入的常规措施所产生的效果越来越弱化，或新的增收手段尚未产生明显的作用。因此，要想使农民收入得到突破性的改善，必须重新调整原有的思路，重新审视已有的措施，以全新的思路、超常的措施方能实现农民收入的较大幅度增长，才能从根本上解决农民收入低的问题。

第二产业越来越成为农民收入的最主要来源。2002年，农民人均二产收入1699元，比1999年增加272元，年均递增6%；二产收入占纯收入的比重为50.8%，比1999年提高5.7个百分点。可以说，二产已成为农民收入的支柱。同时，从有关数字可以看出，1998年、1999年两年，工业收入在农民收入中的比重都在45%左右，从2000年至2002年，工业收入在农民收入中的比重迅速上升到50%左右，2000年、2001年农民人均纯收入均比上年增加110多元。这主要是因为2000年昌乐县实行全民招商战略，引进了一大批二、三产项目。据统计，2000年以来，昌乐县仅招商引资新上投产项目就提供了2.5万多个就业岗位，其中直接吸纳农村劳动力2万人。2002年，在严重干旱、农产品价格持续低迷、种植业收入大幅减少（人均减48元）的情况下能实现比上年增收，关键靠的是二、三产业的支撑。

第三产业成为增加农民收入的最具活力的因素。从1997年至2002年，农民三产收入由460元增加到628元，增加168元，年均递增6.4%，其中农民商贸饮食业收入从86元增加到157元，服务业收入从56元增长到107元，运输业收入从178元增加到244元，分别增长了82.6%、91%和37%。这主要是因为通过实施经营城市战略，加快了城市化步伐。据统计，仅2000年以来，全县城镇人口就增加了4. 9万人。

同时，经营城市也为农民创造了更多的就业岗位和机会，加快了农民闲散资金的流入，带动了第三产业的发展，增强了农民创收的后劲。

种植业收入比重进一步降低。自 1997 年以来，农民人均纯收入来自种植业的份额逐渐降低，从 1997 年的 25.5% 下降到 2002 年的 15.6%，5 年下降了 10 个百分点。造成这种状况的原因，一方面是因为市场因素影响，农产品价格持续走低；另一方面受自然条件制约，生产成本不断增加，使种植业效益降低。

畜牧业收入增幅明显。农民畜牧业收入由 1997 年的 318 元增加到 2002 年的 458 元，年均递增 7.6%。2002 年，受国际市场影响，畜牧业生产虽然受到一定冲击，但畜牧业收入占纯收入的比重仍达到 13.7%，比 1997 年增加 10 个百分点。这主要得益于龙头企业的带动。近年来，永昌、乐港、齐鲁星等龙头企业规模不断扩大，成为全县畜牧业和农民收入持续稳定发展的“靠山”。

社会化程度提高。家庭经营是农村传统的经营方式，1997 年，农民从家庭经营中取得收入 2256 元，占 76%，从社会化生产中取得收入 712 元，占 24%。到 2002 年，农民从家庭经营中取得收入 2236 元，占 66.9%，比 1999 年降低 9 个百分点，而从社会化生产中取得的收入却增加到 1107 元。这说明，社会化程度的提高带动了收入的增加，一家一户的家庭经营模式正逐步融入社会化大生产中。

（二）努力寻求农民增收的新来源

当前，农业和农村经济发展已经进入了新的阶段，支撑农村经济的一些经济增长点作用在减弱，今后如何继续保持农民收入不断增长，是摆在我们面前的一个重要课题。下一步，必须适应我国加入 WTO 的新形势，解决好农民“钱从哪里来，人往何处去”的问题，为农民增收寻求新的来源。

调整工作思路，积极探索农民增收新途径，统筹城乡经济发展。目前，全国上下已基本达成一种共识：解决农业的问题，要靠产业非农化；

解决农村问题，要靠城镇化；解决农民问题，根本出路是减少农民。党的十六大提出了“统筹城乡经济发展”的工作思路，为我们进一步指明了方向。农民增收是一项复杂的系统工程，涵盖生产、经营各环节，涉及资金、信息各方面，需要政府创造良好的生产经营条件，提供优质的服务。过去，我们把很大精力用在忙农业的催种催收和常规工作检查上，功夫没少下，精力没少投，但在农民增收和财政增收上始终没有大的突破。要尽快改变这一现状，一是破除思想障碍，进一步放宽眼界，迅速转变农业工作思路，由单纯的就农业抓农业，转变到城乡统筹发展，协调互进的路子上来，把工作的出发点和落脚点放到农民增收上来；二是要变指导为引导，由过去的催收催种转变到依靠宏观的、市场的手段来加快农村经济发展上来；三是改变过去抓生产“包揽包办”的办法，从行政指挥向示范服务转变，把主要精力从抓生产转移到抓服务、抓市场、抓订单上来，更多地做一些“红娘”和“裁判”的工作，把小生产与大市场有效衔接起来。

大力实施招商引资战略，发展农村非农产业，提高农民的现金收入。今后农民收入能否持续增加，在很大程度上将取决于农村非农产业的发展速度和效益。特别是像昌乐这样的农业县，非农产业尤其是加工业发展相对滞后，已成为制约农业生产进一步发展和农民收入提高的“瓶颈”。因此，要确立“跳出农业抓农业”的工作思路，大力实施“工业立县”战略，坚定不移地抓好招商引资工作，吸纳更多的劳动力。要根据市场需求和农村实际，积极发展建筑业、运输业和其他的二、三产业，加快农村劳动力转移、要把农村劳务输出作为一项投资少、见效快的新兴产业认真抓好，多渠道转移农村富余劳动力。

以经营城镇为突破口，加快城市化进程，促进农村富余劳动力转移。加快城市化步伐，促进农业富余劳动力向二、三产业转移，是从根本上解决农民增收问题的战略措施。一是要建立城乡统一的劳动力市场，取消对农村劳动力在城市就业中的歧视性政策，消除城乡壁垒，让农民进城务工经商，使农民真正享受与城镇居民同等的待遇，引导农村劳动力合理有序流动。二是加快工业集聚步伐，实现从事非农产业的农民向城镇的集聚，为彻底转化为城镇居民打好基础。三是把经营城市作为加快城市建设的主要措施，争取在投入机制、经营模式、管理体制上实现新的突破，以适应城镇人口迅速增加的要求。同时，要把小城镇发展纳入国民经济和社会发展总体规划，明确小城镇发展的布局、规模、制定小城镇吸引农民的相关政策，最大限度地调动农民参加城镇建设的积极性。

扶持民营经济发展，拓宽农民增收渠道。一是必须进一步解放思想，鼓励和支持农民到城镇进行投资、经商活动。要有针对性地消除农民从事民营经济的制约因素，制定出新的扶持办法，在收费、水电、土地等方面提供更有利的条件，坚决维护从业者的合法权益。建立民营经济园区，集中帮助投资者解决开办和经营中的困难，扶持其发展。二是引导他们走产业化经营的路子，推进规模经营，集约化经营，提高效益。三是引导和扶持个体私营业者加大科技投入，开发技术含量高、附加值高的新产品，增强市场竞争力。四是搞好民营经济和小城镇建设的配套联动，使二、三产业同步发展，城乡良性互动，以达到建一个城镇，兴一批市场，活一方经济，富一方农民的目的。

加快农业结构调整，稳定农民基本收入。目前，种植业仍然是大多数农户收入的重要来源之一。所以，相当一个时期内，加快农业结构调整，不仅是使绝大多数农民增加收入的重要途径，也是保持农村社会稳定的基础。一是进一步优化农产品品种和品质结构，加快优良品种的引进、选育和推广，大力开发名、优、稀、特产品。要加快标准化生产，大力发展绿色无公害产品，全面提高农产品质量。二是加快发展畜牧业。要根据市场需求，大力发展奶牛、肉鸡、肉鸭、生猪等市场广阔、效益较高的畜禽品种，努力扩大养殖规模。要抓好良种引进、推广和标准化养殖，搞好动物无疫区建设，提高畜禽产品质量。三是大力发展农产品加工企业，重点培植好永昌公司、乐港公司、依山牧场、齐鲁星牧业乳品等企业，使之发挥更大的带动作用。另外，要进一步搞好农产品市场建设，大力发展农产品销售中介组织，加快农产品流通，拓宽销售渠道。

提高农民素质，大力推进农业科技进步。收入的差距，实质是知识的差距、信息的差距、技术的差距、能力的差距，归根结底是人的素质的差距。因此，要教育农民彻底摆脱封建落后的“小农”思想观念的束缚，抛弃旧的传统风俗习惯，引导农民走向现代化。要扎扎实实地抓好农村义务教育，大力发展职业技术教育，提高农民科学文化素质。要建立和完善农村科技推广、咨询和信息网络，及时传递和大力推广先进实用农业科技成果，通过科技手段提高产品质量和产出率。要有计划、有重点地兴办一批农业科技园区，辐射带动农民提高科技水平，推进农业产业升级。

减轻农民负担，增加农业投入。减负即增收。要认真贯彻执行中央关于减轻农民负担的各项政策，确保农民休养生息。要坚定不移地推进农村税费改革，把各项政策落到实处，使农民真正受益。要多渠道筹措资金，加快对农田水利、乡村道路等基础设施建设，为加快农业结构调整创造良好条件。要加大对农民的信贷扶持力度，帮助农民大力发展大棚种植、畜禽养殖及经商办厂，解决农民创业资金缺乏的问题。

三、关于山东省昌乐县农民组织化程度的调查 *

农民组织化程度包括两方面的内容，其一是农民在生产经营过程中分工和协作的程度，它体现了农民与农民、农民与其他经济主体之间的经济关系；其二是农民作为劳动者和集体经济主人的社会化组织水平，它反映着农民的社会地位和政治权利。正确把握第一种意义上的农民组织化程度，对于应对入世挑战、提高农业综合竞争力、更好地解决“三农”问题具有非常重要的现实意义。为此，山东省昌乐县人民政府对昌乐县的农民组织化程度进行了专题调查。

---

* 本节原刊于《经济师》2003 年第 11 期。

（一）农民组织化程度的五种运作模式

农民进入市场的组织形式是农民组织化程度的重要内容之一，农民进入市场的组织形式越灵活有效，农民适应市场的能力就会越强，农民经济组织发挥的作用将越积极。调查中发现，近年来，昌乐县农民进入市场的组织形式，总体上可概括为五种模式：一是农民专业合作经济组织带动型；二是“链条”拉动型；三是市场带动型；四是“能人”带动型；五是政府推动型。从上述五种农民进入市场的组织化模式来看，全县农民参与组织化的人数较多。据统计，目前全县专业合作经济组织带动农民在 2.4 万户左右，占全县农户总数的 16.8%；龙头企业带动农民在 2.2 万户左右，占农户总数的 15.4%；各类专业批发市场、示范园及经纪人队伍带动农户在 6 万户左右，占全县农户总数的 42.1%。由于专业合作经济组织所带动的 2.4 万户农民基本上包含于各类专业批发市场、示范园及经纪人队伍带动的 6 万户农民中间，由上述五种模式带动的农民人数约为 6 万户加上龙头企业带动的 2.2 万户，即总共为 8.2 万户左右，占全县农户总数的 57.5%。

（二）提高农民组织化程度的对策和建议

扶持，就是加大政府的扶持力度。国内外的发展经验表明，政府必要的扶持是提高农民组织化程度的重要手段，有效的行政推动对加快农民组织化进程可起到“四两拨千斤”的作用。一是抓好产业扶持。产业的发展是农民经济组织形成和发展的前提。提高农民的组织化程度，关键要夯实产业基础。各镇要结合各自实际，大力发展瓜、菜、烟、桑、肉鸡、肉鸭、奶牛等主导产业，做大做强芦笋、草莓、芋头等优势产业，积极培育芦竹、花卉等新兴产业，使这些产业不断提高科技含量，向区域化、集约化、规模化发展，为农民经济组织的发展提供肥沃的土壤。二是抓好政策扶持。要制定必要的优惠扶持政策，为农民经济组织发展创造良好的发展环境。重点是在财政、税收、信贷和农业生产资料经营、流通等方面的政策支持。要在财政支农预算中，安排一定资金用于支持农民经济组织的发展。农业银行、农村信用社、农业发展银行要优先为农民经济组织提供贷款，并给予优惠。三是实现精力倾斜。就是各级政府在农业方面要将主要精力由过去的催收催种转到提高农民的组织化程度上来，把如何提高农民组织化程度列入重要议事日程，认真研究思考，积极探索实践。今后要将农民组织化程度列入各镇考核，充分调动各镇政府对抓好农民组织化工作的积极性，尽快形成农民经济组织百花齐放、协调发展、整体推进的良好格局。

引导，就是要注重工作方法。农民经济合作组织最大的特点就是“民办、民管、民受益”。民办就是要坚持以农民为主体，“带动”而不是“代替”，“扶持”而不是“主持”，绝不能大包大揽；民管就让农民当家作主，让农民去探索实践，减少行政干预；“民受益”就是要给农民实实在在的好处，不能搞形式图虚名。因此，各级政府在提高农民组织化的过程中，应切实转变工作方法，多引导，少包办，多服务，少干预。具体措施上，一是尽快研究出台提高农民组织化程度的具体规划，明确农民组织化发展的方向、目标、任务及措施；二是加快职能转变，退出一切可能产生利润而又无须政府控制的涉及“三农”的市场领域，让利于民，为农民合作经济组织提供广阔的发展空间；三是结合机构改革和审批制度改革，进一步规范、明确涉农部门职责，将一些与农民联系紧密、主要承担农技推广、农资流通等职能的站所大胆推向市场，引导其积极牵头领办创办农民经济合作组织，成为带动农民组织化工作发展的领头羊。

示范，就是要突出典型带路。要下大力气培植几个农民合作经济组织典型，如崔家庄的草莓协会，红河吴家成官的养鸭基地等，建章立制，规范运行，使其尽快上档升级，为全县农民经济组织的发展树立榜样。要组织农民走出去，到农民组织化程度较高、农民经济组织发展较快的地区参观学习，使大家解放思想，开阔视野，增强广大农户参与发展农村新型合作经济组织的自觉性和积极性。

帮助，包括两方面的内容：一是要努力帮助农民提高自身素质。农民组织化的主体是农民，如果农民的整体素质不高，提高农民组织化只能成为一句空话。要充分发挥各农技站所和农广校、农民夜校的作用，督促县农业、林业、畜牧、水利、科技等部门，切实加强农民培训体系、农技推广体系和信息发布体系建设，真正把工作重心下移，沉到基层，采取多种方式，努力提高农民素质。二是要切实搞好服务，及时帮助解决农民经济组织在发展中遇到的具体困难和问题。

管理，就是加强对农民合作经济组织的宏观管理和整体协调。一是明确主管部门。要将县经济管理部门明确为农民经济组织的主管部门，具体负责农民组织化工作的规划、管理、考核工作。二是健全制度，依法管理。对现有的各类协会，要规范章程，完善机制，促其规范化运营。充分发挥其示范带头作用。三是规范经纪人队伍。经纪人队伍是具有中介组织性质的农民合作经济组织的一种雏形，它的生命力很强，带动作用明显。要对所有经纪人实行登记注册，持证上岗，规范其经营行为，建立公平竞争、诚实守信的竞争机制。同时要积极鼓励引导经纪人加强各种形式的合作，为发展成为规范的专业合作组织奠定基础。

四、关于农民增收问题的探索与思考 *

千方百计增加农民收入，是当前农业和农村工作的中心任务，是党中央、国务院作出的重大战略部署。如何加快农民增收的步伐，结合山东省昌乐县的工作实际，笔者进行了一些探索和思考。

（一）昌乐县农民收入的构成

近年来，昌乐县把减少农业从业人员比例、发展非农产业作为农民增收的突出措施，进行了有效探索。农民收入的构成发生了显著的变化，

* 本节原刊于《发展论坛》2002 年第 12 期。

由以农业收入为主向非农收入为主转变，纯从事种植业的人数逐年减少。从昌乐县农民收入构成来看，主要是种植业、养殖业、加工业和服务业。2001 年昌乐县实现农民人均纯收入 3335 元。农村经济总收入 85.9 亿元，纯农业收入占农村经济总收入的 31.6%，非农产业收入占 68.4%。农业收入中，种植业收入占农村经济总收入的 16.6%，林业收入占 1%，养殖业收入占 14%；非农收入中工业收入占总收入的 43%，服务业及其他收入占 25.4%。农业从业人员 16.08 万人，占农村人口的 30.6%。与 1990 年比较，2001 年农业收入占总收入的比例降低了 33.6 个百分点，非农产业收入相对增加了 33.6 个百分点。其中 1990 年种植业收入占总收入的 46.6%，比 2001 年多 30 个百分点，工业收入占 14.5%，比 2001 年少 28.5 个百分点，服务业及其他收入占 18%，较 2001 年少 7.4 个百分点。近年来，昌乐县的主要做法如下。

一是大力调整农业种、养结构。适应市场需要，突出“三压缩、三优化”调整，即压缩普通粮田面积、压缩低效经济作物、压缩低值畜禽品种，优化农产品品质、优化农业产业结构、优化农业区域布局。粮经作物比例由 1990 年的 7∶3 调整到 3 ∶ 7，全县形成了瓜、菜、肉鸡、肉鸭、奶牛、黄烟、桑蚕、林果八大主导产业基地。发展种、养专业村 115 个，专业户 12767 户，规模化、专业化种养达到了 80% 以上。

二是大力培植龙头企业和龙头市场，促进种、养业升级。按照“大（大规模）、高（高水平）、外（外向型）、强（强带动）”的要求，采取多种形式，重点扶持，加快龙头企业建设步伐，带动相关产业发展和结构优化升级。目前，全县已发展各种类型的龙头加工企业 87 家。其中，乐港公司年加工肉鸭能力达到 4000 万只，成为亚洲最大的肉鸭加工生产厂家，带动肉鸭养殖户 7000 户；永昌公司年加工肉鸡能力达 3000 万只，带动肉鸡养殖户 5000 户；培植形成了江北最大的塑料加工出口基地和西瓜批发市场。全县 40% 以上的农产品实现了加工增值。

三是狠抓招商引资，扩大农民就业。坚持把招商引资发展二、三产业作为转移农村劳动力、扩大就业的重要途径。大力实施全民招商战略，将招商任务、指标层层分解落实到各个部门和广大干部；不断拓宽招商领域，创新招商方式，取得了明显成效。2001 年以来，全县共引进各类项目 1500 个，到位资金 18 亿元，其中过亿元项目 6 个。项目全部投产后，可吸纳劳动力 3 万余人。昌乐县每年初中不能升学的毕业生和高中不能升入大学的毕业生共计 9000 余人，通过招商引资每年可吸纳劳动力 1 万余人，全县新增劳动力基本能够得到有效吸纳。

四是发展民营经济，鼓励务工经商。坚持放开发展，放活政策，放宽领域，鼓励农民从土地中解脱出来，从事个体私营经济。全县个体工商户发展到 1.9 万户，私营企业发展到 1053 家，从业人员发展到 9.8 万人，占农业人口的 19.6%。2001 年民营经济实现税金 1.65 亿元，占全县地方财政收入的 76.4%。民营经济已成为农民增收、财政增收的重要支柱。

五是加快城市化进程，变农民为市民。深入实施经营城市战略，组织开展了“万户进城”活动。放开户口限制，鼓励农民进城务工、经商，从事三产。计划用三年时间，转移万户农民进城，城区居住人口增加 4 万至 5 万人，总人口 5 年内达 20 万人。借助经营城市加快市场建设，按照有偿使用原则和市场经济发展的需要，实行农民个人、集体、国家多方位投资开发和经营，使基础设施的投资者成为经营者。自 2001 年以来，已引进社会资金 5 亿元，规划建设了 8 万平方米的温州商城、4 万平方米的商业步行街、占地 150 亩的东山商城，以及副食品商城、金帝花园住宅小区等项目。项目投入使用后，可吸引 1.5 万农民进城创业。

（二）当前影响农民增收的主要原因

从表面上来看，当前影响农民增收的因素主要有以下几个方面。

种植业方面：一是结构不尽合理。无论是产业结构还是品种结构，仍存在着不合理现象。从产业结构上看，多数地区粮食面积仍占较大比重，经济作物种植比例偏小。由于我国农村劳动力多，粮食单位种植面积成本居高不下，利润空间缩小。据有关部门统计，我国国内农产品成本年均增长 10% 左右，价格不占优势，小麦、玉米等价格已高于国际价格 15%~30%。在品种结构上，一般大路产品多，名优特稀品种少，档次低，市场竞争力不强，增产不增收。二是规模小。从目前种植格局和规模上看，无论是一个镇，还是一个村，在种植上往往存在着"小而全"，主导产业不明显。一些市场前景和效益不错的产业，由于没有形成一定规模，效益没有充分体现出来。三是标准化程度低。部分产业和产品，还没有制定出与国际接轨的行业标准。一些瓜菜产品，因药检不合格，难以进入国外市场和国内大城市的超市。四是市场化程度低。信息渠道不畅，农民在安排种植上存在趋同性和盲目性，没有按市场需求确定种植品种，造成产销不对路，卖不上好价钱。

养殖业方面：一是品种差，优良品种覆盖率低。这是造成养殖业收入不高的主要原因。二是养殖方式落后。多数农户以家庭圈养和分散饲养为主，规模小，饲养水平低，生长期长，投资大，效益低。三是标准化程度低。大部分养殖户标准化养殖意识差，防疫措施跟不上，随意乱用药现象比较普遍。四是龙头带动作用不强，缺乏带动养殖业产品加工增值的龙头企业。

龙头加工企业方面：龙头企业是农业实现从适应性调整向战略性调整转变的桥梁，是实现农业由量的增加到质的提高、解决标准化生产问题以及解决小生产与大市场矛盾的关键。龙头企业不仅能实现农产品的加工增值，而且还可以转移劳动力，解决就业问题。从当前情况看，龙头企业发展中主要存在 4 个方面的问题：一是加工规模小，辐射带动作用不强。二是加工档次低，多数是初加工，精深加工少，产品增值率低。如蔬菜加工，多以速冻保鲜加工为主。三是销售市场狭窄。多数龙头企业产品过分依赖一个至两个国家，市场风险较大。四是代理出口多，直接出口少，利润相对降低。

城市化方面：加快城市化进程可以转移农村剩余劳动力，变农民为市民，促进农民从事服务业。当前在城市化方面存在的问题：一是对农民进城限制较大。尽管国家今年对户口管理的政策已经放宽，但实际上仍有不少制约因素。在子女入学方面，农村子女大多与城市居民子女待遇不一样；在住房贷款方面，进城农民贷款难度较大。二是多方位投资开发和经营的体制不健全。绝大多数县城和小城镇投资渠道单一，单靠政府投入，致使城市基础设施不能适应发展需要，欠账较多。三是建设上档次低，规模小，辐射带动作用不强。四是政府宏观管理和微观控制不够。

农村劳动力方面：当前农村劳动力相对过剩成为影响收入的重要因素，也为社会就业带来巨大压力。就昌乐县来说，农村人口 52 万人，占全县人口总数的 87%；现耕地 87 万亩，人均仅为 1.7 亩，致使大量劳动力剩余。据有关部门统计，我国有 9 亿多农村人口，农村劳动力达 4.3 亿人；中国现有耕地 14 亿亩，农村土地只能容纳 1.4 亿左右的劳动力，剩下的 2.9 亿劳动力中除乡镇企业、多种经营等吸收部分之外，农村还剩余 1.4 亿左右的劳动力。专家预计，加入 WTO 后农村剩余劳动力人数还会增加，“十五”末期剩余劳动力可能达到 1.8 亿人。

（三）增加农民收入的几点思考

要把农民增收放到整个经济工作的重要环节综合考虑。增加农民收入的根本措施是把大量的农村劳动力从土地上转移出去。这项工作涉及工农关系、城乡关系以及经济生活的方方面面，决不能单纯就农业抓农业，要抓住农民增收这条主线，综合性地抓好农业结构调整、民营经济、城镇化进程等各项工作。

要借助招商引资大力发展中小企业。作为县域经济，起支撑作用的主要还是中小企业，这是转移吸纳农村剩余劳动力的一条重要途径。要抓住加入 WTO 后，美国、欧盟、日本经济出现衰退，很多企业家看好中国市场的机遇，积极通过招商引资，大量引进国外资金、技术上项目。这一方面可以壮大县域经济实力，另一方面也可吸纳农村剩余劳动力。应进一步放宽中小企业进入的领域；对符合产业政策的中小企业在资金、用地等方面予以扶持；完善贷款担保机制，从根本上解决中小企业融资难的问题。

要营造更加优良的经济发展环境。一是工作环境。要坚持以经济工作作为衡量县级党委、政府工作的根本标准，鼓励大胆工作，开拓创新。对大胆工作出现失误的，不泼冷水；对不思进取、工作平庸的，予以批评教育。二是法制环境。依法规范市场经济秩序，严厉打击假冒伪劣行为。三是企业发展环境。对企业要多开绿灯，少开或不开红灯，真正帮助企业解决困难和问题。改变少数执法部门以罚款为目的执法行为。职能部门对企业出现的问题，要以服务和帮助解决为出发点，避免人为设卡，干预企业正常生产。

要加强农业生产标准化建设。加入 WTO 后，农业实行标准化生产已经成为农产品走出国门的前提。要通过多种形式和渠道大力普及农业标准化知识，提高广大干部群众的农产品质量标准意识。要建立健全农业质量标准体系，围绕主导产业和重点产品，按照“完整、接轨、配套、简便”的原则，逐一制定从生产环境、生产过程到产品品质、加工包装的一系列标准。加强对农产品质量标准的检测监督，逐步建立农业标准体系、农产品检测体系和农产品评价体系。

要加大财政转移支付的力度，增强县级政府对经济的调控能力。随着国家对有关权力的回收，作为县级政府对经济的调控能力已非常弱。从财政支持来说，实行税费改革后，税收地方留成部分日趋减少，另外刚性支出日益增加，县乡财政越来越成为“吃饭财政”，很难拿出更多的资金扶持农业、工业等经济发展。因此，上级财政部门要加大转移支付力度，扶持地方经济发展。

要加快实施农业国际化战略。要加快龙头企业建设步伐，促进相关产业的发展和结构优化升级。注重农产品基地建设。坚持以市场为导向，以效益为中心，以资源为依托，统一规划，合理布局，连片开发建设农产品基地，推进规模化、专业化。要积极引进来、走出去。要利用我国劳动力价格低、气候适宜等优势，引进国外良种、技术、资金、人才，改造传统产业，提高农产品及加工产品的品质，把产品销往国外。同时，积极走出去，加强国际间的技术合作与交流。

要进一步转变政府职能。适应加入 WTO 新形势的需要，由原先政府主导下的市场经济转变为 WTO 规则和法律框架下的市场经济。一是按政府运行规律和市场经济发展规律的要求，把政府直接从事经济活动的范围缩小到最必要、最合理的范围内，使政府成为市场的培育者和“游戏规则”的制定者、监管者。政府直接从事经济活动的领域，主要是“三公”，即组织公共产品生产、建设公益事业、提供公共服务。二是进一步改善政府管理经济活动的方式，最大限度地取消行政审批项目。应从以往的直接干预转变为建立和维护良好的市场秩序，营造安全稳定的发展环境上来，由监督管理甚至直接参与市场经营活动向监督管理与提供良好的政府服务并存的方向发展。在农业方面，政府职能转变，一是抓规划。研究制定农业的长远目标和近期规划。二是抓指导。综合运用计划、经济、法律手段，引导农民发展现代农业。三是抓扶持。在科技、信息、资金、人员培训等方面制定有效措施，帮助农民提高效益。四是抓管理。依法规范生产、经营各个环节，避免不正当竞争。

五、关于经营城市问题的几点思考 *

随着城市化进程的日益加速，如何用经营的理念来建设和管理城市，已经成为政府职能转变的一项重要内容，经营城市必须切实转变思想观念，现结合工作实践，就搞好经营城市谈几点认识。

一是转变“无偿使用”的观念，树立城市基础设施是“特殊商品”的意识。城市设施服务对象的多样性、服务时间的连续性和服务空间的广泛性，决定了它是一种非常重要的商品。因此，工作中要用市场经济的手段去管理和经营城市基础设施，使城建事业逐步向市场经济转变，

---

* 本节原刊于《山东经济战略研究》2001 年第 11 期。

彻底改变城建“有投入无产出”的局面，为城市建设开辟资金来源。

二是转变“独家经营”观念，树立多元发展意识。适应市场经济的要求，根据“谁投资，谁受益”的原则，把城市国有资产经营和市场机制引入城市建设与管理中，刺激更多的外资、民间投资投入城市建设，变政府包建为全民共建，形成在政府规划指导下多元化投资建设的城建新格局。

三是转变“等钱办事”观念，树立“借力发展”意识。跳出传统计划经济模式下“有多少钱办多少事”的圈子，树立“要办多少事就筹多少钱”的意识，对于收益前景看好的城市基础设施建设项目，通过向金融机构融资、吸引国内外直接投资等方式进行建设。

四是转变“技术规划”观念，树立“经济规划”意识。在市场经济条件下，城市规划在继续重视工程技术、建筑艺术的同时，必须树立经济效益观念，充分发挥城市规划的财富功能。特别要把优化城市土地资源配置摆在城市规划的突出位置，完善同市场经济相匹配的城市新功能，通过先行建设基础设施变“生地”为“熟地”等途径，促进建设用地增值。

经营城市必须大手笔、高品位地搞好城区规划。规划是城市建设的灵魂。规划水平的高低，不仅体现着一个城市的建设水平和档次，而且会直接影响到经营城市的具体效果。在城市规划问题上，一是树立“经济规划”意识，着眼长远，用大手笔，做大文章，聘用高水平的专家，并借助高空测绘等先进的技术手段，确保规划方案的档次和品位。二是结合城市总体规划，配套编制各区、片的控制性详细规划。对重点区片的规划，可聘请多家设计单位设计方案，采取评选优秀方案、较好方案、一般方案的形式，组织人大代表、政协委员、市民进行评选和监督实施，确保城市规划的高水平。三是落实图例管理制度。按照城市总体规划、分区规划和控制性详细规划的要求，有重点地编制好区域性修建详细规划，对项目建设的标准、要求提出规划要点，上图予以确认、固定，并作为土地拍卖、项目招标的依据。所有项目都必须严格按照图例管理要求进行，严格按照图例指标进行审批，避免项目建设的随意性。

经营城市必须高度垄断土地一级市场。土地是经营城市中最关键的因素。政府高度垄断经营城市国有资产，特别是对土地一级市场实行高度垄断，是经营城市的前提和核心，离开这个前提，经营城市便无从谈起。在土地问题上，必须把住土地市场“进”“出”两个关口，一方面通过建立土地储备制度，把土地集中到政府的手中，实行“一个口子”收购储备土地；另一方面把住土地出让关。通过出让、招标、拍卖等方式“一个口子”供应土地。昌乐县建立了土地储备中心，采取实物储备、红线储备和信息储备三种形式，对城镇规划区内非农业建设征用的农村集体土地、需要处置的存量国有土地都依法纳入了土地储备库，进行前期开发整理，根据经济发展和城市建设需要，依法采取出让、招标、拍卖或租赁方式供应土地。同时，为确保垄断落到实处，县里成立了土地执法监察队伍，加大对各类土地违法行为的打击力度，彻底消除了各类土地隐形市场。在对土地进行垄断的基础上，对土地使用权实行竞标拍卖。除国家法律、法规规定可实行划拨供地的项目外，其他建设用地，一律按市场机制通过竞标拍卖方式实行有偿使用，提高了国有土地的收益率。

经营城市必须放开搞活住宅二、三级市场。在管住、管死土地一级市场的同时，对住宅二、三级市场要放开、放活，促使形成卖房热、购房热、建房热，从而推动国有土地的进一步增值。

一是全面实施住房货币化分配政策。彻底截断住房实物分配，将住房补偿一次兑现给职工，住房补贴随职工工资逐月直接发放，为职工购房创造资金条件。

二是进一步提高公有住房租金。提高公房租金是与实行市场价售房相配套的一项政策，也是住房货币化分配政策的重要内容之一。要按照国家有关规定，不断提高公有住房租金，这样有利于进一步加快住房社会化、商品化进程。

三是建立和完善多层次城镇住房供应体系。随着单位自行建房政策的取消和市场化住房资源配置机制的逐步建立，政府要适应不同层次居民的购房要求，建立商品房、经济适用住房和廉租住房等不同层次的住房供应体系，分别为高收入、中低收入和特困的最低收入居民家庭提供不同保障水平的、分层次的住房保障。

四是大力发展住房金融。将住房公积金的管理与发展住房贷款结合起来，商业银行要配合政府房改政策，积极办理住宅建设贷款业务，以满足居民住房贷款需求。

五是加快放开住宅二级市场。根据国家房改政策的有关规定，把住住宅一级市场关，严格禁止党政机关、事业单位在自有土地上建设住房计划，停止新征地搞住房建设。同时，鼓励、支持符合条件的居民私有住房进入二级市场交易，尽快把住房建设全面推向社会化、市场化、商品化轨道。经营城市必须加快膨胀城镇人口。城市的发展离不开人口的聚集。只有形成了充足的人流、物流，才能造就城市的良好“商机”。先前，对农民和外地人员进城的限制条件很多，制约了城镇化进程。国家放宽了对进城人口的管理限制后，规定凡在城区内有合法固定的住所、稳定的职业和生活来源的人员及与其共同居住、生活的直系亲属，均可办理城镇常住户口。这为加快城市化进程创造了条件。抓住这一机遇，在具体操作上可出台更加积极的政策，鼓励更多的农民和外地商人进城镇创业，拉动城镇经济的快速发展。经营城市必须建立一个强有力的综合协调机构。经营城市是一个城市资源再配置、利益再分配的过程，涉及方方面面的利益冲突，必须建立一个强有力的运筹机构，实行政府“一把手”工程。对城市基础设施规划和布局，都由一个部门统筹协调、一个法人单位具体运作，避免相互推诿扯皮和“一人一把号、各吹各的调”的现象。同时，要注意广泛宣传发动，在全社会营造人人支持、参与经营城市的良好氛围。要注意加大执法力度，严查可能出现的违规违纪行为，为经营城市创造良好的环境。

六、关于经营城市的几点思考 *

近几年来，经营城市的提法不断见诸报端，省内、国内不少地区也已经或正在进行这方面的探索和实践。目前，经营城市问题已在全国各地达成了共识。所谓经营城市，就是用市场的眼光看待城市，运用市场经济的手段，把城市当作一种国有资产来经营，变革现有的投资体制，使城市基础设施实现由产品到商品，由资产到资本的转化，通过资本化运营，盘活存量，膨胀总量。它是把城市看成一个国有企业，围绕效益搞投入，挣回钱来快发展。从起步较早地区的实践来看，经营城市的意义不仅在于打破了城市建设资金不足的瓶颈，加快了城市建设的步伐，更重要的是为城市的建设和管理探索了一条全新的思路和方法。

（一）经营城市是市场经济条件下城市发展的客观要求

城市是一个地区经济、政治和文化的中心，是国家长期巨额资金投入的结果，是资本的实物形态，实际上是政府最大的一块国有资产，也是政府最大的财富。随着社会主义市场经济体制的建立和完善，城市的功能也发生了深刻的变化，城市已成为各种市场交换关系的汇集点，成为市场配置资源的重要单位。人流、商流、物流、资金流、信息流已成为城市间争夺的目标；城市、企业、投资者之间的计划配置关系逐渐转变为市场机制作用下的双向选择关系。面对这些新情况，要使城市经济得到快速发展，就必须做好经营城市这篇文章，按照市场经济规律，综合运用城市土地资本、地域空间及其他经济要素，从总体上运作城市经济，在整个城市范围实现资源配置效益的最大化、最优化。从山东省昌乐县的情况来看，前几年，以政府为主的城市建设投入机制，由于县内可用财力较小，很难拿出大量资金投入城市建设，加上近几年从银行贷款的难度越来越大，城建资金一直面临较大缺口。有不少好的城建项目

* 本节原刊于《发展论坛》2001 年第 9 期。

因为资金问题一拖再拖，有不少该办的事一直办不了。针对这一情况，我们提出了走经营城市的路子，加快由单一的传统建管城市模式向市场经营城市模式的转变，并组织人员到省内莱州、浙江的温州和乐清以及湖南长沙、浏阳、常德等经营城市起步早的地区进行了考察学习，厘清了经营城市工作的基本思路，即必须用市场的眼光来看待城市，运用市场经济的手段来经营城市，吸纳更多的资金投入城市建设，真正建立起一套靠城市资产融资搞城建的新机制，形成“投入—回收—再投入—再回收”的良性循环，确保城市建设持续快速发展。

（二）必须把转变思想观念放在经营城市的首位

经营城市的提出和实践，应该说是一个比较新的领域，对什么是经营城市、怎样来经营城市，干部群众思想上还存在不接茬、不适应的地方，因此，必须把思想观念的转变和更新，作为搞好经营城市要解决的首要问题，在思想认识上切实做到“四个转变”。一是要转变“无偿使用”观念，树立城市基础设施是“特殊商品”的意识。城市基础设施既是人民生活不可缺少的重要公共生活资料，又是城市各项生产经营活动所必需的重要公共生产资料。城市基础设施服务对象的多样性、服务时间的连续性和服务空间的广泛性，决定了它是一种非常重要的商品。因此必须转变过去把它当作一种社会福利性、非生产性设施的观念，树立城市基础设施是一种“特殊商品”的意识。要用市场经济的手段去管理和经营城市基础设施，使城建事业逐步向市场经济转变，彻底改变城建“有投入无产出”的局面，为城市建设开辟资金来源。二是要转变“独家经营”观念，树立多元发展意识。计划经济条件下，政府是城市基础设施投资的单一主体，这也是造成城市建设资金严重短缺，基础设施建设滞后的主要原因。因此，必须适应市场经济的要求，根据“谁投资、谁受益”的原则，把市场机制引入城市建设与管理中，刺激更多的外资、民间资金投入城市建设，变政府包建为全民共建，形成在政府规划指导下多元化投资建设的城建新格局。三是要转变“就米下锅”观念，树立

"借力发展"意识。城市基础设施建设投资大、回收期长，单靠地方财政的有限投入是远远不够的。必须跳出传统计划经济模式下"有多少钱办多少事"的圈子，树立"要办多少事就筹多少钱"的意识，对于收益前景好的城市基础设施建设项目，要通过向金融机构融资、吸引国内外直接投资等方式进行建设。同时，要利用好城市基础设施项目投资大、风险小、收益稳定的优势，做好招商引资文章，广泛吸引国内外客商投资城市建设。四是要转变单纯的"技术规划"观念，树立"经济规划"意识。以前，我们搞规划都是以工程技术、建筑艺术为出发点，而对规划的经济性缺乏足够的重视。在市场经济条件下，城市规划在重视工程技术、建筑艺术的同时，必须树立经济效益观念，充分发挥城市规划的财富功能。要把优化城市土地资源配置摆在城市规划的突出位置，不论新区建设还是旧城改造，都要完善同市场经济相匹配的城市新功能，通过土地开发、在开发新区中先行建设基础设施而变"生地"为"熟地"等途径，促进建设用地增值。

（三）垄断土地市场是经营城市的核心

土地是经营城市中最关键的因素。政府高度垄断经营城市国有资产，特别是对土地一级市场实行高度垄断，是经营城市的前提和核心，离开了这个前提，经营城市便无从谈起。政府垄断城市国有土地，就是要把住市场"进""出"两个关口，一方面通过建立土地储备制度，把土地集中到政府的手中，实行"一个口子"收购储备土地；另一方面把住土地出让关，通过出让、招标、拍卖等方式"一个口子"供应土地。而最关键的是建立土地储备制度，即政府依照法定程序，运用市场机制，对通过征用、收回、收购、置换等方式取得的土地进行前期开发，并予以储存，以调控城市各类建设用地需求。土地储备是实现政府对土地一级市场高度垄断的重要手段，是政府管理土地资产、增加土地效益的有效途径。基于这一认识，昌乐县建立了县土地储备中心，采取实物储备、红线储备和信息储备三种形式，把城镇规划区内非农业建设征用的农村集体土地、需要处置的存量国有土地，全部依法纳入土地储备库，进行前期开发整理，根据经济发展和城市建设需要，依法采取出让、招标、拍卖或租赁方式供应土地。为确保土地垄断落到实处，县里在成立土地执法监察大队、依法打击各类土地违法行为的同时，完善了城市土地出让拍卖制度，即除国家法律、法规规定可实行划拨供地的项目外，其他建设用地一律按市场机制实行有偿使用。商业、金融、娱乐、旅游、房地产开发用地全部实行招标、拍卖方式，由国资、土地、建设等部门组织土地使用权、房地产开发权、开发收费优惠权“三权”招标拍卖，拍卖严格按规定程序进行“阳光操作”，确保公平、公开、公正。最近，昌乐县对一块居县城黄金地段的国有土地进行公开竞标拍卖，敲响了潍坊市土地拍卖的第一槌，在全县干部群众中产生了强烈的反响，思想上引起了很大的震动。政府在高度垄断土地一级市场的同时，要积极放开和搞活住宅二、三级市场。一方面要在实施住房建设总量控制，确保供求平衡，保持房价基本稳定的前提下，认真研究减少交易过程中的费种、简化交易过户和权属登记程序、提高办事效率等问题，把住房建设推向社会化、市场化、商品化轨道，活跃住宅二、三级市场。另一方面改善和加强物业管理，建立和完善公房售后维修基金制度，改变现行的福利型住房维修、管理模式，通过资产分离或委托管理方式，把住房管理服务分离出去，建立社会化、专业化、市场化的管理体制，不断提高物业管理水平。

（四）政府必须当好经营城市的主角

经营城市的主体是市民，主角是政府。在经营城市工作中，地方政府应做到“四个强化”。一是强化城市规划。规划是城市建设的灵魂，规划水平的高低，不仅体现着一个城市的建设水平和档次，而且会直接影响到经营城市的具体效果。经营城市必须注意发挥规划的财富功能，通过城市规划，让土地、道路等国有资产升值。必须落实图例管理制度，所有建设项目都要按照图例管理要求进行，避免项目建设的随意性。必须注意维护好城市规划的严肃性、权威性，规划一经确定，任何人不得随意更改，严格执行规划一张图、审批一支笔、建设一盘棋制度，保证城市规划不折不扣地落实。二是强化价值管理。经营城市必须努力把价值管理落实到城市有形资产与无形资产经营的各个领域，以实现经营效益的最大化。对建设用地出让实际投标和拍卖，发掘土地资源内在价值。对机关事业单位经营性房产统一经营，实行对外租赁的价值管理。把市场机制引入道路建设，以道路两侧土地所有权作为投资回报，吸引非公有制企业投资，建设城区道路。充分用好无形资产受益权，向无形资产要效益。三是强化建设管理。经营城市，不仅要重建设，更要重管理。政府要通过建立规范高效的城市土地、规划管理综合执法体系和条块结合的城市综合管理体系，以及制定严格的市民公约和规范性文件等措施，加大城市管理的力度。四是强化政府“统”的职能。针对不同程度存在的政府职能部门化、部门职能个人化问题，应切实发挥政府“统”的功能，把该收的资产收上去，把该由政府承担的职能承担起来，把该规范的秩序规范起来，并注重体现“公开、公正”原则，使政府职能进一步强化，更加适应市场经济的要求。同时，在城市资产经营中，以市场化方式运行，全面引入竞争机制，将公开招标、严格管理、提高效率等贯穿于各项工作之中，防止腐败现象发生，进一步树立政府的形象，促进良好经济管理秩序的建立。

第二十四章　生态文明建设

一、以生态文明为导向，推动县域经济社会科学发展 *

发展中国家和地区如何应对生态环境不断恶化的挑战，党的十七大提出的“建设生态文明”，无疑是解决这个难题的重要途径。近年来，姜春云同志对这一重大课题进行了深入研究，提出了一系列具有理论前瞻性和现实指导性的重要观点，这些观点主要体现在由他主持撰写的《偿还生态欠账——人与自然和谐探索》《中国生态演变与治理方略》以及《跨入生态文明新时代——关于生态文明建设若干问题的探索》等著作和文章中。这些观点的提出为我们从理论和实践上切实提高认识，进一步促进县域经济社会的科学发展提供了有效的途径和方法。

（一）深刻理解生态文明的重大意义

人类社会正跨入崭新的生态文明时代。生态文明是人类文明演进的必然结果。生态文明的产生和发展具有必然的历史演进轨迹，即人类原始文明→农耕文明→工业文明→（后工业文明）→生态文明。生态文明是对农耕文明、工业文明的深刻变革，是人类文明质的提升和飞跃，是人类文明史的一个新的里程碑。它不只是生态、环境领域一项重大研究课题，而且是人与自然、发展与环境、经济与社会、人与人之间关系协

* 本节原刊于《求知》2009 年第 1 期。

调、发展平衡、步入良性循环的理论与实践，是人类社会跨入一个新的时代的标志。进入工业文明时期，人类对大自然展开了空前规模的征服运动，以掠夺的方式开发利用自然资源，带来了严重的生态、环境问题。正是在此背景下，人类开始了生存与发展的深刻反思和艰难探索，生态文明顺势而生。多数发达国家建设生态文明表明，生态文明建设所获得的综合效益是传统工业化根本无法比拟的。

生态文明是当代知识经济、生态经济和人力资本经济相互融通构成的整体性文明。生态文明之所以能够破解人类社会发展不可持续的困局，产生良好的经济、社会、生态、环境效益，是由生态文明的本质及特征决定的。生态文明是当代知识经济、生态经济和人力资本经济相互融通构成的整体性文明；是人与自然和谐、发展与环境双赢、经济社会发展成果人人共享、公众幸福指数不断升高的文明。它不仅遵循自然规律、经济规律和社会发展规律，还遵循科学技术由“单一到整合，一维到多维”的综合应用规律。同时，按照“以人为本，全面协调可持续发展”的科学发展观所强调的基本原则，生态文明正是契合科学发展观要求的文明形态。生态文明具有审视的整体性、调控的综合性、物质的循环性和发展的知识性等四大特征。审视的整体性指的是以大自然生态圈整体运行规律的宏观视角，全面审视人类社会的发展问题，将人类活动都放在自然界的大格局中考量，按自然生态规律行事；调控的综合性指的是现代生态文明科学是集生态学、经济学、社会学和其他自然、人文学科之大成；物质的循环性指的是使经济活动变为“资源—产品—废弃物—再生资源”的反馈或循环过程，发展循环型生态经济和清洁生产；发展的知识性指的是主要靠智力开发、科学知识和技术进步发展经济。

在中国推进生态文明建设具有特别重大的意义。这种意义集中体现为：其一，既能造福于中国又将对全球作出重大贡献。中国作为最大的发展中国家，如果率先跨入生态文明社会，不但会使全国的经济、社会、生态、环境、人文、民生面貌为之一新，而且必将大大加快全球生态文明建设进程，全球将有 1/3 以上的人口走上生态文明之路。其二，对破解我国前进中的种种难题有决定意义。改革开放以来，我国发展中所付出的资源、环境代价过大，发展不平衡、不协调的矛盾突出，城乡差别、地区差别、收益分配差别扩大，生态退化、环境污染加重，民生问题凸显以及道德文化领域里的消极现象等，严重制约了现代化宏伟目标的顺利实现。坚持生态文明的理念和思路，能够突破瓶颈制约，在新的起点上实现全面协调可持续发展。其三，是全面建设小康社会的迫切需要。建设生态文明既是全面建设小康社会的目标任务之一，也是实现目标任务的保障。生态文明作为全面建设小康社会的重要组成部分，必须与其他目标任务同步。其四，必将促进全民族生态道德文化素质的提高。近些年来，我国城乡居民的生态意识、环保观念日益增强，参与生态治理、环境保护的积极性明显提高。但是，生态道德文化尚未普遍植根于广大群众心中。在广大群众尤其是在公职人员中间，强化生态道德文化教育，"补生态道德文化课"，极为迫切、重要。建设生态文明，不仅需要法律的约束，更需要道德的感悟。而通过生态文明建设进行生态道德文化教育，是提高全社会生态道德文化水准的最佳途径和方式。

（二）生态文明建设中的问题分析

生态文明建设的基础和关键在县域。县域生态文明建设是全国生态文明建设的微观基础。我国县域幅员辽阔，人口众多。县域经济 GDP 占全国总量的 55.15%。同时，县域政府是全国政权组织中具有完整职能的基层组织，贴近基层、贴近群众、贴近自然，对生态的感受更深刻、更直接，有着保护自然、改善环境的原动力。县域生态文明建设是整个生态文明建设的微观主体，它的成效影响甚至决定着总体效果的实现。县域生态文明建设是全国生态文明建设的重要环节。县域企业往往技术力量落后、能源消耗大、污染严重；县域农业生产集中，为提高农作物产量而进行的掠夺式开发和粗放式经营使水土流失日趋严重，土地沙漠化、盐碱化速度加快；县域经济发展压力巨大，在政策体系不健全、监控不得力而发展冲动又难以遏制的情况下，县域经济增长导致经济发展与人口、资源、环境、生态之间的矛盾尤为尖锐突出。县域生态文明建设是全国生态文明建设的关键。县一级居于国家政策关键位置。从实践过程来看，国家政策是在县这一级成为具体的、可操作性的实践措施，对上来看，县处于行政层级的底端，变通政策的余地和空间很大；对下来看，乡镇虽然更贴近基层，但是由于县对于乡镇的直接控制能力很强，监控非常直接，而且乡镇的行政机构设置不完善，因此并不会在乡镇层级上出现政策上的大量变通。如果在县这一级出现对国家政策的严重扭曲，则生态文明建设的战略目标就会走形甚至落空。

县域生态文明建设面临着必须解决的现实矛盾。21 世纪新阶段，我国生态文明建设过程中存在大量矛盾，县域的独特性使这些矛盾又呈现出不同于其他层级的显著特点。归纳起来有以下几个方面。

第一，理论与实践之间的矛盾。当前，县域生态文明建设与生态文明理论研究、理论建设之间存在着比较突出的矛盾。生态文明建设理论刚刚被理论界了解和重视，成果较少，系统性较差，而且多数都是从西方引进的，这些理论如何与县域生态文明建设实践相结合，将理论转化为具体措施还有很长的距离。

第二，实践与制度的矛盾。有关县域生态文明建设的政策制定缓慢，甚至出现空白，远远落后于生态文明建设的实践要求，严重影响到生态文明建设的进程；作为强制性程度最高，实践效果也最为突出、稳定性最强的生态文明建设法律体系又远远落后于政策制度的建立。政策与法律两方面的缺失，使县域生态文明建设缺乏制度保障，在某种程度上也缺乏实质性的方向性指导，使实践缺乏有效依据，实践效果将会大打折扣。

第三，任务与认识之间的矛盾。在县域经济发展的实践中，一些较为发达的县域之间发展不平衡，欠发达地区工业化水平还不高，越到基层，工业文明的渗透力越弱，人们对工业文明的反思未能到达生态文明这样的高度和深刻程度，因而对于生态文明建设任务的紧迫性和必要性认识滞后，导致干部群众建设生态文明的积极性、主动性都明显不足，成为县域生态文明建设的巨大阻碍。

第四，任务与能力之间的矛盾。将生态文明建设由概念、理论、政策落实为具体的行动，呈现为扎扎实实的成果，需要干部群众尤其是广大干部普遍掌握新的管理手段、新的操作技术和新的行政方式，如何以生态文明的理念协调各方面的利益关系、调整产业结构、转变行政行为模式，如何采用符合社会主义市场经济原则的手段创造性地开展工作，这些都是生态文明建设这一新任务对干部们提出的新要求。

第五，行政空间封闭性与县域生态文明建设地理空间开放性的矛盾。生态系统是开放性的，这一系统与严格的相对封闭的行政区划并不吻合，这样就导致生态建设的系统性与县域政府行政范围的局限性之间存在严重冲突。例如，同一个流域被不同的县级行政单元切割成互不相干的几个部分，上游河流污染严重，下游流域县域行政部门很难治理，也很难处理；周边县域空气污染影响了本县域，往往也十分难以协调。

第六，行政体制的条块性与生态文明建设整体性的矛盾。当前行政体制条块分割对县一级统一调度力量，统筹协调资源都产生多方面影响。县域生态文明建设是系统性、整体性很强的工作，这要求在工作中必须具备整体性的观点和思路，从统筹兼顾的角度进行全面把握，而不能就事论事，在资源的调度使用上也必须具备整体协调的能力。从生态文明建设角度来看，山、水、树、空气、道路等是一个整体的系统，是一个系统的组成要素，但是在行政资源方面这些要素却又隶属于不同的行政部门，在资金和资源的使用方面会出现有些学者所讲的“买棺材的钱不能买药吃”的现象。

第七，生态文明建设任务的艰巨性与县城财政资金供给的匮乏的矛盾。县域生态文明建设是一个巨大的工程，在各个方面都需要大量的资金投入。但是多数县级财政至今未能摆脱“吃饭财政”的困局，税收体制和财政体制对县一级财力有相当大的影响，在各个地方“保工资、保运转、保稳定”的基本要求满足之后，能够拿出钱来大量投入实质性的生态文明建设中去成为一件十分困难的事情，而使用市场化的方式融资进行这方面的工作又面临多方面因素的限制。

第八，“压力型体制”与生态文明建设的矛盾。长期以来，我国一直在实行赶超型的现代化模式，相应的在行政管理方面形成了自上而下的“压力型体制”。在这种压力型体制之下，县级政府着眼于任务指标的完成，生态文明建设往往会被置于次要的位置。同时，赶超型现代化模式使得县级政府产生极其强烈的发展冲动，在当前的财政体制框架之内，这种冲动更被进一步放大而变得难以遏制，在具体实践中则表现为财政收入至上、GDP 至上、增长速度至上，所有这些与建设生态文明理念都是格格不入的。这一矛盾成为制约县域生态文明建设的结构性因素。

我们要从解放思想、转变观念入手，全面提升县域生态文明建设的认知水平；从统筹规划、调整结构入手，全面提升县域生态文明建设的管理水平；从市场运作、培养能力入手，全面提升县域生态文明建设的保障水平；从强化领导、狠抓落实入手，全面提升县域生态文明建设的实践水平，不断推动县域经济社会的协调科学可持续发展。

二、探索“五化”发展模式，建设“三名一强”生态文明新青州 *

青州历史悠久，文化灿烂，是国家卫生城市、中国优秀旅游城市、国家园林城市、山东半岛城市群副中心城市。两年多来，我们坚持以科学发展观为统领，凝心聚力，务实创新，走出了一条整体化布局、片区化介入、组团化发展、项目化推进、市场化运作的路子，实现了科学发展、和谐发展、率先发展。主要经济指标两年翻一番，其中地方财政收入 2005 年是 5.15 亿元，2007 年达到 10.5 亿元，2008 年上半年达到 6.8 亿

* 本节原刊于《党员干部之友》2008 年第 8 期，《潍坊通讯》2008 年第 10 期。

元，全年可望达到 13 亿元；地区生产总值 2005 年是 140 亿元，2007 年达到 221.1 亿元，今年可望突破 270 亿元；规模以上企业主营业务收入每年增加 100 亿元。在全省 30 强中前移 5 个位次，在第八届全国县域经济基本竞争力与科学发展评价报告中，青州市重新跨入全国县域经济百强县（市）行列，列第 87 位，提前一年实现了“奋战两年，重进百强”的目标。

（一）实施整体化布局，明确发展定位

青州交通便利，区位优越。自两汉时期到明朝初年，一直是山东地区的政治、经济、军事、文化、贸易中心。境内有山有水有文化，旅游资源丰富，有国家 4A 级旅游景区 2 处，国家一级博物馆 1 处；农业形成了花卉、畜牧、果品、瓜菜、优质粮五大支柱产业，连续成功举办七届花博会；工业拥有机械设备、石油化工、冶炼建材三个主导产业；现代服务业形成了一批大型专业批发市场和商场。社会事业日益繁荣。但也存在资源优势发挥不够，经济结构不够优化，高新技术产业不发达，农业产业化程度低等问题。

立足资源、基础、区位等比较优势，着眼于经济社会发展全局，进行系统思考定位，综合考虑各种因素，确立了建设文化名城、旅游名市、生态名市和经济强市“三名一强”生态文明新青州的整体发展战略。在工业摆布上，坚持以服务业为先导，以工业为主体，以农业为基础，把城市建设作为推动经济社会发展和人们思想观念转变的“火车头”，整体推进工业振兴、城市建设与管理转型、服务业提升、社会主义新农村建设“四大重点”；在产业发展上，做强做大机械加工、石油化工、冶炼建材“三大主导产业”和旅游休闲、现代物流、花卉苗木“三大优势产业”；在城市发展上，以建设现代化中等城市为目标，坚持“白墙灰瓦，绿树青石”的城建风格，积极推进“一城四区”发展布局。一城，即加快提升老城区，建设现代化中心城区；四区，即提升城北经济开发区，构建城南文化产业园区，建设城西猫山经济发展区，构筑城东黄楼

花卉产业园区。经过两年多的发展，已经初步形成了南部文化产业园、北部经济开发区两翼齐飞，东部黄楼花卉园区、西部猫山经济发展区首尾互动，鲲鹏展翅，昂首东进的城市发展新格局，现代化中等城市框架基本构成；在工作推进上，创新发展体制机制，加快工作指导转变，探索建立书记、市长抓总，常委包片，副市长管线，人大、政协领导靠点，市镇村上下联动的领导体制，形成整体联动态势。同时，坚持城乡一体、资源统筹，建立人民办事中心、会计集中核算中心和国库集中收付中心，成立督查局，完善千分制考核体系。通过整体化布局，真正把自然资源、人力资源、经济资源、文化资源、旅游资源、市场资源和行政资源，整合转化为又好又快发展的优势和能量，产生了巨大的发展推动力。

（二）实施片区化介入，形成发展集群

立足空间布局和功能区分，根据全市区域发展特色和产业支撑，积极推进片区化发展。在空间布局上，谭坊镇、黄楼镇、何官镇北部立足良好的花卉、瓜菜等农业产业优势，发展现代农业片区；弥河镇、王坟镇、庙子镇立足山区丰厚的自然生态资源，建设生态旅游片区；益都街道、东夏镇、何官镇南部、高柳镇南部、邵庄镇依托经济开发区、猫山经济发展区、弘瑞石化和港天保税物流区、钢铁物流中心、高柳物流园区、现代物流中心等，共同打造工业和物流片区；云门山街道依托境内丰富的旅游资源和文化产业园优势，打造旅游和文化信息产业片区；王府街道立足古城区位优势，建设古城文化片区。同时，坚持文化与旅游统筹发展，规划建设了文化产业园、云驼风景区、弥河水生态旅游区、仰天山森林公园四大片区，成立“四大管委会”，负责辖区内文化旅游资源的挖掘整理和开发利用，将辖区内村庄划归管委会管理，实现了真正意义上的统筹管理。文化产业园片区，整理荒山荒坡形成建设用地 8600 亩，整合山东民族技师学院、潍坊教育学院、党校、日语樱花学校等学校，打造现代教育基地；云驼风景区片区，大范围提升整合云门山、驼山、玲珑山等景区，对景区进行封闭式管理，建设东夷文化广场；

弥河水生态旅游区片区，以“七博会”筹办为契机，开发弥河资源，建设花博会室外展区和东夷文化标志园，打造一条集生态休闲、旅游观光、农业生产、商业物流于一体的滨河经济产业带；仰天山森林公园片区，大力开发唐赛儿寨、清风寨等景点，规划建设九州文化园，打造生态休闲游。各片区、基地都有明确定位，找准发展结合点和突破口，实行重点突破，形成发展集群，实现规模效益。

（三）实施组团化发展，注入发展活力

界定发展片区后，在每个片区内坚持就近聚集要素、整合资源，以组团化发展格局推动各片区、产业的发展。在城市建设方面，整合小片区资源，统一规划为三大组团。整合石坊路片区、北城片区、中央商务区、四星级商务酒店和马驿山片区资源，组建 4000 亩的西北组团；整合党校拆迁片区、东夷文化广场、小吃城片区资源，形成 3000 亩的西南组团；整合城东安置区、海岱苑小区、关头片区、中原机械厂以及青州路片区资源，形成 5000 亩的东南组团。每个组团都在深入挖掘历史文化内涵的基础上，规划建设面积超过 2000 亩的大型居住社区。西南组团以明代文化为底色建设衡王府花园，西北组团以清代文化为底色建设旗城花园，东南组团以元代文化为底色建设益王府花园。在产业发展上，全力打造机械制造、石油化工、冶炼建材、现代物流、旅游休闲和花卉苗木六大基地。机械制造业基地，以山工卡特彼勒为中心，建设卡特彼勒工业园；石油化工基地，以弘润石化为龙头，加快总投资 13 亿美元的金泉化工等项目建设；冶炼建材基地，以猛山经济发展区为中心，加大招商引资力度，加快新上项目建设；旅游休闲基地，规划了“佛寿文化”“古城文化”“弥河水生态休闲”“西南山区生态休闲”四大特色旅游片区；现代物流基地，开工建设了高柳物流园区、猛山经济发展区仓储物流中心、港天保税物流中心等一批物流项目，现代物流中心被列入山东省“十一五”服务业发展规划；花卉苗木基地，以“七博会”筹办为契机，规划建设 35 平方公里的花卉苗木博览园。实施“退城进园”战略，所有

工业项目全部落户经济开发区、猫山经济发展区，着力把经济开发区建成高新技术企业聚集区。同时，对全市各类专业市场进行了整合，陶瓷厨卫、五金灯具、钢铁、木材市场已经实现整合，机动车等市场正在全面整合。组团式发展的实施，使每个组团在发展过程中都产生了巨大的集聚作用和辐射作用，带动了相关产业和领域的共同繁荣，为全市经济社会的发展注入了新的活力。

（四）实施项目化推进，确保发展实效

大的战略、好的思路要靠项目来落实；发展的最终成效要体现在项目上。在项目确定上，重点创意、策划、整合了一批对青州长远发展有支撑带动作用的项目。一是突出基础设施建设。实施了城区道路、骨干道路延伸改造，县乡道路升级等工程，强化各园区基础设施建设。投资5亿元对309国道、东青高速公路连接线、胶王路进行了高标准提升改造，建成猫山经济发展区主干道，形成文化产业园道路、管网体系。在经济开发区启动建设综合服务区，建成第二污水处理厂。2008年又实施了“七纵五横”道路建设工程。“七纵”，即青垦路拓宽、东环路提升、新东环路规划建设、石坊路拓宽改造、云门山南路延伸、青州路延伸、弥河旅游道路建设；“五横”，即花博会快速通道建设、猫山路建设、老济青路拓宽改造、将军山路延伸、新南环路延伸。二是突出改善民生。投资3000万元建设青州市中心敬老院，对每个镇敬老院都进行了改扩建，青州市被评为“全省敬老院建设先进市”。全市基本实现“村村通柏油路”“村村通自来水”“村村通有线电视”。在海岱苑小区探索建设“网格化”新型社区管理模式，将党建、计生、就业、社保、公安、综治、卫生等社会事务，全部纳入社区责任网格，加强和改进公共服务。三是突出高新技术和现代服务业项目。开工建设过亿元工业项目50多个，其中技改项目30多个，投资80多亿元，高新技术产业产值占规模以上工业产值比重达到30%。启动建设了龙兴寺、九龙涧景观公园等旅游项目，钢材物流园、宜佳商贸城一期成功运营，港天保税物流区正

式启用。四是突出文化旅游统筹发展。2007 年以来共运作文化旅游项目 30 多个，投资 90 多亿元。其中重点规划建设了“十一园”“十二馆”。“十一园”即以周代文化为主题的马驿山遗址公园、以宋词文化为主题的李清照文化园等 11 个不同朝代风貌的遗址公园、花园小区、生态园区；“十二馆”就是建设博物馆新馆、龙兴寺遗址博物馆、旗城文化博物馆、城乡规划展览馆等 12 处博物馆、展览馆。

在项目运作中，打破条块分割，整合人物资源，实行“市委、市政府决策—指挥部推进—城建投运作—人民办事中心服务”这个“四位一体”模式整体推进。在 2007 年成立 31 个指挥部的基础上，在 2008 年又成立 45 个，由市级领导挂帅担任总指挥，从各镇、街道和市直部门选调 540 名优秀干部组成项目团队，指挥部采取企业项目部运作模式，每个项目独立运作，保证了工作的强力推进。特别是破解了公认的拆迁难题，两年多来累计完成拆迁面积 270 万平方米、13589 户，拆出土地 10600 亩，整体搬迁 17 个村（居），没有发生一起群体性信访事件。

（五）实施市场化运作，加大发展投入

主要是建立以行政主导为主要特征的市场化运作和多元化投入机制。一是坚持政府主导、公司化经营。依托各产业、片区成立国有投资公司，城建方面成立城市建设投资开发有限公司（城建投），旅游方面成立云驼旅游开发公司，物流产业和猫山经济发展区都成立相关开发公司，由公司对具有商业和经营价值的土地、文化、旅游、市场等资源要素，实施资本化运作，吸引各类资本参与开发和建设。在城市建设中，按照“以路带项目、以河带项目、以公共事业建设带项目，集中连片开发”的原则，由规划部门对某一区域进行整体规划，然后成立工程指挥部进行拆迁和群众安置补偿，同时由城建投进行市场运作，融通工程拆迁资金，拆出净地后，在城建投和招投标交易中心进行工程招投标，由中标单位带资建设，最后由建设部门验收，从而有效解决了城市建设资金不足的问题。同时，通过市场化运作，启动了图书馆新馆、文化馆新

馆、博物馆新馆、广电大厦建设，完成了青州国际会展中心和体育中心一期工程。二是广泛招商引资。对项目进行创意、策划和包装，享受招商引资优惠政策，吸引外商投资。其中，投资 2 亿元的青都国际城由厦门丰亿公司建设，投资 7 亿元的“宋城”项目由山东瀚金置业公司建设，七博会室外展区、东夷文化广场、石坊路、锦绣江南文化生态园等项目也全部由外商投资建设。三是启动民间资本。坚持谁投资、谁所有、谁受益的原则，放宽政策，多方激活民间资本，鼓励非公有制资本进入除法律明令禁止外的所有领域。由书画经营业户共同出资 2000 万元、营业面积 8500 平方米的青州书画艺术城投入运营。四是吸引社会捐助。在文化旅游项目建设上，积极创造条件，吸引各种资金。投资 5 亿元的龙兴寺、投资 3 亿元的广福寺等佛寺文化项目，全部由著名佛画大师夏荆山居士通过社会捐助募集。五是拓宽融资渠道。积极推动企业上市工作，中文集团 2008 年上市。积极争取国内各银行以及世行、亚行、欧行贷款资金，发行治污减排债券和中小企业集合债券。两年多来，仅城市建设投入已超过 260 亿元，土地价格由三年前每亩平均 20 万元，到 2007 年的平均 80 万元，再到 2008 年的平均 100 多万元，其中中央商务区土地出让达到 135.4 万元 / 亩的高价，城市增值部分效益远远大于近年来的投入，为青州发展积聚和创造了几百亿元的良性资产。